大而宗龍禅師顕彰会発足十周年記念

宗龍禅師研究論集

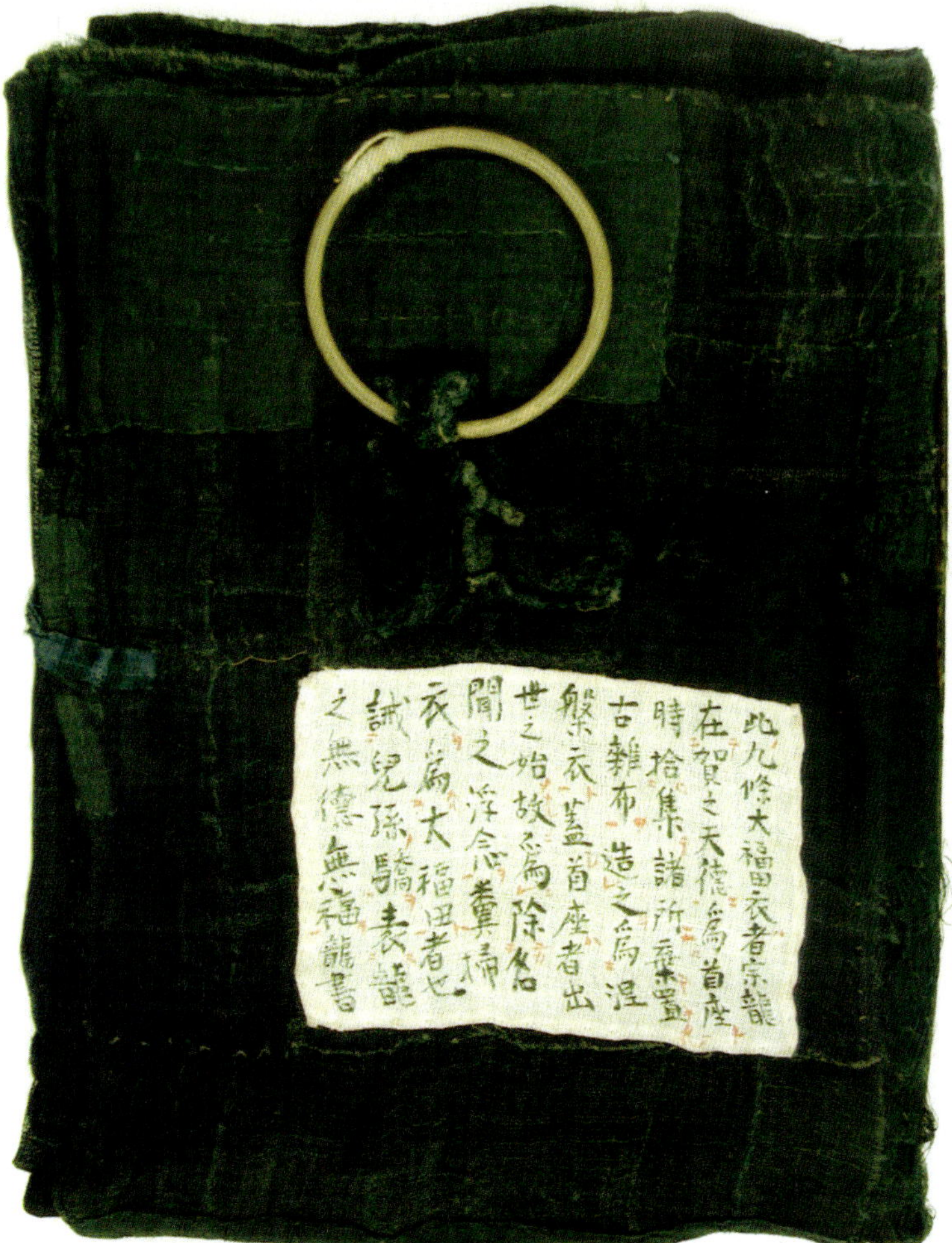

大而宗龍禅師顕彰会編

宗龍禅師自賛頂相（大隆寺蔵）

宗龍禅師自縫糞掃衣（大隆寺蔵）

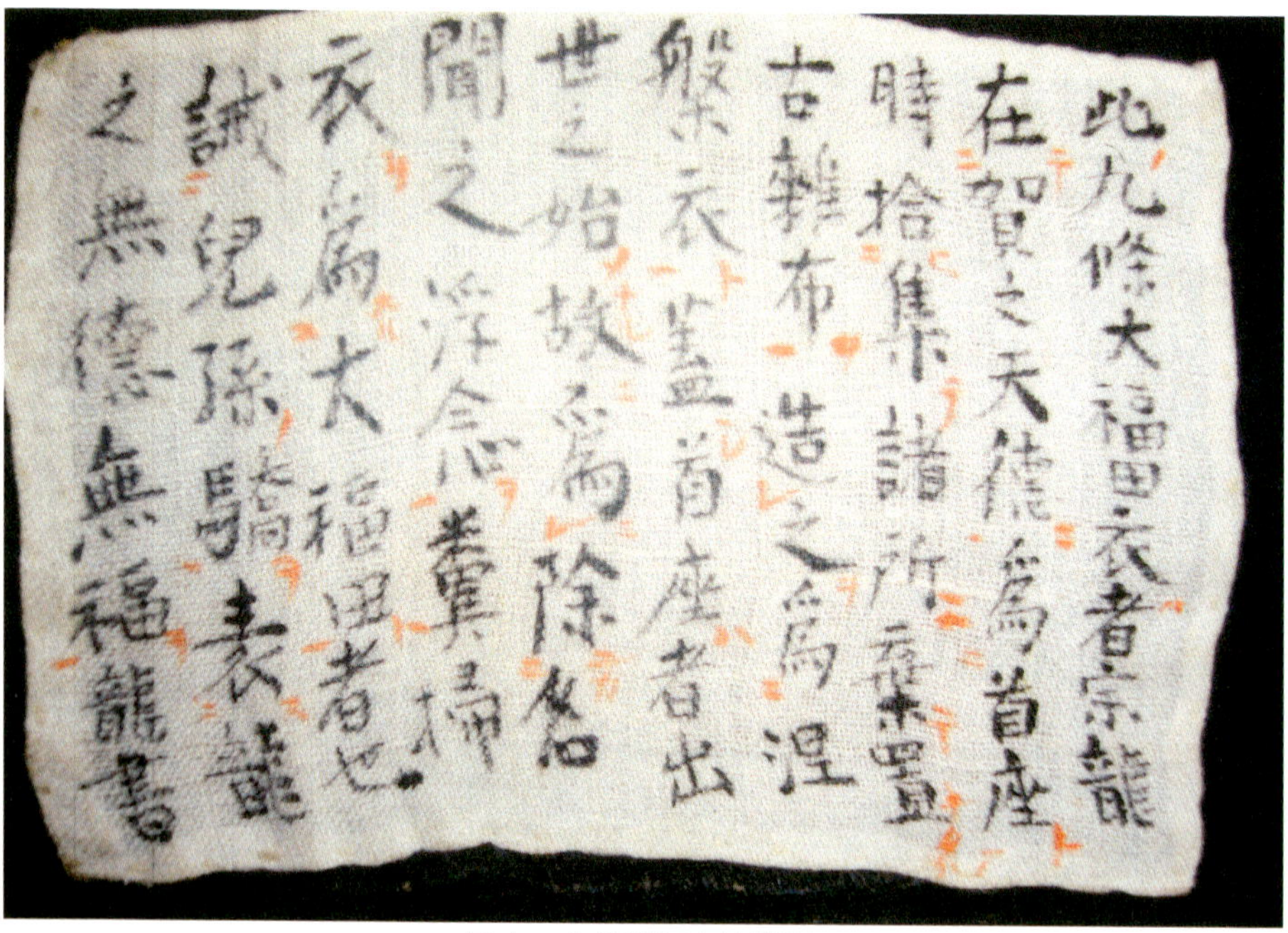

同上　宗龍禅師自筆識語

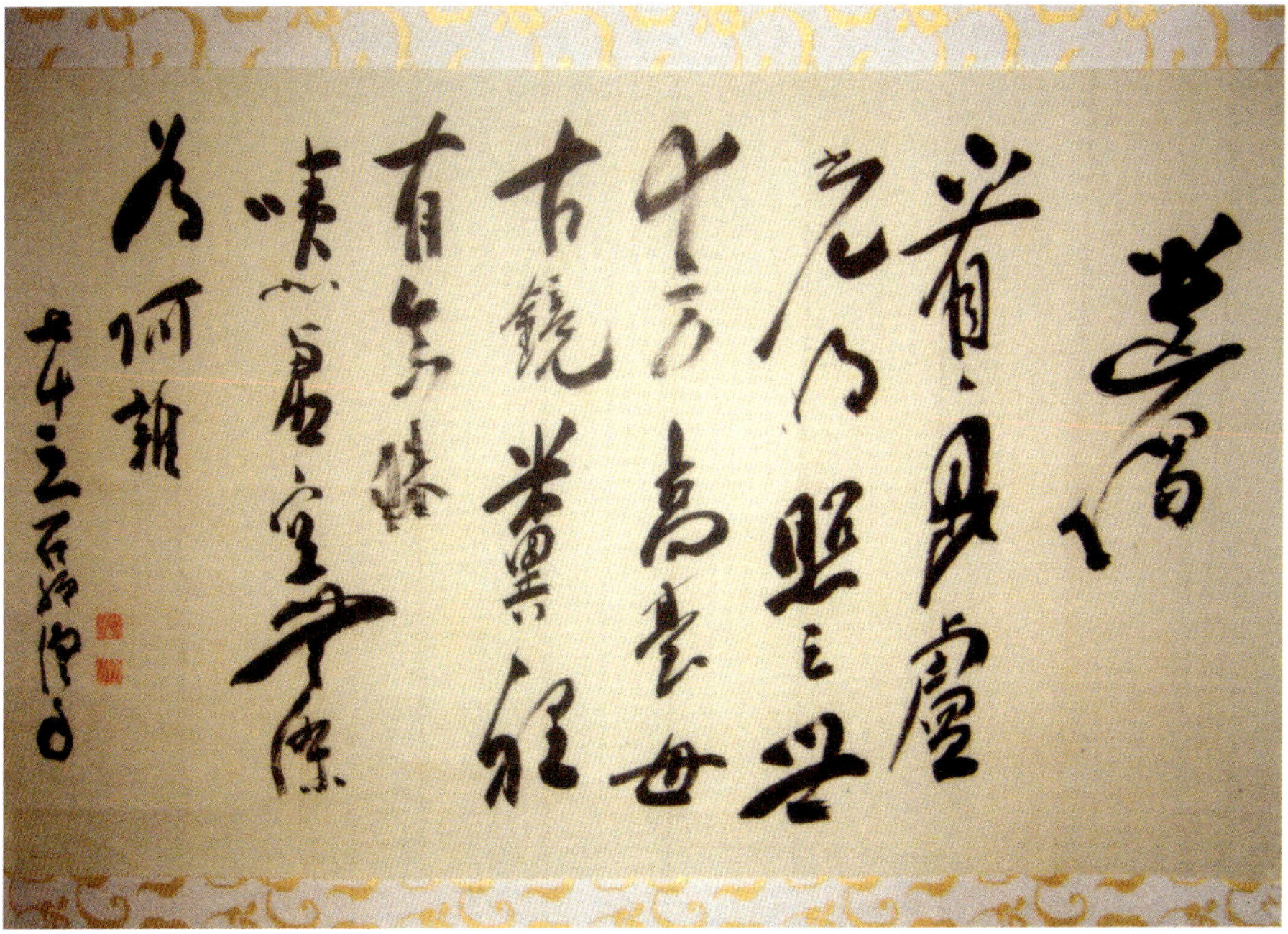

遺　偈（大隆寺蔵）

夏冬安居牒（大隆寺蔵）

正受戒弟簿（大隆寺蔵）

寶光寺一千部塔（新発田市）

金光明最勝王経塔（新発田市下草荷）

廣見寺石経蔵（秩父市　埼玉県指定史跡）

おんまか山功徳院（下呂市　市指定史跡）

大隆寺（高山市）

大隆寺妙見堂

宗龍禅師墓塔（大隆寺墓地）

廣岳院一切経供養塔（東京都港区）

修道陰徳銘（飛騨市宮川町　市指定文化財）

観音院（新発田市）

宗賢寺（新潟市）

老　梅（群馬県みなかみ町 はしば旅館蔵）

雲（無足雲歩三千）大隆寺蔵

龍（龍は霞を食すこと勿く、須からく雨を施すべし）廣見寺蔵

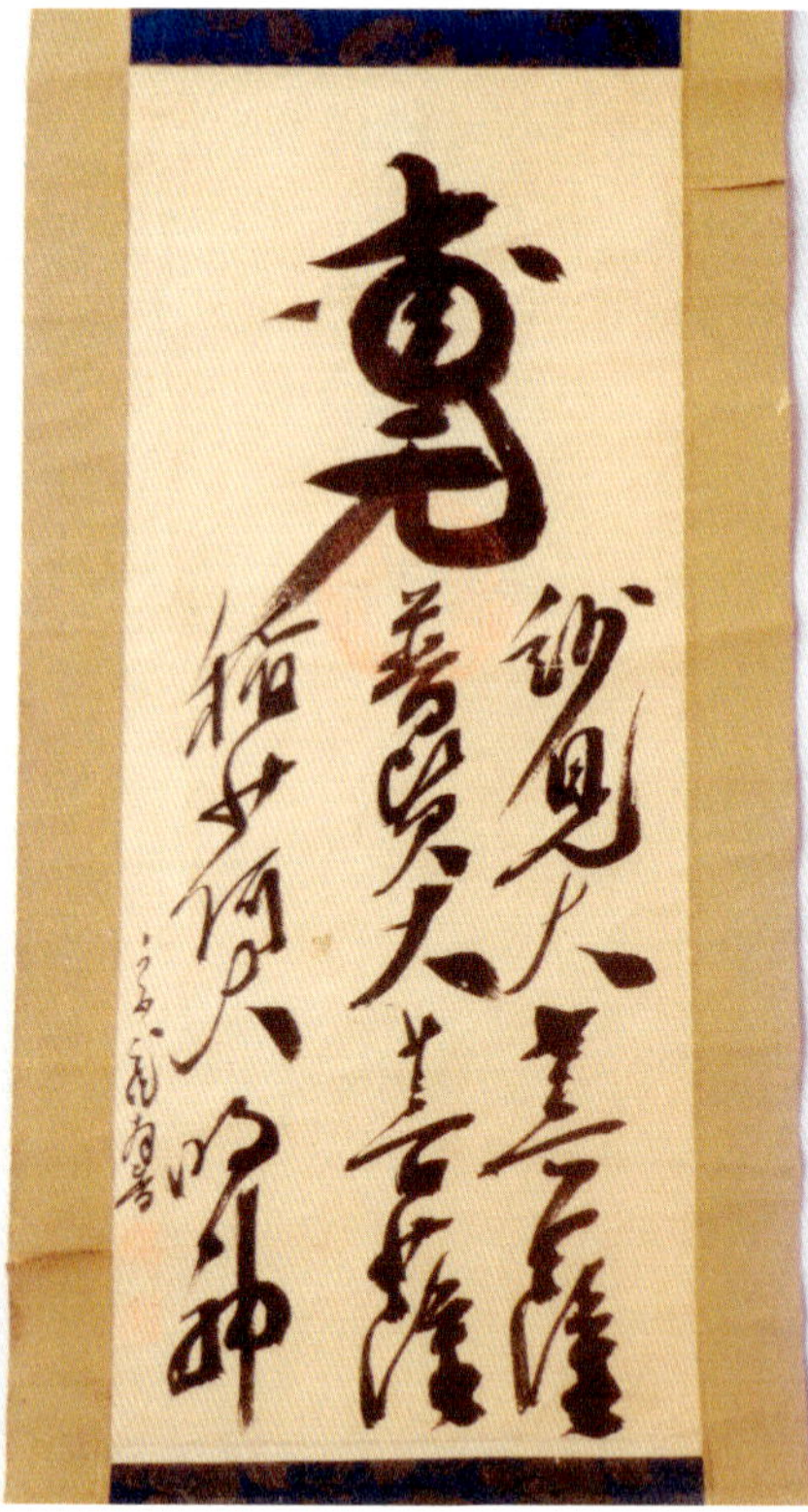

南無
妙見大菩薩
普賢大菩薩
稲荷大明神
宗龍拝書

廣見寺蔵

大而宗龍禅師顕彰会発足十周年記念誌　発刊にあたって

平成十七年十一月五日、曹洞宗檀信徒会館曙（あけぼの）の間において十名のメンバーにて大而宗龍禅師顕彰会は産声（うぶごえ）をあげました。以来、早や十年を越える年月が経過しました。現在は会員も二十七名となり、会の運営もしっかりと軌道に乗っています。この十年間、年二回の勉強会は欠かさず行なっており、宗龍禅師シンポジウムも本年で九回目を数えます。また、出版物も会報『サッタハリン』（四号まで）、『大而宗龍伝』（大島晃著）、『宗龍和尚遺稿上下』（宗龍会刊）、『訓注　江湖送行歌（ごうこそうあんか）』（椎名宏雄・大澤弘共編著　長松寺刊）、『宗龍和尚語録　全』（観音院蔵　廣見寺刊）等が発刊され、会員諸氏の研究の成果が形となって集積されてきています。そして、その研究の果実として、多くの発見がありました。

確か、東龍寺で行われた第六回シンポジウムの懇親会の折、椎名宏雄先生から「二年後に宗龍禅師生誕三百年（享保二年　生誕　西暦一七一七年）になるから、記念にこれまでの成果を形にしたらどうか」という提案をされました。大変すばらしい提案ではあるのですが、いざ、実行に移すとなると困難も待ちかまえているかなと思い、その時は即答を避けさせていただきました。それから約一年、顕彰会も十年をすぎ、会員の論文や発見をしっかりと後世に残すことも大事な仕事であると決断し、平成二十八年六月総会の承認を得て、発刊の運びとなったのでした。

内容について少し記してみたいと思います。
まず、表紙ですが、大隆寺に伝わる頂相(ちんぞう)を持ってきました。大島氏の「大而宗龍伝」も同じものなのですが、全体をとらえるために少しばかり小さくなってしまったように思われます。今回はズームアップして、ご尊顔がよく見えるように致しました。口を真一文字に結び、半眼にて一点を凝視するその姿に坐禅と乞食(こつじき)によって裏打ちされた確固たる信念を感じていただきたいと思います。口絵の最初にも頂相の全体像をもってきました。次に禅師の象徴的な遺物である糞掃衣(ふんぞうえ)と遺偈(ゆいげ)を掲載しました。次に、禅師の生涯を物語る『夏冬安居牒』と『正受戒弟簿』にしました。この二冊の帳簿は、禅師研究の基礎資料であると共に、宗宝中の宗宝であると確信しています。次に代表的遺跡である新発田市寳光寺の一千部塔、同じく新発田市下草荷の金光明最勝王経塔、拙寺の石経蔵、おんまか山功徳院、廣岳院一切経、修道陰徳銘を掲載しました。次に住職地である大隆寺、観音院、宗賢寺を紹介させていただきました。最後に禅師の墨跡を掲載しました。口絵を見て禅師の全体像が見いだしていただければ幸いです。

続いて本文ですが、入門編ということで「宗龍禅師の思想と行跡」「廣見寺石経蔵事業の全容」「悦巌禅師四龍について」「宗龍禅師と良寛さま」「宗龍禅師と妙見さま」の五つの論考を掲載し、禅師の思想の特異性や主な行跡を紹介して、その人となりを理解していただこうと思っています。

次に研究論文編ということで、会員諸氏の論文や発見譚を掲載しました。

次に、弟子たちの活躍を紹介する論考をまとめ、次いで、椎名先生に「江湖送行歌(ごうこそうあんか)」口語訳を書きおろしていただきました。既に『訓注　江湖送行歌』にて先生は、注記を行っていますが、それでも難解な文章ですので、今回、特にお願いして、口語訳していただきました。是非とも味読してください。

次に資料編ですが、まず、安居開催寺院と授戒会開催寺院一覧表を掲載しました。そして、三つの地区に分けて開催寺院を地図上に示しました。また安居・授戒会に参加した主な僧侶達を紹介しました。次に悦巌禅師・宗龍禅師の法嗣表を掲載しました。大本山總持寺住山記や新資料の発見によって新たに多くの法嗣が発見されました。

宗龍禅師年譜には、新たに発見された多くの事象を書きこみました。

宗龍禅師著書には、『曹洞宗報』平成二十三年十一月号、二十四年一月号に掲載された資料を中心に紹介しました。また、宗龍禅師顕彰並びに新発見年表を作成しました。

宗龍禅師関係文献目録は、これからの研究の一助となればと思い掲載しました。

以上、内容について概略を紹介いたしました。今回、会員皆さんの物心共なるご協力によりまして待望の記念論集が上梓できました。ここに心より感謝を申し上げます。この本の出版により、宗龍禅師顕彰会の新たなる一歩が始まります。宗龍禅師顕彰に向けて、さらなる精進を続けていきたいと思っています。

平成三十年三月三日

大而宗龍禅師顕彰会会長
廣見寺　住職
町田廣文

目次

第一部　入門編

宗龍禅師の思想と行跡

第一章　江戸時代の曹洞宗の動向

町田廣文

江戸時代初期、徳川幕府は島原の乱を契機に、キリスト教を禁止し、寺請制度を施行して国民すべてを各寺院の檀家として所属させました。この施策によって寺院は幕府政策の一端をになう役所的存在となり、「人別帳」の作成等により、檀家との上下関係が成立しました。また、本山法度の制定により、[1]関三刹を通じ幕府の統制を受けることになりました。一方で、幕府から朱印地、除地（免税地）を下付され、体制内の存在として機能していきました。

また、永平寺、總持寺両大本山の確執や末派寺院間の訴訟も数知れず起こりました。本来、道元禅師の法孫たる僧侶や寺院が争って訴訟を起こすということはありえない話でありますが、現実には、[2]数多くの事例がありました。

また、江戸時代中期の元禄時代には卍山禅師等による宗統復古運動が起こされました。この運動は、中古より道元禅師の一師印証（一生涯で嗣法する師匠は一人でなければならないという考え）の聖訓をやぶり、大寺院へ出世するために師を換える弊習を改める運動で、両大本山や関三刹の反対にあうも、元禄十六年（一七〇三）幕府より許可を得たのでした[3]。しかし、この運動の成功によって、宗門の体質（大寺院への出世志向）が、全く改まったかというと、そうではなかったと思われます。このような曹洞宗の現状に対し、宗龍禅師（以下禅師と略す）は、批判の眼を持っていました。

第二章　江戸時代中期の時代背景

元禄時代（一七〇〇年頃）の繁栄期から半世紀が過ぎ、江戸幕府は弱体化の傾向を見せはじめます。その原因は、洪水、旱魃、冷夏が周期的に発生して凶作が続き、飢餓による一揆が頻発し、社会が不安定化したことでした。また、幕府諸藩の重税が民生を圧迫したのも一因でした[4]。そして、天明三年（一七八三）七月の浅間山大噴火が追い打ちをかけ、世にいう「天明の大飢饉」が発生し、何十万人もの餓死者が出て、各地で一揆、打ちこわしが発生し、社会不安は頂点に達しました。

第三章　禅師の主張と行動

このような曹洞宗の状況と時代背景の中、禅師は宗門の現状に憂慮し、飢饉等によってあえぐ民衆へ手をさしのべました。その行動は、当時の曹洞宗内において、希有の存在であり、混迷する社会において民衆救済という僧侶本来の使命を果した仏教者として評価されるべきだと考えます。そこで、禅師の具体的行動について書き上げていきたいと思います。

（一）大寺院を否定し常乞食僧として生きた

高山市大隆寺（師匠の悦巌素忻禅師が開山、禅師が二世となっているが実質開山）には、禅師の遺物や著述書が多数残されています[5]。その中に禅師の生き方を象徴するお袈裟が伝えられています。このお袈裟は、禅師が宝暦六年（一七五六）、悦巌素忻禅師の麾下、天徳院（金沢市）において首座職[6]を勤めた時、捨てられた古雑巾を拾い集めて、自ら縫った正に糞掃衣[7]であります。その目的は、袈裟に縫いつけ

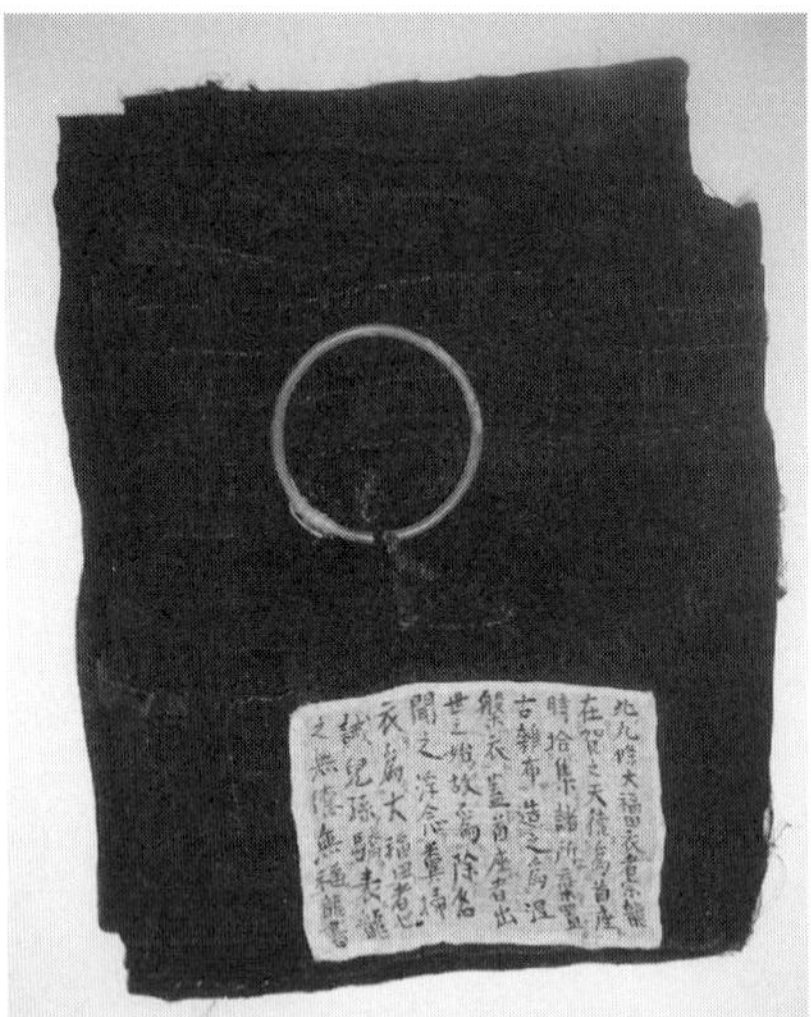

糞掃衣（大隆寺蔵）

られた裂に書かれており、「出世名聞の浮念を除く為」ということです。一人前の僧侶となるための第一関門である首座職を勤めるにあたって、「自分は、絶対に大寺に出世したり、有名になりたいという浮ついた考えを持たない」という強い意志が感じられます。

また、法嗣竺翁慧林への書簡の中で[8]、

「大法建立ハ寺持ノ吉事ニアラズ、大寺名藍ノ大ゼイノ中ニ大法悟行ノ人アリヤ、然ハ大寺モ小寺モ、寺持ノ心アラバ大法弘通ニハアル可ラズ、大法弘通ノ大願アル人ハ、古ヨリ雑食、淡泊ニ難苦中ニアルト見へタリ」と云っており、衣食住の充実した大寺に住することを批判し、真の僧侶は、清貧の中に生きることであると主張しています。

また、禅師の遺偈に、

「看よ看よ毘盧の光明三世十方を照らす　高台に古鏡毋く糞裏に真珠有り」

と書かれています。意訳すると、

「見なさい感じなさい　仏の光明は時空を離れてす

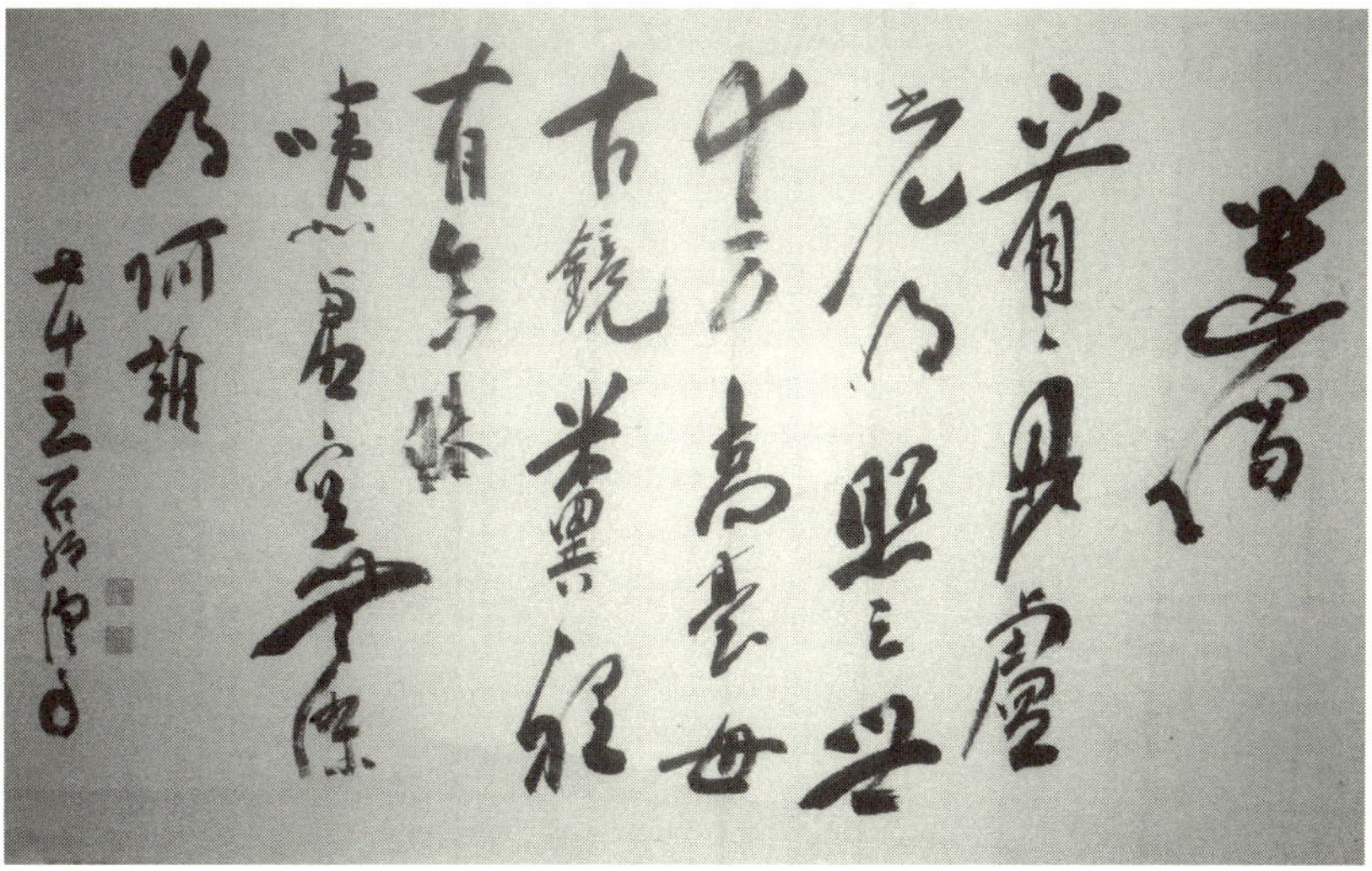

遺　偈（大隆寺蔵）

べてのものを照らしている　高台（大寺）に古鏡（仏法）はなく　糞裏（民衆の中）にこそ真珠（仏法）がある」

と喝破された禅師の考えや行動を象徴する言葉であります。

江戸時代、大寺（大名の菩提寺、触頭寺院[8]常恒会寺院朱印地寺院等）には、当時の優秀な僧侶が住職していたことはまちがいありません。しかし、大寺になればなるほど、幕府権力に近づくことになり、自由な教化は失われ、体制内にとりこまれた「死に体」状態に陥っていたと禅師は考えていました。

岡田宜法師は『修証義編纂史』の緒言において、「『曹洞教会修証義』の編纂は、我が宗門が山岳の仏法より、街頭の仏法への一転向を示したものであり、専門道場に籠城したる仏法が一般大衆への公開である等の意味において画期的意義を物語るものということができよう。」と述べられています。

岡田師は、江戸時代の宗門が民衆への教化を怠り、専門道場に籠城したと批判を加えています。正にこの主張は、禅師の思いと合致するところであります。

では、大寺を否定した禅師はどのような生き方をしたのでしょうか。禅師の著述書や墨跡には「常乞食僧」と署名されているものが数多く存在しています。常乞食僧とは、読んで字の如く、常に乞食をしている僧という意味です。ただ、この意味の裏には、住職にならない、清貧の中に生きるという意味も含まれています。

しかし、全く住職にならなかったかというとそうではありませんでした。

禅師は、師匠悦巌が観音院にて宝暦十二年（一七六二）に示寂すると、後を嗣いで三世となります（但し、この時、観音院は正式な曹洞宗寺院として認められておらず、正式な住職でなかったともいえます[9]。その後、明和三年（一七六六）宗賢寺（新潟市）十世になり、約三年間在任しています[10]。どのような縁で宗賢寺住職になったかは不明ですが、退院の時のエピソードが、弟子慧林(えりん)宛の書簡にあります[11]。「（中略）此山僧、宗賢のハカリゴトシテ早退寺ノ事、弟子も不知、倶生神ノミ知テ、佛祖ニ愧(はじ)ル事無之者乎、名利ノ僕ノ知所ニ非ズ、然ハ其山早退コソ病乞食ノ本意也。」と書かれています。要約すれば、「宗賢寺の住職を長く勤めなければいけなかったが、何事か理由をつけて（はかりごと）早退するが如く退院してしまったが、私は何ら愧じるところはない。名利にしがみついている者には理解できない事かもしれないが、これこそが如法の行持である」と自分の行動の正統性を主張しています。

また、安永七年（一七七八）高山大隆寺開創の時も、二年たらずで退院し、自由な身になろうとしていることがうかがえます[12]。

また、『江湖送行歌(ごうこそうあんか)[13]』に、

「山僧、今小寺ニ住スト雖モ、小心保チ難ク名利ノ心多ク、道心ノ少ナキ故ニ※法爾如然(ほうににょぜん)タラザルコト多シ、（中略）小寺タリトモ住持人ナルヲ以テ、※班白(はんびゃく)ノ衣ヲ着ケ、金銀ノ鐘ヲ用イテ、狂人ノ如ク※意馬(いば)心猿(しんえん)ヲシテ※五欲ノ枝ニ移ラシメ、※六塵ノ境に飛走リテ、※実相忍辱(じっそうにんにく)ノ心身ヲ失イ、猶オ好ク知識ノ顔ヲ尊大ニシテ、檀越ノ末后臨滅ノ※炬ヲ挙ゲテ、※咄喝(とっかつ)ノ野干鳴(やかんめい)ヲナシテ、仏事追善ノ信施ヲ受ケテ、自己物の如ク想イ、常住三宝物ヲ犯ス。何ノ罪悪カコレニ過グルヤ」と、書かれています。

※法爾如然(ほうににょぜん)　人為を加えない天然・自然の状態

※班白の衣(はんびゃくころも)　まだら模様のお袈裟

※意馬心猿（いばしんえん）　ボンノウや妄念が起こって心が散乱し収拾がつかないこと。心が走って一カ処に定まらないこと。

※五欲…しめ　欲望のとりこにさせる。

※六塵（ろくじん）…走りて　見るもの聞くものにふりまわされる。

※実相…身心　真実のありのままのすがたを見聞きし、欲望を耐えしのぶという徳行を守る僧としてのあり方。

※炬（こ）を挙げて　手にタイマツを掲げる。引導を渡す際の儀礼。

※咄喝（とっかつ）…なし　まだ修行の未熟な者がいたずらに「咄」や「喝」などの大声をあげて仏法を弄する。

◎解説は、『訓注　江湖送行歌』による。

この文章は、禅師自身が自戒の念をこめて言っていると共に、当時の宗門僧侶に対する強い批判にほかなりません。また、現代の私達僧侶にも通じる戒めの言葉でもあります。つまり、住職になることは、欲望を助長させ、如法の生活が困難となるから、寺から離れて、乞食生活に入ることが望ましいと禅師は考え、生涯常乞僧として一所不住の生活を続けたのでした。

（二）六十四回の授戒会の開催

禅師は、宝暦十三年（一七六三）より天明八年（一七八八）までの二十六年間に、延べ六十四回の授戒会の戒師を勤めました。この六十四回の授戒会参加者の名簿『正受戒弟簿』は、高山大隆寺に保管されており、なんと一万五百人の僧侶、信徒の名前戒名が書かれています。この帳簿の巻頭に「戒会毎ニ戒弟之（の）

俗名ト所(ところ)ト戒名トヲ記スルコトハ室中侍者手(てずか)ラ之(これ)ヲ書スベシ、若(も)シ遺忘(いぼう)セバ則チ破戒ノ大罪也。龍自ラ焉(これ)ヲ記シテ侍者ヲシテ用心セシム（原漢文）」と書かれており、侍者（戒弟の出席管理責任者）が、書き忘れてしまったら大罪になると厳しく警鐘を鳴らしていますが、これは、縁あって参加した人々の幸福を切に祈る戒師としての強い責任感の現われであると思います。また、もう一つの目的は、帳簿の序文の欄外に

「受戒之戒名皆石書シテ飛州唵摩訶山龍華石窟ニ奉納シテ、永代常夜灯明ニ預ル者也。龍乞食僧之願心也」と書かれており、石書する為には、何としても台帳が必要であり、戒弟簿を作成させたものであると思われます。文章の最後に「願心」と書かれており、ここで参加者達を救済したい（龍華石窟と書かれているので弥勒下生の時を想定しているのかもしれません）と

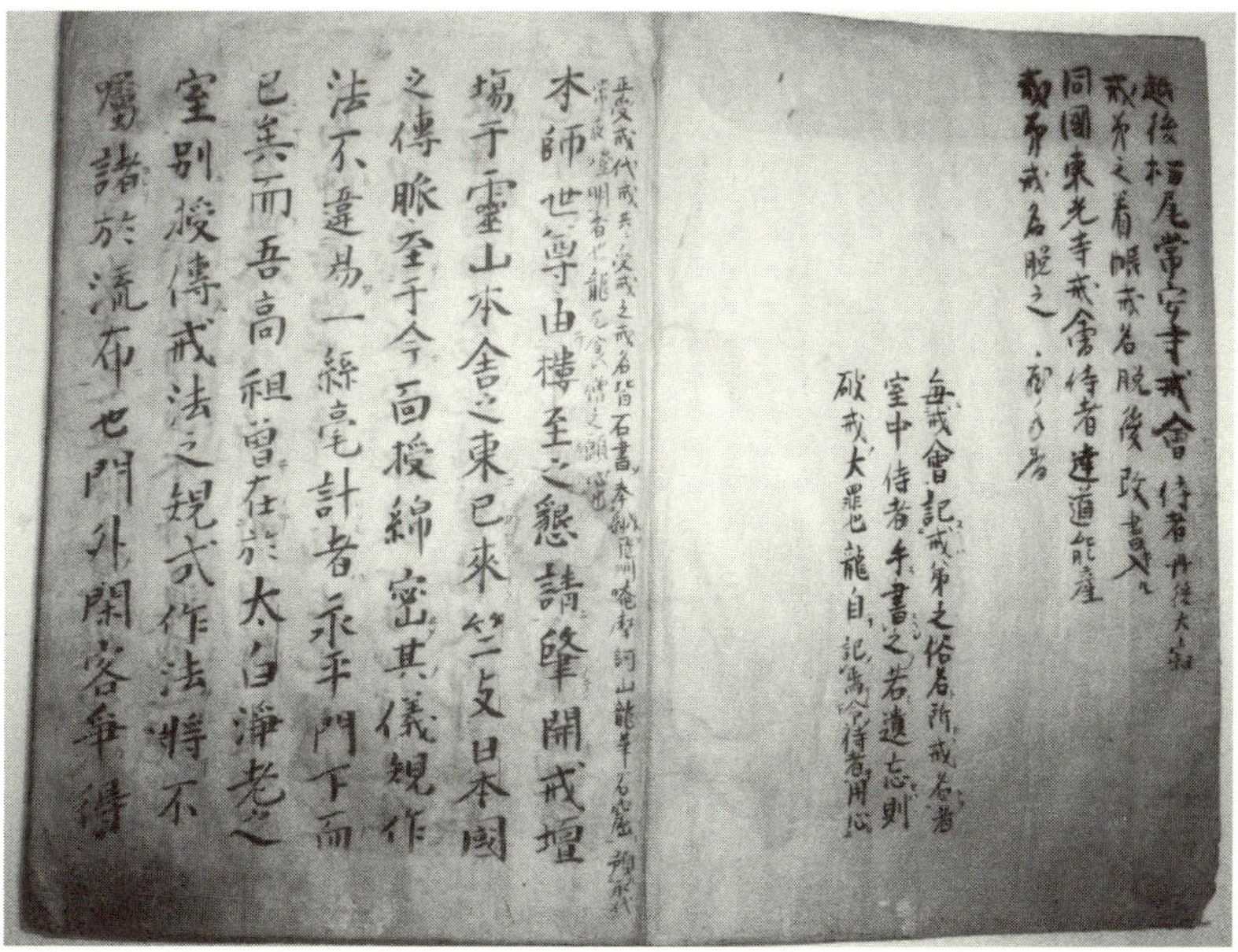

正受戒弟簿内の戒語と願文

いう強い意志が感じられます。平成十八年六月六日、初めておんまか山功徳院を参拝した時、祭壇に数箇の石経が置かれていました。よく見ると戒名が書かれており、欄外文章どおり奉納されたことを確認しました。

つまり、この『正受戒弟簿』は、禅師の衆生救済の強さの象徴的存在であります。そして、現存していたことは、六十四回開催したという偉業を証拠づける貴重な資料であり、禅師が当代を代表する宗匠であったことを証明するものでもあると考えます。

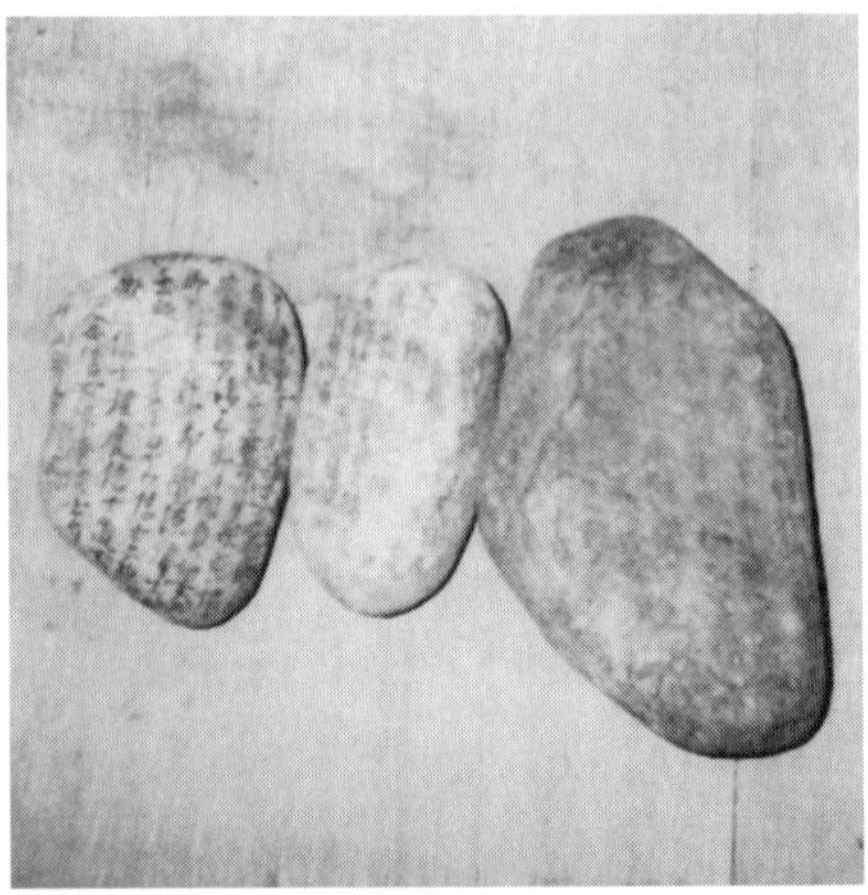

功徳院祭壇の石経

(三) 三十三回の安居開催

大隆寺には、『正受戒弟簿』と共に『夏冬安居牒』という帳簿も残されています。この帳簿は、禅師が助化師として参加した安居の参加名簿であります。安居とは、九旬安居といって一カ寺に九十日間滞在して修行を行うことであり、助化師とは、住職を助け集った修行僧を指導する役職ということであります。宝暦十二年（一七六二）を皮切りに天明五年（一七八五）まで二十五年間に、ほとんど年二回（夏と冬）開催しました。参加者の延べ人数は、一七五〇名にのぼります。参加者には、嗣子開田大義（27回）、竺翁慧林（19回）、智海萬宏（18回）、兄弟子である道主大賢（17回）、随従者として瑞麟魯峰（16回）、祖学量道（15回）、仏州英倫（13回）等がおり（参加者一覧表参照）、禅師の浄業を支えました。何故、禅師は三十三回もの安居を主催したのでしょうか。それは、僧侶にとって基本的、かつ理想の場所と考えたからだと思います。『江湖送行歌』の巻頭に、

「身心安居、平等性智ト。混然トシテ内外ナク、和合シ、賓主平ラナル和合僧伽ノ功徳、仏祖ノ円鏡不昧ナリ」

と書かれており、少しばかり難しい表現ですが、安居は、三宝の一つ和合僧の姿そのものであるから尊いのであると言っています。

しかし、この考えでいけば、一カ所にとどまって安居を開催するのが一番よいと思われます。例えば、常恒会の寺院に住職すれば、夏冬二回必ず安居を開催することができたはずです。禅師の実力であれば、それができたはずです。しかし、それはしませんでした。なぜかといえば、先に書いたように大寺に対し、否定的であったからです。その替わりとして、禅師が考えたのが移動式の常恒会ということであったのではないかと考えます。実際に、ほとんど年二回の安居を行っています。ただ、常恒会寺院で行う安居は、割とたやすくできますが、安居を開催する寺院を捜し、開催するということは大変難しかったと思われます。でも、それを現実になしとげた禅師は、偉大な存在であったと考えます。

（四）弱者、飢人被災民を救済する社会事業を行った

明和七年（一七七〇）廣見寺において、大般若石経書写事業が行われました（詳しくは、廣見寺石経事業の全容三六頁〜六一頁を参照下さい）。僧俗共に有縁の人々の助筆により数千箇の経石ができ、一年がかりで掘り上げた石室にそれを納めるという大事業でした。その付帯事業かもしれませんが、無宿癩病

の人々を供養したと書かれています[14]。癩病（ハンセン病）は、古来より不治の病として庶民に恐れられてきました。その発病の原因が不明だったことから、前世の悪業によって起こる病気、即ち「業病（ごうびょう）」として認知され、患者達は差別されてきました。禅師も『般若無礙海（はんにゃむげかい）』の中で「因果を説いた」と書かれております。因果の内容は不明でありますが、江戸時代説かれていた業論の範囲と想像されます。ただ、禅師は「一切衆生悉有仏性」の信念は固く、草木土石までも仏体であるという大悲心を持っており、弱者憐愍の情によって差別なく供養したものと思われます。

　また、天明七年（一七八七）二月十九日付諸檀那衆中連達状（『良寛研究論集』五九八頁～六〇一頁）の中に、東京都港区廣岳院における一切経石経書写事業のことが書かれています。これによると前年の七月十五日に大洪水が起こり、江戸は被災民であふれたそうです。この時の洪水は江戸時代三大洪水の一つに数えられている大洪水でした。禅師は、江戸近郊の縁のある信者達に麦托鉢を依頼し、集められた麦を被災民に供養したようであります。廣岳院の境内には、一切経の供

廣岳院供養塔（右面）

養塔が現存しています。

この被災民への供養を補強する重要な資料が長松寺（高崎市）で見つかり、山端紹之師によって第七回宗龍禅師シンポジウム（平成二十八年九月於川越市蓮光寺）において発表されました。

長松寺に「公禄触書」という古文書があり、その中に天明の浅間山噴火後に被災した人々の粥の炊出（たきだし）「助かゆ」を行ったという記事がありました。具体的には、天明四年正月三、九〇〇〇人、閏（うるう）正月六、〇〇〇人、二月七、五〇〇〇人、三月一〇、五〇〇〇人、四月八日まで一九、〇〇〇〇人、追加四、〇〇〇〇人、合計五〇、九〇〇〇人に炊出しを行ったということです。そして、重要なことは、「他の寺院は何もせず、長松寺のみが行って、町奉行より銀二枚の褒美を賜った」ということです。禅師と縁の深い（二回の授戒会と一回の安居開催）長松寺が、その思想に影響を強く受けて行ったものと考えられます。

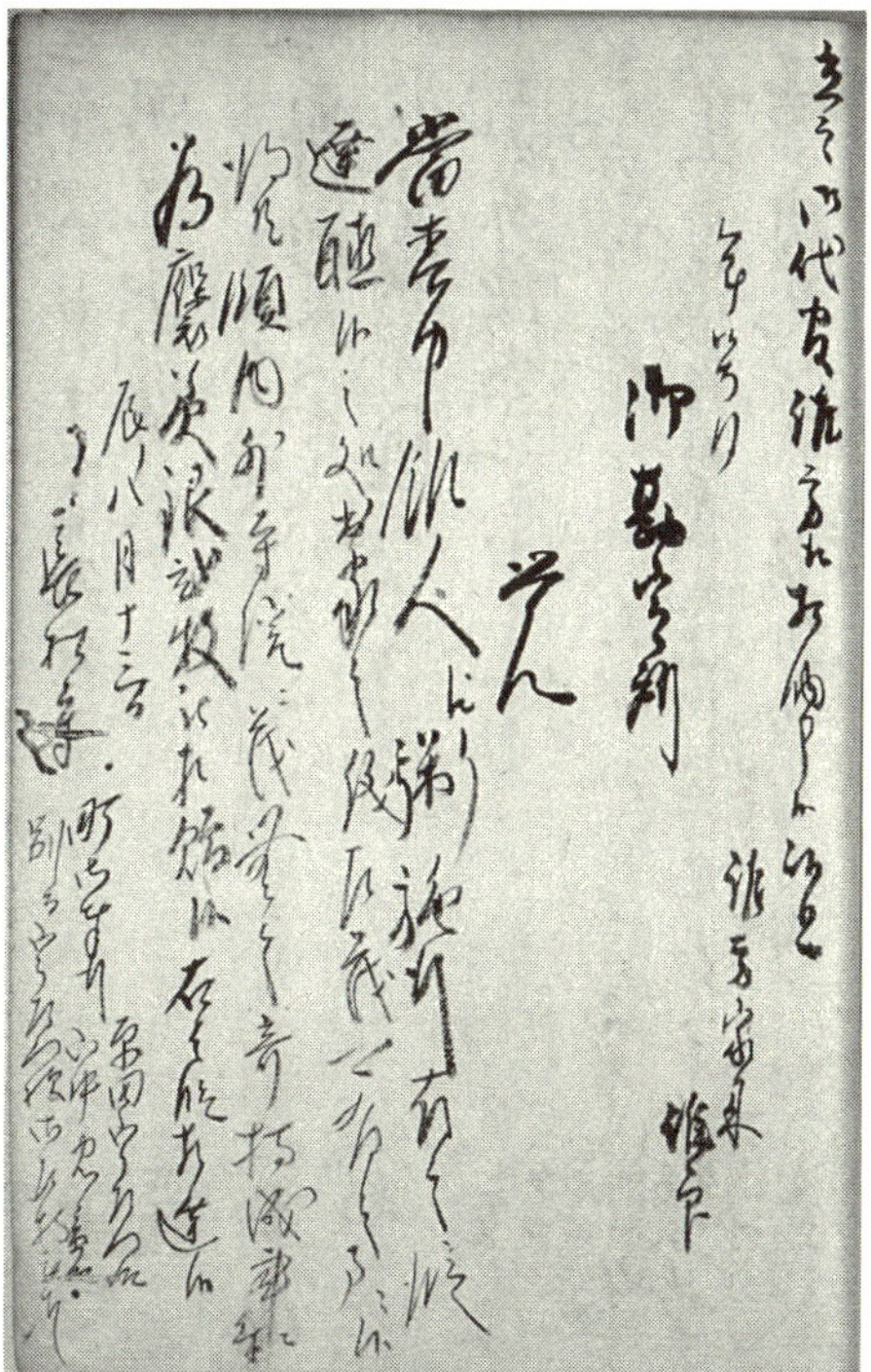
「助かゆ」の記事

(五) 禅師の尼僧観

禅師の授戒会に尼僧は延べ六百人参加しています。一回平均十名弱の参加という事になります。また、廣見寺石経事業にも多くの尼僧が助筆しています。そして、廣岳院の一切経供養における麦托鉢では、尼僧が使者となって派遣され、麦の収集に重要な役割を果たしました。禅師と尼僧団とは一心同体であり、僧伽（さんが）の正員として考えていたのではないかと思われます。その集大成とでもいうべき事象が禅師晩年の安居に起こりました。それは、天明三年、日本寺（千葉県鋸南町）安居（通算三十二回目）と最終安居（三十三回目）観音院（新潟県新発田市）の安居であります。『夏冬安居牒』によると、この二回の安居に、それぞれ十名と九名の尼僧が参加したと記録され

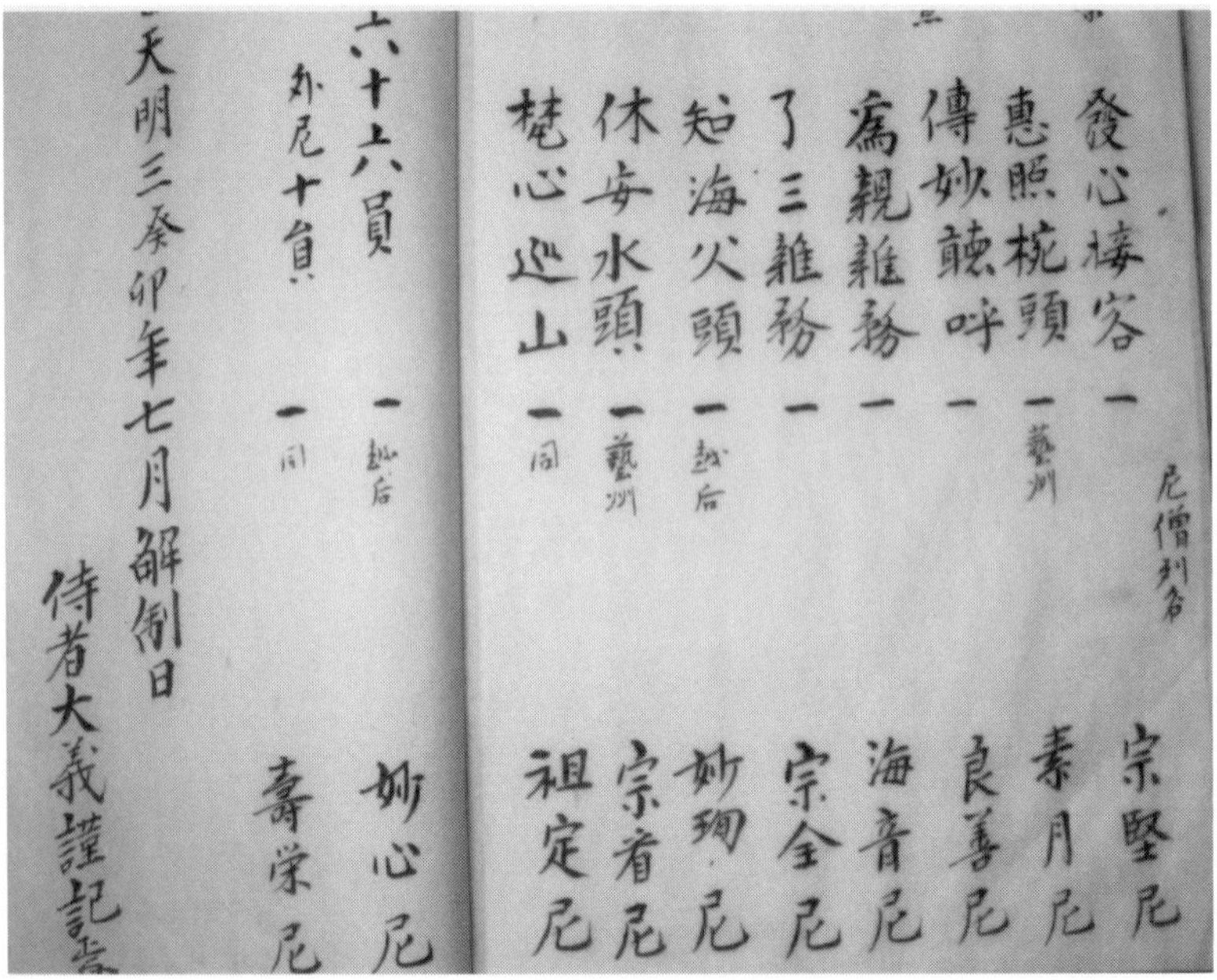

『正受戒弟簿』尼僧列名（日本寺）

ています。その当時、尼僧が安居に参加することはなかったと思われます。何故かといえば、嗣法も瑞世も許されていなかったからであります（昭和二十六年まで続く）。それ故、安居も必要なかったのです。江戸時代は階級社会であり、男尊女卑の世の中であり、それは曹洞宗内でも例外ではありませんでした。この体制下、禅師は「男女を論ずることなかれ、これ仏道極妙の法則なり[15]」の聖訓に基づいて、敢えて、尼僧を参加させたのではないかと考えます。この行いは、当時としては、画期的は試みであったと思われます。

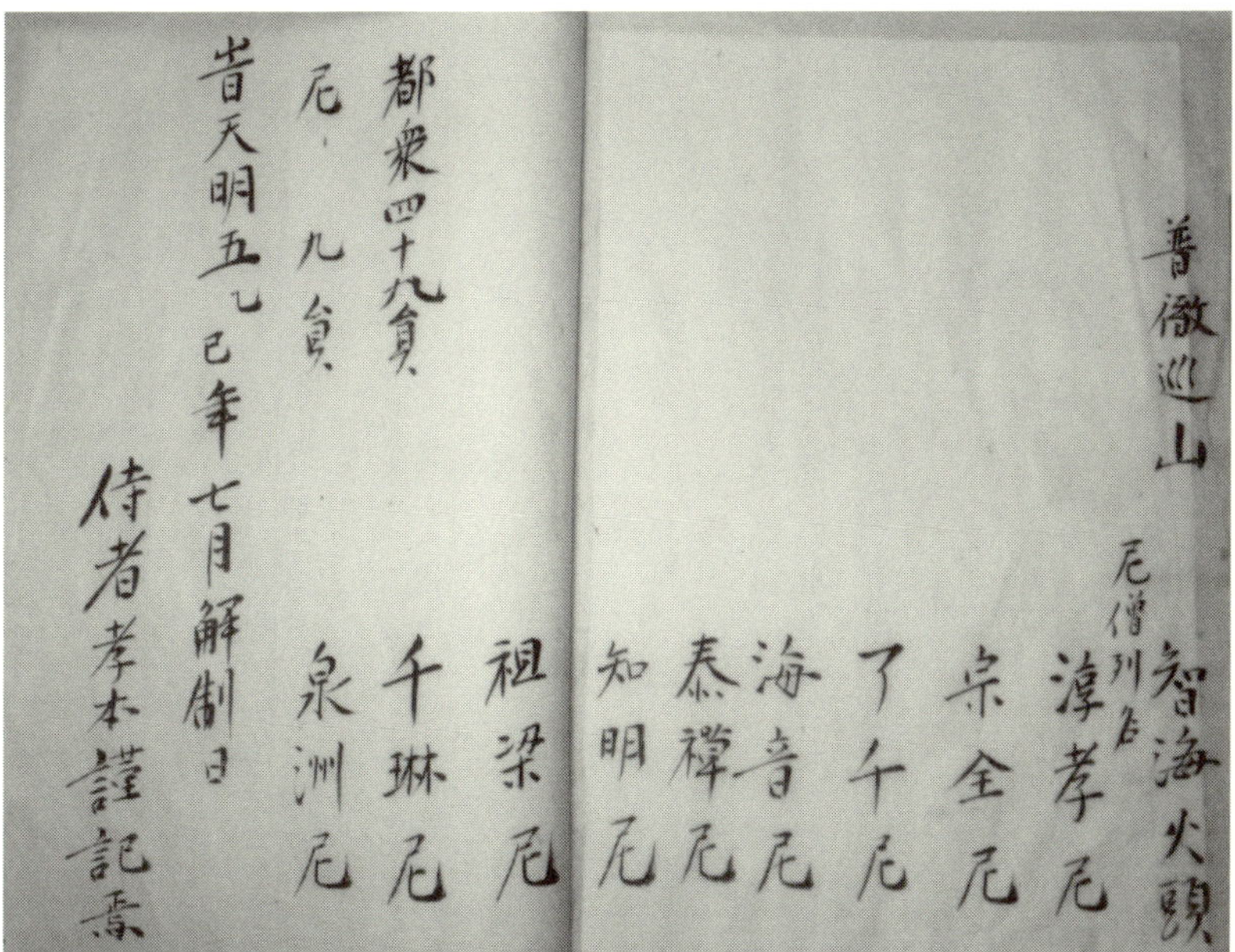

『正受戒弟簿』尼僧列名（観音院）

第四章　結び

以上、禅師の思想と行跡を簡略にまとめてみました。おぼろけながらではありますが、禅師の偉大さ、先見性が理解できたのではないでしょうか。

竹内道雄師は『曹洞宗教団史』の中で、

「曹洞宗学は、幕府体制の中で思想統制の枠を超えることができず、訓話註釈（くんわちゅうしゃく）に傾いた観念的な学術論争が主軸であって生きた宗教ではなかった」

と批判していますが、その後に「かかる（化政時代の退廃的な）風潮の中に暁天の星のごとく、高祖道を宣揚したのは大愚良寛である」と良寛さまを一方の雄として賞賛されています。確かに良寛さまは立派な方であったと思いますが、一方の雄としての行跡があったかというといささか疑問を感じます。思うに、禅師こそが、宗門の枠内にとらわれず、自由に行動し、社会を誘掖（ゆうえき）してきた行跡の大きさを考えた時、当に一方の雄としての存在であると考えます。

【註記】

(1)関三刹　幕府寺社奉行の配下にあり、幕府のお触を末派寺院に伝える重要な寺。総寧寺（そうねいじ）（千葉県）、大中寺（だいちゅうじ）（栃木県）、龍穏寺（りゅうおんじ）（埼玉県）と関東にあるのでこの名前となった。

(2)『洞門政要』(横関了胤著　東洋書院刊）三一二頁
(3)『永平寺史』下巻（大本山永平寺刊）八七九頁参照
(4)伝馬騒動（武蔵国）、大原騒動（飛騨高山）等が有名。
(5)『曹洞宗報』平成二十三年十一月号　平成二十四年一月号「文化財調査委員会調査目録及び解題」に、多くの著述物が掲載されている。
(6)首座職　曹洞宗僧侶の三出世の第一関門。九十日の修行期間（安居〔あんご〕）の修行頭（リーダー）をいう。
(7)糞掃衣　死体を包んだ布、血や膿のついたガーゼ、古雑巾等不用になった布を洗い、着色して縫った袈裟のこと。最低のものが最高のものになるという意味が含まれている（口絵参照）。
(8)関三刹を中心に各国に一四八寺の録所が置かれていた。大多数が多くの末寺を有する大寺であった。
(9)四世道主大賢代　安永六年に正式な寺として登録された。（種月寺古文書）
(10)本書一四〇頁「大而宗龍の宗賢寺住山期間について」参照
(11)『良寛研究論集』（宮榮二編　象山社刊）五九三頁参照
(12)　同　五六九頁参照
(13)『訓注　江湖送行歌』（長松寺刊）九頁
(14)『般若無礙海』（大隆寺蔵）『宗龍和尚遺稿　上下』（大而宗龍禅師顕彰会刊）下一一三頁
(15)『修証義』第四章発願利生

廣見寺石経蔵事業の全容

町田廣文

序章

平成十一年十一月二十一日、廣見寺は、三門落慶式に合わせて、小衲の晋山式を修行致しました。その時、『廣見寺ものがたり』という小冊子を作って記念品としました。その目的は、廣見寺の六百余年の盛衰を檀信徒の皆さんに知ってもらいたいためでした。勿論、その中に石経蔵のことを書きました。しかし、この頃の宗龍禅師（以下禅師と略す）に対する私の認識は、「多くの安居を主催し、多くの授戒会を開催した、江戸時代の立派な禅匠の一人」というくらいのものでした。しかし、この認識を一変させたのが、『正受戒弟簿』[1]の閲覧でした。この帳簿には、六十四回（一回分脱落）の授戒会参加者約一万五百人の名前戒名が書かれており、且つ、その名前戒名を石書しておんまか山功徳院（くどくいん）（岐阜県下呂市）に奉納するという大志が書かれており、「この和尚は只者ではない。江戸時代を代表するオンリーワンの禅匠であると直感したのでした。そして、私の心の中にこの無名の禅匠を顕彰しなければという志がにわかに沸いてきました。偶然にもこの頃、小林將氏、大島晃氏と邂逅し、同志を募り、平成十七年十一月、「大而宗龍禅師顕彰会」が発足したのでした。以来、早くも十年が過ぎ、会員各位の研究によって数十の発見（今回の記念誌内に発表）があり、宗龍研究が飛躍的に発展したのでした。

小衲も負けじと、当寺の蔵の古文書をあさって研究した結果、多くの発見を得ることができ、石経蔵事業のほぼ全容を解明することができたと思っております。

宗龍禅師は、七十余年のご生涯の中で、不惜身命、多くの大事業を行っていますが、中でもこの石経蔵事業は、最大級の事業だと思っています。この事業の中に禅師の衆生済度の大誓願があますことなく展開されており、宗龍研究の貴重な資料であると自負しています。

石経蔵

第一章　宗龍禅師の発願

宗龍禅師が石経蔵事業を発願されたことは、『般若無礙海（はんにゃむげかい）』[2]の中に詳しく書かれています。その部分を要約すると、

「自分は三十数年前から、紙に書かれた経巻は、いずれ無常に帰してしまう。この経をなんとか残すためにはどうしたらよいかと考え、石書して石櫃に納めることが最善と心の中に温めてきたが、他言はしなかった。しかし、露命のこの身を考えた時、いつまでも心にしまっておいてはいけないと決断し、公にして有縁の方々の助力をいただくことにした。」

と、思いを吐露されています。

その時が明和三年（一七六六）冬であり、その所は、龍田寺（群馬県藤岡市）でありました。『夏冬安居牒』[3]によれば、明和三年冬安居（通算九回目）が龍田寺で行われ、住職仏量来道大和尚他六十名の僧侶が参加しました。また、この時、授戒会（通算十回目）も行われ、二一一名の僧俗が参加しました。『般若無礙海』によると、龍田寺安居の後、宗龍禅師は秩父三十四カ所霊場を参拝し、石経蔵事業の成就を祈願されたということです。その参拝の折、大宮川（おおみやがわ）（江戸時代秩父市は大宮と言われており、現在の荒川のこと）の川原に白い平石があるのを見つけ、これに書写すれば好都合と考え歩いていたところ、偶然にも廣見寺に至ったと書かれています（廣見寺の南前方五百メートルに札所十八番神門寺（ごうどじ）がある）。そして、

時の住職十八世大量英器大和尚に会い、自らの大願を話したところ、その志に大量和尚が感銘し、この大事業に協力することになったのでした。しかし、偶然に廣見寺に至ったと表現されていますが、それは事実と異なっていたようです。というのは、明和四年二月に、大通院（秩父郡皆野町）において授戒会（通算十二回目）が行われました。その戒弟の中に廣見寺の関係僧侶が五名いたのです。その五名とは、萬国泰春上座（末寺法雲寺徒）、凌雲独松上座（大量和尚徒）、海門要津上座（大量和尚徒、廣見寺二十四世）、秀天達吸上座（末寺法雲寺徒）、旃林一條上座（大量和尚徒）で、大量和尚の直弟子が三人もおり、偶然に至ったとは考えにくく、禅師の文章上の演出ということではないかと推測しています。

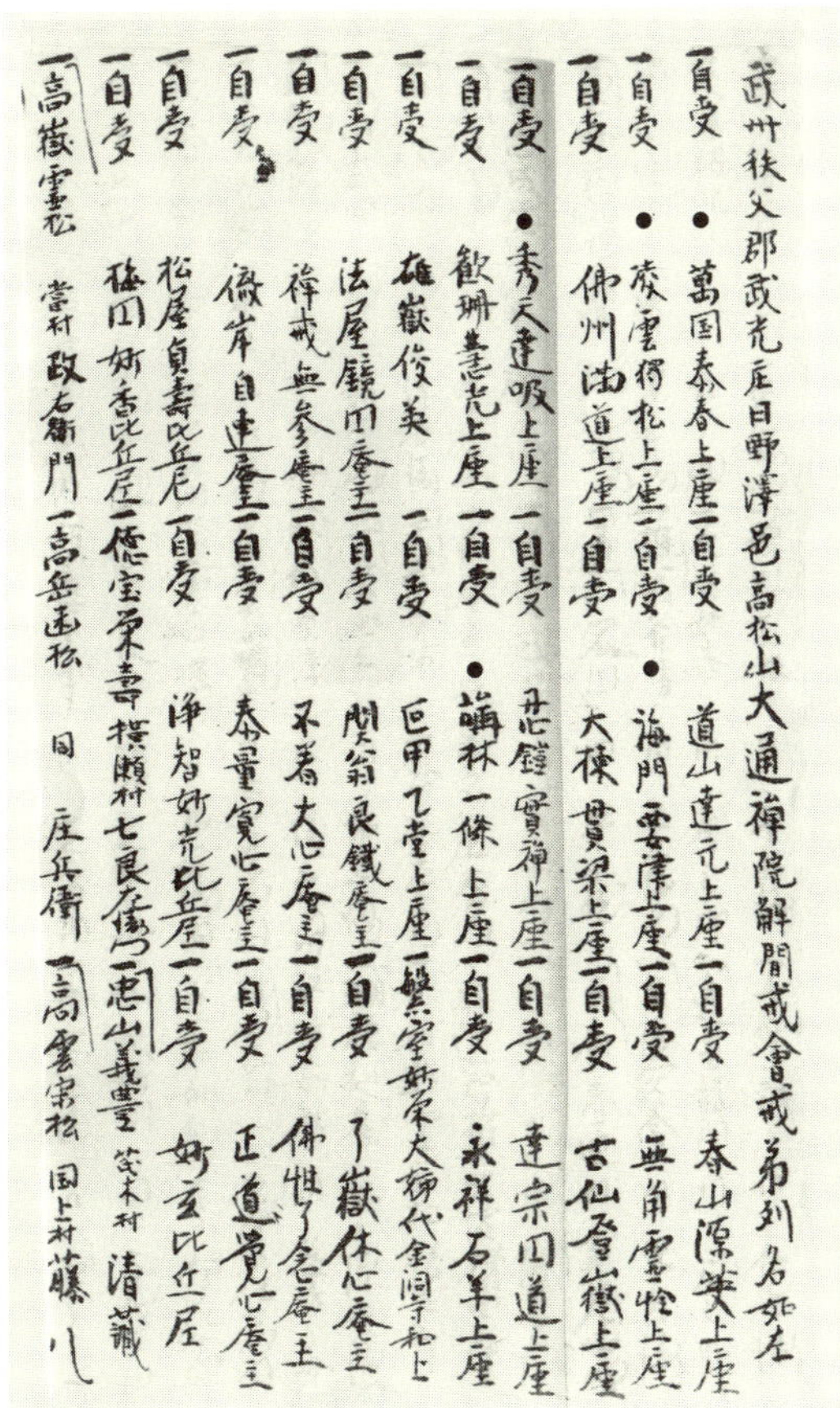
武州秩父郡武光庄日野澤邑高松山大通禅院解間戒會戒弟列名如左
一自受　●萬国泰春上座一自受　道山達元上座一自受　春山源芳上座
一自受　●凌雲独松上座一自受　●海門要津上座一自受　無角雲悦上座
一自受　佛州湛道上座一自受　大徳貫梁上座一自受　古仙登嶽上座
一自受　●秀天達吸上座一自受　芯鎧實禅上座一自受　達宗円道上座
一自受　歓珊惠光上座一自受　●旃林一條上座一自受　●永祥石羊上座
一自受　雄嶽俊英一自受　巨甲了堂上座一盤ケ岳寺代金剛寺和上
一自受　法屋鏡円庵主一自受　関翁良鐵庵主一自受　了嶽休心庵主
一自受　禅戒無参庵主一自受　不慕大心庵主一自受　佛性了念庵主
一自受　徹岸自運庵主一自受　泰量寛心庵主一自受　正道覚心庵主
一自受　松屋貞壽比丘尼一自受　浄智妙光比丘尼一自受　妙玄比丘尼
一自受　梅岡妙香比丘尼一徳宝栄壽　横瀬村七良右衛門　一忠山義豊　笠木村　清蔵
一高嶽靈松　堂村　政右衛門　一高岳遠松　同　庄兵衛　一高雲宗松　同上村　藤八

正受戒弟薄内大通院の頁（筆者●点）

第二章　明和五年冬安居と授戒会

明和五年（一七六八）十月大量英器大和尚四回目の結制安居[4]が行なわれました。首座は直弟子であり、禅師の随身僧である英倫(えいりん)[5]（禅師の安居に十三回参加）、参加者は六十三名でした。また、授戒会（通算十三回目）も行われ、僧俗合わせて二二九名が参加されました。この年に禅師は「大般若石経書写願文並序」[6]を、大量和尚は「大般若石経書写願文序」[7]を著して、大般若経の尊さ、書写の功徳を説いて、檀信徒、有縁の方々に協力を請いました。

安居が終了した約六カ月後、明和六年六月より、八人の石工(いしく)を雇い、境内西側の大岩を掘り始めました。『般若無礙海』には、

「この岩山は、ことのほか硬く、なかなか掘り進むことができず、石工達は音(ね)を上げてしまい、他所へ変更するよう願い出ました。禅師は、彼らの為に酒席を設け労をね

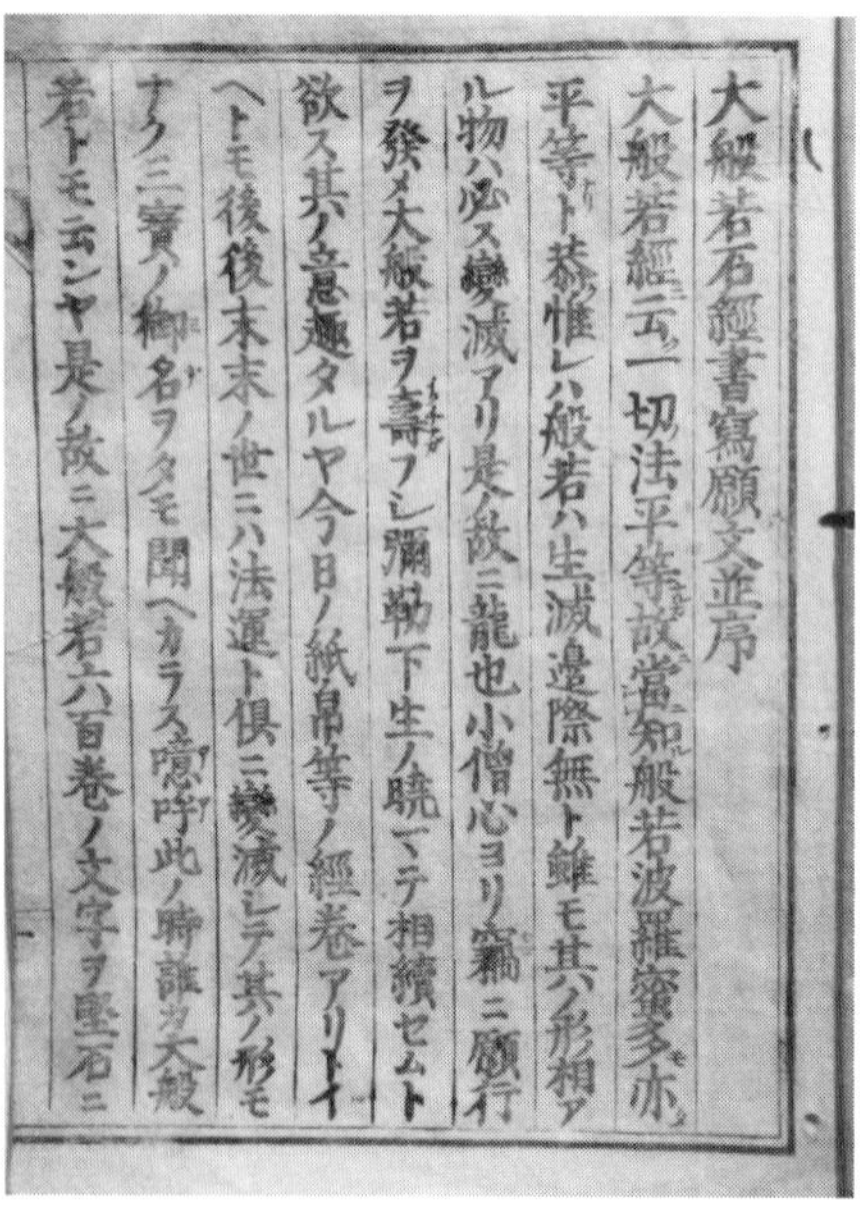
大般若石經書寫願文並序
大般若經ニ云ク一切法平等故當ニ知般若波羅蜜多亦タ
平等ナリト恭ク惟レハ般若ハ生滅邊際無ト雖モ其ノ形相ア
ル物ハ必ス變滅アリ是ノ故ニ龍也小僧心ヨリ竊ニ願行
ヲ發シ大般若ヲ壽フシ彌勒下生ノ暁マテ相續セムト
欲ス其ノ意趣タルヤ今日ノ紙帛等ノ經巻アリトイ
ヘトモ後後末末ノ世ニハ法運ト倶ニ變滅シテ其ノ形モ
ナク三寶ノ御名ヲタモ聞ヘカラス嗚呼此ノ時誰カ大般
若トモ云ンヤ是ノ故ニ大般若六百巻ノ文字ヲ堅石ニ

大般若石経書写願文並序（廣見寺蔵）

ぎらい、石経書写の尊さ、私利私欲の為でなく、衆生済渡の為に行うのだと説得しました。また、石工の望むだけの賃金を与え、三度の食を七度にするくらい、労働環境を改善し、石工を励ましました。」

と、書かれています（第十章参照）。

そして、一年を要してようやく、三間半四方の石経蔵が完成しました。

掘り出された岩

第三章　明和七年夏般若石経結衆安居

明和七年（一七七〇）五月七日より百日間、待望の石経書写のための安居が始まりました。参加者は七十九名（『夏冬安居牒』では八十九名とあるが誤り）でした。出身別にみると、廣見寺末寺法類十八名、越後参加僧二十三名、上州参加僧七名、宗龍禅師随身僧十九名でした。越後からは兄弟弟子の一山玄峰（いっさんげんぽう）和尚（新潟県加茂市顕聖寺住職）、同じく兄弟弟子の学本素参和尚（川越市観音寺住職後に養寿院住職）も参加し、禅師の大事業を支えました。

石経書写の方法は、「大般若石経書写之定規」[8]によると、

「石経書写は、当山の書写堂に於いて行い、他所での書写は許さず、その期間は五月七日から七月十六日までとする事。書写安居僧は毎日浄浴し、浄衣を著し、唯純一無雑に精進書写する事。書写一百日の間、毎日日中に大般若経六百巻を転読する事。七月二十一日より二十三日まで、総回向、無遮の大斉会を設け、十方から来方のものに無遮の供養を施す事」。

などであったということです。

無遮供養については、総回向の三日間だけでなく、期間中ずっと行われていたようです。『般若無礙海』に、「無遮供養は、門外の農家を借りて接待所とし、観音巡礼者達が供養を受け、その数は八百人におよび、その期間は百二十日におよんだ。」

と書かれています。また、「無宿癩病の人々に木屋を造り、一日三回食事を運び、三日に一度洗浴させた。」という事です。この時、丹波の僧周苗（『夏冬安居牒』の配役は堂司）が湯薬司となり、奥州の僧宏海（配役は供真）は給侍士となって世話をしたということです。当時、無宿癩病の人々は、差別を受けていました。この方々に慈悲の手を差しのべることは、大変な勇気がいったものと思われます。まさに無遮の供養を行ったということです。

第四章　明和七年八年の日記の発見

平成十八年に当寺の古文書の中から、偶然にも明和七年（十九世大庵正道大和尚代）と明和八年（二十世天隆壽門大和尚代）の日記二冊が見つかりました。この日記によって、当時の様子がより具体的にわかってきました。

日記内の石経蔵事業に関する事項を抜粋しましたので参照下さい。

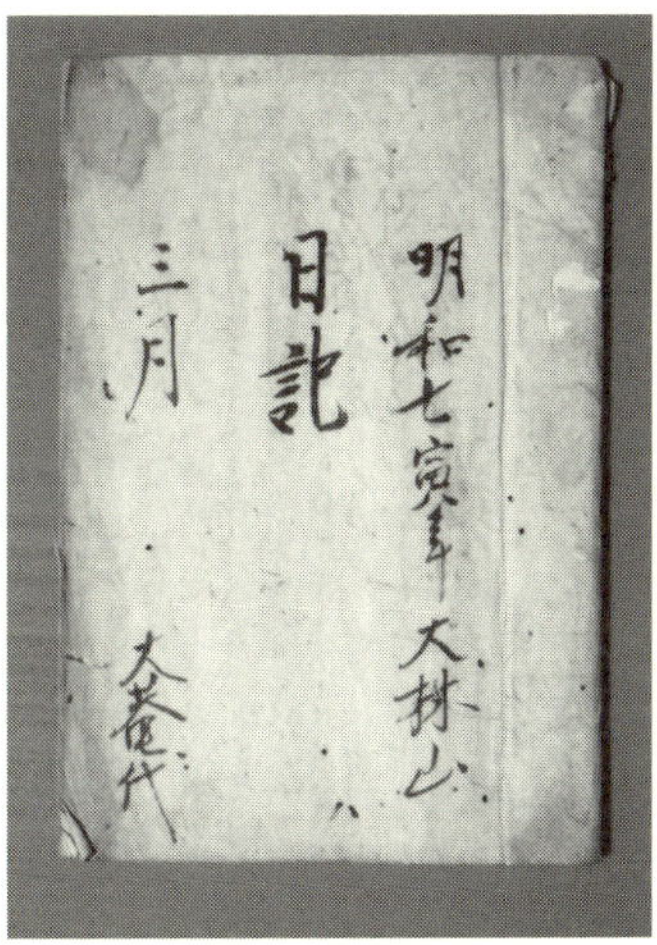

明和七年日記

明和七年日記（抜粋）

明和七年（一七七〇）		
三月	十九日	十九世大庵正道大和尚晋山式
四月	四日	道樹和尚光来　拝物襟巻菓子箱金百疋宦香伴僧三人賢隆長老返披露に出る
	六日	道樹老和尚龍石寺より御出達
	十三日	龍田寺閑居和尚（仏量来道）来寺

四月	二十三日	掛塔僧官邦　義産　見量拝具
五月	七日	宗龍禅師入寺　石書初大般若転読
		金二百疋　のり　襪子　賀偈三本宗龍禅師より贈
	十一日	山田村堀内隠居茂右衛門より書写願い来る
	十八日	越後より瑞鱗　樵山　鐵禅来る
	二十五日	妙見宮　武甲山　三峰に奉納の理趣分（りしゅぶん）書写終わる
六月	一日	妙見宮へ理趣分奉納　三峰山　武甲山に奉納
	二十日	宗龍禅師　黙子禅師の二十七回忌法要営む
	二十一日	龍田寺和尚尊来　尼僧五人来る
	二十三日	宗龍禅師麦托鉢　宮地村三十八人新麦切り
	二十五日	龍田寺隠居和尚尊来
	二十九日	晩間法益あり（宗龍禅師による説法と思われる）
閏六月	二日	上総海龍寺和尚（乗山震宗か？）尊来
	六日	抜宗和尚（高崎長松寺）尊来
	十四日	上州小幡宗福寺和尚入来
	十五日	尼僧三人来る
	十六日	越後横腰五助来る　尼僧二人来る　晩間般若窟にて歎仏あり
		石経納め始める

	十八日	瑞麟師　樵山師帰錫
	十九日	越後より四人来る　上州無量院使僧来る
	二十日	野坂寺（札所十二番）書写に来る
	二十七日	宗龍禅師勧化のため他出
	二十九日	般若石碑引きに人足大畑より助力　典座和尚万国行く
七月	一日	豊山長老西谷つ托鉢より帰る
	三日	越後月海和尚尊来
	四日	般若供養石来る
	六日	尼僧五人来る
	八日	良栄長老宗龍禅師迎えのため熊谷方面に行く
	十一日	大賢長老入来
	二十一日	供養に近門十四カ寺入来（三日間の無遮会執行）
	二十三日	供養満散

◎明和七年（一七七〇）冬　第十六回授戒会を神奈川県愛川町勝楽寺において開催する

◎同　年（〃）冬　第十七回授戒会を埼玉県飯能市長光寺において開催する

明和八年日記（抜粋）

明和八年（一七七一）		
一月	十七日	二十世天隆壽門大和尚晋山式（末寺慈眼寺より）門葉在家二五〇人参列
	二十五日	宗龍禅師御使徒とて大賢長老来駕すれども新命方丈立腹して遭わず
	二十六日	宗龍禅師使徒不調法の儀は使僧あいのべ殊に進山にも御取持申筈の所
	二十七日	大般若の石経書役の僧衆不残移転、忍海一人番屋からかえす時までいたく願い
二月	一日	寛瑞和尚尊来
	三日	量道長老大賢長老登山石経書写し道理を申し入る
	五日	中隠居（十九世大庵和尚）御発足見送り
	十八日	宗龍禅師御尊来
	二十日	宗龍禅師般若会の咄（はなし）あり
	二十七日	宗龍禅師　御隠居様（大量英器）にお膳遣す　般若会の僧衆残らず振る舞う五菜なり
		近門方役人中七〇人程振る舞う　二汁七菜
	二十八日	惣檀那参る　一汁五菜振る舞い米五表余遣う
三月	三日	般若僧皆礼賀参る
	五日	般若石経終わる　方丈様大瓜残らず振る舞う
	六日	大般若請待に上州より来る
	十五日	般若臺にて懺法執行
五月	二十二日	大般若転読大衆六人般若施主八人

◎明和八年（一七七一）夏　第十八回安居を岐阜県林昌寺にて開催する

まず、この大事業に協力する為に多くの僧侶、在家の方々が廣見寺を訪れたことが判明しました。

四月四日に「道樹和尚光来」とありますが、この道樹和尚とは、禅師の師匠悦巌素忻禅師の兄弟弟子鐵文道樹禅師（一七一〇年～一七八一年）と思われます。道樹禅師は、禅師より十歳年上で、法の上の叔父ではありますが、同年代に活躍された禅匠であります。「泉松開山鐵文道樹和尚事実」(9)を見ると、授戒会を五十八回行っており、安居助化師として多くの寺から招請されており、禅師と志を同じくするところがあったのだと思われます。偶々、明和七年夏、東竹院（埼玉県熊谷市）の授戒会に請されており、その帰りに廣見寺に寄ったものと思われます。日記で光来と表現していますが、住職が訪れた時には、尊来という敬語を多く使っており、光来はこの一カ所だけであり、禅師の叔父であり、当時の一線で活躍していた道樹禅師に対する最大級の尊敬語で「光来」と表現したものと思われます。

五月二十五日の項に、「妙見宮、武甲山、三峰ニ理趣分書写終ル」(10)、六月一日の項に、「妙見宮へ理趣分奉納、三峰山、武甲山ニ奉納」と

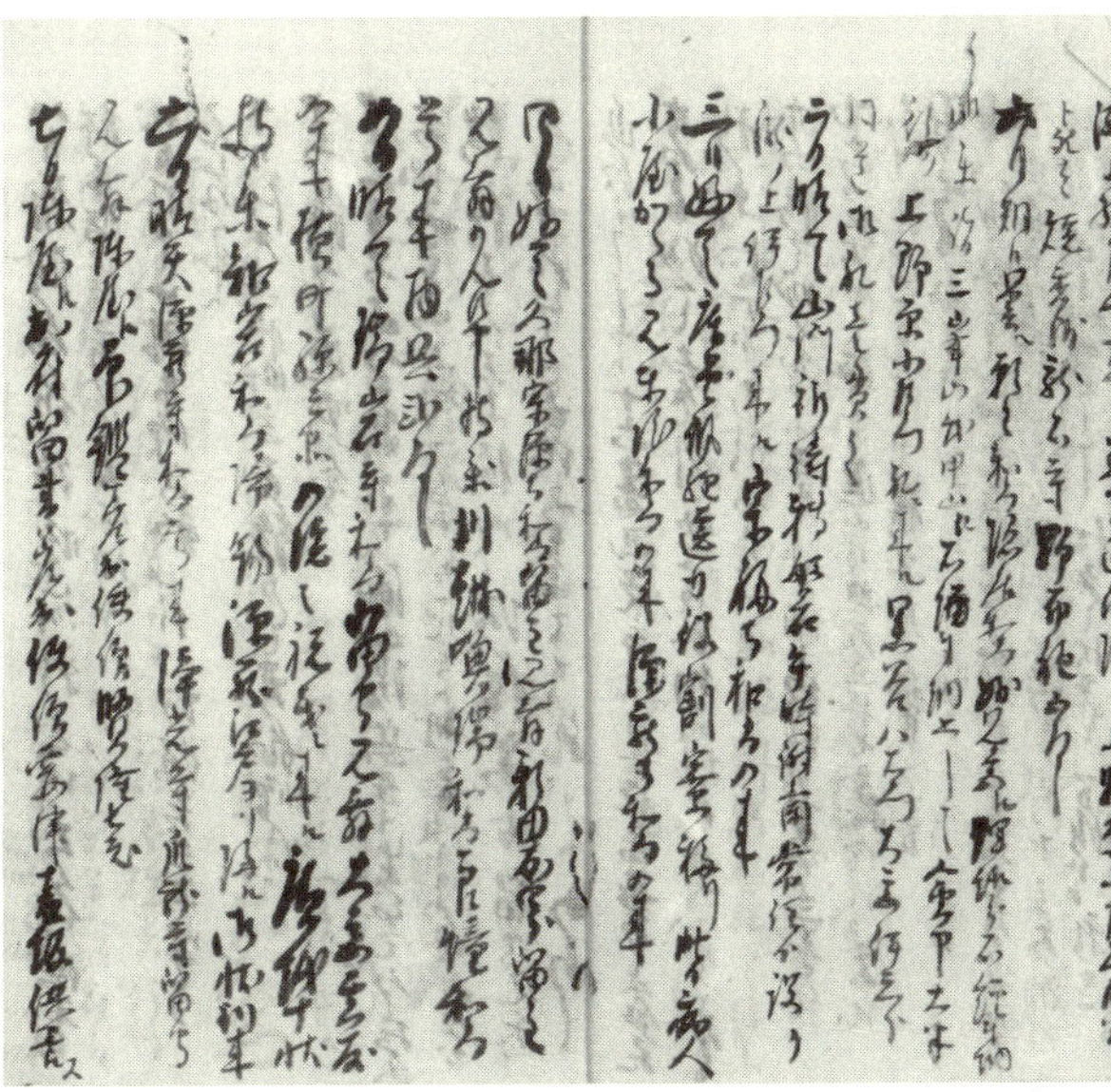

明和七年日記　妙見宮等に奉納の頁（３行～５行）

いう記述があります。これは、妙見宮（現在の秩父神社）、三峰神社、武甲山蔵王権現社に理趣分を石書して奉納したということです。『宗龍禅師語録』[11]の中にも、「明和七年寅年六月武州秩父武甲山般若石経書写七夜聞三宝鳥」と書かれており、武甲山に奉納したことがわかります。

この奉納を裏打ちする事実を二点、偶然にも発見しました。

一点目は、『秩父武甲山総合調査報告書』[12]中巻の中です。この報告書は、武甲山山頂が石灰岩採掘のため消滅することから、山頂に存在した旧蔵王権現社（ざおうごんげんしゃ）跡地の遺跡等の調査をした、その報告書であります。調査は、昭和五十二年から翌年まで行われました。

この発掘調査で、四十九個の理趣分の書かれた経石が発見されました。報告書では、享保十八年（一七三三）、蔵王権現本殿が造営された時に埋納されたものと推測されていました。今回、日記の中に武甲山に納めたという記述が発見され、記述どおりの理趣分の書かれた経石が発見されました。石の種類を調査することはできませんが、石の形状、大きさ等が、当寺石経蔵内の経石と秩父神社から出土した経石と酷似しており、禅師の納めた経

横瀬町民俗資料館の経石

石に間違いないと思われます。現在この経石は、横瀬町民俗資料館に常設展示されています。以前は、「蔵王権現社に奉納された礫石経（れきせききょう）」と説明板に記されていましたが、私の指摘により、改訂されました。

二点目は、秩父神社社報「柞乃杜（ははそのもり）」二十一号（平成十二年七月二十日発行）の三頁の記事でした。「社殿災害復旧工事覚書」という題で、工事を請負った故坂本才一郎氏が書いた文章であります。昭和四十三年九月、本殿の解体が完了したので、当時の地鎮の儀式の概要をつかむために発掘調査が行われました。すると、五十個の経石が出土しました。書かれている経典を知るために、大通院（皆野町）住職故大久保賢瑞老師に鑑定を依頼したところ、そのお経は、理趣分であることが判明しました。現在は、現本殿地下三メートルに埋納されてしまったので、現物を見ることはできませんが、坂本氏の工事記録の中に石経の写真がありましたので、許可を得て複写しました。その写真を見ると、形状は酷似しており、数もほぼ同数であり、禅師奉納の経石であることは間違いないと思います。

秩父神社出土の経石

なお、三峰神社にも、このことについて報告をしてありますが、発掘等の具体的なことは難しいと思われます。

この二点の経石の発見により、日記の信憑性も高まり、禅師の書写に対する熱い思いも伝わってくる大きな発見であったと考えます。

第五章　供養満散法要

「大般若石経書写之定規」にも書かれていますが、七月二十一日から二十三日までの三日間、結縁した全ての人々の先祖供養と祈祷を行ないました。日記には、末寺近門十四ケ寺の住職も出席したと書かれています。『大般若石経書写行願品』[13]の中に、もう少し具体的な様子が書かれています。

「奉納供養三日間ノ間ハ、聚来ノ人ヲシテ石経ヲ一

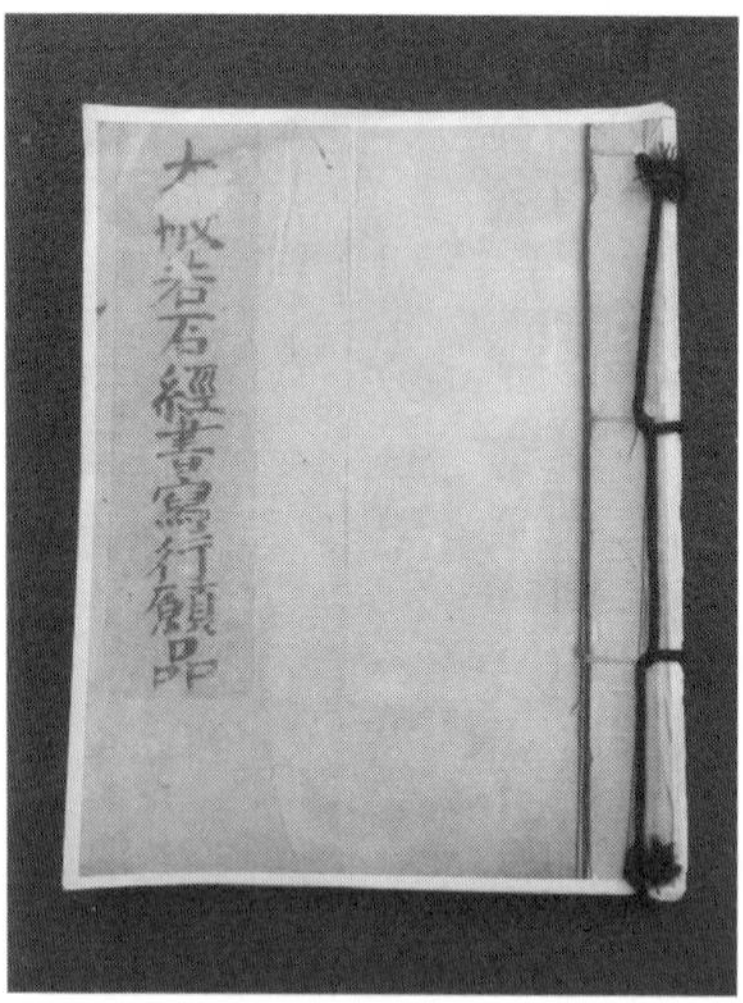

『大般若石経書写行願品』（大隆寺蔵）

石ヅツ手送リニシテ宝蔵ニ納ムル者也。這レ来会ノ人普ク石経ノ因縁ヲ結ブナリ。」と、書かれています。百日間に書写された数千個の経石を一つ一つ手送りで経蔵に納める人々の感動の姿が想像されます。また、「奉納三日ノ夜間ハ、一夜ニ一萬ヅツ燈明ヲ般若仏母ニ献ズ、三夜三萬燈明仏光明ナリ」と、書かれており、夜、石経蔵の前に一万灯のローソクが赤々と輝き、参拝者は言い知れぬ感動を得て、思わず石経蔵に手を合せたのではないでしょうか。実は、禅師は前年にも同じようなことを行っていたことが、『横越島旧事記』(14)に紹介されています。明和六年八月十五日のことです。この年は、宝暦七年の越後大飢饉の十三回忌の年にあたり、禅師は宗賢寺において大規模な無縁供養法要を行いました。この時、川原に十間四面の生類棚を設け、一万灯のほうづきとうろうを下げ、見物人が何万人も訪れたということです。禅師は、理論面でも、坐禅の実践でも一流の方でありましたが、民衆の心をとらえて、信心を発起(ほっき)させる方策を知っている優れた演出家でもあったのです。

第六章　明和八年まで続いた石経蔵事業

「大般若石経書写之定規」によれば、七月二十一日から二十三日までの総回向で事業は完了となる予定でしたが、明和八年の日記を見ると、三月まで継続していたことがうかがえます。

禅師は、明和七年七月、廣見寺から勝楽寺（神奈川県愛川町）に向かい、冬安居（通算十七回目）に参加しました。そして、安居が終わった一月か二月初旬頃、長光寺（埼玉県飯能市）において授戒会（通算十七回目）を行いました。そして、二月十八日に廣見寺に再来しました。二十日には「宗龍禅師ノ咄（はなし）」があったと書かれています。また、二十七日、「宗龍禅師、御隠居様（大量和尚）ニオ膳遣ス、般若会ノ僧衆残ラズ振舞五菜也」。三月三日、「般若僧皆来賀ニ参ル」。五日、「般若石経ヲワル」と書かれており、長光寺の授戒会に随喜した僧侶達（般若僧）が、禅師と共に来寺し、書き残した経石に写経したり、大事業の残務作業を行ったのではないかと推測しています。そして、三月五日に、すべて終了し諸道具を整理し、次の安居地である林昌寺（岐阜県飛騨市）に向かったものと思われます。

第七章　大事業の資金について

この石経書写の大事業を行うにあたって、当然多くの資金が必要であったはずです。石工への日当、食事代（一年間八人分）、僧侶達の食事代（百日間分）、無遮供養の費用、三万本のローソク代（江戸時代は、現代よりも貴重品で高価であったと思われる）、書写堂や木屋、沐浴所の建築費用等、相当な金額であったものと考えられます。残念なことですが、当寺にはその時の決算書が見当たりません。絶対に収支決算書は作成しているはずで、これが見つかれば、本当に全容が解明できると思います。ただ、断片ではありますが、大隆寺の古文書の中に、[15]「金千両と米千俵を要したが、その際は高瀬村五郎兵衛親子が金百両を寄進し云々」と書かれており、現代のお金の換算で一億円（一両十万円として）以上のお金が使われたことになります。このお金は、禅師の信者達（五郎兵衛他）[16]の浄財、廣見寺檀信徒の浄財、授戒会の参加費、廣見寺常什金等であると思われます。

第八章　その他の発見

『大般若石経書写行願品』内の献三萬燈の記述の後に、

「奉納後ハ毎年三月十五日ニ般若蔵ノ前ニ於テ懺法（せんぽう）ヲヨミテ般若相続ヲ祈リ並ニ般若胎中ノ施主之戒名萬霊等ニ回向ス。般若蔵ノ前ニ金體ノ十六善神ヲ安置シ奉テ、永劫守護後々末々法滅盡ノ時此石経ヲ再ビ開出シテ弘通シ無仏世界ノ群生ヲ皆度スルナリ。奉納後ハ般若蔵前ニ常燈明ヲ建テ般若仏母ニ献上シ云々。」

と書かれており、石経奉納後に毎年三月十五日、石経蔵前で懺法を修行したこと、石経蔵前に金銅像の十六善神と常燈籠を建てたということです。ただ、残念なことですが、現在は、三月十五日に懺法も行われておらず、十六善神像も燈籠もありません。

しかし、明和八年日記の三月十五日の記事に、「般若臺（石経蔵）において、懺法執行」とあり、おそらく、最初の懺法が行われたものと思われます。また、当寺の祠堂金牒の中に、

「願主宗龍大和尚永代於　般若窟　毎年三月十五日懺法修行料祠堂金　明和八年二月十八日寄附」と書かれており、金十五両を禅師が寄付したことになっています。これによって、明和八年以後毎年石経蔵前で懺法が行われていた事がわかりました。唯、何時まで行なわれていたかは不明です。新たなる日記を捜したいと思っています。

そして、この記事に続いて常燈明のことが出てきます。禅師は、永代常燈明代として二十両（ただし施主は越後国田之口村多田理右衛門）寄付したと書かれています。行願品の記述を信じて、当寺の古文書を調査すると、何とそれ

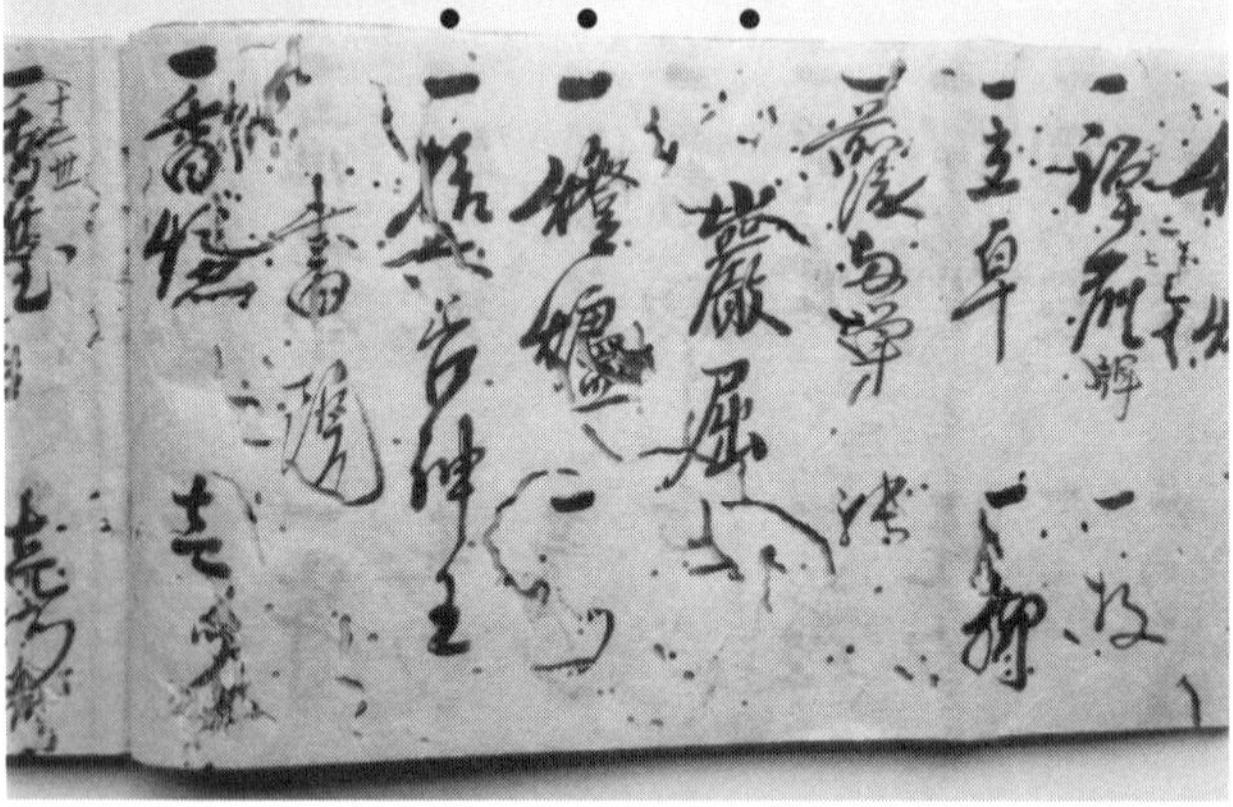

諸般改帳（筆者●点）

を証明する古文書が出てきたのでした。それは、安永十年（一七八一）の「諸般改帳」の中でした。写真にあるように、「巌屈（石経蔵）一燈爐（とうろう）一ツ　一拾六善神王」と書かれており、確かに存在していたことが確認できました。ただ、燈籠と金銅の十六善神が何所へ行ってしまったのか不思議でなりません。

その他、「祠堂金牒」の最後の所に「永代大般若六百巻修覆料」として七両二分寄付したことが書かれています。禅師は都合四十二両二分という大金を廣見寺に寄付したことになります。更に、明和八年「校割新添帳」に「一禅堂蚊帳　二張」、「一椀五十人前坪平（つぼひら）共」と書かれており、寄付したことが判明しました。

このように禅師は、廣見寺に多額の浄財と什物を寄付してくれました。これは、

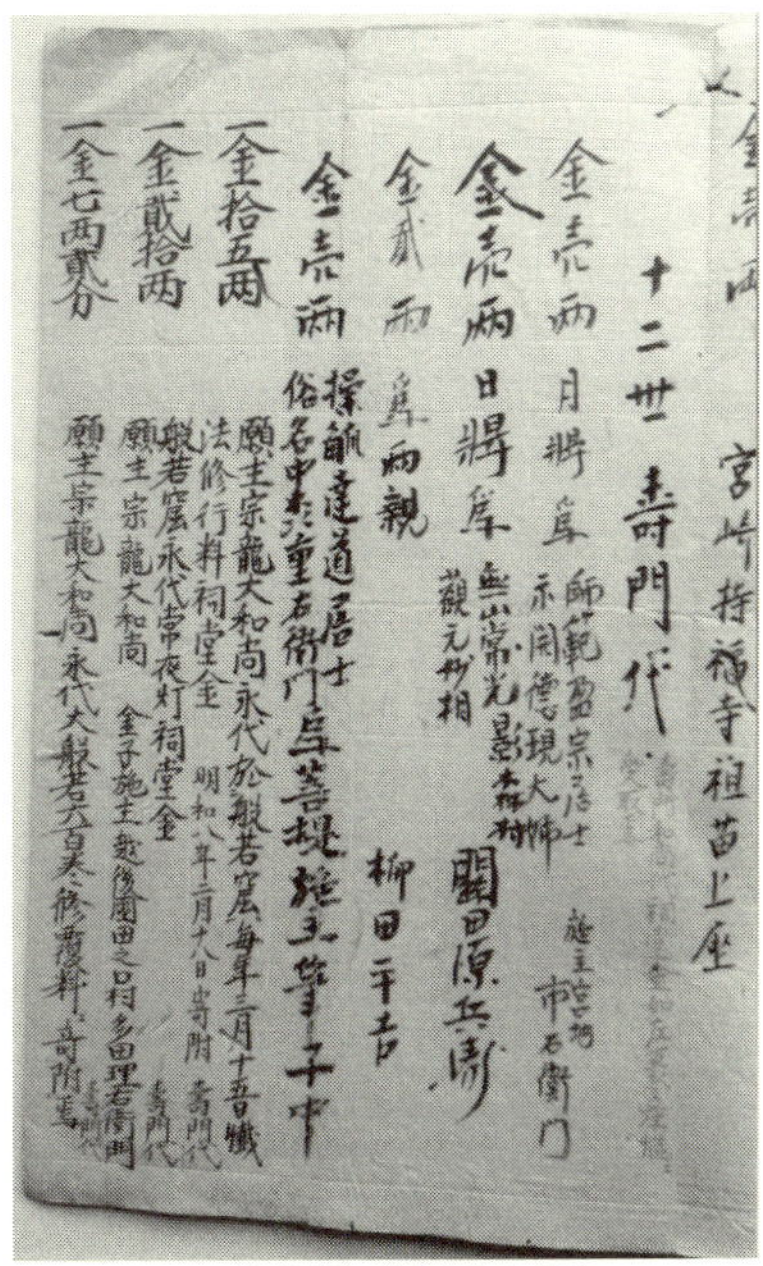

祠堂金牒（廣見寺蔵）

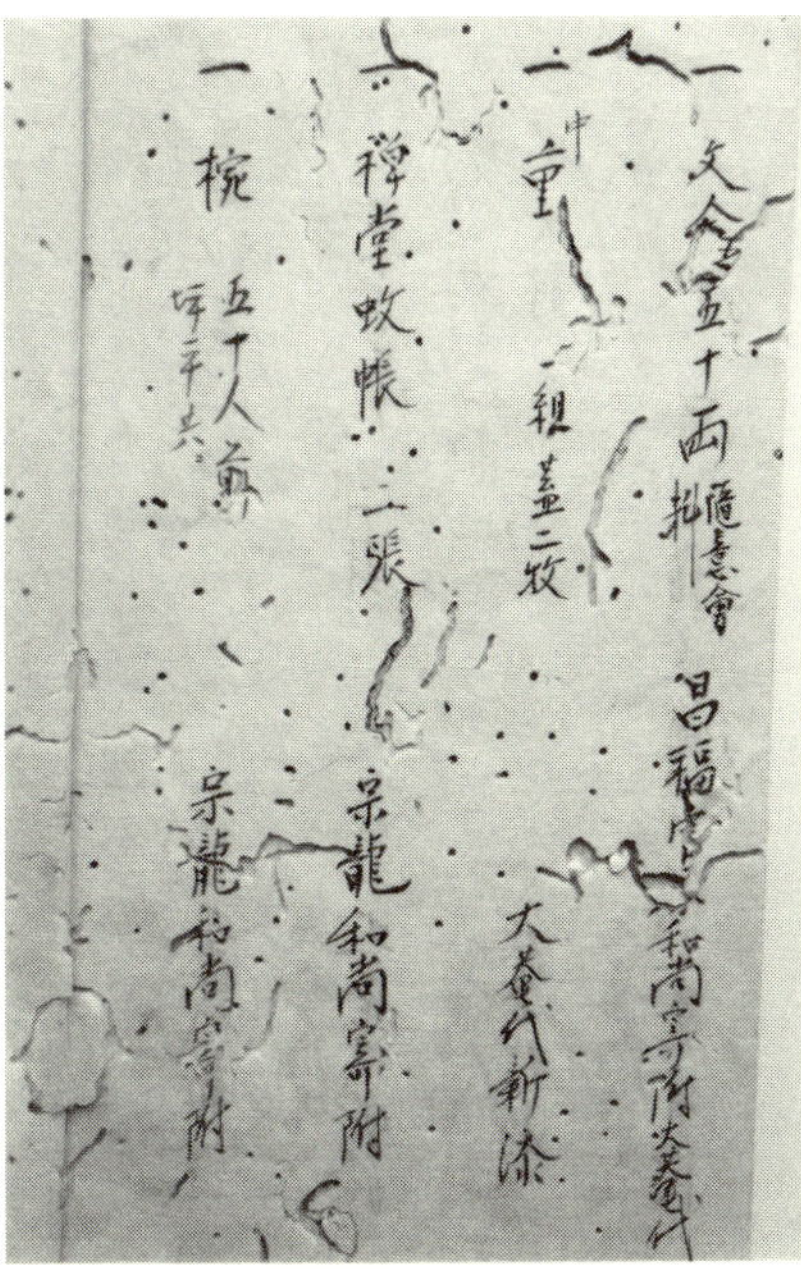

校割新添帳（廣見寺蔵）

自分の大願に共鳴し、大事業に協力してくれた大量英器大和尚を初めとする廣見寺僧団、檀信徒に対し、感謝の気持ちを顕わしたものではないかと推測致します。そして、「永代」の言葉が示すように、永く永く続けてほしいという願いもこもっていたのではないでしょうか。

第九章　髙野俊彦氏の発見

平成二十九年七月の勉強会の折、髙野俊彦氏が持参した資料によって、石経蔵には向拝があったことがわかりました（本書三七〇頁参照）。

その資料とは、松本家文書の『境内諸堂社等書上帳』という帳面であります。日付は、文化元年（一八〇四）三月となっており、『松本御用日記』にも一村ごとに提出する旨が書かれています（第十二巻三三七頁）。この資料によれば、明和七年の時は、間口三間、奥行二間の笹板葺の向拝があったが、老朽化したので、天明五年（一七八五）に、間口七尺五寸のものに建て替えたと書かれています。

現在は、火灯窓風の扉だけですが、当時は向拝が付き、燈籠があり、十六善神像が立っていたとすると、堂々とした構えの石経蔵だったことが想像できます。

第十章　「ブラタモリ」が証明　石経蔵の岩の硬さ

平成二十九年九月十五日（金）、NHKの番組「ブラタモリ」の放送で、秩父・長瀞の地質が紹介されました。その中で、札所十九番龍石寺（廣見寺末寺）も紹介されました。案内役を務めた小幡喜一氏が、龍石寺は寺名の通り石（岩）の上に建っており、この岩は、砂岩ではあるが只の砂岩ではなく、硬質の砂岩だと説明されていました。その放送後、小幡氏が当寺を訪れ、石経蔵の岩を確認したところ、龍石寺の岩と石経蔵の岩は同質のものであると指摘していただきました。その生成過程を説明していただいたところ、

「龍石寺の東側三kmの所に断層ができた時、崩れた大量の土砂がここまで流れてきた。土砂は海の堆積物で覆われて硬くなった。やがて荒川が河岸段丘をつくるなかで、周りの泥岩の地層が削られて、川砂利をかぶったが、硬い角

札所十九番龍石寺

礫質砂岩は突出した塊として残った」

ということです。

第二章にて、石経蔵は八人の石工が一年がかりで掘り上げたが、一時は岩が硬くて石工が音（ね）を上げたと書きました。実は、私はこの『般若無礙海』の禅師の表現は、大事業の大変さを演出するためのものではないかと考えていました。それは、見た目は砂岩ですから、容易に掘れるものと考えていたからです。それが、小幡氏のお話で、本当であったことが確認され、改めて『般若無礙海』の信憑性が高まり、嬉しく思っています。とともに疑いを抱いた私自身を恥ずかしくも思っています。『般若無礙海』に、

「石體玄硬（げんこう）にして、一玄翁（げんのう）毎に火星出で、槌鑿は早く潰（つぶ）れて、速功を得ず。則ち石工等辞謝して曰く、我ら怖くは、輙（たやす）く成就し難し。他に易（か）えよ。」（原漢文）

と、石工の訴えを書いています。これは、本当のことだったのです。

偶然にも、思いがけないところから真実が発見でき、あらためて事業の困難さに思いを馳せる次第であります。

第十一章　結び

以上、石経蔵事業について現在までに判明している事象について書き上げました。

思うに、この事業は、禅師の思想、信仰、願心が凝縮した代表的な事業であったと考えています。それを箇条書きにすると、

一、封建社会において、当時差別されていた無宿癩病（らいびょう）の人々にも供養し、無遮（むしゃ）平等の精神を貫いた。

一、大般若経の功徳を実践して僧俗を教化した。

一、大衆の威神力を信じ、多くの僧俗を巻き込んで事業を完遂した。

一、災害被災者等非業の死を遂げられた人々の無縁供養の信仰を持っていた。

一、弥勒仏下生（五十六億七千万年後）の折、すべての者が救われる願心を持っていた。（その時まで経典が朽ち果てない為に石に書写した。）

一、常乞食僧を自称し、常に乞食をし、清貧の中に生きた。

まだまだ禅師の研究は、道半ばではありますが、核となる考えが石経蔵事業の中で実践されているので、これからの研究に役立つと考えています。

【註記】

(1)『正受戒弟簿』（岐阜県高山市大隆寺蔵）宗龍禅師が戒師を勤めた授戒会（六十四回）に出席した戒弟の名前、戒名が記された帳簿。約一万五百人の戒弟が出席した。このような帳簿は、曹洞宗内では唯一と思われる貴重な宗宝である。

(2)『般若無礙海』（大隆寺蔵）『宗龍和尚遺稿下』一〇九頁〜一一二頁。

(3)『夏冬安居帳』（大隆寺蔵）宗龍禅師が主催した三十三回の安居参加者の名前、出身寺院が書かれた帳簿。『正受戒弟簿』と同様、極めて重要な宗宝である。大而宗龍伝三一五頁〜四四二頁に所収。

(4)結制安居　一寺院に集合して、九十日間の修行を行うこと。修行者のリーダーとして首座和尚（しゅそおしょう）が選出され、九十日安居の先頭に立って修行を行う。主催する寺院の住職は、完遂する事によって大和尚の位を得る。

(5)英倫（麟）大量大和尚の弟子（法も嗣いでいると思われる）末寺慈眼寺十世。遺金遣付覚（大隆寺蔵）の文書の中に「転衣金五両」を与えると書かれている。

(6)「大般若石経書写願文並序」（宗龍著）廣見寺蔵。『埼玉叢書』第三、九九頁〜一〇四頁。

(7)「大般若石経書写願文序」（大量英器著）廣見寺蔵。『埼玉叢書』巻三、一〇五頁〜一〇六頁。

(8)「大般若石経書写之定規」（宗龍著）廣見寺蔵。『埼玉叢書』巻三、一〇七頁〜一〇八頁。

(9)「泉松開山鐵文道樹和尚事実」『曹洞宗近世僧傳集成』五六一頁〜五七二頁。

(10)理趣分　大般若経六百巻中五七八巻目。大般若祈祷会の際、導師が読誦する尊い巻。

(11)『宗龍禅師語録』観音院（新潟県新発田市）蔵。平成二十六年、町田廣文が復刻する。『大而宗龍伝』

四九頁参照。

⑿『秩父武甲山総合調査報告書』中巻、武甲山総合調査会刊　二〇〇頁～二一〇九頁。

⒀『大般若石経書写行願品』（大隆寺蔵）大般若石経書写の目的を十八に分けて説いたもの。廣見寺の石経書写のことが具体的に書かれているので、明和七年頃に書かれたものと思われる。

⒁『横越島旧事記』（片山春堂著）新津・中浦原郡郷土資料第一集所載。『大江山村』史八六三頁にも所載。

⒂大隆寺古文書『曹洞宗報』平成二十四年一月号、文化財調査委員会　調査目録及び解題　大隆寺編一一〇頁四八、大而宗龍書状　状一通。

⒃新井五郎兵衛　群馬県富岡市中高瀬の人。宗龍禅師の信者にて高山大隆寺建立の時も百両寄付している。授戒会にも複数回参加している。大隆寺に中興開基として位牌がある。田之口村（新潟県栃尾市）理右衛門は、廣見寺に二十両寄付している。授戒会にも複数回参加している。

悦巌禅師四龍
―特に全龍　大龍（逸龍）について―

町田廣文

第一章　悦巌禅師四龍とは

宗龍禅師（以下禅師）の本師悦巌素忻禅師のことが『越後野史』[1]巻二十に紹介されています。その中に、

「入室の弟子四人有り、曰く眞龍曰く蒼龍曰く全龍曰く大龍、世人之を称して悦巌の四龍と謂う。各龍字を以って名を蒙るの故也。此れ皆当時の俊傑にして大いに宗風を振るう」

と、書かれています。悦巌禅師は、西蒲原郡赤塚村（現新潟市）の生まれで、黙子素淵禅師に参じ、印下を受け、師の後を嗣いで少林寺（静岡県掛川市）二世となり、その後、萬福寺[2]（新潟市）住職を十二年勤め、請われて加賀の大刹[3]天徳院の住職となりました。天徳院に住すること七年、辞して観音院（新潟県新発田市）に隠居し、宝暦十二年（一七六二）示寂しました。地元では、有名な禅師であり、その書は、新潟市の文化財[4]に指定されています。この悦巌禅師には、多くの弟子がおりました。中でも秀れた四人の

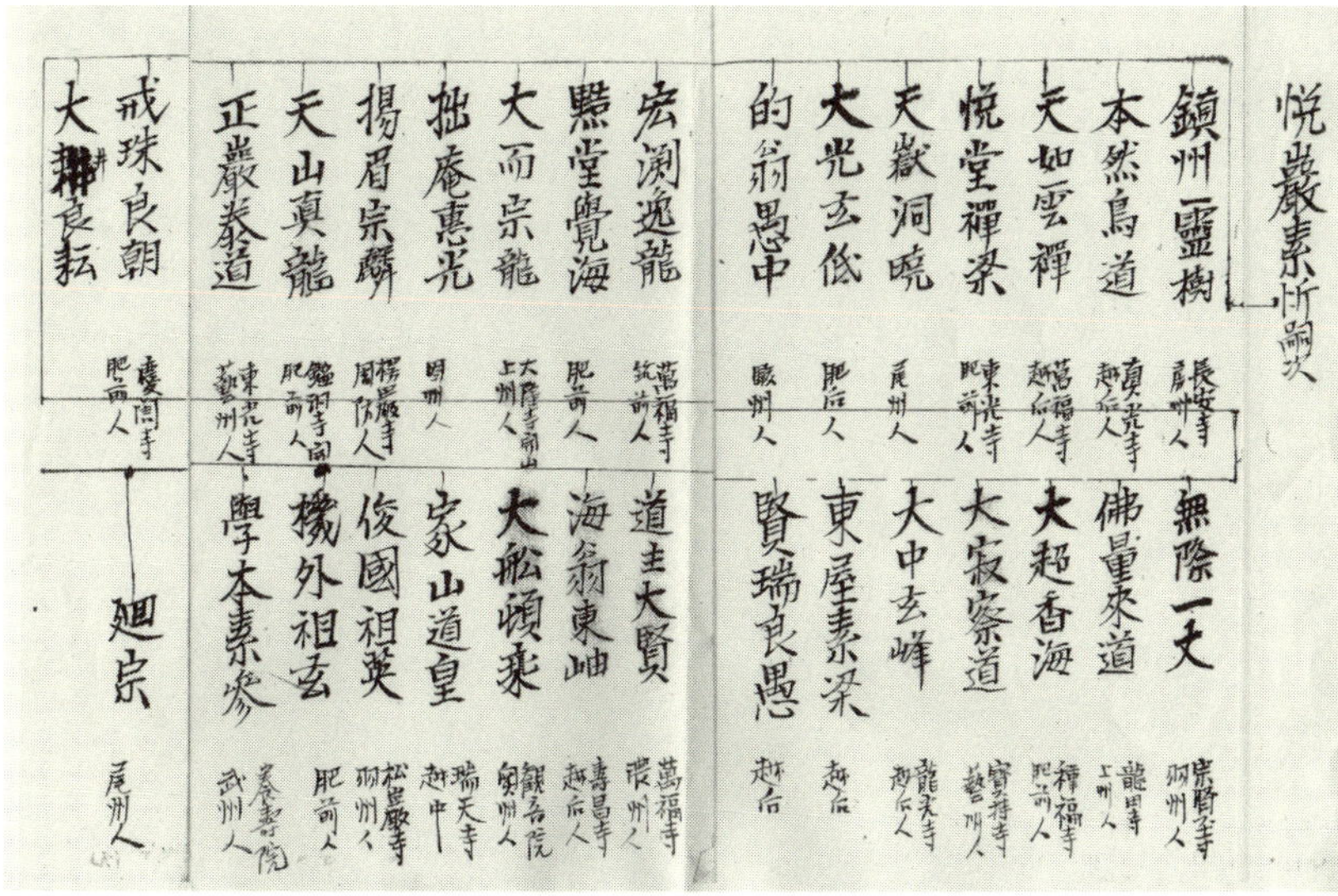

西来山良高禅師下系図鑑（観音院蔵）

弟子がおり、世に「悦巌の四龍」と呼んだということです。その四龍とは、眞龍、宗（蒼）龍、全龍、大龍の四人を指します。前二名は、天山眞龍大和尚（静岡県少林寺六世、新潟県鑑洞寺二世、地蔵院開山、神奈川県壽昌寺十三世）であり、大而宗龍禅師であります。二人は、『曹洞宗大系譜』[5]にも、『西来山良高禅師下系図鑑』（観音院蔵、十七世佛仙智開謹書）にも名前があり、確定できるのですが、全龍、大龍については、大系譜（悦巌下）にも下系図鑑にも見い出すことができず不明の状態でした（禅師の研究が始まるまでは、何の問題もなかった）。近年、宗龍研究が進んで、その存在が明確になったので、論証したいと思います。

第二章　全龍について

『夏冬安居牒』の中、宝暦十四年（一七六四）東光寺（新潟県新発田市）夏安居（通算四回目）に「甲州之人事　圓通庵主　全龍座元」という名が見えます。甲州の人事とは、甲州の出身ということで、圓通庵（所在不明）住職で、座元とは、首座職を勤めた僧階にある者をいいます。この安居には、弟子の芳洲も参加しています。続いて大榮寺（新潟県栃尾市）冬安居にも参加しています。この時、同時に行われた授戒会（通算四回目）では侍者を勤め、『正受戒弟簿』には、「活宗全龍大和尚」と記されています。また、安永元年（一七七二）宗泉寺（栃木県足利市）冬安居（通算十九回）には、「上州寺山龍田寺全龍和尚徒　一渓」を参加させています。この活宗全龍が、安居に二回参加し、授戒会では、侍者（禅師の元で秘書的な役割）という重要な役についていることから四龍の一人「全龍」であろうと思われます。しかし、

龍田寺

確定はできないので慎重に証明していきたいと思います。
まず、『曹洞宗大系譜』二索引にて全龍を引くと一〇一八頁に群馬県龍田十一世佛量来道の法嗣として、十二世浩（活）宗全龍が確認できました。師匠の来道和尚も明和三年（一七六六）龍田寺冬安居（通算九回目）の住職を務めており、『下系図鑑』にも弟子として掲載されています（悦巌禅師の法は嗣がず、龍田寺十世龍淵珠白大和尚の法を嗣ぐ）。龍田寺開山堂にも「前永平活宗全龍大和尚」と書かれた位牌が確認できました。つまり、全龍は来道と同じように悦巌の法は嗣がず、兄弟弟子と思われる来道の法を嗣いだことになります。

この全龍和尚は、龍田寺を退居して、次の寺の住職になったようです。

大隆寺（岐阜県高山市）の古文書の中に『龍華会雑録』[6]という禅師の書かれた典籍があります。その中に「相之壽昌寺[7]眞龍法兄開堂同門之疏」という表題の箇所が見つかりました。これは、天山眞龍大和尚が明和六年結制安居した時に、禅師が同門の眞龍のために奉読したものと思われます。そこ

龍田寺開山堂（左端が全龍大和尚の位牌）

で、相州壽昌寺を調査したところ、神奈川県藤沢市にある壽昌寺であることがわかりました。歴住を調べると、

十二世梅叟了儀大和尚（徳翁良高法系）
十三世天山眞龍大和尚（兄弟弟子）
十四世海(梅)翁[8]東岫大和尚（兄弟弟子）
十五世活宗全龍大和尚（兄弟弟子）
十六世益山台洲大和尚
十七世笑山白翁大和尚（宗龍禅師随身僧・宗賢寺十四世・観音院八世・鑑洞寺六世）

と禅師の兄弟弟子、関係者が歴住となっており、龍田寺全龍と壽昌寺全龍は同一人物であると思われます。

それでは、龍田寺から壽昌寺に何時移転したのでしょうか。『夏冬安居牒』に、来道和尚は明和三年（一七六六）龍田寺冬安居住職、翌四年宗賢寺夏安居に「上州龍田退居来道鑑寺」と書かれているので、明和四年初頭には、全龍和尚が龍田寺

壽昌寺

住職になっていたと思われます。そして、安永元年（一七七二）宗泉寺（栃木県足利市）冬安居に「上州龍田寺全龍和尚徒　一渓」と書かれており、少なくとも安永元年までは龍田寺住職であったことが確認できます。

一方、壽昌寺世代から経緯を追っていきたいと思います。

壽昌寺十四世海翁東岫和尚は、明和七年（一七七〇）五月に萬能寺（新潟県燕市）住職として大本山總持寺に瑞世しています。十三世眞龍和尚は、明和七年秋に長興寺（新潟県長岡市）に移転していることから、東岫和尚は明和七年秋には壽昌寺住職となったものと思われます。そして、東岫和尚と全龍和尚の交代期は何時かとなりますが、全龍後住の龍田寺十三世元龍和尚が安永四年（一七七五）龍田寺住職として總持寺に瑞世していること[9]から、全龍和尚は、安永元年以後安永四年以前までの間に壽昌寺住職となったものと推測されます。

そして、大隆寺古文書の中から決定的な資料を発見しました。それは、「袈裟問答」[10]という表題の禅師と全龍和尚の問答を綴ったものであります。ここに原文と抄文を掲載したいと思います。

龍田寺　歴住位牌（昭和９年作製）

「袈裟問答」原文

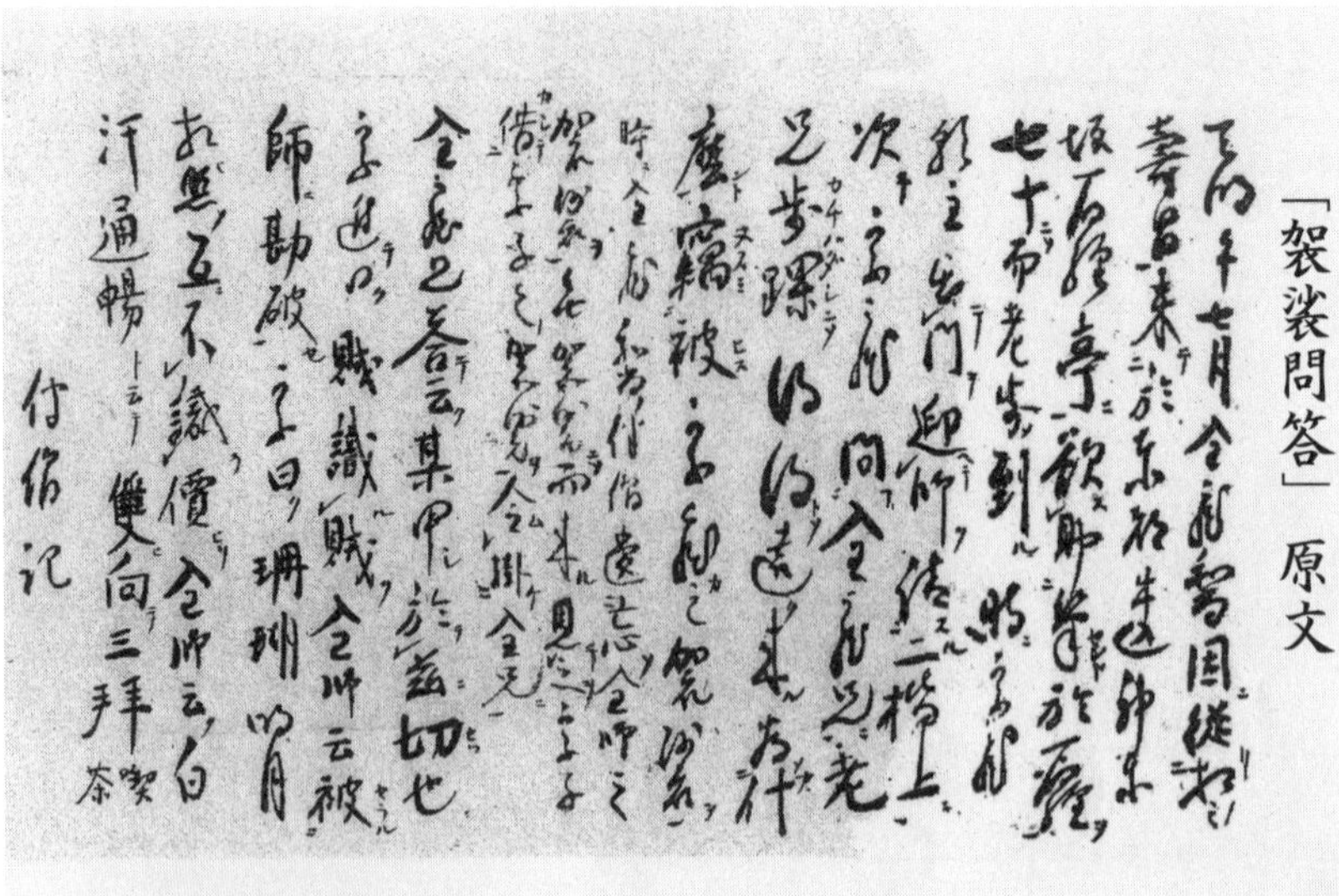

読み下し文

天明午七月全龍和尚因（ちなみ）に相の壽昌より東都牛込神楽坂石経亭に来て石経を助筆せんと欲す。七十にして老歩して到る。時に宗龍願主門を出て師を迎えて二階上に請する次いで宗龍全龍兄に問う。老兄歩踝（かちはだし）にて得々として遠く来る什麼（なん）としてか宗龍が袈裟を窃被（ぬすみひ）す。

（時に全龍和尚の伴僧、全師の袈裟を遺忘（わすれ）て無袈裟にして来る。これを見て宗子、宗子の袈裟を借して、全兄に掛（かけ）さしむ。）

全龍兄答えて云く。某甲茲（それがしここ）に於いて切なり。宗進で曰く。賊・賊を識る。全師云く。師に勘破せらる。宗曰（し）く、珊瑚名月相照らして互いに価（あた）いを識らず。全師云く、白汗通暢と云って双び向って三拝喫茶

伴僧記

この文書は、天明六年午（一七八六年七月）、廣岳院（東京都港区）において[11]一切経書写供養を志した年で、全龍和尚は、七十歳という老身をおして、相模国壽昌寺から江戸神楽坂石経亭（所在不明）に助筆に来た時の問答です。内容ですが、禅師は全龍和尚がはるばる壽昌寺から助筆に来てくれたので、その労苦をねぎらうために、門の外まで出て迎えました。実はこの日、全龍和尚は、お袈裟を忘れてきて、禅師の袈裟を借りて助筆することになったのでした。これを禅師が捉（とら）えて問答におよびました。

「全龍兄さん、今日はわざわざ遠くまで来て私の袈裟を窃んで被（き）るのですか」

「私はいつもいつも時を大切に生きている」

「賊、賊を知る（貴兄も私も同じ考えをもっている同朋である）」

「貴方にはすべて見すかされているよ」

「珊瑚と明月とどちらがどちらだかわからないように互いに輝いている」

「すべて見すかされて冷汗がでるけれど貴兄に会えて大変うれしいよ」

二人は互いに認め合い三拝して喫茶す。

この会話は、お互いに七十という老境を迎え、昔の修行時代のことを思い出したりして、肝胆相照らす兄弟愛のようなものを感じさせる文章ではないでしょうか。

即ち、龍田寺十二世、壽昌寺十五世活宗全龍大和尚は、四龍の一人「全龍」に間違いないと結論づけました。

なお、全龍和尚はこの後、文化五年（一八〇八）まで生き、長寿を全うされました。

関係年表

和暦	西暦	事項
宝暦十四	一七六四	東光寺夏安居　甲州之人事圓通庵主全龍座元として参加
明和　元	一七六四	大栄寺冬安居に全龍座元として参加 大栄寺授戒会に侍者活宗全龍大和尚として参加
明和　三	一七六六	龍田寺冬安居　住職は佛量来道
明和　四	一七六七	宗賢寺冬安居に上州龍田退居来道鑑寺として参加 故に全龍が龍田寺住職になったと思われる
明和　六	一七六九	眞龍　壽昌寺において結制安居
明和　七	一七七〇	東岫　万能寺住職として大本山總持寺に瑞世 眞龍　壽昌寺を退居して長興寺（長岡市）に住す 故に東岫が後住になったと思われる
安永　元	一七七二	宗泉寺冬安居に弟子一渓（上州龍田寺全龍和尚徒）を参加させる
安永　四	一七七五	龍田寺元龍和尚　大本山總持寺へ瑞世　全龍は壽昌寺に転住したと思われる
天明　六	一七八六	禅師と「袈裟問答」する

第三章　大龍（逸龍）について

大龍和尚は、『正受戒弟簿』によれば、明和元年（一七六四）大榮寺授戒会、翌二年常安寺授戒会に大龍上座として参加しています。また、『夏冬安居牒』によると、明和三年、四年、五年宗賢寺安居（配役はいずれも聴呼―住持の左右に侍して、その命令を聞いてこれを伝達する役）に参加しています。そして、明和七年（一七七〇）廣見寺冬安居には「宗龍和尚弟大龍雑務」として参加しています。大島晃氏も『大而宗龍伝』の中で書いていますが、法臘が浅く、（『夏冬安居牒』は、法臘順に書かれており、四回いずれも最後の方に書かれている）かつ、宗龍禅師の弟子とのことで四龍の一人として考えるのは難しいと思われます、と書いています。それでは、大龍に代わる「龍」がつく悦巖禅師の弟子がいたのでしょうか。大島晃氏も言及していますが、悦巖禅師の弟子に宏淵逸龍大和尚がおります（『大系譜』、『良高禅師下系図鑑』にあり）。大島氏が大而宗龍伝を出版した当時は、証明するものはなく、あくまでも推論ということで、大龍ではなく逸龍ではないかと指摘をされていました。それが、平成二十六年九月に高山大隆寺で行われた第五回宗龍禅師シンポジウムで新資料が発見され氷解したのでした。

大隆寺本堂裏の開山堂兼位牌堂に「開山灰像龕　宗龍禅師造之」と書かれた箱が発見されました。蓋を開けると中に尊像が入っていました。開山悦巖禅師の尊像と思われます。灰像とは、カイゾウと読み、お骨や遺灰を土で練りこんで作った像のことです。悦巖禅師は宝暦十二年三月十三日、観音院にて示寂され、その地で荼毘に付され、本堂裏の歴住墓地に埋葬されました。禅師はその時の遺灰を集め、灰像を作ったものと思われます。そして、大隆寺創建の折、寺に持参したものと推測されます。

この蓋裏に「悦巖禅師嗣法弟　有四龍専一起禅風　真龍逸龍全龍宗龍　加洲天徳院八世也」と書かれていました。誰の書であるか不明であり、筆跡等の研究が必要となってきますが、おそらく三世の慧林ではないかと推測します。何はともあれ、逸龍の入った四龍の新資料が発見され、逸龍説が現実味をおびてきました。逸龍和尚は、宝暦九年（一七五九）一月二十日總持寺に瑞世をしています（宗龍　宝暦十年、眞龍　宝暦十一年）。そして、師匠悦巖禅師の住職した萬福寺に十二世として就任しています。萬福寺

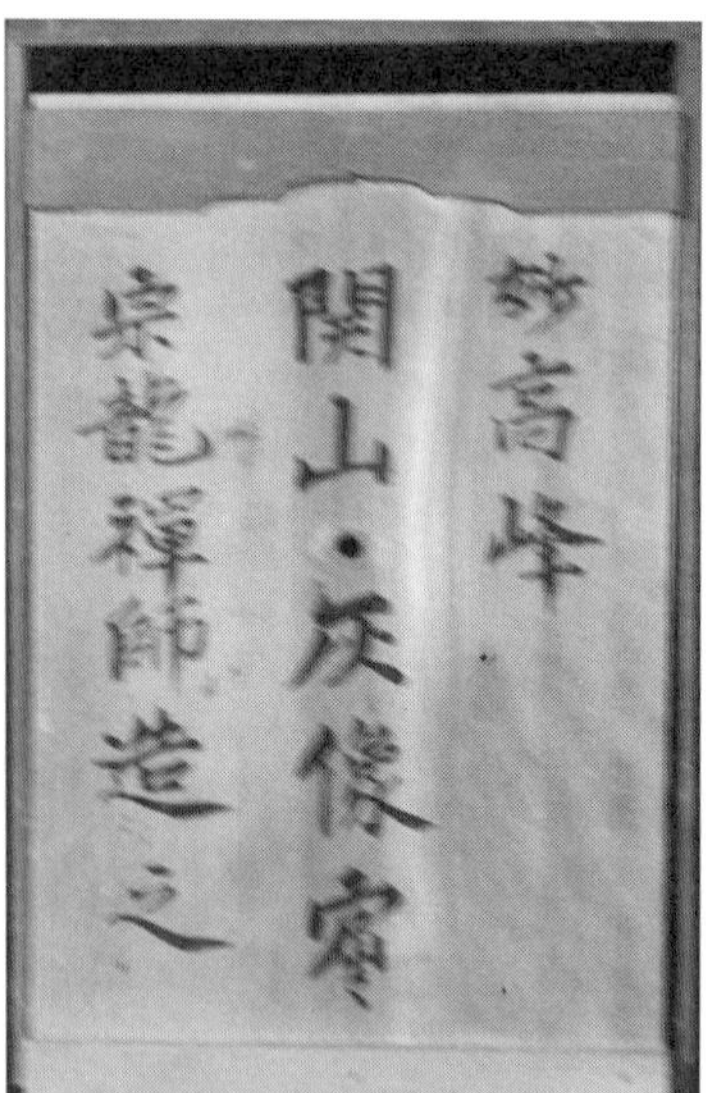

正面蓋

悦巖禅師灰像

は、九世悦巖、十世天如雲禅、十一世悦堂禅梁、十二世逸龍、十三世道主大賢と悦巖禅師の直弟子達が住持している悦巖法類の拠点寺院であります。その寺に住職できたということは、兄弟弟子の中でも傑出した存在であったといっても過言ではなく、四龍の一人として数えられても何ら不思議ではないのではないでしょうか。ちなみに、明和六年萬福寺夏安居に禅師を拝請しており、宗龍禅師とも強いつながりがありました。このように、総合的に判断すれば、大龍ではなく、逸龍ということに落ち着くのではないでしょうか。

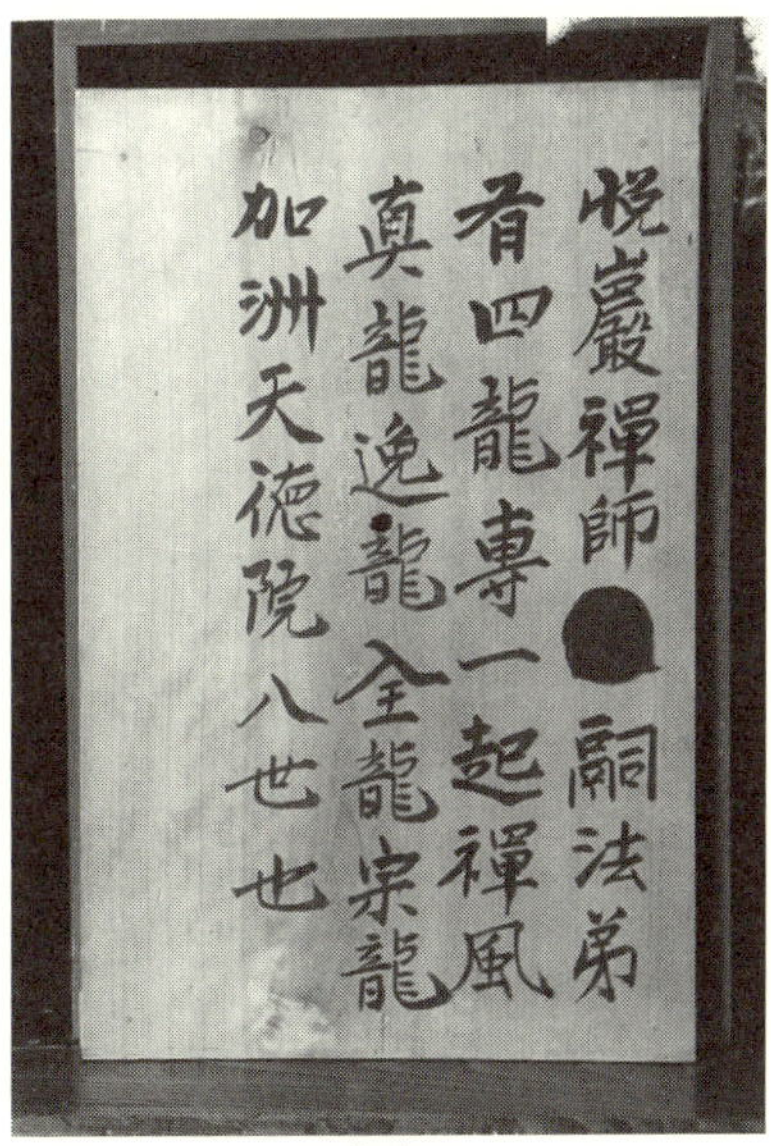

蓋裏

【註記】

⑴『越後野史』（百二十巻）　越後水原小田島允武著。越後の自然地理神社寺院人物などを記したもの。

⑵萬福寺（新潟県新潟市）九世悦巌禅師の後、弟子達が住職をしている。

⑶天徳院（石川県金沢市）加賀藩三代前田利常公正室珠姫（たまひめ）（徳川秀忠公の二女）の菩提所。

⑷旧巻町（現新潟市）文化財。

⑸『曹洞宗大系譜』二五六頁。

⑹「龍華会雑録」『曹洞宗報』平成二十三年十一月号　大隆寺典籍42。

⑺同門之疏　晋山の時、同門の者が疏を作って奉読する。

⑻海翁東岫　悦巌禅師の法嗣。晩年新潟市南区新飯田・円通庵に住し、良寛さんと交遊した。

⑼「地蔵開山行業記」（『曹洞宗近世僧伝集成』）

⑽『曹洞宗報』平成二十四年一月号　大隆寺典籍105「袈裟問答」

⑾一切経石経書写を志していたが、天明六年七月十六日に大洪水にみまわれ、一時中断した。翌年四月授戒会を開催し、五月十五日に成就する。境内に供養塔がある。

宗龍禅師と良寛さま

第一章　良寛さま相見の師は宗龍禅師であった

町田廣文

群馬県前橋市龍海院二十九世謙巌蔵雲和尚が、慶応三年（一七六七）『良寛道人遺稿』を上梓しました。この遺稿を書き上げるために、蔵雲和尚は良寛さまの晩年、親交のあった貞心尼にその交流について色々と聞いたようで、その書簡が残されていました。その書簡の冒頭に「宗龍禅師の事、実に知識に相違なき事は、良寛禅師のお話に承り候」と書かれていました。この書簡から、良寛研究者は当初より、良寛さまに大きな影響を与えたと思われる宗龍禅師について関心がありました。しかし、書簡の最後に貞心尼は「何分、国、処、寺号もしれず候へば、本いなき事にぞんじ参らせ候。」と書いており、どこの国のどこの寺の方であるか聞きもらしてしまい、残念でならないと嘆いており、宗龍禅師の実像は判明しませんでした。

大正七年（一九一八）良寛研究家の相馬御風氏が、『大愚良寛』の中で、貞心尼書簡の「宗龍禅師」は、京都大徳寺の三八六世宗龍霊巌和尚であろうと推測されました。良寛研究の大御所たる相馬氏が推量した事によって、以来「宗龍禅師」への言及は停止してしまったものと思われます。事実、宗龍禅師について言及した論考は、皆無でありました。この状態が約六十年続いたのでした。この暗夜を破ったのが、宮榮二氏と山本哲成師でありました。両氏は、昭和五十二年（一九七七）『越佐研究』第三十八集内に『新発見の「良寛禅師碑銘並序」』と題して、既に発見されていた「良寛禅師碑石並序」を対照し、その最大の相違点である旧資料「未謁宗龍干紫雲」新資料「末後謁宗龍乎紫雲」を比較して、末後、宗龍禅師に紫雲（観音院）に謁して深く道奥を究むと素直に読むことができ、紫雲という場所が山号の寺に住職している宗龍という禅匠に目見えて、深い悟境に達したと理解が進み、おぼろげながら宗龍禅師の実像が見えはじめたのでした。

偶々この頃、『曹洞宗全書大系譜』作成の事業が始まっており、コンピューターに僧名を入力している最中であったということです。山本師は、駒澤大学教授石附勝龍先生に宗龍の捜索を依頼したところ、旧紫雲寺村の観音院三世大而

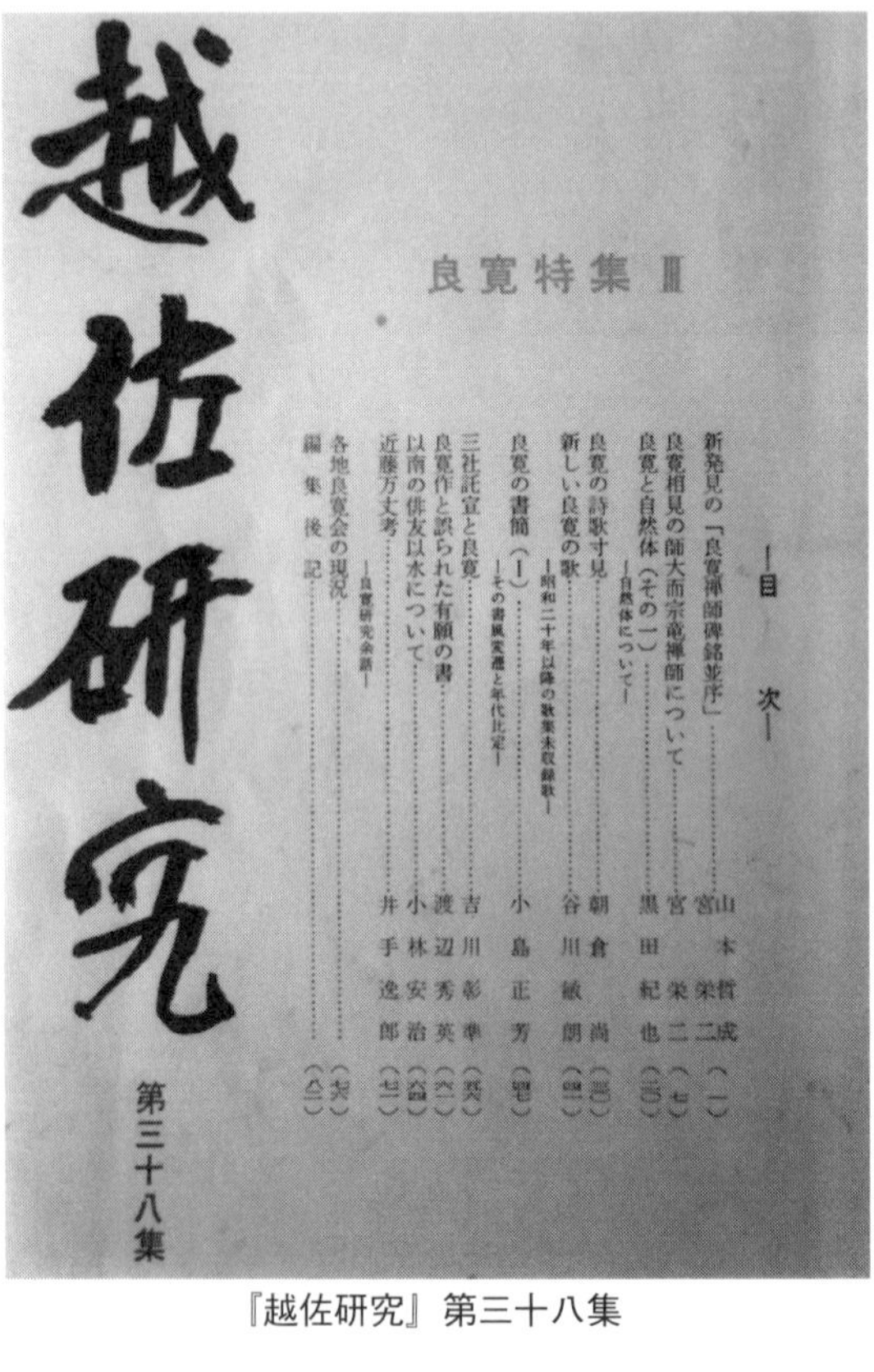

『越佐研究』第三十八集

宗龍の存在が明らかになったのでした。この報告を山本師より受けた宮氏は、宗龍禅師の調査を開始し、観音院、宗賢寺、大隆寺、廣見寺と、関係各所を拝登し、資料収集に奔走し、その結果を同じ『越佐研究』第三十八集内に「良寛相見の師大而宗龍禅師について」と題して発表したのでした。

これによって、良寛さまに大きな影響を与えた宗龍禅師は、観音院三世大而宗龍禅師であることが確定したのでした。その後、宮氏は昭和六十年（一九八五）五月、『良寛研究論集』（象山社）を自ら編集発行し、その最終章に八年間の宗龍研究の集大成として、「大而宗龍禅師史料」と題し、五十頁にわたって発表したのでした。この史料発表によって宗龍禅師の行跡が紹介され、その書簡等から、広大なる誓願を持ち、自ら実践をしている宗龍の実像が明らかになり、良寛さまが尊敬された理由が裏づけられた

観音院（焼失前）

のでした。

その四年後の平成元年には、大隆寺（高山市）で、『夏冬安居牒』が発見されました。この安居牒は、宗龍禅師が主催した三十三回の安居の参加者名簿であり、その最後三十三回目の安居（天明五年夏安居・於観音院）に、備中圓通寺徒了寛（りょうかん）※香司（こうす）と書かれており、良寛さまが参加されていたことが確認されました（了の字は当時、音が同じであれば習慣的に違字を使っていた）。この名簿の発見により、貞心尼書簡の信憑性が高まり、良寛さまが宗龍禅師に相見し、大きな影響を受けたということが動かしがたい事実として確定したのでした。
※香司（こうす）・辰司（しんす）とも云い、時間係で毎日の振鈴（起床の合図）の役目もした。

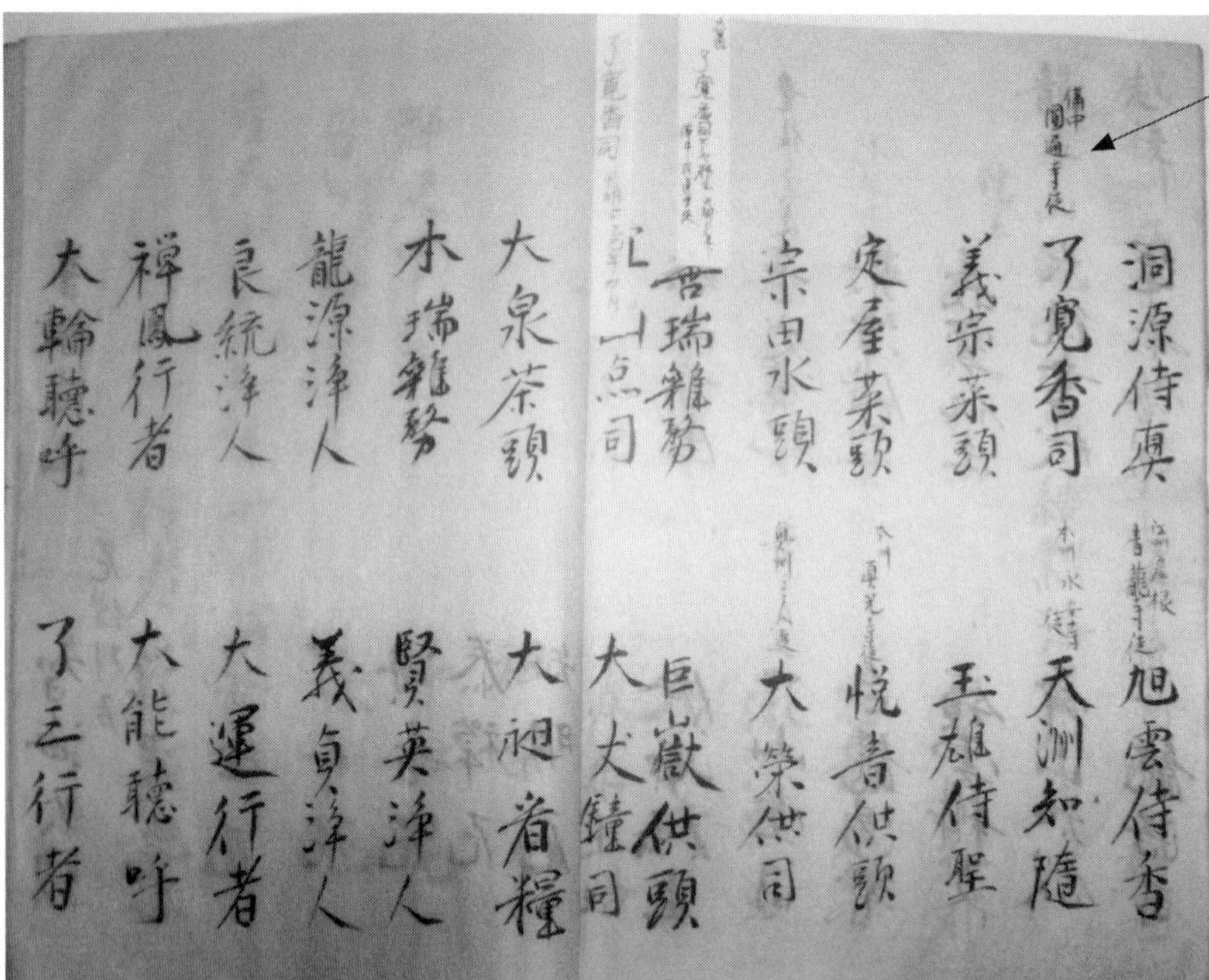

『夏冬安居牒』観音院の頁（矢印筆者）

第二章　貞心尼書簡の内容

前章で紹介した貞心尼の書簡は、良寛さまの問法の様子がリアルに描かれており、また、それに対応した宗龍禅師の慈悲深さが如実に書かれており、大変興味深い文章ですので、ここに掲載したいと思います。なお、原文は難解ですので、宮栄二氏の口語訳を転載させていただきました。

宗龍禅師の事、実にすぐれた高僧に相違ないことは良寛禅師のお話に承っておりました。師が昔行脚をされた時分、宗龍禅師の道徳が高く世に聞えていましたので、どうか一度相見（しょうけん）を得たいものだと思い、其の寺に一度掛錫（かしゃく）しておりましたが、禅師はその時既に隠居されて別所におられ、容易に人にお会いにならず、みだりに行く事もできませんでしたので、そこの侍僧にお取次を頼まれましたが、はかばかしく取次いでいただけず、徒らに日を過し、これでは折角来た甲斐もなく、所詮人伝（ひとづ）てではらちが明きませんので、直（じか）にお願い申し上げようと、願の趣を書きしたためてある夜、寺を忍び出て隠寮の裏の方へ廻って見ましたところ、高塀で越えられそうにもありません。さてどうしたらよかろうと周りを巡ってみますと、庭の松の枝が塀のこちらにつき出ているのがありました。これ幸いと、その枝にとりつき、漸く塀を越え、庭の中に入りましたが、雨戸が固く閉されて入ることはできません。ここまで来て空しく帰るのも残念、どうしようかとしばらく見渡しておられると、雨戸の外に手水鉢がありましたので、これはよい所だ、夜が明けたなら必ず手水をおつかいになるであろう。其時御目に止るようにと、手水鉢の蓋の上に書いた文（ふみ）をのせ置き、塀のもとまで来られましたが、ふと気付き、もし風が吹いたら飛んでしまうかも知れぬと、また立戻り、石を拾って紙の上に載せ、ようやくのことで立帰り、とこうする間に早朝の行事が始まり、普門品（ふもんぼん）を半ば読誦（どくじゅ）する頃、隠寮の廊下の方より提燈（ちょうちん）を照らして客殿の方へ来る僧がありました。人々が不審がって、何事が起きて今頃来るのだろうと見ていますと、「良寛という僧が居る由、只今来るようにとのお使いに参った」というのに皆が驚き怪しみましたが、自分（良寛）はただ嬉しく、早速参上して相見致したところ、「今からは案内をもとめるに及ばぬ、何時でも勝手次第に来てよろしい」と申されたので、それよりは度々参って法話をさせていただくことができた、との良寛禅師の御物語でした。その時の問答（宗龍と良寛との）の事をおたずねして聞いておかなかったことが今更残念至極に思われます。しかし、かようにまことありがたい知識であられたからこそ、良寛禅師の志をあわれみ、一刻もおかず、夜の明けるのも待たないで迎えの者を遣わされた御深切、道愛の深いことは、聞くだけでも涙がこぼれたことであります。だから証聴主は度々良寛禅師のもとに参られたから直接この話を師から承って碑文に書かれたものであろうと存じます。何分にも（宗龍禅師が）どこの国のお方か、寺の名も判らないことですから、遺憾にたえないことでございます。

良寛さまが隠寮に忍び込んで、自らの思いを書した文を手水鉢（ちょうずばち）に置いて帰ろうとするも、風でも吹いて飛んでしまうといけないと思い、石を拾って重しにしたところなどリアルに描かれており、宗龍禅師と親しく問答したいと思っている良寛さまの姿を彷彿とさせる文章であります。そして、その文を見た宗龍禅師が、朝課の途中に良寛さまを呼び出して法話をし、これからは自由に尋ねなさいと若き修行僧に優しく対応された描写などは、禅師の慈悲深さが垣間見られる貴重な文章であります。

この相見が、何時、何処で行われたか、隠寮は何処にあったか諸説があり、ここでは言及をさけたいと思います。

第三章　宗龍禅師と良寛さまの問答「或人手記（わくじんしゅき）」

良寛研究家大島花束氏が昭和四年（一九二九）に刊行した『良寛全集』の中に「或人手記」という題で両者の問答が掲載されています。「或人手記」の言葉どおり、誰が書いたのか不明であり、原本も存在していないということです。ただ、全くの創造文かというと、それも考えられず、内容を見ても二人の考えを象徴する問答であり、それなりの資料価値を持つものであると考えています。そこで、この問答を紹介致します。原漢文ですが、此処でも前掲文の宮榮二氏の書き下し文を転載させていただきます。

宗龍和尚観音院に在り　師往きて問うて曰く、誌公観音と達磨観音と那れがこれ、真底なりや。

和尚曰く、挟（狭カ）路の桃花、風雨の後、馬蹄何処にか残紅を辟（避）けん。

師曰く、某不与麼。和尚曰く、爾作麼生、師曰く、道うはすなわち辞せざるも、恐らくは人の笑いを牽かん。

※誌公観音　誌公または宝誌和尚という。梁の武帝の帰依を受けた超俗非凡の和尚。武帝と達磨の問答で、機縁契わず去られた時、宝誌和尚は、武帝に対し「達磨は、実は仏の心印を伝える観音の化身であった」と進言したといわれている。この問答は「達磨は武帝という世法を否定した観音であり、宝誌は武帝に仕え、世法にとどまって方便に生きる観音」どちらが真の観音であるかを問う問答。

口語訳すると、
観音院にいる宗龍禅師に、良寛さまが出向いて問答するに、
良寛「誌公観音と達磨観音とどちらかが真の観音様なのですか。」
宗龍「狭い道に桃の花びらが風雨によって地面いっぱいに散ってしまった状況を馬がその花びらを踏まないで、どうして通ることができようか」
良寛「私はそうは思いません」
宗龍「あなたはどのように答えるのですか」

良寛「自分なりの答えをもっているが、その答えを言うと笑われるであろう」

と、いうものです。要約すれば、宗龍禅師は「狭路桃花」の喩えの如く、世俗の中にこそ真の生きる道がある（遺偈の中でもそれを主張している）と誌公観音の生き方を支持し、良寛さまは、世俗を否定し、少林寺において一人面壁九年する達磨を支持したととれる問答であります。しかし、常乞食僧として己の生き方を実践してきた老練の宗龍禅師の前で、青二才の理想論を唱えれば、失笑を買うと思い、良寛さまは答えを遠慮したのではないかと思われます。

良寛さまは、この問答によって直ちに持論を転換したかは不明でありますが、安易な理想論や出世主義を払拭する機縁になったものと考えられます。この事が碑銘並序にある「末后宗龍に謁して深く道奥を究む」という表現に繋がり、実際に乞食僧として生きていくことになるのではないでしょうか。

第四章　宗龍禅師相見への序章

前出の貞心尼書簡の巻頭に「師（良寛）其かみ行脚の時分、宗龍禅師の道徳高く聞こえければ、どうぞ一度相見いたし度思い」と書かれており、良寛さまの周辺で宗龍禅師の名声が高く、是非共お会いしたいと思っていたことがわかります。そして、幸いにも宗龍禅師最後の安居に参加することができたのでした。しかし、この邂逅は偶然ではなく、色々な因縁が重なって生まれたものであると考えることができます。その事象について述べたいと思います。

(一)宗龍禅師と大忍國仙禅師

良寛さまの本師大忍國仙禅師は、享保八年（一七二三）の生まれで、宗龍禅師より六歳年下でありますが、同時代活躍された禅匠であります。國仙禅師二十歳の時、本師高外全国禅師が示寂し、以後、徳翁良高禅師法系下の諸師、つまり、大義宗孝、頑極官慶、悦巌素忻（宗龍本師）、関山道察（敬称略）等に問法し、三十二歳の時、金鳳寺鐵文道樹禅師（法系では従兄）結制の首座職を勤めたのでした（円通寺祖堂安置位牌銘）。『悦巌語録』（観音院蔵）には、「國仙長老の大泉（寺）に趣くを送る」という餞別の詩偈があり、一時期悦巌禅師の元で修行していたことがわかります。当然、禅師の傍らには、宗龍がおり、二人は同参の間柄であったということです。そして、國仙禅師は、大泉寺を退董し、明和二年（一七六五）勝楽寺（神奈川県愛川町）へ十八世として晋住します。勝楽寺は、宗龍禅師とも縁が深く、明和七年（一七七〇）冬安居（十九世物外全提代、通算十七回目）と授戒会（通算十六回目）を開催しています。また、物外全提和尚の後住として宗龍禅師の弟弟子無際一丈和尚が二十世として入寺し、その後住として國仙禅師の弟子万外豊充和尚が就任しているというように、宗龍禅師と國仙禅師とは、互いに交流があったと考えることができます。

宗龍禅師法系図

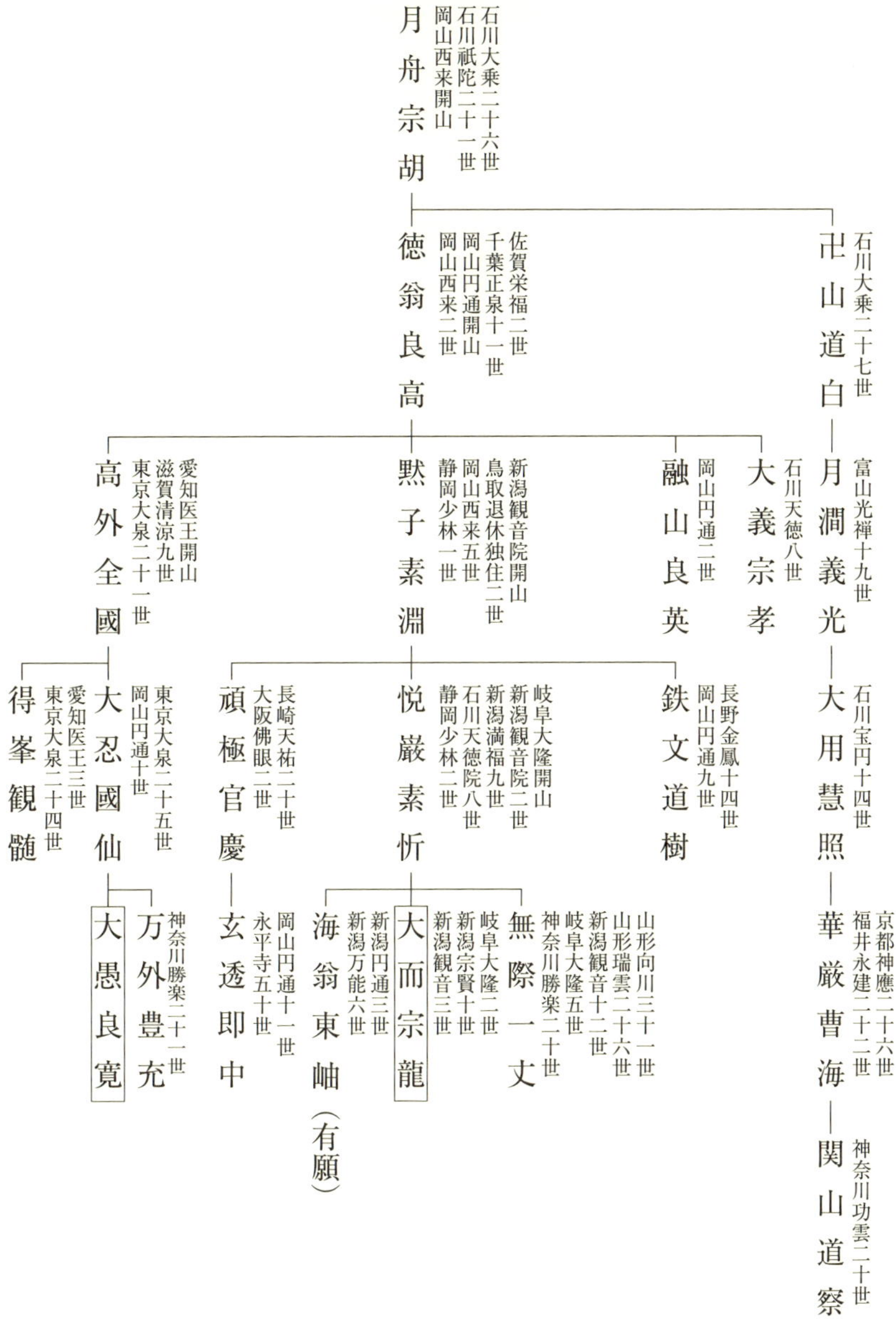
月舟宗胡
石川大乘二十六世
石川祇陀二十一世
岡山西来開山
卍山道白
石川大乘二十七世
徳翁良高
佐賀栄福二世
千葉正泉十一世
岡山円通開山
岡山西来二世
月潤義光
富山光禅十九世
大義宗孝
石川天徳八世
融山良英
岡山円通二世
黙子素淵
新潟観音院開山
鳥取退休独住二世
岡山西来五世
静岡少林一世
高外全國
愛知医王開山
滋賀清涼九世
東京大泉二十一世
大用慧照
石川宝円十四世
鉄文道樹
長野金鳳十四世
岡山円通九世
悦巌素忻
岐阜大隆開山
新潟観音院二世
新潟満福九世
石川天徳院八世
静岡少林二世
頑極官慶
長崎天祐二十世
大阪佛眼二世
大忍國仙
東京大泉二十五世
岡山円通十世
得峯観髄
愛知医王三世
東京大泉二十四世
華厳曹海
京都神應二十六世
福井永建二十二世
関山道察
神奈川功雲二十世
無際一丈
山形向川三十一世
山形瑞雲二十六世
新潟観音十二世
岐阜大隆五世
神奈川勝楽二十世
大而宗龍
岐阜大隆二世
新潟宗賢十世
新潟観音三世
海翁東岫（有願）
新潟円通三世
新潟万能六世
玄透即中
岡山円通十一世
永平寺五十世
万外豊充
神奈川勝楽二十一世
大愚良寛

㈡仙桂和尚

良寛さまが円通寺修行時代、同参の法兄仙桂和尚という方がおりました。良寛さまにはこの仙桂和尚を懐かしんだ有名な漢詩があります。

仙桂和尚

仙桂和尚真道者
貌古言朴客
三十年在國仙会
不参禅不読経
不道宗文一句
作園蔬供養大衆
当時我見之不見
遇之遇之不遇
吁嗟今放之不可得
仙桂和尚真道者

仙桂和尚は真の道者
貌は古にして言は朴なるの客
三十年國仙の会に在りて
禅に参せず経を読まず
宗文の一句すら道はず
園蔬を作って大衆に供養す
当時我之れを見れども見えず
之れに遇へども遇はず
吁嗟今之れに放はんとするも得可からず
仙桂和尚は真の道者

『良寛修行と円通寺』（岡山県良寛会刊）より

國仙禅師の膝下、円通寺の道場に少しばかり風変わりな修行僧がおりました。坐禅もせず、経も読まず、宗門の教えも一句たりとも口にせず、ただ、黙々と畑に出て作物を育て、大衆（修行僧）に供養する仙桂という和尚（和尚の位はもっていなかったと思われる）。若き良寛さまは、この仙桂和尚のふるまいに対し、密かに軽蔑の眼を持っていたようで、仙桂和尚の悟境を知ることができず、それを詩の中で「見れども見えず遇へども遇はず」と表現したのでした。時は過ぎて、故郷越後に帰り乞食生活を送っている良寛さまの元に、仙桂和尚の訃報が届き、当時を振り返り、自らの未熟さを恥じると共に、仙桂和尚が真の修行者であったことを讃嘆した詩であります。

この仙桂和尚が、『夏冬安居牒』の発見によって、宗龍禅師の安居に二回参加していることが判明しました。

明和七年（一七七〇）勝楽寺冬安居　仙桂看糧（三州加毛郡家並村医王寺　得峯和尚徒）

明和八年（一七七一）林昌寺夏安居　仙桂看糧

と、『夏冬安居牒』に記録されております。看糧という役職は、典座（食事を作る責任者）の下で衆僧の食糧を管理する役目であり、仙桂和尚はこの頃から既に作物作りに専念されたようであります。また、詩の中で「三十年國仙の会に在り」と書かれており、國仙禅師の弟子と思われていましたが、実は大泉寺二十四世得峰観髄禅師（國仙禅師の兄弟子）であったことが判明しました。推量になりますが、得峰禅師が、大泉寺から医王寺（愛知県豊田市）へ転住し、その後住として國仙禅師が住持したことから、仙桂和尚は、そのまま大泉寺に残り、國仙禅師の元で修行を続け、國仙禅師に従って円通寺に来たものと思われます。その仙桂和尚からも宗龍禅師の偉大さについて聞かされていたものと推測されます。

㊂有願（うがん）（海翁東岫（かいおうとうしゅう））**元文二年**（一七三七）**～文化五年**（一八〇八）

本師國仙禅師示寂を契機として良寛さまは、円通寺を下山し、郷里越後に帰りました。そして、円通庵（新潟市南区新飯田（にいだ））に住んでいた有願居士と親交を深めたといわれています。また、絵画、詩歌、書に秀でており、良寛さまに大きな影響を与えた方であります。

この有願居士は、本来出家者で僧名を海翁東岫（かいおうとうしゅう）といい、悦巌禅師の弟子でありました。つまり、宗龍禅師の弟弟子ということです。この東岫和尚も安居に三回参加しておりました。『夏冬安居牒』によると、

宝暦十三年（一七六三）長松寺夏安居東岫
加州金沢城前天徳院悦巌和上徒
明和　二年（一七六五）東龍寺冬安居東岫
宝暦元未夏（受）戒
明和　六年（一七六九）萬福寺夏安居東岫　化主

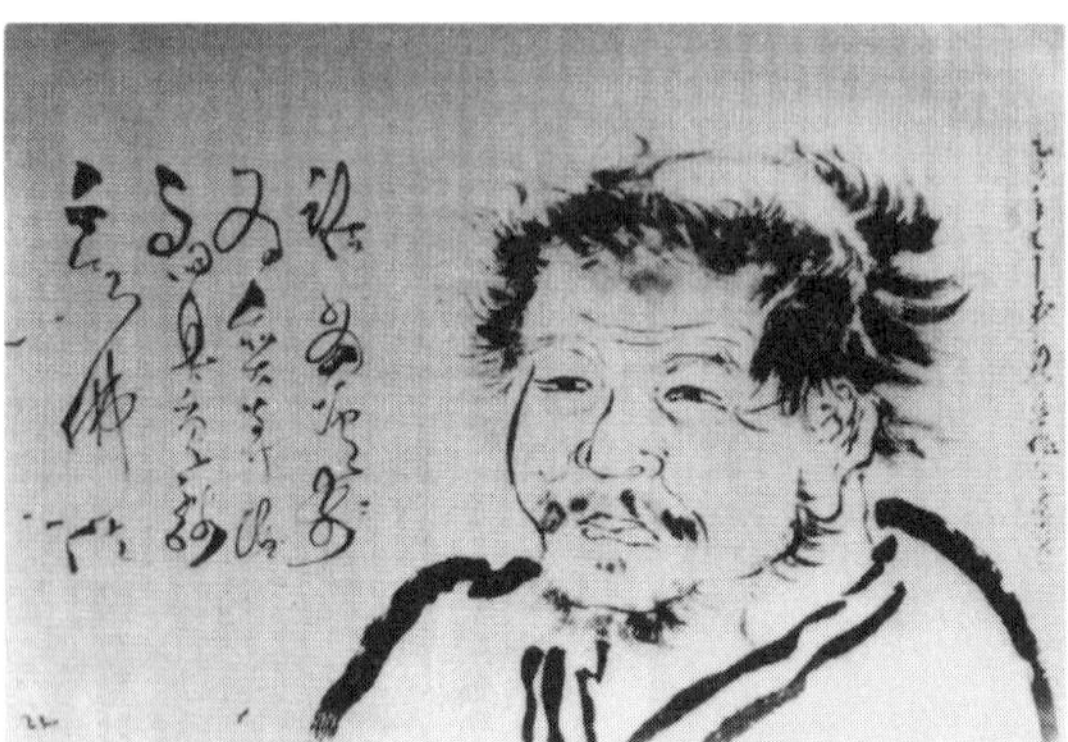

有願自画像

以上三回参加していました。そして、宝暦元年得度から丁度二十年、規定どおり、明和七年（一七七〇）五月二十二日、萬能寺（新潟県燕市）住職として大本山總持寺に瑞世しています（總持寺『住山記』）。その後、壽昌寺（神奈川県藤沢市）十四世住職となり、時期は不明ですが、郷里新飯田に帰り、円通庵に隠棲し、自由奔放な生活をし、良寛さまとも親しく交わったのでした。二人の語らいの中にも宗龍禅師の話題が語られたのではないでしょうか。

円通庵

第五章　まとめ

前章で述べたように、宗龍禅師と良寛さまは同法系ということもあり、強い因縁で結ばれていました。本師國仙禅師からも、仙桂和尚からも宗龍禅師の浄行や誓願について聞かされ、この偉大な禅匠に一度相見してみたいと思うのも自然のなりゆきではなかったかと思います。そして、くしくも最後の安居に参加することができ、深く道奥を究め、自らの行く道を悟られたのではないでしょうか。

【参考文献】

『越佐研究』　第三十八集

『良寛の師　大忍國仙禅師傅』　岡山県曹洞宗青年会刊

『良寛研究論集』　象山社刊

『良寛』　第十七号　全国良寛会刊

『文人書譜　良寛』　淡交社刊

宗龍禅師と妙見さま

小林　将

はじめに

江戸時代（宝暦十二年〈一七六二〉から天明八年〈一七八八〉まで各地の授戒会の戒師として巡錫）の宗匠である大而宗龍（だいにそうりゅう）禅師の思想・信仰については、多様性を持ち、なかなか断定的なことを論じることは難しいです。その中で、宗龍禅師が間違いなく、「妙見さま」を崇拝していたことは、自らの書簡の中で語っていました。

そして、その証跡の一つが、筆者の住む千葉県船橋市に残っていたのでした。

第一章　船橋市夏見山長福寺

宗龍禅師と夏見山長福寺との関係については、『サッタハリン』（創刊号）で筆者は述べました。それは、天明四年（一七八四）に長福寺十三世・雄山大英（ゆうざんだいえい）和尚の授戒会に際し、宗龍禅師が戒師として一週間滞在して助けていたのでした。雄山大英和尚は、宗龍禅師の随身の弟子でありました。

筆者はこの長福寺に、「宗龍禅師が滞在したことを示す何か足跡がないものか」とずっと探し続けていましたが、なかなか巡り会いませんでした。

ところが、偶然図書館で『夏見周辺を歩く』（夏見公民館・平成十四年三月）という冊子を見たところ、本堂裏の中世・夏見城の跡地の一角に天明五年（一七八五）の石造物があることを発見したのです。筆者は、勇躍長福寺を訪問しました。

長福寺本堂

第二章　長福寺にある宗龍禅師の足跡

本堂裏にあった石造物は、「妙見さま」でした。妙見さまが亀に乗って微笑んでいる浮彫り型の石祠（高さ五十cm程）でした。

「正面　妙見さまの像（亀に乗っている）　台座　授戒講中信善男女
右側　**天明五年乙巳年十一月吉日**
左側　**発願主戒師宗龍叟**
　　　當山十三世大英叟代」

筆者は感激しました。宗龍禅師を知るものにとっては、この「**戒師宗龍叟**」（叟とは翁・老僧とへりくだった言い方）がどなたのことなのか反応できるからです。これは、「大而宗龍禅師」のことです。そして、雄山大英和尚の名前も刻まれていました。長年探し求めていたものが発見できた喜びでいっ

長福寺 妙見さま

ぱいでした。

また、『船橋市の石造文化財　船橋市史資料（1）』（昭和五十九年刊）によれば、船橋市も調査済みの石造物であり、写真入りで紹介していました。

「第四章仏像供養塔　妙見尊

妙見は北斗七星を神格化したものとされ、中世において千葉氏があつく信仰したことから、千葉県下にはこれを祀る神社が多いが、石造物としてはそれほど多くはない。特にこの像を刻むものは極めて少ない。夏見の長福寺裏の山林には、天明五年造立の石祠があり、これに妙見像が刻まれている。造高四〇センチで、冠をつけ左手に宝珠、右手に剣を持って亀に乗る姿で刻まれている。

妙見菩薩の像は、現在のところ県内全域でも三基あることがわかっているだけで、その意味でもこの石祠の存在価値は高い。」

この「妙見さま」が、非常に希少価値があることを評価していました。しかし、「宗龍とはどなたのことであるか」、あるいは、「名僧・大而宗龍禅師がこの船橋の地に巡錫されていた」ことに言及されたことは、それ以降もありませんでした。ところで、筆者は一点悩みました。それは、宗龍禅師がこの長福寺に滞在したのは、天明四年であり、この「妙見さま」が造立されたのは、天明五年だったからです。この一年の違いは何だったのでしょうか。「戒師」「授戒講中」の言葉より、天明四年に宗龍禅師を招聘して、開催された授戒会を記念して造立された石造物であったことは間違いない事実です。

何故一年遅れて造立されたかの背景と史実が分かったのです。

第三章　天明四年から天明五年の宗龍禅師の足跡

まず、この二年間の宗龍禅師の足取りを記します。

◯天明四年（一七八四）宗龍禅師六十八歳

十月二十九日　下総国葛飾郡夏見村（千葉県船橋市）長福寺で授戒会を行う。参加者は百二十五人。

◯天明五年（一七八五）宗龍禅師六十九歳

五月十九日　越後国蒲原郡紫雲寺村（新潟県新発田市）**龍華**山観音院で授戒会を行う。参加者は百五十四人。

六月十三日　新発田市内を托鉢中、中風を発症する。

七月十二日　越後蒲原郡**保田**町（新潟県阿賀野市）瑠璃光院で授戒会を行う。参加者は九十五人。

八月十二日　羽州最上郡新庄城（山形県新庄市）**会林**寺で授戒会を行う。参加者は百六十五人。

十月八日付　飛騨（岐阜県高山市）大隆寺現方丈（恵林）宛書状一通（大隆寺蔵）。

十一月吉日　船橋市長福寺に「妙見さま」の石祠を造立する（発願主宗龍叟）。

この天明五年の動向について、宗龍禅師自らが語っていたのです。

「…中略…拙（私）も**六月十三日**ニ芝田（新発田市）無ゑんくやうたくはつ（無縁供養托鉢）ニ一日こ

つじき行（乞食行）、土用中ニつかれ（疲れ）、其時ニ町家ニ且く（しばらく）休まんとス時、中気病ヲコリ（起こり）、一言も物云ハレズ、無言と成り、夫より（それより）大病ニ而一向食事も不成、薬もまはらず、ねはん（涅槃）堂入之覚悟、遺言遺偈も調へ（整え）、**死を待つ所ニ、平生信心し奉る妙見尊直ニ御告テ、二夜ともに来降して云、薬ガマチガフタ、改めよト改めよ改めよ返ス返スノタマヘバ、二夜のつげ玉ふ、**薬カヘテ直ニ快方ニおもむき候後は食事無之候、長岡ニ療治ニ登り入湯し、六月より十月上旬まで全快無之、永永療治、…中略…誠に中気病中　**龍華**ト**保田**ト羽州ノ新庄と中城、**会林**ト三所の戒会病中ニツトメ、不食の説戒し、夫より（それより）羽州アツミニ湯治二十一日十月ニ入り帰院…

十月八日　宗龍叟返礼状　　大隆寺現方丈和尚」

まさに、ここに経緯が書かれていたのでした。そして、「**宗龍禅師の妙見信仰と奇瑞について**」も記されていたのです。

筆者の推察ですが、この書状は、弟子である竺翁(ちくおう)恵林(えりん)和尚宛に伝えたものですが、同様に弟子でもあった船橋市の雄山大英和尚にも宗龍禅師から直接の書状かあるいは、弟子たちの間で何らかな連絡網・手配により、宗龍禅師の事態・容態を知ったものと考えられます。それは何故かというと、高齢の宗龍禅師が、単独で托鉢や次回の遠隔にある授戒地へ向かっていたとは考えられないことです。必ず数名の侍者たちがおり、宗龍禅師のお世話をし、その間の動向については、逐一連絡を取り合っていたものといえるからです。

そのような事情の下、前年（天明四年）に授戒会を開催した雄山大英和尚は、檀信徒（講中）に相談の上、宗龍禅師が信奉し、助けてくれた「妙見さま」を造立したものと思われます。それは、**「授戒講中信善男女」「発願主戒師宗龍叟」**の碑銘が物語っているといえます。そして、一カ月間前後の短期間のうちに「妙見さま」を造立していました。

第四章　船橋市長福寺の妙見さま

船橋市夏見山長福寺に現存する「妙見さま」は、当時の名僧・大而宗龍禅師の「巡錫記念碑」であったのです。

ところが、後世の歴史家・郷土史家は、長福寺が中世の夏見城の跡地に所在し、そこに「妙見さま」が存置することから、当時の夏見城の領主・城主は千葉氏の一族であったとする論考を展開しています。

『船橋歴史風土記』（昭和五十九年初版）によれば、

「中世城館址　夏見城址は…中略…『船橋市史現代篇上』は高城辰吉（千葉氏一族）の武将伊藤加賀守というものが、夏見に築城して地名を名字にしたものかと推定しているが、これも確証はない。

ただし、城址東北隅土塁上には**妙見尊がまつられており、高城氏系の城であった可能性は高いと考えられる。**（石祠は最近、手前の平地に移された）。」

『夏見周辺を歩く』（夏見公民館・平成十四年三月）においても「三、夏見城　寺の裏に土塁がはっきりと残っています。…中略…**奥のほうに妙見社が置かれてあって、千葉氏系の武将であったことがわかります…**」

長福寺妙見さま

この「妙見さま」が千葉氏一族の城主であったことの論拠として援用されています。加えて、夏見城にまつわる伝説・逸話が『船橋市の民話』（平成五年刊）の中に、三話載っています。「夏見城の怪」（雪解塚・ゆきとけづか）「夏見城の抜け穴」「雪解塚の白蛇」が今に伝わっていますが、夏見城の雪解塚のところに、その物語を敷延（ふえん）する（説明を加える）かのようにこの「妙見さま」が立っているとの説明文・解説文も多くあります。

『夏見城にまつわる謎と伝承』「◆夏見城の落城伝説」によれば、「伝説では、夏見城は不意に敵に襲われ落城したというが、それに関連して長福寺には「抜け穴」の伝承があるほか、**「雪解塚」**も夏見城に関連した伝説に由来する名前で、雪解塚にある場所には昔井戸があり、戦いに敗れた夏見城の将兵の遺骸を埋めたとも、城の女中らが身を投げたともいわれ、そのため雪解塚には雪が積もらなかったという。雪解塚は実際には土塁であるが、今も長福寺境内の北東隅にあり、**その塚の上には天明五年（一七八五）十一月吉日建立の妙見菩薩（亀の上にまたがった剣と宝珠を持った姿）のレリーフを刻んだ小祠が祀られている**」。

後世の住職があえて敷衍した場所にこの「妙見さま」を移した可能性もありますが、筆者は敢えて言及します。

今まで語って来ました通り、「長福寺の『妙見さま』は大而宗龍禅師の巡錫した遺構であり、決して、中世の千葉氏・高城氏の関連遺構あるいは、中世の夏見城の伝承を敷衍する遺構ではありません」。

おわりに

宗龍禅師が、「妙見さま」を常日頃から信仰されていたこと。そして霊夢があったという奇瑞（不思議なめでたい前兆）を自ら語られていました。貴重な記録です。

そして、その「妙見さま」の石祠が、船橋市夏見山長福寺に存在し、宗龍禅師が船橋市へ巡錫した証跡でもありました。

この度、その造立の背景・史実について解説し、そしてこの「妙見さま」にまつわる後世の牽強付会（歴史的な事象に対する根拠の後付け）についても言及することができました。

第二部　研究論文編

第一回授戒会の頃の長松寺
――長松寺文書より探る――

（平成二十八年九月　第七回シンポジウムより）

山端紹之

はじめに～長松寺文書について～

平成二十三年の東日本大震災の年まで、長松寺には明治四十四年に移築されてきた蔵がありました。しかし、震災の影響で被害を受け、同年六月に取り壊しを余儀なくされました。

蔵とはいっても、近年は物置として使っていただけで、大した管理もしておりませんでしたが、蔵の解体に合わせて整理を進めるうちに、おそらくは私の祖父・曽祖父の代にしまい込まれたであろう、古い文書の束や写真類などが多数出てきました。

個人で調べるには手に余る分量があり、当初はどのように取り扱ったものか持て余していたところ、縁あって高崎市史の編纂に携わった中村茂先生が、お力を貸して下さることとなりました。

平成二十七年九月頃より、中村先生を中心に調査が開始され、ほぼ一年かけて『長松寺所蔵文書目録』を完成させて頂くことができました。長期に渡りボランティアでご協力下さった、中村茂先生、川野邦彦先生、みずむらやよいさん、皆様方には心より感謝しております。

さて、最終的に目録に収録した資料の点数は二、三六九点。主な内訳としては、江戸時代から昭和にかけての文書や各種書簡類が一、五〇〇点ほど。また、明治以降の写真類が七〇〇点以上。年代の分かる最も古い資料が、寛永七年（一六三〇）の長松寺開山「虎谷春喜」自讃の漢詩でした。

これらの資料の中に、〝宗龍〟の名前が記された文書が見つかるのではないかと期待していたのですが、残念ながら今回は、直接的に宗龍禅師の存在を示す資料を発見することはできませんでした。

しかしながら、宗龍禅師・第一回授戒会の際、長松寺の住職を務めていた「頴明抜錐（えいみょうばっすい）」頃の文書がいくつか見つかり、これらの内容から、ある程度当時の長松寺の様子を窺い知ることができますので、ここにまとめてみたいと思います。

なお、今回取り上げる資料は、抜錐に関連した、以下の四つが主となります。

①抜錐首座の「円鏡図」
②抜錐和尚　二人の師からの「戒法」「御大事」
③抜錐代の「校割」
④長松寺の水車運営に関わる文書（一部）

第一章　五世 頴明抜錐和尚について

長松寺の第五世「頴明抜錐（えいみょうばっすい）」は、宝暦十三年（一七六三）の宗龍禅師・第一回授戒会の際、長松寺の住職として、教授師を務められた方です。

宗龍禅師は『江湖送行歌』の中で、授戒会以前にも長松寺に立ち寄ったことを記しており、また抜錐示寂の際には「長松抜錐和尚計到設小齋」（『宗龍禅師語録』に収録）を残され、お二人の関係の深さが感じられます。

抜錐の出身は、はっきりしていませんが、資料①の「円鏡図」より、寛保二年（一七四二）に、現在の板橋区西台の「西台山　円福寺」にて首座を務めていますので、その近在と推測できます。
（「円鏡図」には、首座〝抜錐〟、法幢師〝雲栖〟（円福寺十世と思われる）、落款は〝西臺山〟と読める。）

首座を務めた翌年、抜錐は師の法を嗣ぐ（嗣法する）ことになりますが、長松寺には、抜錐の嗣法の証しとしての「戒法・御大事・（嗣書）」が、二種類残っておりました。（資料②）

一つは、円福寺の本寺でもある、関三刹・龍穏寺の三十八世「大衪光國」より嗣いだ「戒法・御大事・嗣書」の三点。日付は、寛保三年（一七四三）六月二十一日。それぞれに〝五嗣和尚〟と付されています。
（※今井寛之氏の調査によると、龍穏寺では大衪光國の示寂年月日を、寛保元年（一七四一）五月十三日としていることから、この嗣法は〝代授〟であったとも考えられます。）

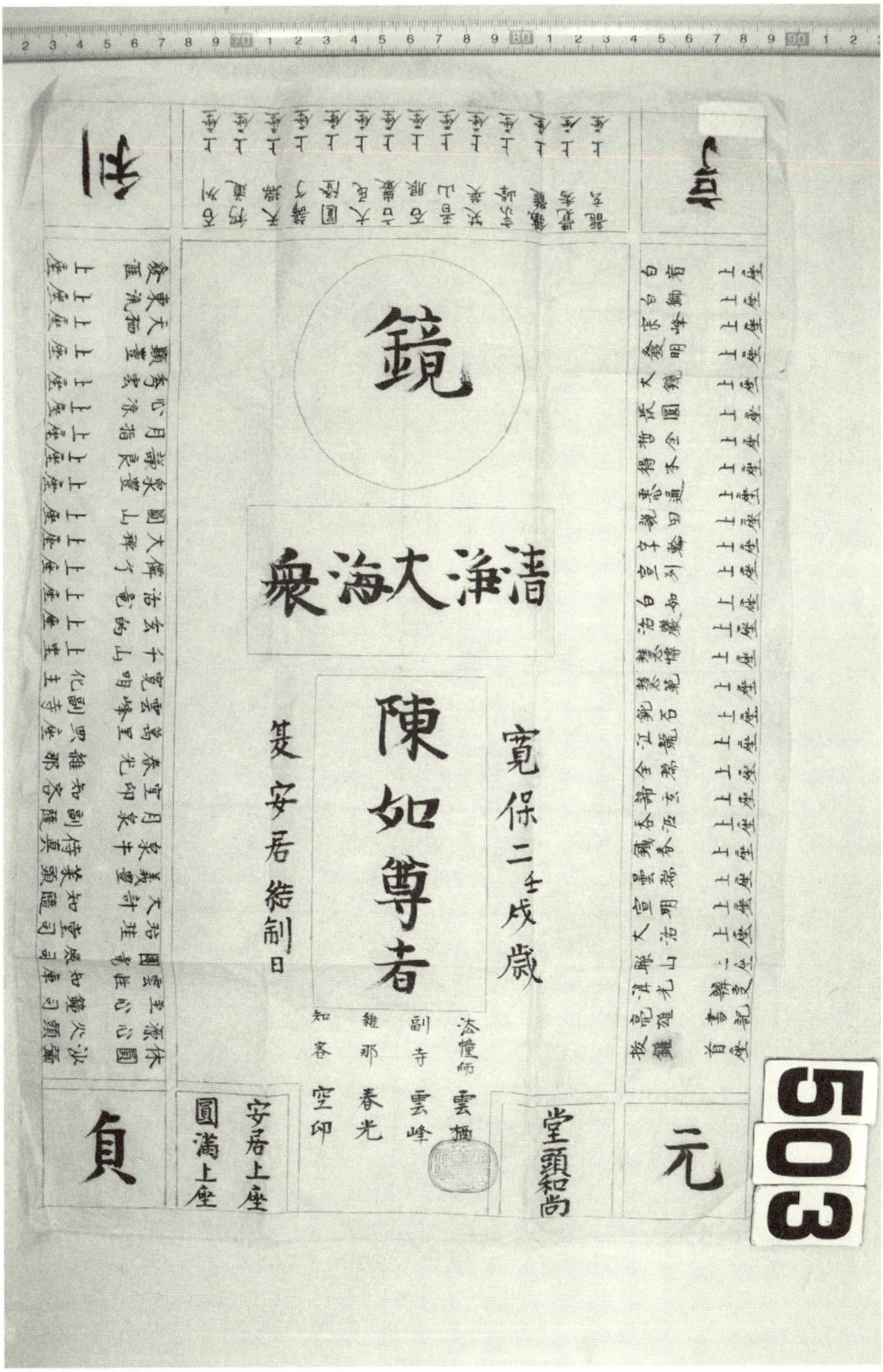
鏡
清浄大海衆
陳如尊者
寛保二壬戌歳
夏安居結制日
副寺　雲峰
維那　春光
知客　空印
堂頭和尚
安居上座
圓満上座
元
貞
503

資料①　「円鏡図」

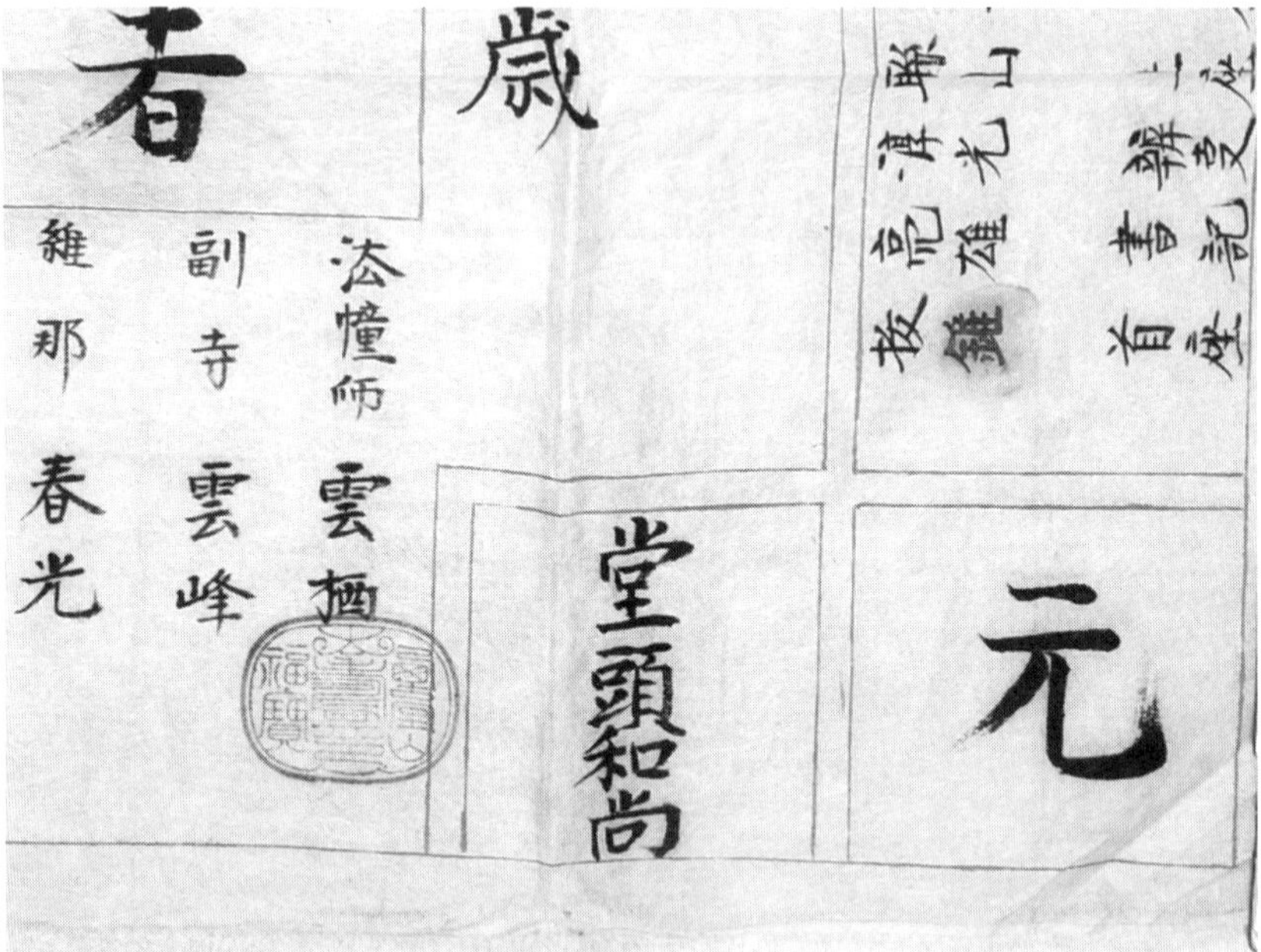

「円鏡図」の一部

資料②　二種類の「戒法・御大事・（嗣書）」

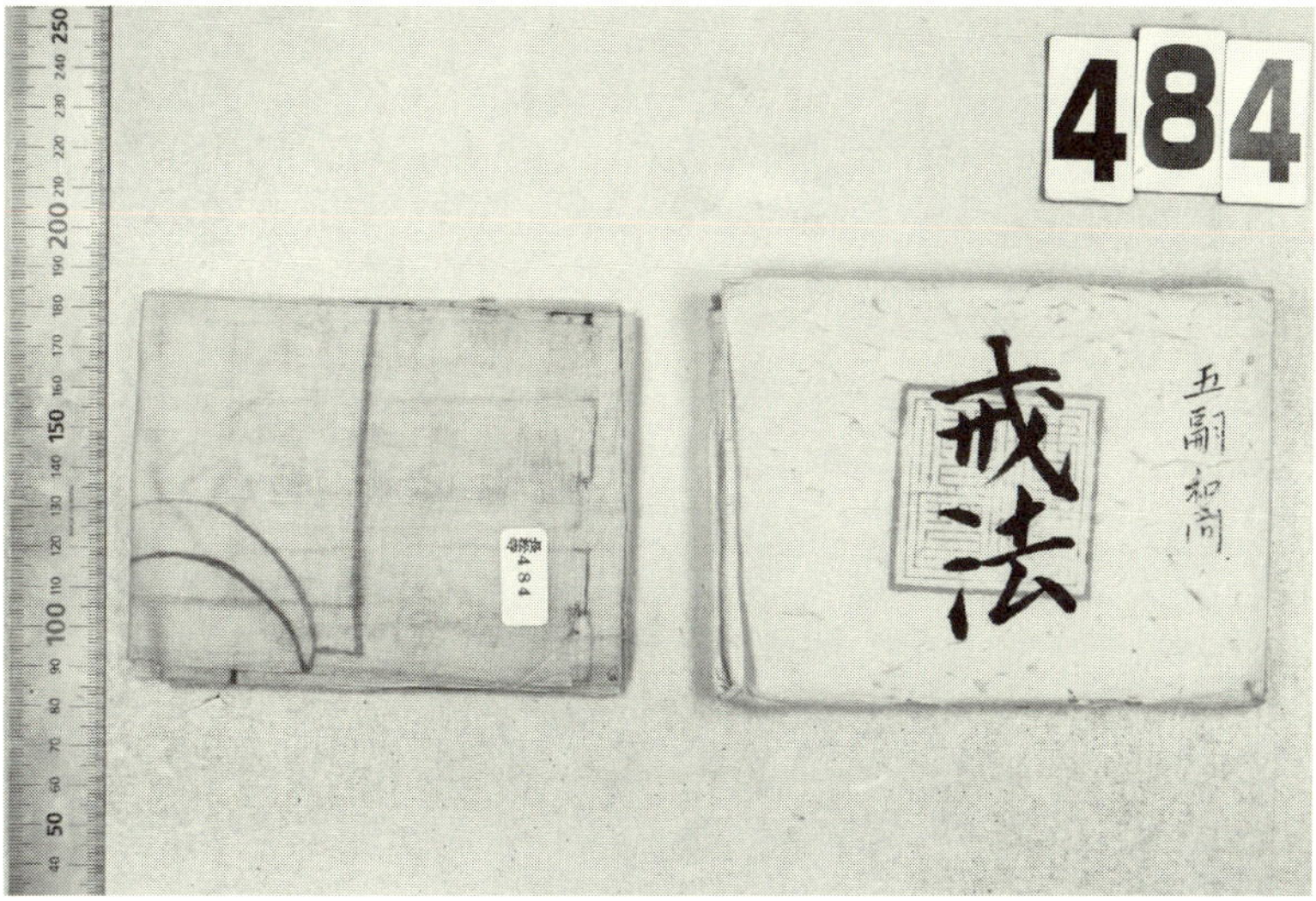

大昶光國「戒法」

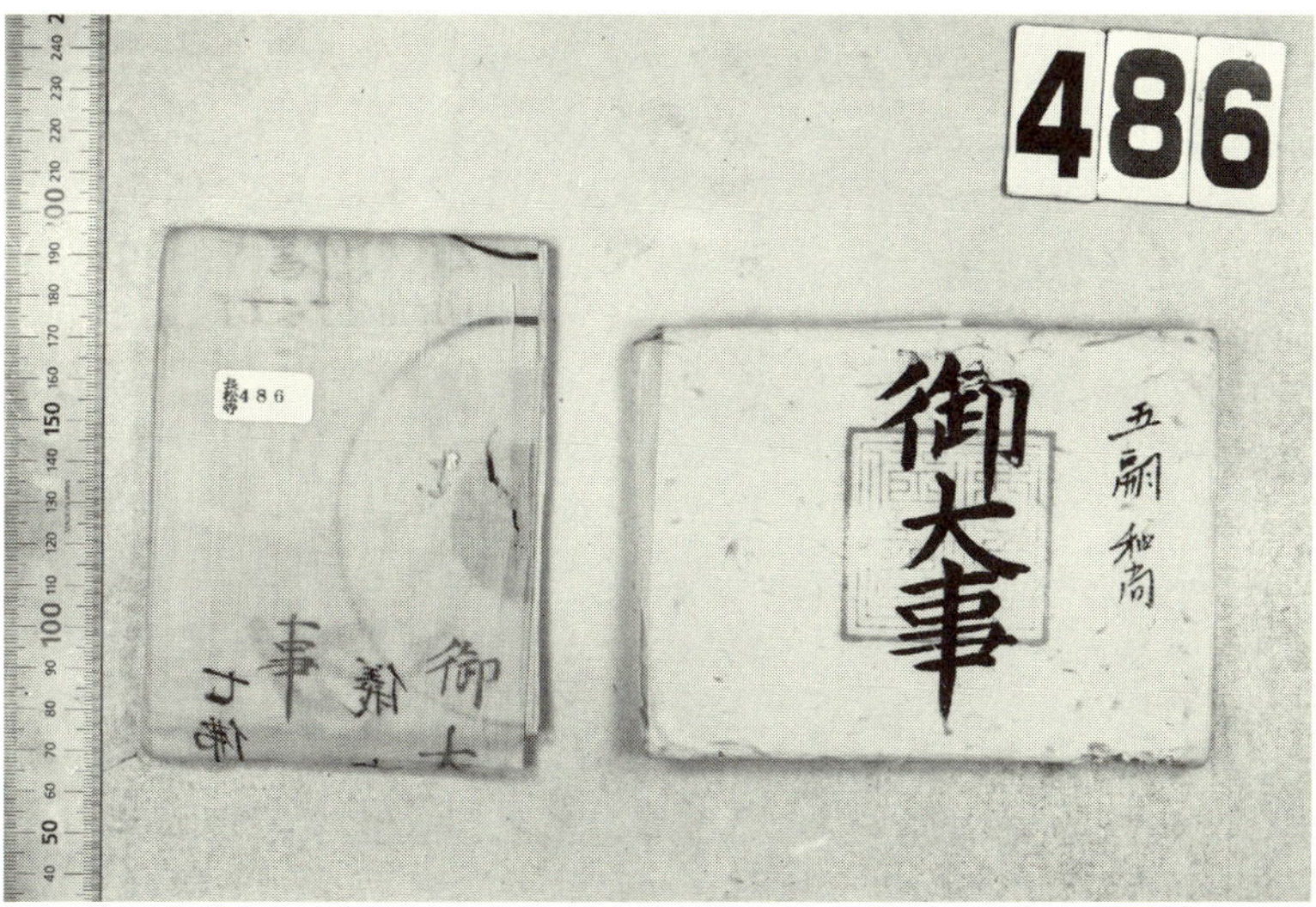

大昶光國「御大事」

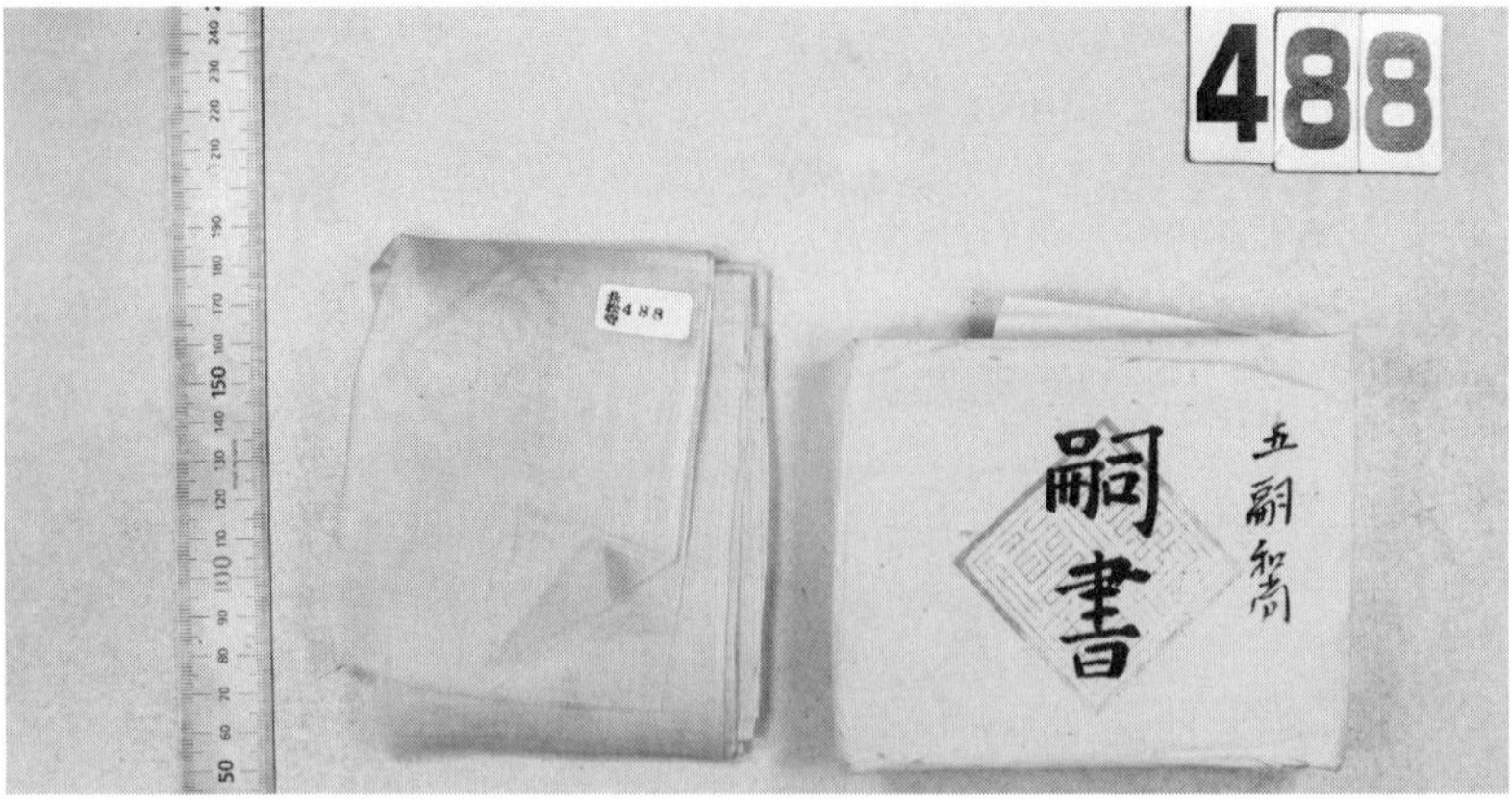

大衵光國「嗣書」

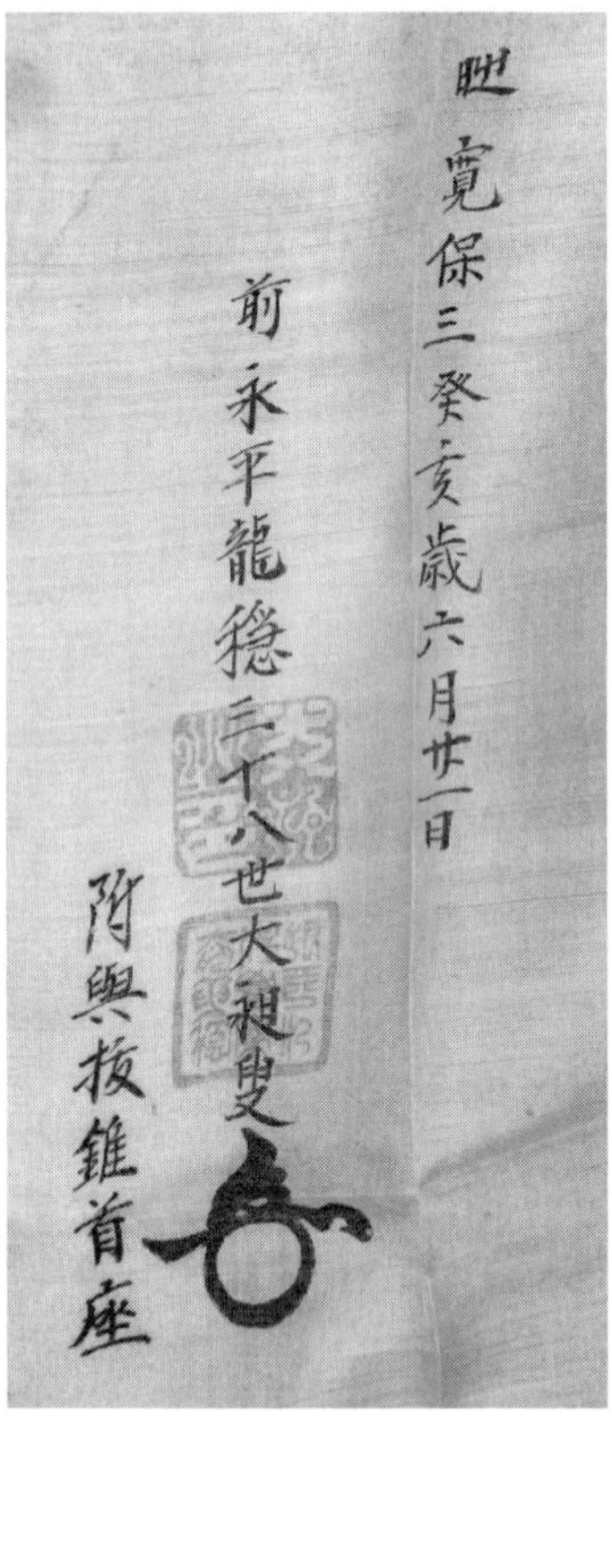

大衵光國「御大事」の一部

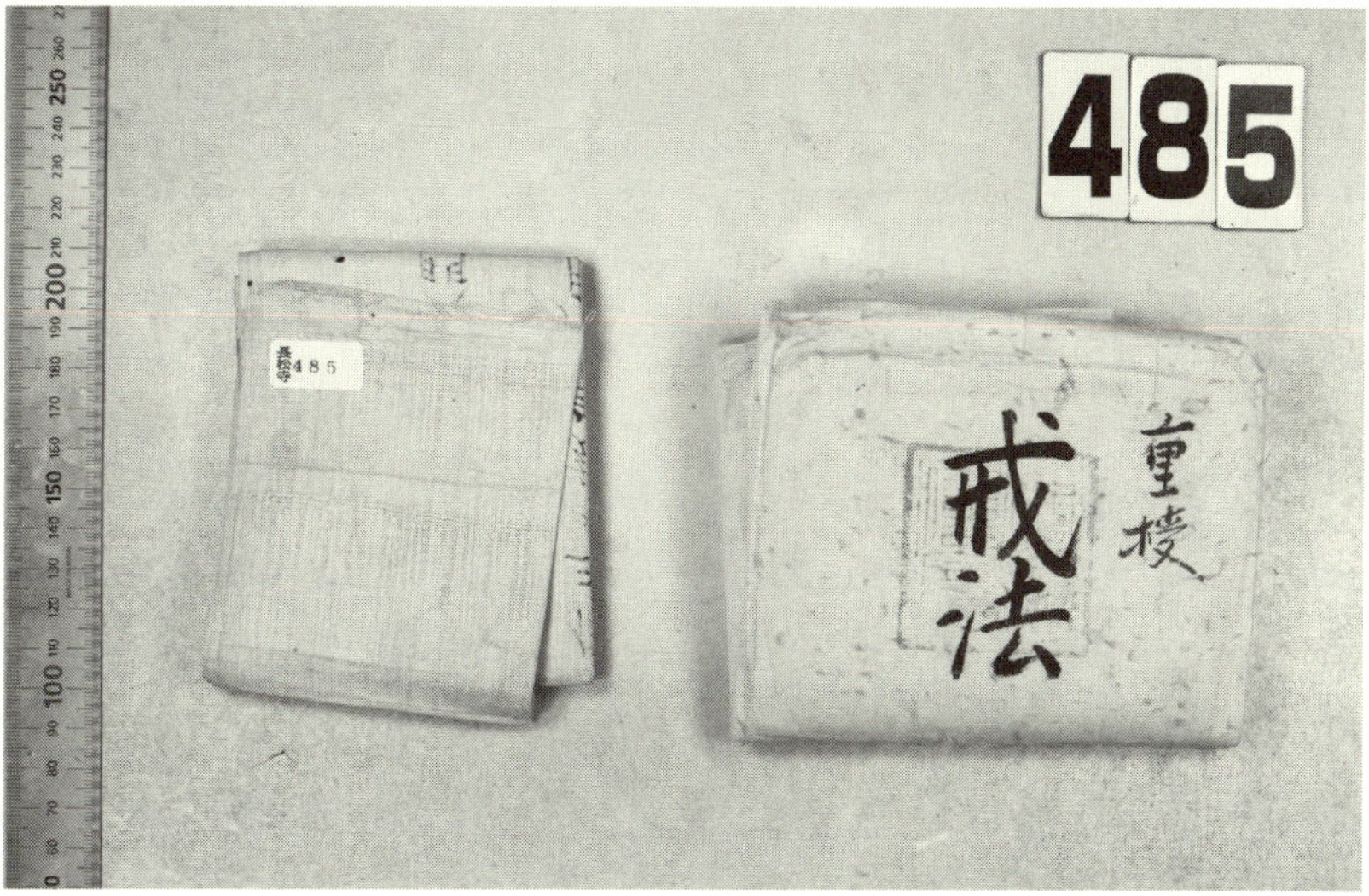

直山門正「戒法」

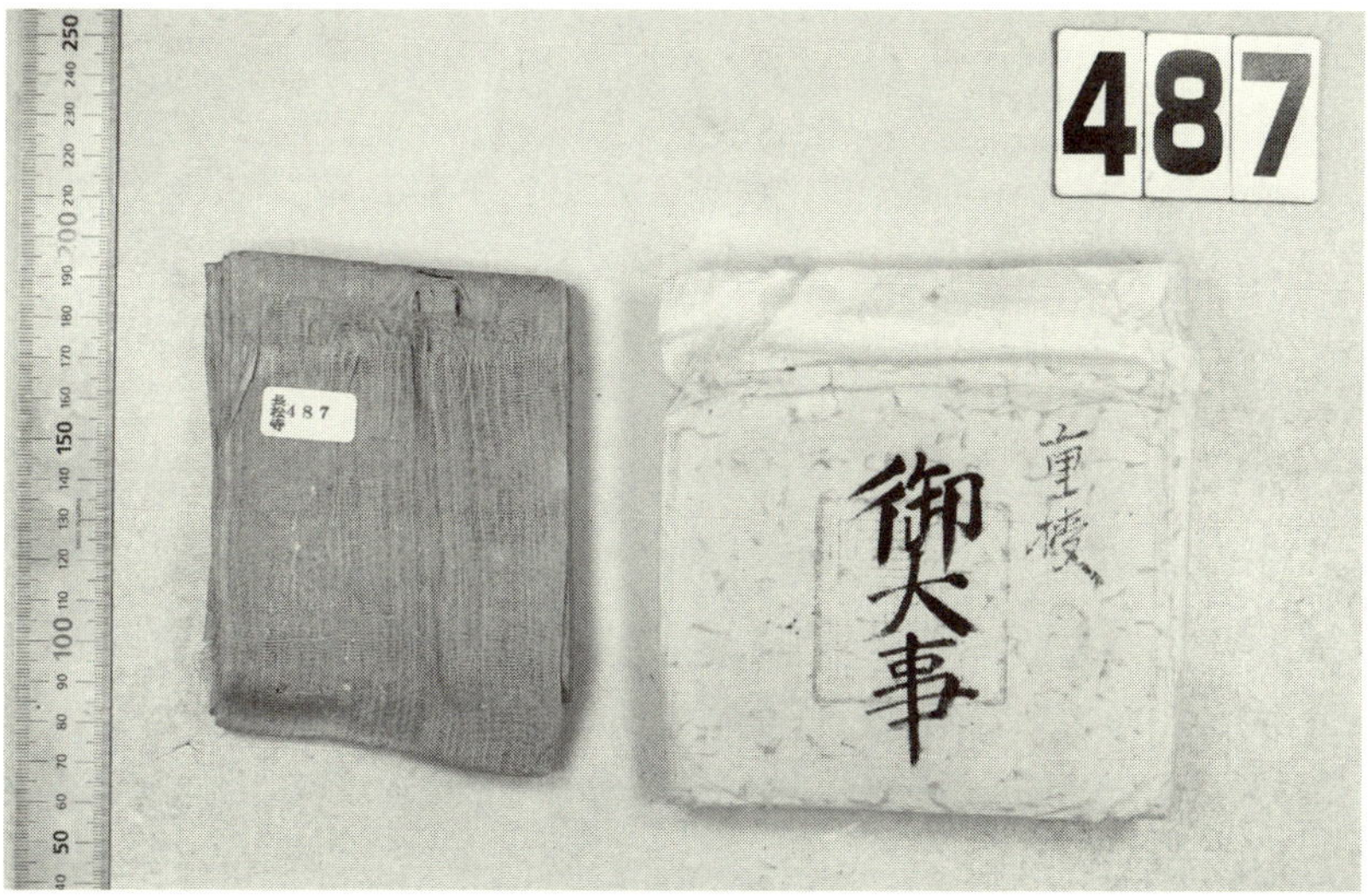

直山門正「御大事」

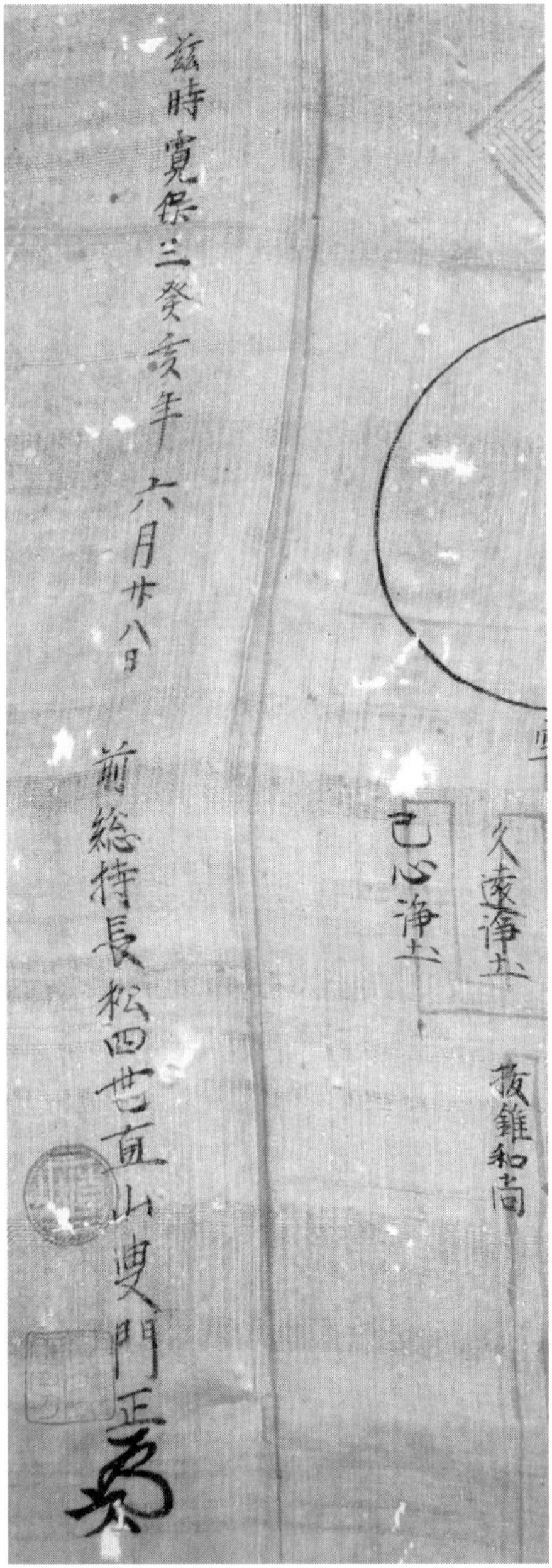

直山門正「御大事」の一部

もう一つは、長松寺の四世「直山門正」より嗣いだ「戒法・御大事」の二点。こちらはそれぞれ〝重授〟と付され、日付は大昶光國よりも七日後の、寛保三年（一七四三）六月二十八日と記されていました。

曹洞宗において、特に江戸期の宗統復古運動以降は、嗣法の師は唯一とする〝一師印証〟の原則が重視されました。また一方で、寺院の後継問題という現実的側面に対応するため、既に別の師の元で嗣法を終えた者を寺院の後継者として迎える場合、その寺院の住職より「血脈（戒法）」と「大事」を新たに授かる〝伽藍二脈重授〟などの折衷案が行われていたようです。（「嗣書」は生涯一度のみ。また〝伽藍二脈重授〟は、明治八年に曹洞宗務局から出された布達により不要とされました。）

抜錐が、長松寺四世・門正より嗣いだ「戒法・御大事」は、この〝重授〟であったのだろうと思います。二人の師から嗣いだ「戒法・御大事」の日付が、たった七日違いであることは、抜錐が長松寺に至る経緯の一端を物語っているようにも感じますが、詳細を推し量るにはまだまだ研究不足です。ただ事情の一つとして、享保十一年に起きた長松寺の火災が関係しているのではないかと思います。

記録によれば、長松寺は享保十一年（一七二六）に、本堂・衆寮・庫裏を含む、堂宇一切を火災で焼失しています。この時、長松寺四世「直山門正」には、既に法を嗣いだ弟子「宥山泰寛」がおり、何事もなければ、泰寛が長松寺の後継となるはずだったようです。泰寛の「戒法書・御大事」には、〝長松五世宥山泰寛　拝書〟の文字と印が残されていました。（日付は、享保四年七月八日）

しかし火災後、泰寛が長松寺の歴住として数えられた記録はなく、更に延享三年（一七四六）には、まだ師の門正が存命中に、長泉寺（門正が三世を務めた同末寺院）の五世として遷化されています。泰寛の墓碑は、長泉寺の歴住塔とは別に、長松寺の歴住塔裏にも残されており、「前住宥山泰寛和尚」と刻まれています。

おそらくは、火災後の長松寺を取り巻く混乱した状況が、抜錐に白羽の矢が立てられた要因の一つだったのではなかろうかと推量しております。

第二章　抜錐和尚の頃の長松寺

抜錐が長松寺の住職であった頃、即ち、宗龍禅師・第一回授戒会の頃の長松寺の様子は、抜錐が残した「校割」（資料③）と、「水車運営に関わる文書」（資料④）から、多少類推できます。（校割とは、寺の所有物等を記した台帳のようなもの。）

校割より、主だった建物の様子が分かる記述を抜き出すと、以下のようになります。

【一頁目】

客殿
本堂一宇　　大祐和尚建立
本尊彌陀佛　　有来
（大現菩薩　　（三浦仲右衛門　願主
達磨大師　　遠藤想七

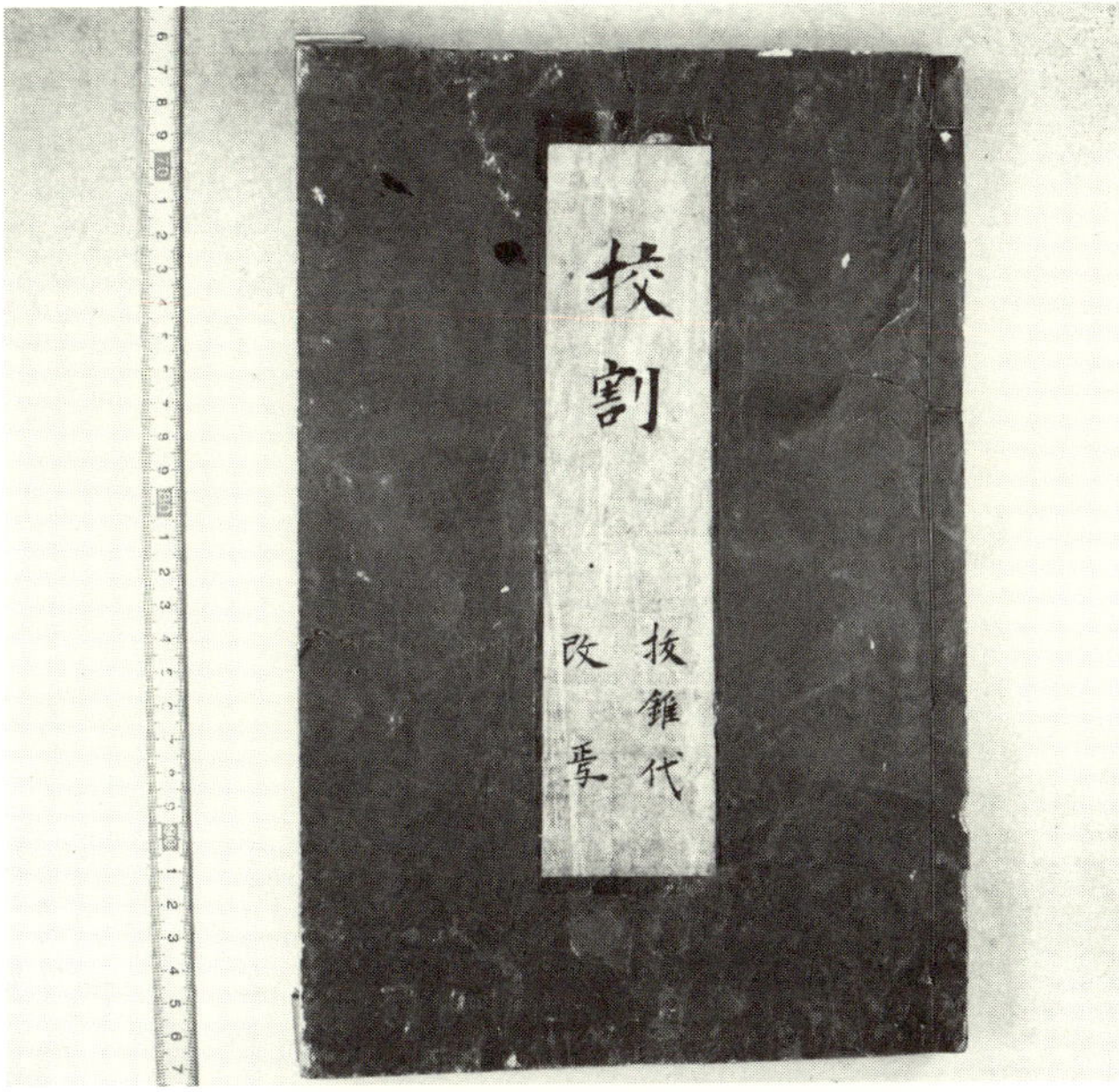

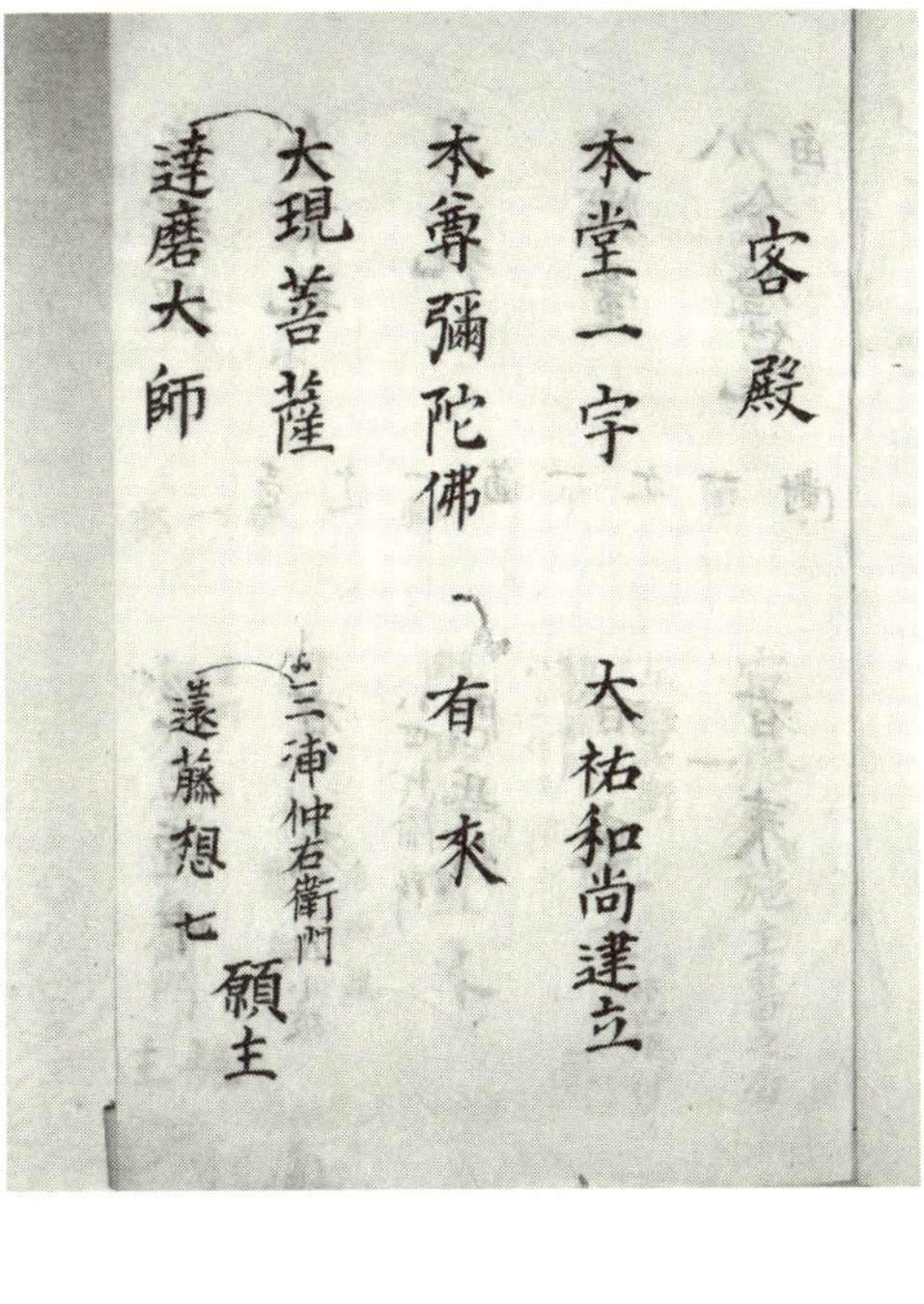

資料③　抜錐代の「校割」

【普請　并ニ　修覆之覚】

延享元年（一七四四）甲子ノ春
本堂（フキガヱ）
同天井（八尺間合天井）（礼ノ間　客寮天井）
室中（天井鋪板疊）（トコ椽雨戸共ニ）
方丈（二間并物置椽）（内佛壇ヲ立込共ニ）

延享二年（一七四五）丑春三月
玄関（間口二間）

延享元年（一七四四）子ノ年秋九月
西廂（ヒサシ）（四間）

延享四年（一七四七）秋九月
門（再建）（附鎰二ツ）

延享四年（一七四七）丑ノ春
水車（屋一芋 ※原文ママ）
庫裡（水盤大戸并ニウラ門修覆）

延享二年（一七四五）秋九月
客殿大間天井寄附

宝暦三年（一七五三）酉歳四月八日
金壹両（諸堂建立之寄附）（田町結城屋　隠居傳右衛門）

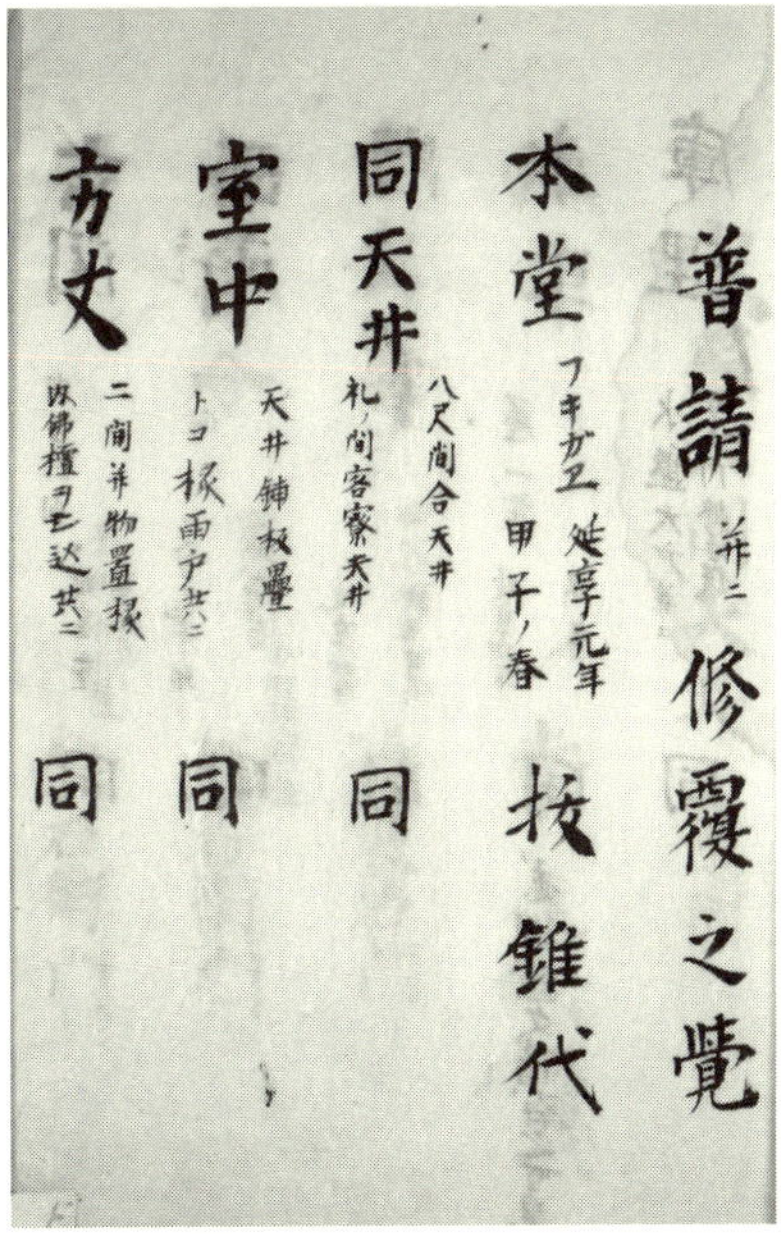
普請并ニ修覆之覚
本堂　フキカヱ　延享元年甲子ノ春　拔錐代
同天井　八尺間合天井　礼ノ間客家天井　同
室中　天井鋪板疊　トコ掾雨戸共ニ　同
方丈　二間并物置掾　仏壇ヲモ込共ニ　同

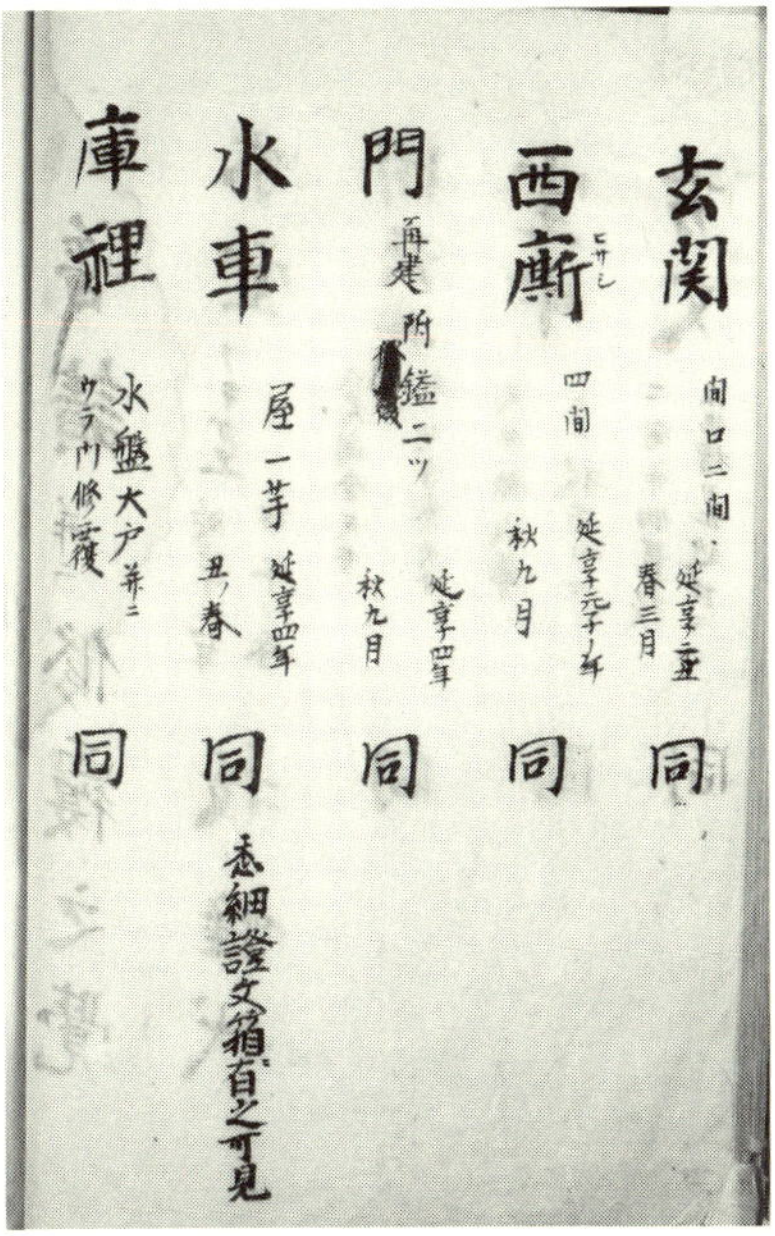
玄関　間口二間　延享五年春三月　同
西廝（ヒサシ）　四間　延享元子ノ年秋九月　同
門　再建所[illegible]鐙二ツ　延享四年秋九月　同
水車　屋一等　延享四年丑ノ春　同
庫裡　水盤大戸并ニ　ウラ門修覆　同
委細證文箱有之可見

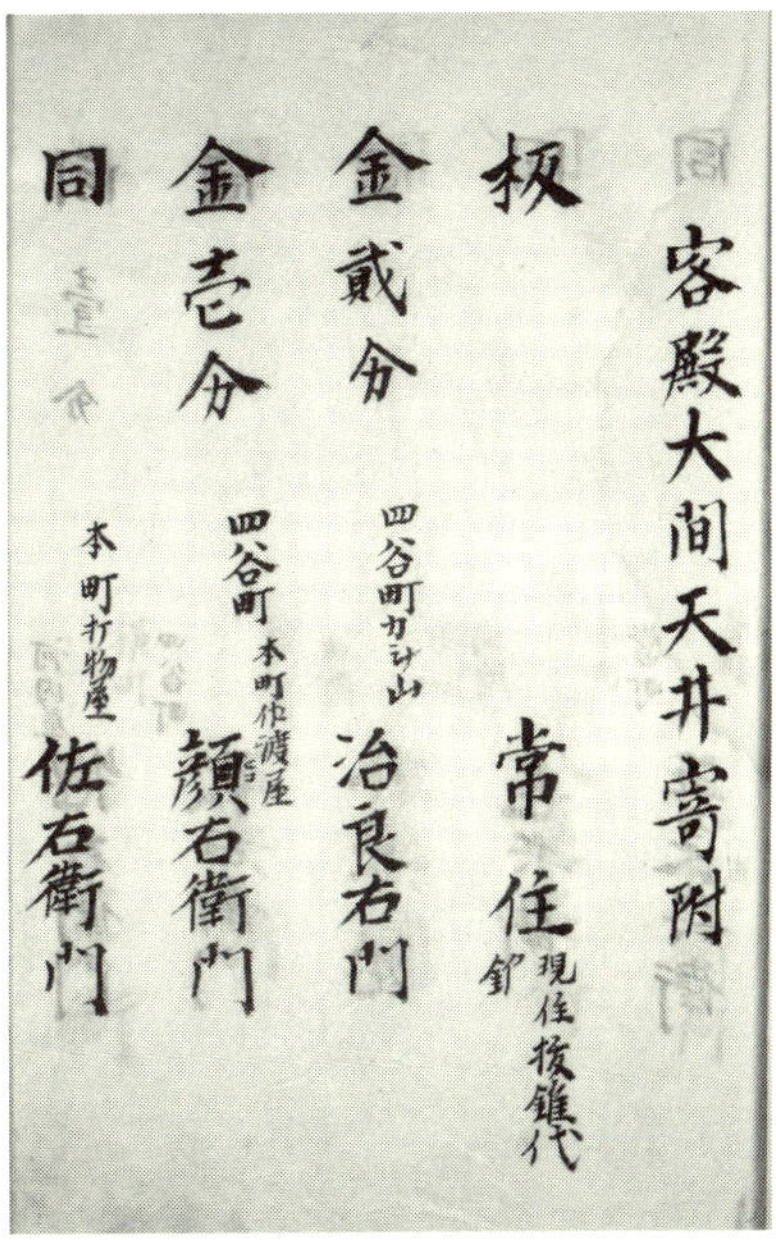
客殿大間天井寄附
板　常住　鈔　現住拔錐代
金貳分　四谷町カヽ山　治良右門
金壱分　四谷町　本町仲渡屋　顔右衛門
同　本町ホ物屋　佐右衛門

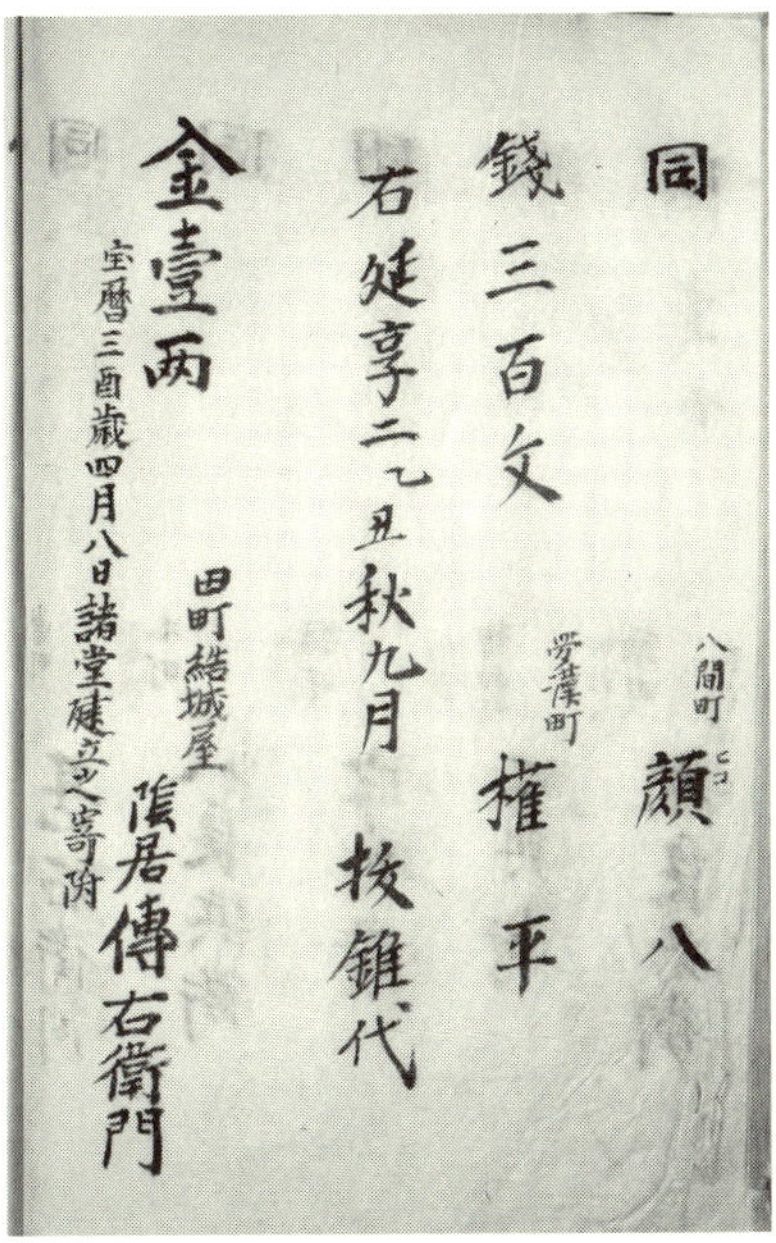
同　八間町　顔八
錢三百文　労濃町　権平
右延享二乙丑秋九月　拔錐代
金壹両　田町緒城屋　隂居傳右衛門
宝暦三酉歳四月八日諸堂建立へ寄附

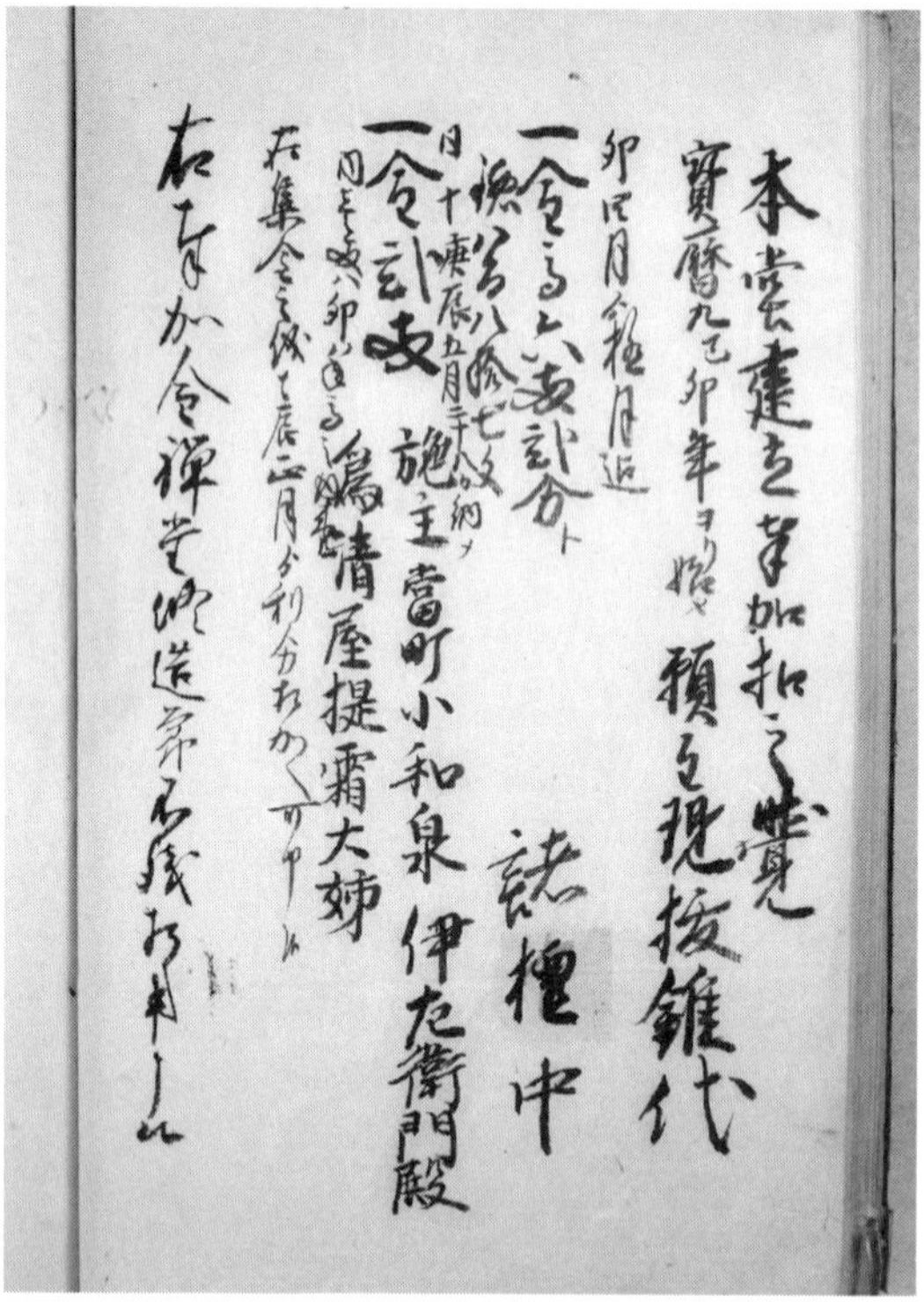

本堂建立奉加扣之覚
寶暦九己卯年ヨリ始メ　積立現抜錐代
卯ノ正月ヨリ極月迄　諸檀中
[illegible]
施主當町小和泉　伊左衛門殿
[illegible]
鳥清屋提霜大姉
[illegible]

宝暦九年（一七五九）本堂建立奉加扣之覚　宝暦九己卯年ヨリ始メ（抜錐代）

校割の一頁目に「本堂一宇　大祐和尚建立」とあり、抜錐が門正より法を嗣いだ翌年の延享元年（一七四四）には、「本堂（フキガエ）」等の記載があります。またそれに続く普請・修復に関する記述から、享保十一年（一七二六）の火災の後、十八年経過した頃には、既にある程度の建物は整っていたことが分かります。（※本堂一宇を建立した、大祐和尚の詳細は不明。）

但し、修復の様子や、宝暦九年（一七五九）に「本堂建立奉加扣之覚」と、新たに本堂建立の為の奉加（寺社建設等のため寄付）を始めていることから察するに、火災後に最初に建てられた本堂は、決して十分な状態ではなかったとも推測できます。

ともあれ、このような建物があるなかで、宝暦十三年（一七六三）の第一回授戒会は行われたのだろうと思われます。

なお、一七五九年に抜錐が始めた本堂建立の志は、二度の授戒会を経た後、三十年後の寛政元年（一七八九）、長松寺七世「興宗普山」の代になって、ようやく実を結ぶこととなります。

第三章　長松寺の水車事業

また抜錐が、寺院運営の一助とすべく、長松寺の水車事業を盛り立てたことが窺い知れる文書が数通見つかっております。

資料④　長松寺の水車運営に関わる文書（年代が明確なものだけ抜粋）

延享　三年（一七四六）丙寅年六月　※水車取立の願書
延享　三年（一七四六）丙寅年六月　※水車願書奉行所より差戻し
延享　三年（一七四六）丙寅年七月　※植付・干水の節は水車休業一札
宝暦　八年（一七五八）戊寅年三月五日　※水車を土蔵造りにする
宝暦十二年（一七六二）壬午年七月　※夏中少々にても用水弁用し水車稼ぎできる様願い
（それぞれ、長松寺の署名・印、または抜錐の署名あり。）（※は、中村茂先生による注釈）

『角川日本地名大辞典』によると、長松寺の水車は「長松寺ぐるま」と呼ばれ、堰方奉行より許可された三つの水車の一つとのことです。元禄三年（一六九〇）から始められたとも、記されています。長松寺文書の中には、年代がはっきりしないものの、水車場の絵図面も残されており、またこの水車は、平成二十八年に〝世界かんがい施設遺産〟に登録された「長野堰用水」の水を引き入れて回していた水車でもあります。

水車運営によって得られた手間賃で、寺院経営を補填していたと考えられます。

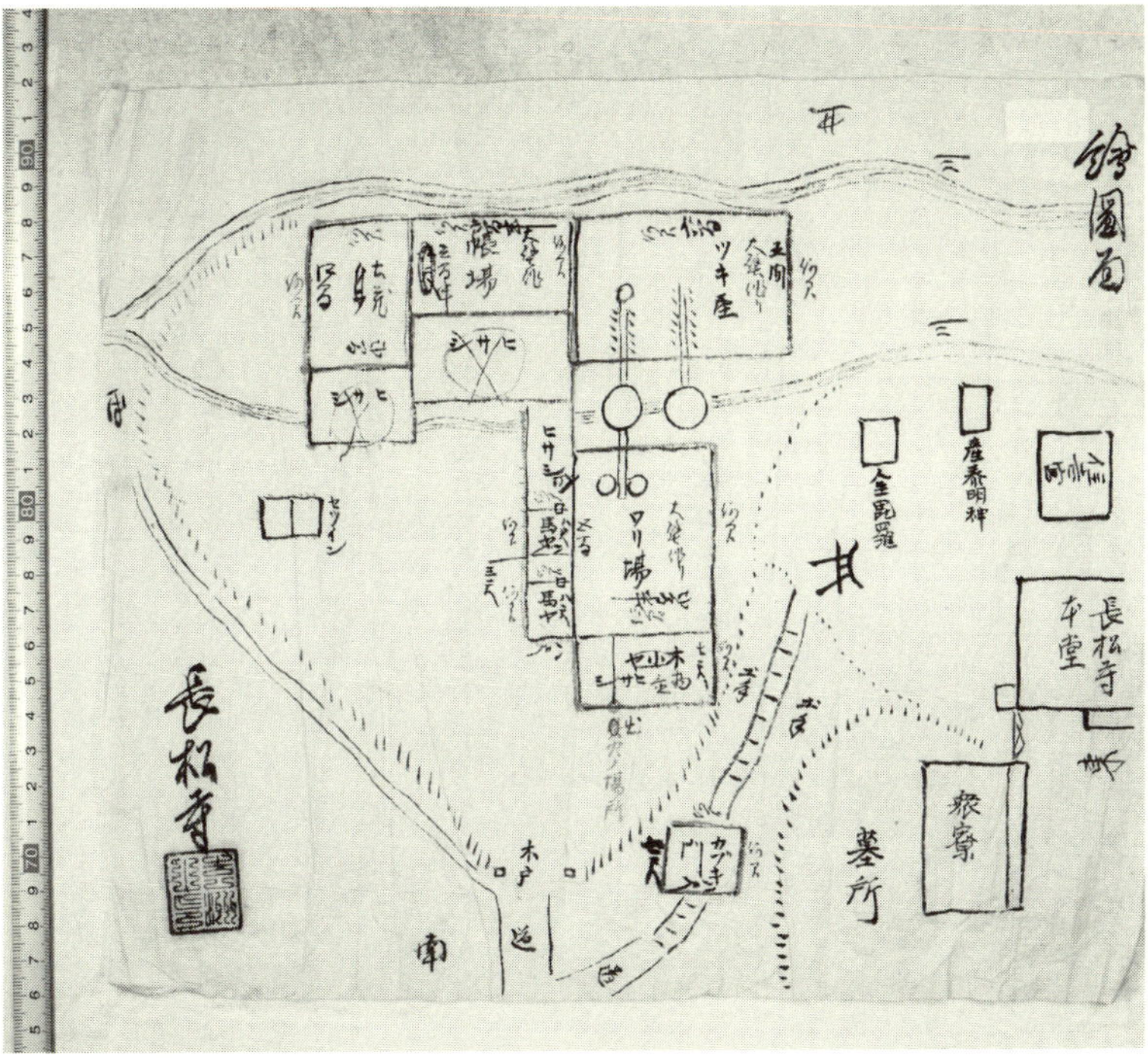

水車場　絵図面（年代不詳・天保五年（一八三四）焼失か？）

●今後の課題　～宗龍禅師と抜錐和尚、最初の繋がりは?～

長松寺に残された古文書を紐解くことで、宗龍禅師と抜錐和尚の繋がりの端緒が見えてくるのではないかと期待していたのですが、残念ながら今のところ、はっきりとしたことは分かっておりません。お二方の関係が、いつ・どのように始まったのか? このことが明らかになれば、宗龍禅師が最初の授戒会に至った道筋の一端が、見えてくるように思えます。ただ浅学な私個人では到底答えに辿り着けませんので、本拙文と長松寺文書が、どなたかのご高察の一助になればと願っております。

追補〝天明の浅間焼け〟での炊き出しのこと

今回、整理した長松寺文書の中に、六世「密山抜宗」(第四十九回授戒会 教授師)が書き残された「公禄触書」という書簡がありました。

第四十九回授戒会が行われた安永十年(天明元年)(一七八一)の二年後に、当地は浅間山の大噴火〝天明の浅間焼け〟の被害に見舞われます。高崎にもたくさんの避難者が押し寄せたそうですが、その際に長松寺にて行われた粥の炊き出しのことが、「公禄触書」に記録されていました。(全文の読み下しは、大澤弘氏による。)

公禄触書によれば、天明四年(一七八四)、正月から閏正月を含む四月八日までの約四カ月間に、延べ五万人前後の避難者に「助かゆ」（壱人ニ付　味噌壱丸　かゆ壱配）をふるまったとのこと。また炊き出しに使われた米や味噌、費用等の施主名も記されており、その中には、先の授戒会の『正受戒弟簿』にも名前がある「小泉（弥市）」「米山平次右衛門」「（落合）幸四郎」と思しき三人の名も記載されていました。

困窮する人々のため、私財をなげうって行われた炊き出しは、紛れも無く宗龍禅師と授戒会の薫陶によるものだったのではないかと思います。

なお後日譚として、町奉行の推薦により、長松寺の率先した行為は実に奇特であると、銀二枚の褒美を頂戴したとのことです。

六世　密山抜宗の「公禄触書」

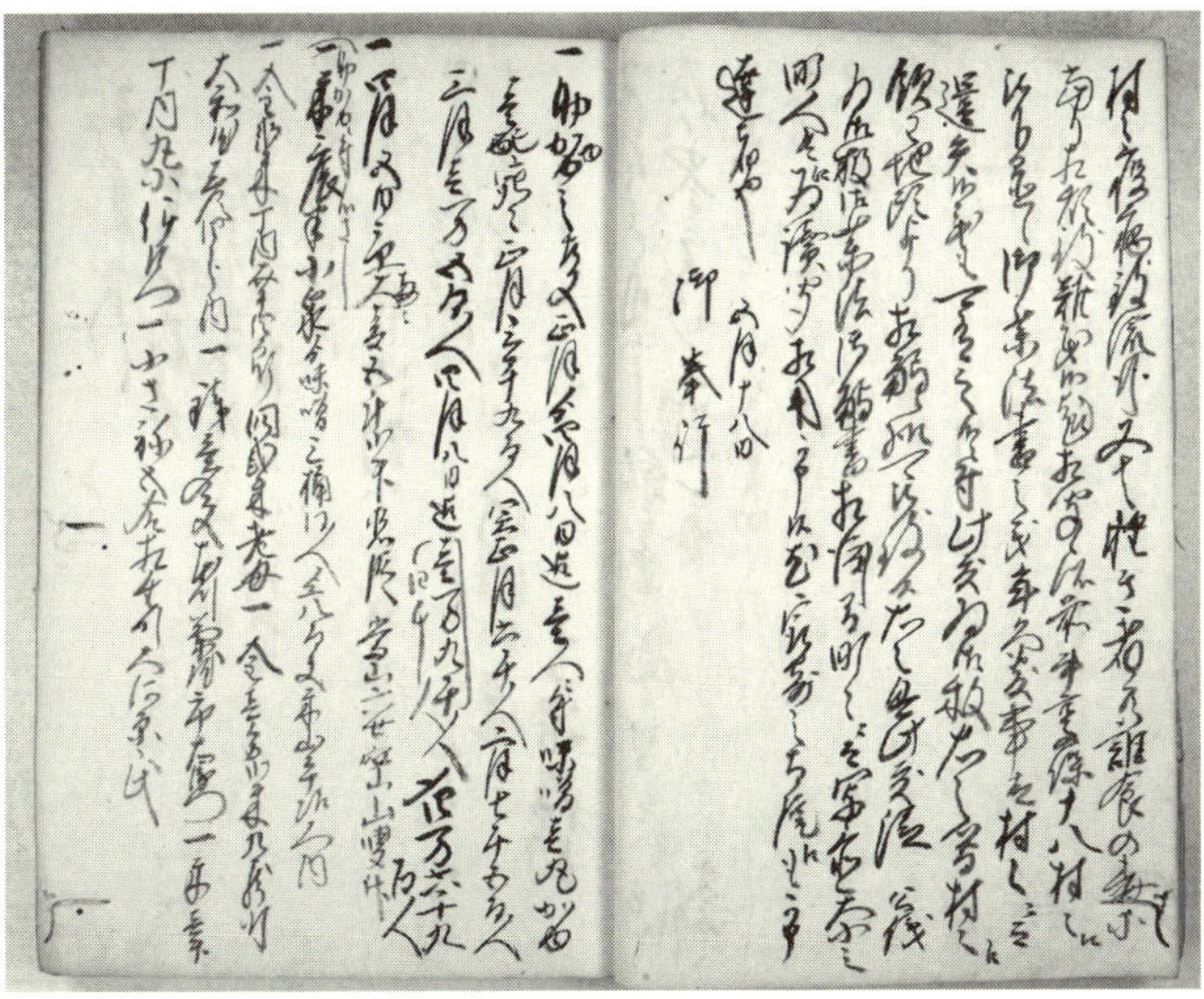
「助かゆ」に関する箇所

宗龍禅師が『黒瀧山』で見たものとは？

大澤　弘

はじめに

平成二四年四月。私は『訓注　江湖送行歌』を上梓した頃から、宗龍禅師は何故、上野（群馬県）の山中黒瀧（南牧村黒瀧山不動寺）へ詣でたのか、疑問に思っていました。その疑問の箇所（①〜④）を抜粋しました。

●出典『訓注　江湖送行歌』（文末の参考文献参照）㊟〝　〟内の文章は参考文献の引用文です。

〝（四）不出世にして如法ならんにはと、無徳不修を省みて、江湖会をのがれんと欲して、陳倉道に向い、傍ら上野の①山中黒瀧に詣でして、②その開基の由を聞きてより、愈其の心決せり。此に於て、③黒瀧の開基の家に寓せし時、（中略）我志、今已に決せり。我れ此れより④那山那窟を尋ねて、山神と共に疝気を温養せん（以下略）。〟と書かれています。

傍線①〜④に記述されている語句の意味が解明できれば、宗龍禅師が生涯を懸けて実践した「行跡」の動機が明らかになると思いました。

そこで私は、平成二五年五月に南牧村黒瀧山不動寺を訪問しました。その結果、収集した資料を基に私の推論を組み立てました。管見で恐縮ですが、以下の推論を御一読ください。

①「山中黒瀧に詣でして、」とは？

私が黒瀧山を訪問した時、同寺六十六世住職・長岡良圓師にお会いしました。同師より頂戴した資料を参考にして推論します。

●出典『琉璃燈（るりとう）No.20』

〝不動寺の由緒　黒瀧山不動寺は上州下仁田南牧谷の奥、上州の奥の院ともいう黒瀧山（八七〇m）の南東中腹にあり、黒瀧不動の名で呼び親しまれています。千三百年前、奈良時代に行基菩薩（ぎょうきぼさつ）が一宇を設け、金躰不動明王像を安置したのが始まりです。〟

宗龍禅師が同寺を参詣したのは宝暦一三年

群馬県南牧村・黒瀧山不動寺の山門

（一七六三）御歳四十七歳頃と推定されます。若葉の生い茂る急坂の道を登りきると、そこに同寺があります。宗龍禅師は何故、このような辺鄙な寺に来たかったのか、と私は不思議に思っていました。しかし、現地に行きこの疑問が氷解しました。

②「その開基の由」とは？

●出典『琉璃燈No.20』

〝江戸時代、潮音道海禅師（以下「潮音禅師」と略す）はこの寺を再興し、黄檗宗黒瀧派の本山として隆盛させるのですが、その流れの発端は、ある密教修行者との出会いでした。

隠元禅師からその法名を賜り、木庵禅師から印可を受けた潮音禅師は、たぐいまれなる力量と威徳をもって各地各所で法座を開き、黄檗の禅風を鼓舞しておられました。折しも潮音禅師は、先代『旧事本紀大成経』（次の第一章で詳細解説）出版に関する一件等で山居隠栖をされることを望んでおられました。

延宝三年（一六七五）の秋、高源（密教修行者）が黒瀧山で潮音禅師の法座を開くと三千人もの修行者や信者が集まり、黒瀧山は足の踏み入れる隙間もないほどでした。これを聞いた高源和尚や白石了源ら黒瀧山の関係者が強く誠意を以て迎えたので、ついに潮音禅師は黒瀧山に入り隠栖生活を始めたのです。ところが潮音禅師の高徳を慕い、教えを請い、禅に参ずる僧俗は絶えることなく、数多くの法縁が花開きました。この結果、黒瀧山不動寺はやがて末寺末庵全国二百カ寺を擁し、嗣法の門弟六十四名、授戒の道俗十余万人と伝えられ、黄檗最大派である黒瀧派の永世本山となったのです。〟

宗龍禅師は「潮音禅師」の高名を聞き、不動寺を訪れて、その生き様に触れて見たかったのでは、と思いました。

③「黒瀧の開基の家に寓せし時、」とは？

宗龍禅師が宿泊した「開基の家」とは誰の家か推論しました。

●出典『関東の仙境　黒瀧山　不動寺と南牧村を歩く…』

〝「黒瀧山開基」の四名。

市川圓慶（半兵衛）　南牧村砥沢の人
白石了源（六郎左衛門）　南牧村大塩沢字黒瀧の人
小柏一燈（源左衛門重高）　藤岡市日野字小柏の人
小柏妙高（小柏一燈の妻）　同　右〟

私の想像では、宗龍禅師は不動寺の麓にある白石了源宅に寓したと思います。私が同寺を訪問した時、長岡良圓師のお話では、一カ月前、東京の某出版社の人が参詣され『大成経』の写本七十二冊を撮影して行ったとのことでした。『大成経』は延宝七年（一六七九）に出版されました。その約二百五十年前の本が同寺に保存されています。宗龍禅師が宝暦一三年（一七六三）に訪問したのは、出版から僅か八十四年後のことです。御禁制本でも、黒瀧山には秘蔵されていた訳です。この時、宗龍禅師は「開基の由」を知り、『大成経』を見て、「我が志、今已に決せり」と記述しています。

④「那山那窟を尋ねて、」とは？

この語句の意味は「あちこちの山々や岩屋を尋ねて、山の神様と共に煩悩という腹痛を治したいものだ」と解釈されます。現地に行けば、黒瀧山はまさにこの願望を叶えるに充分な場所でした。

●出典『関東の仙境　黒瀧山　不動寺と南牧村を歩く…』

〝十三曲がりの急坂を一汗かいて上りあげれば、目前に五老峰の山並みが展開する。そこで大歇（一休み）して、後ろを振り仰げば「日東岩」「星中岩」「月西岩」と呼ぶ三岩は天を覆うが如く、遠く小沢岳、稲含岳の眺望も素晴らしい。（中略）不動堂の裏には大岩窟がある。昔はこの中に金躰不動尊が祀られてあり、潮音禅師が入山するまではここが道場だった。（中略）滝は「龍神の滝」と呼ばれ、二十メートルほどの落差があるが、上流の水を水源に活用しているので夏以外は水量が少なくなった。滝の岩肌が黒いので、地元で黒滝と呼んだのが地名となったと聞く。〟

宗龍禅師は不動寺の環境が素晴らしく、この様な場所に自分も山居隠栖して、仏道修行や『大成経』の研究に没頭したかったのでは、と想像します。

第一章　『大成経』とは？

『大成経』について調べました。辞書には『旧事記』の項目に下記の説明がありました。

●出典『広辞苑　第六版』

〝神代から推古朝までの事跡を記した史書。一〇巻。序に蘇我馬子らが勅を奉じて撰したとあるが、実際には平安初期に編纂された。先代旧事本紀。旧事本紀。〟

この「旧事記」としては三種ほど存在しています。一つは「十巻本」で辞書の記述のとおりです。二つは「三十巻本」で白川家の伝本とされ「白川本」「伯家本」といいます。三つは『先代旧事本紀大成経』で、これも二種あり、一つは「鷦鷯本」といい三十一巻からなり、もう一つが『神代皇代大成経』の名で七十二巻の「延宝本」と呼ばれています。いずれも十巻本を基礎として、後世に作られたものという学説で一致しています。本文での大成経は「延宝本」を指しています。

大成経は全編漢文で書かれています。高度な漢文の知識がないと、素人には理解できません。そこで参考となる書籍を捜してみましたが、近世から現代にかけて膨大な出版物があり、その中で比較的理解し易い本を二冊ほど選んでみました。一冊は「重要な歴史書」とする本、もう一冊は「偽書」とする本です。

以下の文章はその一部を抜粋したものです。

○「重要な歴史書」とする本

●出典『歴史の原典　神道の聖典　先代旧事本紀　訓註』（大野七三編著）

〝『先代旧事本紀』（十巻本）は平安時代初期に撰せられたと考えられるのが、編纂以来江戸時代初め頃までは『古事記』『日本書紀』同様第一級の古代文献として重要に取り扱われてきたものである。ところが、江戸時代中頃より、異端の書とする説が流され、今日までその正統性が認められずにいたものと思う。しかし、古代創立された神社の歴史、祭祀の制度及び祭祀遺跡・遺物、『記紀』と本書の関連等によって『先代旧事本紀』こそ上古の史実を秘める古典であり、大和朝廷成立当時の歴史を『記紀』以上に明白に伝えた歴史書で、更に我が国神道の原典を伝えた重要な古典であると考えられる。大和朝廷旧来からの豪族としては、物部氏、大伴氏、斎部氏、其の他があったが、新興氏族である藤原不比等（旧姓中臣氏）が自らの氏族の権威を高めるためには、旧豪族達の権勢を追落さなければならなかった。（中略）『先代旧事本紀』こそ、古代史及び神学を志ざす人達の必読の書であり、また全ての日本人が、自らの国の正しい歴史を知るために、必見の書であると思う。〟

○「偽書」とする本

●出典『旧事大成経に関する研究』（河野省三著）

〝私どもが鎌倉時代末期から室町時代を経て、江戸時代初期に至る間の種々の古書に接する毎に、神道に関する伝授や信仰の字句乃至思想の豊かなことが著しく目に着くのである。（中略）

それらの神道思想は、主として神仏信仰の習合や、神儒仏三教の一致を語るもので、日本民族と日本文化とにおける調和性を示すものである。その傾向の最も著しい例として『旧事大成経』七十二巻が考えられる。

私は此の『大成経』の問題を取り扱っている間に『旧事紀』（十巻本の先代旧事本紀）の流れを伝える一種の神道思想というものに想い到った。（中略）それから『天書』や『神令』などという一連の偽書が、吉田家の唯一神道に於ける古典的、経典的神書の偽作・偽称の風と相俟って、中世末期や近世初期の著述界・思想界にそのような風潮を盛んにする推進力となった。そういう傾向が聖徳太子景仰、その説と称せられる三教一致の太子流神道に対する尊信を合流して、一方には『旧事紀』に対する憧れとなると同時に、一方にはその書の真偽に対する批判となって来た。かくてそこに此の『大成経』の成立を見たのである。

（中略）

大倉精神文化研究所の森田康之助氏の「旧事大成経をめぐる問題」という論文の中に、主として山鹿素行が仏教嫌いな儒者のうちには珍しい聖徳太子びいきの心持ちを示している理由の一つが、その若い頃における神道伝授を受けた点に在ることを察し、素行の感化を受けた神道説が忌部流神道家の広田坦斎や高野山按察院の光宥法印の伝授である所から、種々の証拠を引いて、此の両人の神道説が『大成経』の思想と関係があると判断し、進んで、此の『大成経』が「必ずしも潮音一人の偽作と云い切れないものがある」こと、又此の書の成立母胎は蓋しその二人に在るのではあるまいかと云うことを推定している。之はほゞ私の推測に近いもので、私は更に本書の伝承、拡布に一段と深い関係のある、上野国箕輪城主の裔と称する長野采女を挙げて、『大成経』問題における潮音の位置を多少なりとも明らかにし得たと思う。（以下

略）〃

以上二冊の本を紹介しましたが、大成経の真偽論争は別にして、私は宗龍禅師が「黒瀧山」で見たものとは、『大成経』であったと推論します。

第二章　「采女・潮音・徳翁」の関係

『大成経』に関わった人達を調べると「長野采女・潮音道海・徳翁良高」の三人が浮上します。

この三人を先行研究している北秋田市龍泉寺住職・佐藤俊晃師の論文を入手しました。

●出典「近世仏教者の神国意識―『先代旧事本紀大成経』と徳翁良高著『神秘壺中天』―」

〃『先代旧事本紀大成経』（以下、大成経）に関わる古今の研究は、その内容の偽作性・荒唐無稽（こうとうむけい）さに対する批判、特異な儒仏道一致論や聖徳太子の顕彰への賛否、また作成者とみなされている長野采女（一六一六～一六八七）と潮音道海（一六二八～一六九五）の考察などが多く見受けられる。そのような中で、柏原祐泉の「（大成経の）内容は儒仏道一致を説くが、とくに神道解釈を中心とする点で、神儒道仏四教の調和論といえる。すなわち、インドや中国の天文説、宇宙論を神代物語に付会し、これらの諸外国をみな我国の神の子孫として、のちの（平田）篤胤の復古神道論の先駆的な所論を開陳し、神国思想を中心として仏教の日本的展開を説いた。」という評価は、大成経の主張を、神国思想を支持する仏教の展開形態の一とする点で興味深い。（中略）こうした大成経支持者に加えて、近年『神秘壺中天』という写本の発見により、同書の著作者である曹洞宗・徳翁良高（一六四九〜一七〇九）もまたその一人と言えることがわかった。（以下略）〃

佐藤俊晃師の他の著作を調べたところ、下記の論文を見付けました。

●出典「近世禅宗と太子流神道―旧事紀大成経と曹洞宗徳翁良高の周辺―」

〃（前略）『大成経』撰述また刊行の中心人物と言われる黄檗宗・潮音道海と、神道者・長野采女については、神道史研究者また禅宗史研究者の双方からいくつかの見解が出されてきた。各研究者の見方は必ずしも一致しているわけではないが、『大成経』に関る次の点では基本的に共通している。一、『大成経』は長野采女を含む複数の人間によって撰述されたものである（采女は伝受者であるとする見解もある）。二、潮音は撰述者というよりも刊行者というにふさわしい。三、采女と潮音は生前より親交があった。（中略）

采女と潮音に関しては先行研究がさらに具体的な考証を行っているのでこれに譲り、ここではこの二人の間に徳翁良高を介在させることによって些かの知見を加えることを試みたい。

月舟に曹洞の法を嗣ぐ徳翁が実は黄檗の潮音やその弟子達と深い交流があったことについてはすでに触れられている。以下に特に采女と徳翁の間を中心に、采女――潮音――徳翁の関係を示す伝記資料を整理してみよう。ここで主たる資料とするのは、徳翁側は『徳翁高和尚年譜』、また采女側は『長野采女在原吉門先生行業記』である。〃以下（a〜g）まで詳細に交流関係が記述されています。

以上の佐藤俊晃師の論文により三者の関係が証明されています。そこで、本題に戻り、宗龍禅師は黒瀧山不動寺を退去して、宝暦一三年（一七六三）夏六月、上州高崎の長松寺へ行き第二回安居と第一回授戒会を開催しています。

●出典『訓注　江湖送行歌』に次の記述があります。

〝（五）時に良無居士、此の旨を聞くに堪えず、追って上（州）の高（崎）城下長松寺に来たり。密に告げて、和尚の志是なりと雖も、俗情は亦然らず。若し、檀家の信施を受くることを忌避けんと、欲せば、某甲一人にて江湖会を供せんと云いて、懐中より金百両出して喜捨せり。〟

と記述されています。宗龍禅師は黒瀧山不動寺で潮音禅師の「生き様」の内に、二つの選択肢があったと思います。一つは「那山那窟」に山居隠栖し、『大成経』を読み、仏道修行の道を行く。もう一つは「嗣法の門弟六十四名・授戒の道俗十余万人」の衆生救済の道を行く。ここからは、私の想像ですが、宗龍禅師も人の子です。良無居士から眼前に在る現実、即ち安居会や授戒会の実行を依頼されれば、自分の我儘を押し通す訳にも行きません。そこで、後者の道を選んだと想像しました。

次に宗龍禅師と徳翁良高禅師（以下、「徳翁禅師」と略す）の関係について述べます。

第三章　宗龍禅師と徳翁禅師の関係

徳翁禅師は宗龍禅師から見ると法系上「曾祖父」の師に当たる人です。当然その思想や著作物を見たり、読んだりして影響を受けていると思います。そこで徳翁禅師について調べました。

宗龍禅師法系略図（次頁参照）

月舟宗胡（一六一八～一六九六）―徳翁良高（一六四九～一七〇九）―黙子素淵（一六七三～一七四六）―悦巌素忻（一六九五～一七六二）―大而宗龍（一七一七～一七八九）

●出典「徳翁良高の神道思想―河野文庫所蔵『神秘壷中天』を中心に―」

〝月舟宗胡の法を嗣ぎ、卍山道白の法弟に当たる徳翁良高は月舟、卍山二師とともに古規復古運動につとめ、また『続日域洞上諸祖伝』、『護法明鑑』ほかを著した近世曹洞宗の代表的宗匠と言われている。しかし、その一方では加賀大乗寺に住しながら歴住には加えられず、また当時大成経偽作事件の首謀者の一人として処罰された黄檗宗潮音道海と深い親交があったことでも知られる。〟

●出典「近世禅宗と太子流神道―旧事本紀大成経と曹洞宗徳翁良高の周辺―」

〝次に徳翁と『大成経』との直接の関わりを示す資料として『神秘壷中天』（以下、壷中天）を挙げる。本書は現在国学院大学図書館河野文庫にのみ写本として所蔵が確認される貴重書である。全体五十九丁、一冊。早く河野省三氏が著書の中で大成経関連書として書名を挙げ、触れられたが、今日までほとんど未

宗龍禅師法系略図

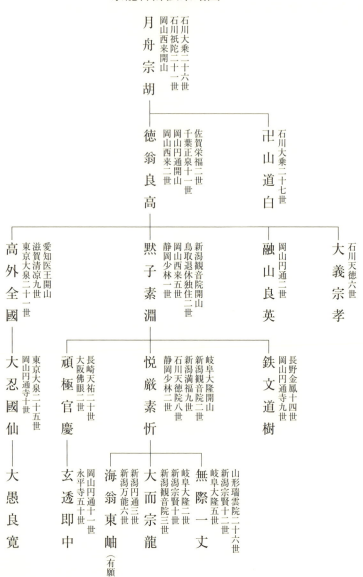

- **月舟宗胡**（石川大乗二十六世・石川祇陀二十一世・岡山西来開山）
  - **卍山道白**（石川大乗二十七世）
  - **徳翁良高**（佐賀栄福二世・千葉正泉十一世・岡山円通開山・岡山西来二世）
    - **大義宗孝**（石川天徳六世）
    - **融山良英**（岡山円通二世）
    - **黙子素淵**（新潟観音院開山・鳥取退休独住二世・岡山西来五世・静岡少林一世）
      - **鉄文道樹**（長野金鳳十四世・岡山円通寺九世）
      - **悦厳素忻**（岐阜大隆開山・新潟観音院二世・新潟満福九世・石川天徳院八世・静岡少林二世）
        - **無際一丈**（山形瑞雲院二十六世・新潟宗賢十二世・岐阜大隆五世）
        - **大而宗龍**（岐阜大隆二世・新潟宗賢十世・新潟観音院三世）
        - **海翁東岫**（有願）（新潟円通三世・新潟万能六世）
      - **頑極官慶**（長崎天祐二十世・大阪佛眼二世）
        - **玄透即中**（岡山円通十一世・永平寺五十世）
    - **高外全國**（愛知医王開山・滋賀清凉九世・東京大泉二十一世）
      - **大忍國仙**（東京大泉二十五世・岡山円通寺十世）
        - **大愚良寛**

解明の資料である。本書の奥書は次の通りである。（中略）

宝永五年（一七〇八・師六十歳）夏安居於備後(びんご)功徳寺。雲衲(うんのう)一百五十人。選蔵山機。充第一座。

この年、徳翁は備後（岡山県）の千秋山功徳寺における結制修行に参加した。年譜によれば首座(しゅそ)は徳翁嗣法の門人の一人、蔵山良機である。壷中天とは、この時の茶話のついでに徳翁が語ったものの筆録を、文化十年（一八一三）、人見秀雄なる人が再写したものと言える。〟

平成二九年四月中旬、私は四年振りに黒瀧山不動寺を再訪しました。『大成経』の写真を借用したかったのですが、長岡良圓住職が不在のため、その目的は果たせませんでした。しかし、潮音禅師と徳翁禅師の繋(つな)がりを証明するものが境内にありました。それは潮音禅師の霊骨を納めた寿塔(じゅとう)がある場所の名前でした。そこを「天壷中」と言うことが判りました。

●出典『関東の仙境　黒瀧山　不動寺と南牧村を歩く…』

〝開山堂のあるところは、日東岩直下で、洞状になっている。潮音禅師はこゝに立ち、「まさに壷中にあるようだ」といって「天壷中」と名付けた。〟という記述があります。

まさか、潮音禅師の御墓がその洞窟にあるとは想像もしていませんでした。当然、徳翁禅師も「天壷中」を知っていたと思います。

また、徳翁禅師の書かれた掛軸の存在も判明しました。それは岐阜県高山市大隆寺所蔵のもので、同寺住職・中井滕岳師からの情報に依るものです。

●出典『般若臺』第8号

平成二二年一月一日発行。

〝「三聖一祖一葉舟咦。無風起浪未曾休。沙門良高題。」「三聖」とは孔子（儒教）釈迦（仏教）老子（道教）のこと「一祖」は達磨大師を指しています。その三聖人が「一葉舟」の一艘の小さな笹舟に乗って大海に乗り出し、その船頭が達磨大師です。「無風起浪」とは儒教、仏教、道教の根本が協合して争いもなく無風である。ところが、海は大きなうねりの浪が起きて「未曾休」に限りなく社会に大きく受け入れられ、止まる事無く今日に至っている、と徳翁禅師は述べています。〟

宗龍禅師は大隆寺二世で、当然この掛軸も見ていたと想像されます。以上のような事例を検証すると、宗龍禅師は『神秘壷中天』の写本も「三聖一祖」図も見ていたと私は推論します。

岐阜県高山市大隆寺所蔵・「三聖一祖」図

まとめ

今回の記念誌発行のため宗龍禅師の著書『龍華会雑録』を再読していたところ、「三社託」の文字が三カ所あることに気付きました。その箇所は「天照皇大神宮」を中心に、向かって右方に「八幡大菩薩」、向かって左に「春日大明神」と書かれています。「三社託」とは「三社託宣（さんしゃたくせん）」のことと思い辞書で調べました。

●出典『広辞苑　第六版』

〝三社託宣＝天照大神・八幡大菩薩・春日大明神の託宣を一幅に書いたもの。室町時代に作られ、江戸時代を通じて吉田神道によって広められ、世に尊崇された。「三社」とは三つの神社。特に伊勢神宮・石清水（いわしみず）八幡宮及び賀茂神社（又は春日神社）の称。〟

また、前記「第一章　大成経とは？」の章に登場した河野省三博士の書を紹介します。

●出典『旧事大成経に関する研究』

〝本書（大成経）巻七十の憲法本紀において、近世初期の時代的、思想的要望に適応するように、神儒仏三教調和の精神に基礎を置いた五憲法（通蒙憲法・政家憲法・儒士憲法・神職憲法・釈氏憲法）を定めて、一面には殊に仏教側の神道家を満足させ、一面には崇仏一辺到の非難を受けて来た聖徳太子のために釈明の安全地帯を提供している。それは巻三十一、巻三十五等に説いてある三教調和のヤマともいうべき

根幹枝葉花実説と共に、太子流神道の基調と為すものである。（中略）
そういう思想として、応仁大乱前後に発達した三社託宣の面影も亦、本書のうちに之を見出すことができる。〃

さて、いろいろ記述して来ましたが、私の結論をまとめたいと思います。標題の「宗龍禅師が『黒瀧山』で見たものとは？」…すなわち、宗龍禅師が見たものは潮音禅師の二つの生き様を見た。一つは「衆生救済」の道。もう一つは『大成経』の本を見たと推論します。

宗龍禅師は生涯に三三回の安居を開催、六四回の授戒会を執行しました。これは潮音禅師の「衆生救済」の道を実践したと思います。また、もう一つ『大成経』の本を見て、自分の本に「三社託（宣）」を書き込んでいることです。

宗教界とは門外漢の私が宗龍禅師の著書を推論するなど畏れ多いことと思いますが、この一〇年間の宗龍禅師勉強会での学習成果をもとに、敢えてこの標題に取り組みました。先学の諸先生の文献を参考にして、

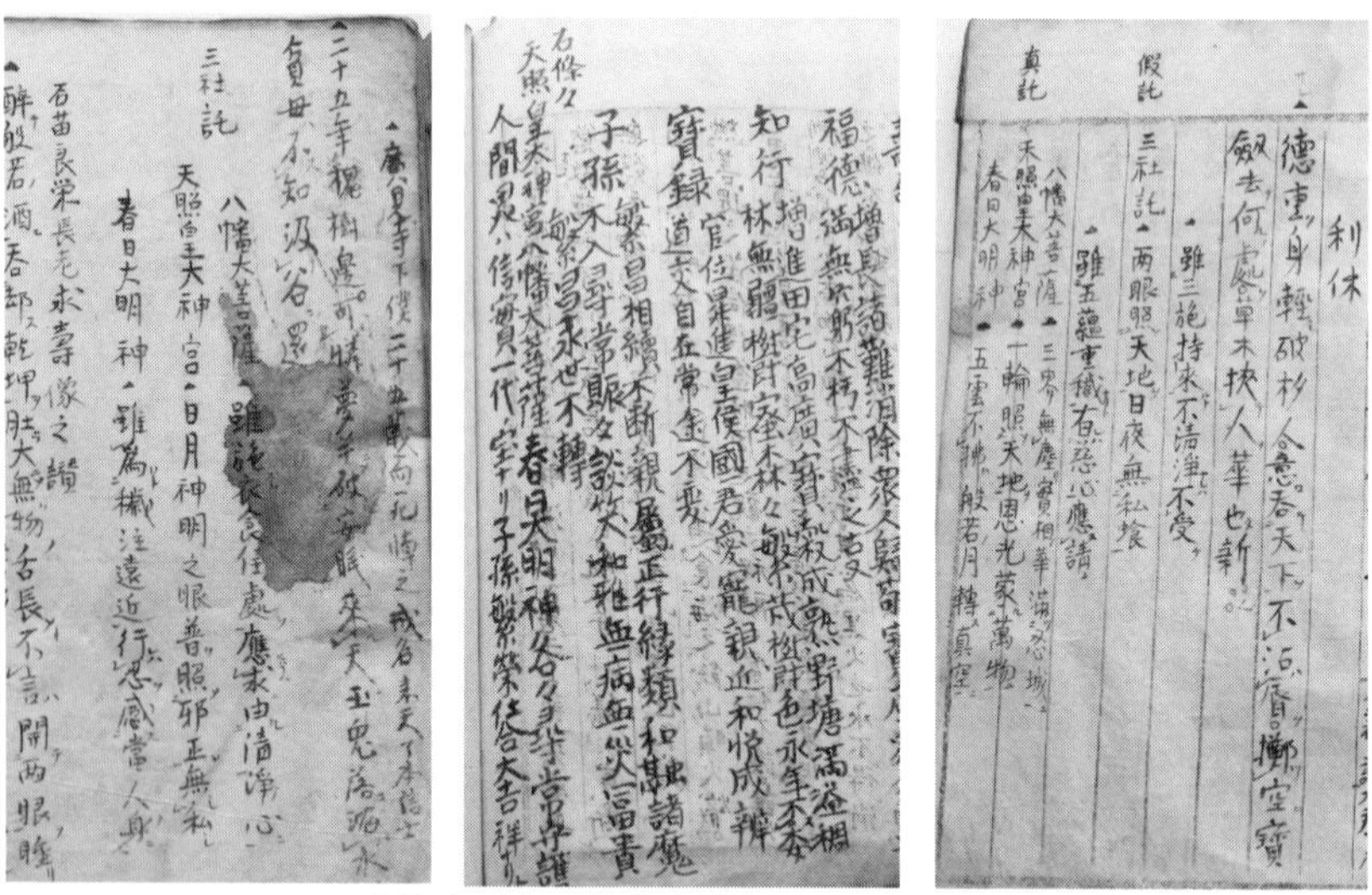

大隆寺所蔵『龍華会雑録』の「三社託」

素人だからこそできる発想で挑戦しましたが、管見の故、誤謬もあるかと思います。今後の諸賢の御批判を待ちたいと思います。この拙文が宗龍禅師研究の一部分でも解明できれば、望外の喜びです。茲に、執筆に当り多数の方々のご協力をいただき、心より感謝申し上げます。

【参考文献】

大島　晃　『大而宗龍伝　第二版』（考古堂書店　二〇一〇年）
椎名宏雄・大澤　弘『訓注　江湖送行歌』（高崎市長松寺　二〇一二年）
黒瀧山潮音禅師研究所『黒瀧山開山潮音道海禅師』（二〇〇四年）
黄檗宗宗務本院『琉璃燈№20』（二〇一三年）
正満英利『関東の仙境　黒瀧山　不動寺と南牧村を歩く…』（あさを社　一九九四年）
大野七三『先代旧事紀　訓註』（新人物往来社　一九八九年）
河野省三『旧事大成経に関する研究』（芸苑社　一九五二年）
佐藤俊晃「近世禅宗と太子流神道―旧事本紀大成経と曹洞宗徳翁良高の周辺―」（『印度学仏教学研究』第四七巻第一号　一九九八年）「徳翁良高の神道思想―河野文庫所蔵『神秘壷中天』を中心に―」（『宗学研究』第四一号　一九九九年）「近世仏教者の神国意識―『先代旧事本紀大成経』と徳翁良高著『神秘壷中天』―」（『印度学仏教学研究』第四九巻　第一号　二〇〇〇年）
中井滕岳『般若臺』第8号（高山市大隆寺　二〇一〇年）
新村出編『広辞苑』第六版（岩波書店　二〇一一年）

大而宗龍の宗賢寺住山期間について

深井一成

はじめに

大而宗龍（一七一七―一七八九）は、江戸後期の宗門僧侶であるが、良寛に多大な影響を与えた人物として、近年その名が知られるようになった。法系は、徳翁良高―黙子素淵―悦巌素忻―大而宗龍と次第し、住山地は越後の観音院・宗賢寺、飛騨高山の大隆寺である。[1]このうち、宗賢寺の住山期間については、宮栄二氏が明和八年の一年間と推定している。同氏は宗龍が宗賢寺十世となった時期および住職期間について次のように述べている。

横越村宗賢寺は笑山全悦を開山とする古刹であるが、宗龍はこの第十世を継いでいる。その時期は明和八年（一七七一）と推定される。なぜならば、同寺二世の画像に明和七年三月、九世指玄妙童が加賛しているので、それ以後に相違なく、また同寺蔵、伝高祖大師筆和歌短冊（面山旧蔵）の箱裏書に明和九（安永元）年八月、宗賢寺現住十一世実融の記入があることから、第十世の在院は明和八年の略一年に限定される。[2]

この論考発表以降、明和八年住山説が定説となり、また、観音院の住山期間もこれに基づいて、宝暦一二年から明和七年と一般に理解されているようである[(3)]。

しかし、曹洞宗文化財調査委員会の調査活動や筆者の資料調査から得られた資料によると、この明和八年住山説は訂正されるべきであることが判明した。したがって観音院の在院についても再検討が必要となるが、ここでは、宗賢寺の住山期間のみを取り上げ、以下、資料を示して論じることとする。まず、明和八年住山説の根拠となる宗賢寺二世の頂相の賛について検討する。

第一章　宗賢寺二世の頂相と九世妙童の著賛

宗賢寺には歴代住職の頂相が残されており、二世の頂相には九世指玄妙童が賛を加えている。賛は次の通りである。

頂戴青原錨斧子　龍渕二代振宗風
百年三万六千日　古殿今存見太功
旦這箇裏那箇是開光慶讃之一句

転開画図驀点筆日月眼睛照北空
明和七庚寅三月中旬童指玄拝讃

二世斧山原錨は生没年不詳であるが、「百年三万六千日」とあり、また「開光慶讃」とあることから、明和七年に百回忌を迎え、これにあわせて頂相が整えられたものと思われる。宮氏は、妙童がこの時宗賢寺住職であったとして宗龍の同寺住山をそれ以後と推定した。この賛が妙童の手になることに異論はないが、しかし、妙童はこの時点ではたして宗賢寺現住であったのだろうか。

指玄妙童（?―一七七〇）は宗賢寺の本寺観音寺二五世でもあり、明和七年一一月二七日に没している。住山地は、越後の盛岩寺、大昌寺、宗賢寺、観音寺である。妙童の行状は資料を欠いており多くは不明であるが、宗賢寺から観音寺へ昇住したとみられる。[4]では、観音寺住職であった時期はいつであろうか。

第二章　妙童の観音寺住山期間

観音寺に左の資料がある。

「殿堂再建立募化序」

（中略）

後越州白川庄草水邨
臨沢山観音禅寺伝灯沙門
盤旬敬誌
印　印

宝暦十庚辰
仲秋穀旦
（中略）

直末横越邑

一、金拾三両

宗　賢　寺
妙童㊞(5)

これによって、宝暦一〇年（一七六〇）には妙童が宗賢寺に在山し、また、観音寺には仙巌盤旬（二四世）が住職していたことがわかる。盤旬（？―一七六五）は、本堂を再建したのち明和二年一二月一四日に没している。住山は一二年間とされる。没年まで住職していたとすれば、住山期間は宝暦四年から明和二年までとなる。[6] その後を継いだのが、妙童（二五世）である。遷化後かあるいは存命中に継いだのかはっきりしないが、妙童は明和二年前後、おそらく明和三年中には観音寺住職になっていたのではないだろうか。

妙童は、観音寺において、明和五年に涅槃図を新添し、また明和七年七月二四日に念経鐘銘を撰している。[7] さらに、左の記録によって、明和七年八月には妙童が退院し、後住然提亮廓（二六世）が大渕村本興寺から転住したことが明らかである。

差上申請合一札　耕雲寺へ出ス

一、岩手伊右衛門御代官所草水村観音寺妙童長老隠居被致候ニ付、新発田領横越組大渕村本興寺亮廓長老、惣旦那相談を以、御願申上候処、被仰付候段、難有仕合奉存候

一、此亮廓長老儀者何方より何之構も無御座候、慥成ル長老ニ而御座候、右之長老在住之内、如何様之六ヶ鋪義出来仕候共、拙者共罷出、急度埒明、御僧録所之掛御苦労申間鋪候、為後日仍而如件

明和七寅年八月

草水村庄屋

旦那

旦那中

六野瀬村庄屋

旦那

旦那中

久保村庄屋

旦那
旦那
保田町末寺頼勝寺
蟠龍　印
同断　林昌寺
天然　印

耕雲寺
御役寮(8)

これらによって、妙童は、明和三年頃から同七年八月までの間観音寺住職であったと考えられる。つまり、明和七年三月に宗賢寺二世の頂相に賛を加えたのは、宗賢寺現住職としてではなく、本寺観音寺住職として著賛したといえる。二世の百回忌に際し、本寺住職として賛を求められたのであろう。

第三章　宗龍の宗賢寺住山期間

宗賢寺九世妙童が、明和三年頃に観音寺へ転住したとすると、宗龍が宗賢寺一〇世として入寺した時期も同じ頃と考えられる。

宗龍は、明和三年に宗賢寺において夏安居を開催している。宗龍の結制助化記録である『夏冬安居牒』[9]には、結制配役が記録されているが、この時の宗賢寺住職の名は記されてない。しかも、同四年の夏と冬、五年の夏、計四回の安居を行っているが、いずれも住職名が記載されていない。三三回の安居記録のうち開催寺院の住職名がないのは、七例で、そのうち四例が上記の年の宗賢寺である。これは、宗龍がその時宗賢寺住職であったから、書く必要がなかったのではないかと推測される。ちなみに、他の三例は、明和六年冬安居の観音院、同七年夏石経書写結集安居の秩父広見寺、安永七年夏安居の観音院である。

宗龍が明和三年に宗賢寺に入寺したことは一次的な資料の上からは確認されないが、次の資料によって明和四年にはすでに住職であったことは確実である。

差上申由緒書之事

一、拙僧義、生所新発田ニ而、宝光寺央州長老弟子ニ御座候、江湖頭之義ハ、御領内横越村宗賢寺宗龍長老聚会、明和四亥年相勤申候、此度山内村泉蔵寺央山長老隠居ニ付、本寺従宝光寺、住職被仰付、披露無滞相済申候、右之通、相違無御座候、以上

安永二巳年九月七日

山内村泉蔵寺

天嶺　印

奥田伊右衛門殿

山名義兵衛　殿[10]

これは、安永二年に越後新発田藩領山内村の泉蔵寺住職となった天嶺が、藩の寺社役人へ提出した履書を記録したものである。これによれば、天嶺は、明和四年に宗賢寺宗龍の結制で首座を勤めたという。右資料の「宗賢寺宗龍長老聚会」は、宗龍がこの時宗賢寺住職として結制を行ったと理解される。『夏冬安居牒』で確認してみると、明和四年宗賢寺の冬安居の箇所に「本州新発田宝光寺央州和尚徒　天嶺首座」とあり、符号する。

次に秩父広見寺の八世大量英器の結制記録に、明和五年に宗賢寺現住宗龍を招いて冬安居を行ったことが記される。

第四会首座、当寺九世雲蓋和尚寄弟子英倫僧、明和五年戊子冬興行、越後国横越宗賢寺現住宗龍和尚請招結制[11]

さらに、宗龍が明和六年八月一五日に宗賢寺において無縁供養法要を行っている記録がある。

明和六己丑年八月十五日夜、横越村宗賢寺第十世大而宗竜大和尚壱万燈之燈明御立被遊候。場所は宗賢寺前の川原に拾間四面の生類棚をかざり拾三年先の宝暦七丁丑年越後中大飢饉にて何万人とも相知れざる餓死者御座候に付此度右の者ども拾三年忌無縁供養被成候、高さ弐丈、幅五尺四面の塔を御拵立、供物百味の御食を供ひ燈明は宗賢寺八尺間より大門通、両方ともに三尺間壱つ宛にほうづきとうろうを下げ、阿賀野川向黒瀬村深堀村檀中にても生類棚をかざり双方の燈篭数知れず、見物人は上は弥彦より下は村上まで何万人とも相知れ申さず候。十五日夜は三世諸仏礼拝にて通夜の御勤め仕候[12]。

では、同寺を退院したのはいつであろうか。観音寺には宗龍が宗賢寺を隠居した記録も残っていた。

添翰

一、貴寺御支配下横越村宗賢寺宗龍長老隠居仕候ニ付、後席之儀、貴山御会下円巌長老後住ニ仕度之旨、師旦一統願出候ニ付、吟味之上、此度住職申付候間、早速披露御済被下度所希候、已上

草水村

観音寺

明和六丑年八月

名印

宝光寺

御役寮[13]

これによって、前述の明和六年八月十五日の無縁供養法会では現住であったか退院したのちであったかという問題は残るが、同年八月には隠居したことが判明した。宗龍の語録には、宗賢寺退院の偈が残されている。

龍渕山退院上堂

龍守龍淵千日愁　今朝跳出始優遊　従斯唯任白雲去　尽海普天百自由[14]

龍渕山は宗賢寺の山号である。「千日」は三年余りと解釈できるであろうか。

以上のことから、宗龍の宗賢寺住山期間は、おおむね明和三年の夏安居開催時期から同六年八月にかけてであったといえるであろう。明確な月日は依然として不明であるが、従来いわれてきた明和八年の約一年間とする説は、訂正されるべきであろう。また、観音院の住山期間についても見直されなければならないと考えられる。

しかし、問題は残る。宗龍は、明和七年に秩父の広見寺において大般若経を石に書写して奉納するという一大事業を行っているが、その趣意書ともいえる「大般若経書写願文並序」に明和五年一〇月初日の日付で「越後紫雲観音庵主宗龍」と署名している。[15] しかし、今みてきたように明和五年には確実に宗賢寺住職であったわけであるが、なぜこのように署名したのか謎である。この点について、宮氏は、宗龍は終生観音庵主を自認していたと指摘している。しかし、もうひとつ考えられることは、宗龍は明和五年の時点で、すでに宗賢寺を退董することを決めていたのではないかということである。明和五年に結制の助化師に招いた広見寺住職大量英器自身が注記[11]の資料に示すように、宗龍を「宗賢寺現住」と記しているにもかかわらず、書写願文にあえて越後の観音庵主としていることは、書写事業が行われる明和七年には宗賢寺を離れていることを予定してのことではないだろうか。宗龍がこの書写事業を企図したのは、明和三年の冬のことであるという。[16] 宗龍はもともと生涯托鉢を旨とし、一所に安住することを望まなかった。大隆寺も三年ほどで退董し、弟子の竺翁恵林に後を任せている。恵林宛の書状の中には、法のため寺を早く退院することが本意であり、「はかりごと」をして宗賢寺を早退したと述べている。[17] この問題については、観音院との係わりの中でさらに検討していかなければならないと考える。

おわりに

宗賢寺住山期間について明和八年住山説を再検討した結果、従来いわれてきた期間よりも早く、おおむね明和三年中から明和六年八月まで住山したと考えられることを示した。大而宗龍については、その行状や思想面等、まだ多くの研究の余地を残していると思われ、あらゆる角度からの検討が必要であろう。平成二〇年九月には曹洞宗文化財調査委員会による大隆寺の資料調査が行われ、宗報誌上での公表が待たれるところである。また、今後新たな資料の発掘も期待される。

今後の課題としては、宗龍の本拠地である観音院とその住山期間について検討したいと考える。本発表にあたり、資料の使用を承諾いただいた原所蔵者、閲覧筆写の許可をいただいた曹洞宗文化財調査委員会に謝意を表する次第である。

【註記】

(1)観音院は新潟県第一三八番新発田市長者館、宗賢寺は新潟県第一〇番新潟市江南区横越東町、大隆寺は岐阜県第一七七番高山市春日町に所在。なお、住山地には王舎林（廃寺）という寺院が新潟県新潟市南区茨曽根に所在したといい（今井寛之「仏母山王舎林の所在地について」平成二二年六月大而宗龍禅師顕彰会勉強会発表レジュメ）、また、宗龍庵（廃寺・新潟県北蒲原郡聖籠町蓮潟）など大而宗龍を開山とする寺庵がかつて存在した。

(2)宮榮二「良寛相見の師大而宗竜禅師について」『越佐研究』第三八集九頁。

(3)たとえば大島晃『大而宗龍伝』（平成一八年一〇月考古堂書店）四四頁以下。なお、同書は、氏の没後平成二二年九月第二版が発行されたが、その際校正者によって加除された部分がある。

(4)盛岩寺は新潟県第一七番新潟市秋葉区大安寺、大昌寺は同第三四九番加茂市松坂町、観音寺は同第八一番阿賀野市草水に所在。盛岩寺→大昌寺→宗賢寺→観音寺の順に転住したものとみられる。

(5)阿賀野市観音寺所蔵「殿堂再建立募化帳」。なお、同寺資料は、住職稲垣智正師より提供を受けたもののほか、曹洞宗文化財調査委員会室において閲覧、筆写したものを利用した。

(6)観音寺資料に「住山十二年」とある。また、寺伝では二三世照山盤琳の代の宝暦三年に伽藍を焼失しているといい（『曹洞宗文化財調査目録解題集7』北信越管区編七二五頁、観音寺の項）、その後間もなく住職の交代があったと推定される。

(7)涅槃図の箱蓋墨書、及び念経鐘に次のようにある。

涅槃像一幅、施主当寺二十五世妙童為両親菩提寄附、明和五戊子年二月十五日、見明自性居士栄

林妙薫比丘尼常回向入者也

念経鐘銘
倬乎華鯨　一口掛空　音聞三時　功徳無窮
穢土浄刹　教体円通　感応道交　山深水豊
明和七庚寅年七月二十四日
越後蒲原郡草水
臨沢山観音禅寺
二十五世妙童謹誌
同州大久保村住
治工　歌代作佐衛門
藤原義富　寄付之

(8)阿賀野市観音寺所蔵［諸種文書写控］。なお、本興寺は、新潟県第八番新潟市江南区大渕に所在。同寺では妙童の観音寺転住を明和七年九月一五日とする（『曹洞宗新潟県寺院歴住世代名鑑』三〇五頁、本興寺の項）。

(9)高山市大隆寺所蔵。なお、大島晃前掲書三一一頁以下に翻刻されている。

(10)新潟県新発田市立図書館所蔵『安永二年御在城御留守行事』九月二一日条。

⑾秩父市広見寺所蔵『当山並末山結制興行年代記』。

⑿片山春堂「横越島旧事記」『資料大江山村史』、『横越町史』資料編所収。

⒀注記⑻に同じ。

⒁高山市大隆寺所蔵『龍華会雑録』。

⒂版木は宗賢寺に所蔵される。

⒃大隆寺所蔵『般若無礙海』。なお、この資料は奥田正造『宗龍和尚遺稿』上・下（昭和二年謄写）に収められており、同書は平成二〇年七月大而宗龍禅師顕彰会より復刻されている。

⒄書状は大隆寺所蔵。宮榮二「大而宗龍禅師史料」『良寛研究論集』（昭和六二年五月象山社）に翻刻されている。なお、宮榮二前掲論文一六頁参照のこと。


本稿は、平成二三年七月一日発行『曹洞宗総合研究センター学術大会紀要（第一二回）』所収の拙稿を転載したものである。ただし、そこで省略された註記⑺以降を付け加えた。

寳光寺の大乗妙典一千部塔について
――大面宗龍の事跡に関連して――

深井一成

はじめに

新発田藩主の菩提寺である宝光寺の境内に「大乗妙典一千部塔」と刻まれた石塔がある。この塔は山門前の左手に二基並んで建っている石塔の右側の一基である。基壇からの高さはおよそ二・五メートルである。刻まれた文字は正面の塔名のほか、塔身の左側面に文字が刻まれているのがわかるが、摩滅していてほとんど読み取れない。他の面は、その形跡すら確認できない状態である。塔名の大乗妙典とは、妙法蓮華経（法華経）のことであるが、この塔からは、いつ誰によって建てられたのか、その由来を知ることができない。しかし、藩の政務日誌である『御在城御留守行事』類（以下、『月番日記』[1]）にこの塔のことと考えられる記事があり、また、大而宗龍という僧の語録の中にこれに関する記録がみられる。そこで、これらを手がかりとして塔の由来を探ってみたい。また、宝光寺と宗龍との関係についても言及したい。

第一章 建立年について

明和五年（一七六八）の『月番日記』に次の記事がある。

（四月五日）

一 同日、寳光寺、当夏江湖之内、法華経一千部興行仕度、日限之義ハ、来ル五月十九日より六月朔日迄結経仕候、此段相届候旨、服部吉左衛門申聞候事

（五月六日）

口上

拙寺、此度法花経千部興行仕候付、宝塔一宇造立仕度候、場所之義ハ山門前、鎮守之社囲之内ニ建置申度候、御目通りニ御座候付、御届申上候、已上

寳光寺

五月三日

服部吉左衛門殿

山名儀兵衛 殿

この年の夏、寳光寺では江湖会という九〇日間の修行を行う予定で、その期間内の五月一九日から六月一日まで、法華経一千部興行を計画した。そして、その記念塔ともいうべき宝塔を建立しようとしたこと

がわかる。法華経千部興行とはどのような内容なのか具体的には不明だが、一部が八巻二八品からなる法華経を大勢の僧侶を集め、千部読誦、書写するなどして供養・祈願する法会と思われる。

建立場所は「山門前鎮守之社囲之内」とある。鎮守の社については現在不明だが、山門前とあることから、本稿で取り上げる石塔が、これに該当するものと思われる。建立されたのがこの年とは断定できないが、明和五年五月から六月にかけて行われた法華経千部法要の宝塔といえるであろう。

寳光寺の大乗妙典一千部塔

第二章　建立者について

宝塔の建立は、寳光寺が藩へ届け出ているので、建立者はその時の住職であろうと考えられる。では、明和五年当時の住職はだれであろうか。

ところで、この法華千部塔の隣に立つ石塔は、その刻文字から「金光明最勝王経一字一石塔」で、宝光寺一七世央州良鼎が建立したことが知られる。すなわち、次の文字が刻まれている。

（正　面）金光明最勝王経一千部仝書写一字一石塔

（左側面）前總持央州謹読誦書写焉

維時明和四丁亥孟春穀旦

肥前州小城郡西郷住石工平川次郎右衛門安昌

さらに、右側面には造塔の趣旨を述べた銘文と序文が刻まれ、部分的に読むことができる。全文の判読は後日を期したいが、文末には「肥前州慧日退居源本龍敬撰[2]」とあり、塔銘と序文の撰者が知られ、また、央州が肥前の産であることなどが記されている。

この塔は、明和四年春に金光明最勝王経を一千部読誦し、一石に一文字ずつ経文を書写した事業の記念塔と推測される。しかし、『月番日記』によると、実際に建立されたのは翌明和五年のようである。[3]

さて、右の央州は、寳光寺一六世陽谷大春が延享元年（一七四四）四月二三日に遷化したのち、同年九月江戸小日向の伝明寺から移転して宝光寺一七世となった。[4]宝暦三年（一七五三）三月には失火によって伽藍を全焼するという難事に遭うが、ただちに復興し、宝暦四年には現在に伝わる大涅槃図を新添している。同六年一二月に藩主に隠居を願い出るが、引き留められている。[5]その後隠居して一朝斎という隠居所に住し、安永元年（一七七二）一月二三日に遷化した。央州の隠居後一八世となったのは、一天良瑞である。

良瑞は、央州の弟子で、生国も師と同じく肥前国である。[6]おそらく央州の宝光寺転住に伴って新発田に来たのであろう。最初に寳光寺の末寺である米倉村の宗福寺に住職したと思われ（同寺一一世）、寛延二年（一七四九）八月、同寺から總持寺に瑞世している。[7]その後寺町福勝寺の二一世住職となり、福勝寺から宝光寺へ昇住したものと考えられる。宝暦一一年（一七六一）の大本山總持寺の勧化帳に宝光寺現住として名を載せているので、[8]それ以前に宝光寺住職となったことがわかる。良瑞は、天明元年四月に隠居し、町裏の一朝斎へ居を移した。同年一〇月には一切経を納める経蔵の建立を藩に願い出て許可を受けた。天明五年（一七八五）に工事を始め、同七年には寄付札建立の願いを出している。[9]良瑞は、享和元年（一八〇一）三月二七日遷化した。

このように、明和四年に金光明最勝王経の読誦、書写事業を行った央州は、この時すでに隠居しており、本稿でいう法華千部塔が建立された明和五年当時の寳光寺住職は一天良瑞であり、良瑞が建立者といえるであろう。

第三章　建立の趣旨について

江戸後期に活躍した僧に大而宗龍がいる。この人は、良寛に多大な影響をあたえた人物として、近年知られるようになった僧である。[10] 宗龍の語録に『龍華会雑録』がある。[11] その中に、次のような文章が記されている。

法華千部塔之銘并序　　宝光寺良瑞和尚請之

竊惟諸仏之本分者唯以一大事因縁故出現於世化一切衆生皆令入仏道也、予自宿看読乃至於一偈皆成仏無疑矣、暗発千部読誦之志願而星霜幾空己矣乎、於粤今夏雇江湖和合衆獲全厥功結願供養焉、右専所志者因此大乗一実妙法置天下於泰山安、万姓仰尭天祷福寿於大海深三呼祝東周、大檀君武運長久宗廟在歓金枝玉葉倍栄於甘棠之蔭酬于本地布金之恩徳者也、且仏心宗相続興隆仏日不蝕法道般若長届于龍華会布山門叢林之繁茂者也、加之、報父母乳育之恩以易忉利説法之親口、答師友問法之徳以為他生船筏之篙、然野衲衲衣難翳憾無力樹石、於茲、藤休居士為何大姉寄捨丈余之盤石成宝塔、信施之存亡同乗唯一乗顕後素絵、更聚会読者頓開悟仏知見、見聞真俗漸證得無生忍、三界万霊法界含識寿当当常住法身円智智一切種果、共得成就諸仏出世本願、普皆回向無上正等菩提者也

銘曰　「（朱書）十二章毎一章韻脚」

仏塔涌出　普彰十方　功徳円満　長滅千障
細絶方所　大入無間　横如靉靆　竪似団䜌
等虚空寿　超大海量　蔵芥子裡　聳須弥高
不緇不磷　内外玲瓏　不鐫不竄　今古崆峒
五千退者　永生仏天　八歳龍女　直坐法蓮
黧黮疥癩　韜摩尼珍　魑魅魍魎　現毘盧身
蚌巻懐月　鵬展搏風　鶯囀繙密　蝉咽談空
木馬傾耳　頑石点頭　森羅受記　万像起謳
冕諸仏頂　篪菩薩脣　為六道輅　為四生親
群魔潜影　怨敵起慈　天神雨宝　地祇蠲危
覆載天地　摂八軸中　解脱蠢類　贏千部功
高兮難仰　広兮無彊　恢哉法塔　三世十方

これは、「寶光寺良瑞和尚、之を請す」とあることから、宗龍が寶光寺住職一天良瑞に依頼されて作った文章である。前半の序文と後半の銘文からなり、石塔建立の趣旨が述べられている。これによると、良瑞は、以前から法華経千部読誦を宿願としており、寶光寺住職となって多くの僧を集めて修行する特別の行事である結制安居の機会をとらえて実現し、さらに宝塔を建立しようとしたものである。建立にあたっては、「藤休居士」なる人物が某大姉の供養のため、石材を寄付して建立されたという。
そこで、宗龍の序文を頼りに塔身の左側面をあらためて観察すると、八行の行頭の数文字がかすかに読み取れる。すなわち、

一行目「序曰竊惟…」
二行目「令入仏…」
三行目「願而星霜…」
四行目「専所志者因此大乗一実妙…」
五行目「大海深三呼祝東周大檀君武…」
六行目「之蔭酬于本地布金之…」
七行目「長届于…」
八行目「利説…」

とあって、左側面に右記の序文が刻まれていたことが確認される。まったく文字の見えない右側面・背面にはおそらくその続きと銘文、建立年等が記されていたものと推測される。

おわりに（宗龍に関連して）

以上のことから、この「大乗妙典一千部塔」は、寳光寺一八世一天良瑞が、明和五年の夏安居中に催した法華経一千部法要の宝塔といえる。良瑞は、どのような縁からか、大而宗龍にその序と銘の撰文を依頼した。

宗龍は、紫雲寺潟開発により成立した片桐新田にある古跡寺院、観音院[12]を拠点として活動していたが、この明和五年には横越宗賢寺住職であったとみられる。[13]領内寺院を支配する録所宝光寺の住職が、支配下寺院の一住職である宗龍に塔銘の撰文を依頼するということは、宗龍の存在がよほど大きかったことを思わせる。また、明和四年には宗龍は宗賢寺で結制安居を行っており、その時の首座は、央州の弟子で、後に山内村泉蔵寺九世住職となる天嶺であった。[14]央州が愛弟子を宗龍に託して首座を勤めさせたということは、それだけ宗龍を高く評価していたのであろう。さらに、央州はこの年に金光明最勝王経の読誦と一字一石の書写事業を行っているのであり、石経願主を自称する宗龍がこの事業にかかわっている可能性さえ感じさせる。[15]

しかし、この頃の宗龍の活動には謎の点が多い。たとえば、本拠地観音院がありながら、同地に泉洞庵という寺を引寺しようとしていた。これは、直接的には宗龍と同じく悦巌素忻の弟子である賢瑞良愚が願主となり、引寺運動を展開していた。[16]良愚の行状はほとんど不明であるが、明和七年以前には宗龍の活動に帯同しており、関係が深かった。[17]したがって当然宗龍も泉洞庵引寺運動を承知のはずであった。良愚は、引寺実現のため、賓光寺へも働きかけていた。

この時期、観音院は寺院として成立していた模様であるが、まだ宗門的には寺院と認められず、どの録所の支配下にも入っていなかった。[18]そこで正式に本寺と末寺を記した帳簿に登載され、寺院として宗門に公認されるように、本末帳への載帳願いの運動も行っていたのである。良愚が残した明和七年の「泉洞庵引寺願日記録[19]」には、以前観音院の院主（宗龍であろう）が載帳願いを宝光寺に依頼したことがあるとしている。最終的には泉洞庵引寺は実現せず、観音院の載帳も宗龍の代にはかなわず、安永六年（一七七七）になってようやく本末帳に載り、寺院として公認されるが、録所は水原代官所を通じて石瀬種月寺の支配下に入った。[20]

これらのことから、賓光寺と大而宗龍は、泉洞庵引寺と観音院本末載帳願いの活動を接点とする一面があったといえる。塔銘の撰文依頼もこれをきっかけとしたのかもしれない。

【註記】

(1)新発田市立図書館所蔵。

(2)慧日は寺院の山号で、源本龍は、肥前佐賀藩主鍋島家の菩提寺、慧日山高伝寺の二五世本龍実源と考えられる。高伝寺は、佐賀県佐賀市本庄町本庄一一一二—一に所在。

(3)宝塔の年号は明和四年と刻まれているが、『月番日記』明和五年六月二六日条に「一、同日、山名儀兵衛申聞、一朝斎読経致候金光明経一千部宝塔、隠寮境内ニ建立仕度段、伺之通申付候様、相達候事」とあり、実際には明和五年に隠寮一朝斎の境内に建立されたと考えられる。後年現在の場所に移されたものと思われる。また、年号に一年のずれがある。一千部読誦・書写が明和四年に行われ、建立が翌五年ということであろうか。いずれにしても、二つの宝塔が、時期を同じくして建立されたことになる。

(4)『月番日記』延享元年九月一二日条。同月三日に江戸をたち、一二日宿寺の相円寺に到着、翌一三日寶光寺へ入寺した。なお、伝明寺は東京都文京区小日向四—三—一一に所在。

(5)『月番日記』宝暦六年一二月五日条。

(6)『月番日記』天明元年七月二五日条に一朝斎(良瑞)が生国肥前国へ出発した旨を記す。

(7)『曹洞宗新潟県寺院歴住世代名鑑』四三九頁。

(8)曹洞宗大本山總持寺能登祖院古文書のうち、宝暦一一年『諸嶽山勧化牒』(越後国分)。

(9)『月番日記』天明元年四月二三日、同一〇月一四日、天明五年六月一〇日、天明七年七月九日の各条による。

⑽大而宗龍についての論考は、宮榮二「良寛相見の宗龍禅師について」『越佐研究』第三八集、同「大而宗龍禅師史料」『良寛研究論集』、大島晃『大而宗龍伝』などがある。

⑾岐阜県高山市大隆寺所蔵。ただし、寳光寺塔銘の記事は、この語録を再編集したものとみられる『般若臺法語』（同寺所蔵）や『宗龍和尚語録』（新発田市長者館・観音院所蔵）には、記載されていない。なお、塔銘の一部にハンセン病を示す語句がみられるが、今日の人権擁護の見地からみて、到底容認できないものである。歴史資料としてあえて提示するものであり、留意願いたい。【追記】その後大而宗龍禅師顕彰会の調査により、同資料の小口書に「龍華会雑録」と記されていることが判明した。

⑿観音院の由来については、新知見による論考がある（冨澤信明「良寛が宗龍と相見した観音院の由来の真実」『おくやまのしょう』第三三号・平成二〇年三月）。

⒀宗龍の宗賢寺在山期間は、従来明和八年のほぼ一年とされてきたが、注記⒁のほか、新資料によって訂正されるべきである。これについては、別に述べたい。【追記】本書の拙稿「大而宗龍の宗賢寺住山期間について」参照のこと。

⒁安永二年『月番日記』九月一一日条に天嶺の履歴が記される。

差上申由緒書之事

一　拙僧義、生所新発田ニ而、寳光寺央州長老弟子ニ御座候、江湖頭之義ハ、御領内横越村宗賢寺宗龍長老聚会、明和四亥年相勤申候、此度山内村泉蔵寺央山長老隠居ニ付、本寺従宝光寺、住職被仰付、披露無滞相済申候、右之通、相違無御座候

以上

安永二巳年九月七日

山内村泉蔵寺

天嶺　印

奥田伊右衛門殿

山名義兵衛殿

⒂新発田市草荷に金光明最勝王経塔があり、「安永七年三月廿日」「般若乞食宗龍誌」等の文字が刻まれている。

⒃『月番日記』明和七年八月二三日条に一度却下された藩の許可を得るため、添書願いを寳光寺に再願した文書が記録されている。また、新発田市関川儀平氏所蔵文書の中に泉洞庵引寺一件に関する文書があり、一連の活動を知ることができる。

⒄良愚は、宗龍が戒師・助化師として招かれた宝暦・明和年間の授戒会や結制で重要な配役を務め、宗龍を支えている。大島晃前掲書八二頁等参照のこと。

(18)載帳されないと、寺檀関係を結べず、寺請ができなかったと考えられる。観音院の有力外護者である関川助市は、明和四年にようやく菩提寺妙雲寺（見附市）から離檀状を受けている（同家文書）。おそらく、観音院でなく、東光寺（新発田市真中）に寺請してもらうこととなったのであろう。また、宗龍を継いで観音院四世となる道主大賢は、安永四年に東光寺の名義で總持寺に瑞世している（大本山總持寺所蔵文書）。これも、観音院名義では瑞世できず、いわゆる借寺して瑞世したものとみられる。

(19)新発田市関川儀平氏所蔵。

(20)載帳願いに関しては、注記(12)の富澤氏の論考に紹介されている「大賢願書」（関川儀平氏所蔵）のほか、種月寺に「越後国蒲原郡片桐新田観音院載帳願書写」がある（『曹洞宗文化財調査目録解題集7』）。泉洞庵引寺一件と観音院載帳願いの運動は関連があるように思われる。これについても、稿をあらためて述べてみたい。

本稿は、『新発田郷土誌』第三八号（平成二二年三月新発田郷土研究会発行）所収の拙稿を転載したものである。なお、註記中の【追記】を含め、一部加筆修正した。

災害横死等の無縁供養

今井寛之

はじめに

近世中期の禅僧大而宗龍は、衆生教化として越後・上州・武州・飛驒・美濃などの諸国において六四回の授戒会を行うとともに、大般若経・一切経などを石書した石経奉納を行っている。

乞食（こつじき）僧と称した大而宗龍の著作には、市井の人々の現世利益・後世往生の精神的やすらぎを祈ったことが随所に見られる。

その著作の一つ『随願即得珠』[1]に、飛驒国益田郡少ケ野の唵摩訶山石窟へ石経奉納することの志を述べ、その石窟に先祖、親の戒名を納めたいと願う人は、法名一霊分十二銭より、若し、一銭の力なき人は麦五合を法名一霊分に喜捨し奉ること、これは三宝供養御布施喜捨の信施物は多少軽重によらず、信心施主の福徳にまかすといっても、極貧無福の人は限りがあり、その信施の心が定まらず、この貧志の人のために、その料を決めたものであり、必ずしも、これを規則とするものではないと記している。

また、『正受戒弟簿』[2]に、六四回の授戒会に参加した人々の戒名を石書し、唵摩訶山に奉納したことが記されている。

それらは寺院檀家の枠を越えた有縁供養であり、その一方で飢饉横死等の無縁供養を行っている。そのことに注目し、宝暦飢饉・江戸三災・浅間山大噴火・天明飢饉による横死の無縁供養について記してみたい。

第一章　宝暦七年、越後大飢饉横死の無縁供養

その供養は万延元年（一八六〇）五月、越後蒲原郡横越村の片山春堂が編著した『横越島旧事記』に、明和六年（一七六九）八月十五日、同村宗賢寺の宗龍大和尚は宝暦七年（一七五七）、越後大飢饉による餓死者の十三回忌供養を行ったとある。

その行法事は宗賢寺前の川原（阿賀野川）に生類棚を飾り、供物百味の食を供え、灯明は宗賢寺から川原までの両側にほうずき灯籠をつり下げ、対岸の黒瀬村・深堀村の檀中でも生類棚が飾られ、八月十五日夜は三世諸仏礼拝にて通夜をつとめたとある。

「横越島旧事記[3]」

一、明和六己丑年八月十五日夜、當村宗賢寺十世宗龍大和尚壱万燈之燈明御立被遊候、場所は宗賢寺前の川原に拾間四面の生類棚をかざり、拾三年先の宝歴七丁丑年越後中大飢饉にて何萬人とも相不知餓死者御座致候につき、此度右之者共拾三年忌無縁供養被成候、高さ弐丈幅五尺四面の塔を御拵立、供物百味の御食を供ひ燈明は宗賢寺八尺間より大門通両方ともに三尺間壱つ宛にほうづきとうろうを下げ、阿賀野川向黒瀬村深堀村檀中にても生類棚をかざり双方の燈籠数知れず、見物人は弥彦より下は村上迄何萬人とも相知れ不申候、十五日夜は三世諸仏礼拝にて通夜の御勤め仕候、

万延元年庚申五月

横越村　片山春堂記

大而宗龍の著作『龍華会雑録』に、明和六年（一七六九）五月十三日、越後蒲原郡仁箇村の万福寺授戒会を完戒した後、江湖衆僧和合の威神力を借り、大施餓鬼行法事をもって、宝暦七年越後大飢饉により餓死した人々の大施食供養（無縁供養）を行ったと記してある。

その祭文に、明和六年（一七六九）六月五日は宝暦七年越後大飢饉により餓死した人々の十三回忌にあ

たることをもって、萬福寺授戒会の衆僧和合の威神力を頼り、大施食甘露法を以て修め、無縁の万霊等を供養したとある。

『龍華会雑録』(4)

萬福會大施食供養、宝暦七丁丑年越後国漫水凶作餓死者大凡一國十之二分也、今夏借江湖衆僧和合之威神力以大施餓鬼行法事供養無縁十三回忌拈香法語曰甘露門開無界邊有花有月餞君還十方世界寶褸閣鶴舞雲天魚躍淵、塔銘曰毘盧身塔従空成蠢動含霊萬彙寧得福生天那足願當當安着涅槃京、

祭文

維時明和六巳丑歳六月初五日方以相丁往年寶暦七丁丑年本州凶作餓死之十有三回忌頼於當會之清衆和合威神力修大施食甘露法以供養無縁萬霊等者也、　　　　　竊惟毘盧境界萬法一如實相為父真如為母乃凡乃聖無不佛身失之貧者永却沈溺得之施者當處種福往年漫水雖一國斎由自宿業有餘有歉非天為災非地湧水咎何憾誰歸法還源便期安楽也是故吾等省一鉢中與同會兄弟倶施甘露食充十有三年渇恨飽法喜禅悦百味、

粤懕

普招無邊恆沙之餓鬼鴆於此道場廣呼無縁萬霊之幽魂灑於彼甘露掬
一滴水令多如四大海水拈一枝華令饒於満天地雪加栴擦観音手裡之
胡餅龍華三會富雨多寶佛塔之摩尼盛並香積世界飯為無漏平等供養
復當當常住法身更挑一百八之大燈明照三途癡闇倶唱三千佛之寶名
號脱六道輪苦餓山俄倒饑海立盈露廣博身於盡乾坤輝妙色身於盡十
方伴乗眞空月同趣涅槃都十歩不移登寶樓閣一物不献歸甘露王乃至
法界平等證得無上菩提者也阿阿不哉也是法

上報四恩　下資三途
萬霊解脱　天下泰平

越後大飢饉は、宝暦四年（一七五四）夏の旱魃に続き、宝暦五年（一七五五）春も旱魃で田植えが遅れ、夏には一転して雨が降り続き、田畑は冠水して凶作となり、人々は大困窮し、多くの餓死者が出た。宗賢寺のある横越村の渡し場では無数の死者が見られたと言われている。(5)

宝暦六年（一七五六）春、打ち続く凶作で、多くの飢人が新発田城下にあらわれ、所々に行き倒れが出たため、藩は一月六日から三月十五日まで、城下の立売町木戸外に小屋掛けして粥を施したとあり、七月七日迄に城下で餓死した者は五十八人、その内訳は新発田藩領の二十八人、御上知の十人、他領の五人、住所不明の十五人であったと記録されている。(6)

宝暦七年（一七五七）四月中旬より、徐々に雨が降り、五月一日より大雨となり、同月三日には大水となって満願寺村にある阿賀野川の堤防が破れ、その濁流が大蔵新田の堤防を突き破って小阿賀野川に流入し、更に沢海の小次郎屋敷でも破堤して亀田郷に流れ込み、横越島一帯は浸水して泥海となった。信濃川は長岡辺から燕・三条町までの堤防は四尺を越す大水となり、熊野森村で破堤し、更に西川も破堤して、その濁流は小針村・亀貝村に押し寄せたとある。

越後蒲原郡の低湿地は、ひとたび洪水となると田畑に大量の水と土砂が流れ込み、元の田畑に戻すことは容易でなかった。

享保二年（一七一七）から明和五年（一七六八）までの間、大被害のあった年は宝暦七年（一七五七）で、その損害高は新発田藩五万三千五十石と長岡藩七万五千二百石の合計十二万千五百五十石であった。[7]

そのころ、大而宗龍は加賀国金沢の天徳院にいて、住持で師の悦巌素忻より嗣法をうけ、本山永平寺に瑞世し、転衣したことは安永六年（一七七七）四月、飛騨高山の素玄寺宛、大而宗龍の「一札之事」に記してある。

「一札之事[8]」

一、拙僧儀上野州甘楽郡下丹生村永隣寺賢隆長老弟子寳暦六丙子冬於加州愛知郡金沢天徳院悦巌長老會首座職相勤、同暦於丁丑年同寺同和尚室嗣法了畢、越前國永平寺遂登山轉衣仕候、此度願之通り大隆寺住職被仰付難有奉存候、住職之間従御公儀被仰

渡候、御法度之趣者勿論御國之儀毛頭無違背急度可相守候、尤
御録所表年禮等御配下寺院之列ニ相勤可申候、用事ニ付他國江
罷出候者十日以上者御届可申上候、拙僧若休隠又者他山江移住
届之節者後住之義願上御定法之通り被仰付趣違背仕間敷候、為
後日一札如件、

安永六丁酉年四月二日　　大隆寺　印
　　　　　　　　　　　　宗龍　印

素玄寺
御役寮

先述したように、宝暦七年越後大飢饉により餓死した人々の十三回忌供養は萬福寺と宗賢寺の両寺で行われ、このうち、萬福寺のことは『龍華会雑録』に記してあるが、その発願については触れていない。その前後、大而宗龍は武州秩父の廣見寺石経蔵の造営と石書奉納の成就に努めていたことは『般若無礙海』[9]に記してある。

それは明和三年（一七六六）、上州龍田寺で般若経石書奉納を発願し、明和四年（一七六七）、武州秩父の廣見寺境内の山中に石経蔵の造営に取り組み、明和七年（一七七〇）七月、石書奉納が成就したとある。

明和五年（一七六八）は廣見寺と宗賢寺の両寺で安居と授戒会を行っており、その宗賢寺授戒会に参加した約半数の人たちは宝暦七年（一七五七）の大洪水で被災した村人であった。

その当時、大而宗龍は加賀国金沢にいて、越後の大洪水のことは見聞していなかったが、宗賢寺授戒会に参加した人々のやすらぎを求める願いと大洪水による飢饉で餓死した人々の十三回忌にあたることをもって、明和六年（一七六九）、越後で行われた萬福寺授戒会と住持をつとめる宗賢寺において無縁供養を執り行うことを決めていたと推測されるものである。

第二章　江戸中三災横死等の無縁供養

安永四年（一七七五）三月二十一日完戒の龍門寺（江戸牛込横寺町）授戒会において、江戸中の火災・風災・水災等で横死した万霊の追善供養をしたことは『正受戒弟簿』龍門寺授戒会の項に記されている。

『正受戒弟簿』[10]

武州江戸牛込横寺町桃巌山龍門寺解間戒會戒弟列名如左

（中略）

一、江戸中三災横死等　代受　量道座元

（中略）

教授即應瑞大和尚、侍者大安頑海座元、直壇大蟲力生・大義座元

安永四年乙未三月廿一日完戒

大而宗龍が江戸中三災で横死した追善供養を発願したことは『大般若真読功徳本』に記してある。それには江戸開府以来、公法を犯して断罪亡滅した多くの人々の追善供養並びに安永四年（一七七五）以前に火災・風災・水災・疫病で亡くなった無縁の万霊に限らず、地獄道・餓鬼道・畜生道の三悪に深く沈んだ衆生三界の火宅中の愚死、色欲死など一切の万霊、その中でも親兄弟もなく、親類縁者の縁故もなく、誰一人も弔いを言い出すこともない無福無縁の万霊を般若波羅密の法をもって供養するものであると記している。

『大般若真読功徳本』(11)

……善悪共に彼の倶生神に記録せしめて死なぬうちから冥土の閻魔大王の所へ送て閻王帳に記るしをくなり。是を以て破戒第一の乞食僧つとより大願を発して到る處に大般若を真読して天下泰平国家安全を祝寿し且つ法界の万霊に平等に利益せんと欲して常に乞食を以て行とす。

諸国乞食の次今春東都府に下り龍門に入て龍門の水を喫する因縁を以て大般若六百巻此寺に請し奉り永代三月十五日と八月十五日と両度づゝ転読行法事せんと志願する者は専ら国家安全のため東都開闢以来の無縁供養也。

ひそかに惟は生々世々般若の種をうへざる者知慧なきが故に無智にして王法を軽んじ公条の法度を犯して断罪亡滅の者開府以来幾万億人といふことの量りもなき死罪人追善のために回向し、且つ四年巳前火難殃死の万霊且つ大風推殃の亡者水中没溺或は亦疫病に逢て死せる無縁の万霊等のみに不限、総じて三途沈淪の衆生三界火宅中の愚死色欲死前生後滅の一切の万霊。

中に就て親兄弟もなく親類縁者の手づるもなく誰弔ひ云ひ出す者もなき無福無縁の万霊を請客として、般若城に招き集め般若波羅密の甘露の法味を以て供養する者也。

依之一七日六百巻の真読を希ふ乞食の発願は今春江戸に来てよりの思付には非ず。

四年以前美之橋下に在て発心せり。

幸に信心結縁のある者便りに本いて願矢を発すれば丁と的に中て随喜の衆多し。

是れ真読般若の因縁稔る時なる哉実に皇風温ニ盈チ渡り堯天を戴き舜日を仰ぎ奉て堯舜の恩徳を忘れ萬歳楽の腹皷を打つ萬代不易の神朝に生をうけ忝も東照宮治国已来瓜瓞綿々として甘棠陰を重ねて栄え玉ふ。

全前太平の御代に出家して免丁の遊民無事安全に諸国乞食して般若修行することは、全く是れ仁政の大恩沢なり。

天下太平五穀成熟万民安楽の祈禱することは出家の如法なり。

（中略）

然れば聞経得果の人は唐天竺日本共に古より数多し。

是れはこれ唯た一座の聞経なり、何に況や一七日六百巻の真読を聴聞し奉らばいかなる業障重罪か滅せざらんや、

（中略）

是故に三年已前世間一統の流行疾にて路人は道に疫難病死するを見るに不堪、疫難路病の人を接待せんと欲して願礼を立て曰く何国にも疫病神の宿なくば乞食が家に来れ、波羅密と、美濃大井宿の辺邑に於て乞食して一七日般若真読して彼の疫病神に供養せり。

……………

その後段で、各地に疫病を流行させている疫病神を美濃大井宿付近の村で乞食中に、七日間の般若真読により供養したとある。

その疫病は安永元年（一七七二）冬から安永二年（一七七三）春にかけて大流行し、それが五月まで続き、特に東海道筋は多くの死者が出たと『後見草』に記してある。

『後見草』(12)

……其年（安永元年）の冬より同く二年の春に至り、疫癘天下に行れ、就中東海道筋は甚しく死しける人々多しと也。抑今度の疫癘は去る明和四年に行れし感冒と事替り、其毒の強さ事筆にも言葉にも盡し難し。一度此病に染る人の助る者は聞さりき、別て遠江国日坂の宿なとにては人種も盡る計りに死ける由、江戸にても餘りに人の死ける故、公より御救として人参といふ薬を賤き者に給りたり。此年閏二月より同五月晦日まて、葬具商しことといかはかり侍りしと棺屋の限り呼出し時の奉行の問い給へは、凡十九萬許りもと答申奉りし由、此病中人以上は病無少く下賤の者のみ多かりき。……

その大而宗龍の美濃大井宿付近での乞食（こつじき）は、安永二年（一七七三）、美濃恵那郡正家村の圓通寺夏安居と七月八日完戒の授戒会、同郡東野村の宗久寺授戒会（七月二十九日完戒）のため、東美濃に滞在していたときのことである。

その安永二年（一七七三）は、飛騨の幕領で百姓一揆が起こっている。

その一揆は同年二月、飛騨代官が幕府による検地を支配下の村々に触を出し、閏三月から検地役人によって実施されたが、それは元禄以前に実施した検地を反故にして、古田畑と新開田畑の増石を意図したものであったため、同年四月、百姓側は検地の対象を新田のみとするよう出訴を決意し、飛騨代官・検地奉行・元禄検地を行った大垣藩に訴願したが拒否された。

その百姓側の動きに幕府勘定奉行は百姓側十一人を江戸に召喚して吟味をはじめる一方、飛騨でも吟味を行わせて検地を続行させた。

そのことで百姓側は七月、老中に駕籠訴、勘定奉行屋敷に駆込訴をしたが失敗に終わったため、十月、一揆に非協力な高山町を津留し、飛騨代官所に強訴して年貢納期の延期を認めさせた。

その百姓側の行動を封じるため、飛騨代官は郡上・苗木・岩村・大垣の各藩に出兵を要請し、一揆の関係者百人余りを捕縛した。

安永三年（一七七四）二月、中断していた検地が再開され、その結果、元禄検地の四万四千石は増石して五万五千五百石となった。

同年十二月五日、一揆の首謀者とみなされた人たちは獄門・死罪・遠島等の厳罰がくだされたのである。[13]

大而宗龍にとって飛騨国は明和八年（一七七一）、吉城郡古川の林昌寺夏安居・授戒会と大野郡高山の龍雲寺授戒会を行い、明和九年（一七七二）、益田郡中呂の禅昌寺授戒会を行った地であり、宝暦十二年（一七六二）、第一回目の越後香傳寺冬安居に参加した有力支援者である大了こと北村清五郎の居住地であり、思いの深い土地であった。

前掲『大般若真読功徳本』の後段に、美濃恵那郡大井宿付近で疫病神を供養したと特定の地名を記してあるが、その前段に「智慧なきが故に無智にして王法を軽んじ公条の法度を犯して断罪亡滅の者開府以来幾万億人といふことの量りもなき死罪人追善のために回向し、…………」とあり、年代は開府以来と漠然とし、場所は特定していないが、大而宗龍は東美濃にいて、公条の法度を犯して断罪亡滅ということを見聞したのは、飛騨幕領での検地に反対し、幕府禁令を犯して老中駕籠訴、勘定奉行屋敷駆込訴、高山町の津留、高山代官所強訴を行ったことを指し、それによって厳罰された人たちの追善回向と見て誤りのないものである。

安永二年（一七七三）、飛騨幕領での検地は「夢物語[14]」に「今度之御支配様ハ金が欲しき故、いろいろ工ミ出し被仰渡ル也、江戸表より仰付にてハ有間敷候」とあるように、幕府勘定方を中心とした年貢増徴政策に飛騨代官の私欲策が組み入れられて検地が実施されたことにより、飛騨の幕領の石高は一万一千五百石増となったことに「東照宮治国已来瓜瓞綿々として甘棠陰を重ねて栄え玉ふ」と表現し、「七日の般若六百巻の真読を聴聞し奉らばいかなる業障重罪か滅せざらんや」としていることは、一揆による厳罰で横死した人たちの救済と解せられる。

そのことは『正受戒弟簿』龍門寺授戒会の項に、飛驒百姓一揆や全国に流行した疫病のことを江戸に限定して「江戸中三災横死等」に包括したことは幕府に憚ってのことであろう。

第三章　上州山崩群亡横死の供養

天明三年（一七八三）八月四日完戒、廣太寺（千葉県君津市坂畑、現廃寺）授戒会において、大而宗龍は自ら施主となり、上州山崩で横死した人たちを供養したことは『正受戒弟簿』廣太寺授戒会の項に記されている。

『正受戒弟簿』(15)

総州廣太寺解間戒會

宗龍施主　代受

一、上州山崩群亡横死　一カ霊　一了上座

（中略）

上総州望陀郡坂畑村蔵六山廣太禅寺四衆戒弟一百廿員
天明三癸卯年八月初四日完戒
教授師堂頭大蟲大和尚、直壇魯峰座元、侍者開田大義謹記

その上州山崩れは「孫謀記[16]」に、「此天明三卯六月信州浅間山焼登る、火磐石、焼砂を吹き出し、迅風猛嵐して山崩れ、谷を埋め川湛候て、水抜洪水をなし上州群馬の里を没し大変となる」とあり、それは天明三年（一七八三）七月八日、浅間山の大噴火によって、噴火口より流れ出た泥流（溶岩・火砕流）が北麓の鎌原村に直進して押しひろがり、鎌原・大前などの四カ村を埋めつくし、更に流下した泥流は吾妻川に流れ込み、その熱泥流による洪水現象が生じて、川沿いの村々を押し流した災害のことである。

その災害に大笹村名主の黒沢長左衛門らは私財を投じて、鎌原村をはじめとして近村の救助とその後の復興につとめたのである。

幕府が現地調査のために派遣した根岸鎮衛の手記『耳袋[17]』に「上州吾妻郡蒲原村は浅間北裏の村方にて、山焼の節泥火石を押出し候折柄も譬へば銕炮の筒先といへる所故、人別三百人程の場所、纔に男女子供を入九拾三人残りて、跡は不残泥火石に埋められ流失せし也。依之誠に其残れる者も十方に暮居たりしに、同郡大笹村長左衛門・干俣村小兵衛・大戸村安左衛門と云者奇特成者共にて、早速銘々え引取はごくみ、其上少し鎮りて、右大変の跡へ小屋掛けを二棟しつらへ、麦・粟・稗等を少しづゝ送て助命為致ける内に、……右三人共鎌原に限ず外村々をも救ひ合」と記してある。

その天明三年（一七八三）七月八日、浅間山大噴火の時、大而宗龍は安房国平郡元名村の日本寺におい

て蔵経石書会を行っていた。

『供養大福田』(18)にも、天下泰平祈禱のために一切経石書結願供養会は卯(天明三年)四月二日より七月九日ころまでに行い、そのうちの馬の結願供養会は安房深田村の日本寺で行うとあるので、大而宗龍は安房にいて、『後見草』に記してある浅間山大噴火による上州の被害及び江戸川・利根川筋の噂は耳に達していたのであろう。

『後見草』(19)

……(七月)昨九日未の刻江戸川の水色変し泥の如くに候故不審して詠め候内、根なから抜し大木を初め人家の材木調度の類ひ皆こま〲に打砕け、又それに交りて手足切たる人馬の死骸数も限りも知られさる程、川一面に流れ浮み引も切らす候ぬ、宵より夜半に至る頃次第〲にまはらになり川下へ流れ行候、と注進申上たる由。続て幸手の宿よりも訴へ申たるは、同日同刻権現川、中利根川此二つの川筋へ家蔵の破れし材木類、六、七寸と覚しき柱、六、七尺の梁棟其外戸障子、桁椽あるとあらゆる調度の数々、又は生木の大木共四、五尺許りに打折て枝葉も砕け皮もむけ、本末の分ちも知らず流れ下り候内、僧俗男女の屍共手足も切首もなく、子を抱き蚊帳にまかれ、着類腰にまひ付或は手と手を取替はし、からたは半分に切はなれ生々数死骸とも、水の色も知れさる程浮み来候、其内に上州群馬郡川嶋村と書付たる小荷駄の鞍を見付し故、拾ひとり立帰り委き人に尋問候へは、伊香保といへる湯治場より二十里計彼方なる村の名にて候由語り申候也。……

その十八年前の明和二年（一七六五）、上州吾妻郡大笹村の無量院授戒会に一六二人の参加が見られ、その中には浅間山大噴火で被害をうけた村々の救助と復興につとめた黒沢長左衛門や大笹関所番の鎌原要右衛門などをはじめとした大笹村六五人、草津村二〇人、大前村一九人、門貝村一五人、田代村一一人、西久保村四人、袋倉村三人、小宿村・干俣村・狩宿村・小雨村は各二人、鎌原村・半出来村・砂井村は各一人の参加が見られる。

その中でも死者が出たのは鎌原村・大前村・西久保村・袋倉村・小宿村・半出来村の六カ村であった。

大而宗龍にとって、被害のあった村々は幼少のころより浅間山を見て育った故郷から北東方向に位置し、その被害状況は有力支援者で同郷の江戸神田の上州屋弥次兵衛から知り得ることができたのである。

そのことは浅間山大噴火による降灰で、上州坂本宿助郷村は田畑から収穫が皆無となり、その状況下で伝馬役を命じられても勤めることは極めて困難であったため、その事情を訴願する先達として坂本宿問屋源左衛門は江戸神田紺屋町の上州屋弥次兵衛方を宿として、道中奉行に訴えたが伝馬役の件は聞き及んでいなかったため、すぐに坂本宿助郷村の惣代らに出府すべきことの書状を上州屋弥次兵衛方から出しているように、公事宿の上州屋には各地方の願人が宿としていることから種々の情報が集まっていたのである。

大而宗龍は日本寺の次に行われた上総の廣太寺授戒会において、自ら施主となって供養したのである。

「坂本宿問屋源左衛門書状[20]」

急便にて一筆啓上仕候、何れも様御安清可被御座珍重奉存候、然は私儀先達御頼に付道中御奉行様御訴申上候處助郷の儀は御聞済無之候、尤も此節熊谷宿助郷より軽井澤宿助郷迄不残出府の處、坂本宿助郷斗惣代御出無之候間此状着次第御相談の上御他領より御壹人御領内より御壹人早々御出府可被成候、夫とも御傳馬無相違御勤被成候はゝ御出不被成候ても宜敷御座候、左も御座候はゝ早々御出府可被成、御出迄は拙者儀も差払扣居可申候、以上、

江戸神田紺屋町三丁目代地上州屋弥次兵衛方より

八月朔日五ツ時出　　坂本宿問屋源左衛門

鴈泊村　次郎兵衛様

五料村　八十八様

菅原村　　長左衛門様
小日向村　新助様
土鹽村　　吉郎兵衛様

追て申上候、此状着次第各様より村々御名主へ御相談被成早々御出府待入候、尤も宿々助郷當時無滞御継立可申段御請印仕候、尤も當時御上様御こんさつゆへの儀と奉存候、以上、

第四章　一切経石書奉納と無縁供養

天明飢饉は、天明三年（一七八三）、浅間山大噴火による降灰などの影響で大凶作となり、天明四年（一七八四）春になっても天候不順で田植えが遅れ、それに伴って五穀の値段は高騰し、その暮らしに困窮した人たちは村から出て、食物を求めて乞食となり、その多くは餓死したと言われ、五畿七道では何万人という死者が出たと言われ、特に東北地方は餓死者が多く出た。

秋になって新穀が出回り、世の中は少し穏やかになったが、東北地方は昔からの言い伝えがあるように飢饉の後で流行する疫病に罹って亡くなる人が多かった。

天明五年（一七八五）、五穀の値段は下がって人々の生活も少し落ち着きを見せたが、天明六年（一七八六）七月十日から関東地方は長雨が降り続き、同十二日の夜からは風雨が強まり、同十八日になって、これまで経験したことがない洪水が起きて、江戸のいたるところが水浸しとなった。江戸とその近国の様子は「泰平年表」に、七月十二日、江戸と近国は大雨となり、同十四日、江戸は各河川が出水して大水となった。

同十六日、武州熊谷村の土手が破れ、栗橋・古川・関宿・谷上・杉戸・千住大橋・小塚原・浅草辺り・本所・隅田川・向島の牛馬辺りは大海のごとくとなり、新大橋・永代橋は流れ落ちたが両国橋は数多くの人夫が出て防いだ。

東海道筋は大水で、酒匂川・馬入川・六郷などの往来は絶え、鶴見橋は流れ落ち、神奈川新町・藤沢宿などは満水となって往来は止み、同十九日に至って雨は止んだが、所々の水の勢いは暫く減水しなかったと記している。

『泰平年表』(21)

……七月十二日江戸並近国大雨、同十四日江戸洪水、同十六日熊谷村封疆破裂、栗橋、古川、関宿、谷上、杉戸、千住大橋、小塚原、浅草辺、本所、隅田川、向島之牛馬辺巨海の如く新大橋、永

代橋流落、両国橋は人夫数多を以て防止恙なし、浅草観音堂他所より高く諸民此堂舎に至りて水を避る、此頃東海道筋大水、酒匂川、馬入川、六郷等往来を絶す、鶴見橋流落、神奈川新町、藤沢宿等満水往来止む、同十九日に至りて雨止む、諸方の水勢漸く減ず、此時愛宕山辺封疆三田春日山、麻布狸穴等崩落ち、人多死、外桜田御門外三角矢来下辺半蔵御門迄の間、御堀両側、大土手崩其余数ケ所御堀土手水際石垣等崩落、………………

その打ち続く凶作や自然災害の中、一部では金銀や高価な織物などの華美の風習を好み、祭礼などで博奕をする人たちがいたことは『後見草』[22]に「……博奕は重き天下の御制禁なるに、年毎に霜月酉の日は大鳥大明神の御祭禮とて、千住・浅草両所社頭其路々所せく迄敷物をしき、筵をはり、長半樗蒲一なんといふ博奕の場所一里餘りも立連ぬ。夫のみならす、御郭近き辻々にてお花ひつへかしなと名付く博奕、晝も憚る気色もなく、夜は燈火高く照し、其處に其場所を設く。往来の人此に立寄、賤しからぬ者共迄も打交り群居る事夥し。………」と記している。

大而宗龍は天明五年（一七八五）八月、浅間山大噴火の降灰と天候不順による大凶作で、生活ができなくなった人たちが村を捨てて乞食となり、その多くが餓死したという生々しい惨状が残る羽州最上郡新庄城下の会林寺で授戒会を行い、翌天明六年（一七八六）春、越後新発田城下を皮切りに江戸駒込まで、天下太平国家安全五穀豊年万民安楽の祈禱のために一切経石経書写奉納供養会に向けての勧化で、その大部分は有縁供養で占めている他に越後蒲原郡湯川と大島の住人から天ケ沢で横死した女子と矢代田村で横死した仙台の男子の供養、同古志郡西中野俣村と中村の住人から無縁亡者と横死の供養、上州利根郡相俣宿の住人から湯宿で水死した二十四歳の男子と相俣宿で水死した越後地蔵堂の老女の供養、同吾妻郡中山の住人から横死の供養を受け、江戸駒込の住人の妻が何者か知らない断罪人の首が切られた死骸を貰い受けて葬り法事供養した志と僧の禅達が施主となった餓死した男の供養を書き留めている。[23]

七月十五日、江戸に入って慢水に遭遇し、同年八月に心がけていた一切経石経書写奉納供養会を中止して江戸に止まり、牛込神楽坂の石経亭において、兄弟子の相州寿昌寺全龍より石経書写の助筆を得て、袈裟問答を行っている。[24]

八月十六日、同亭で水陸会を行い、そのときの法語に「…三霊當家之諸累霊等今日得明月衣珠…[25]」とあるように石経亭は寺院でなく、在家である。

牛込神楽坂の住人として、安永四年（一七七五）三月二十一日完戒、江戸牛込横寺町の龍門寺授戒会に神楽坂で屋敷を構える旗本の国領市左衛門内室の参加が見られ、天明四年（一七八四）九月二十九日完戒、江戸深川の善徳寺授戒会に牛込神楽坂の仁兵衛の参加が見られる。[26]

「東都名所坂つくし[27]」に神楽坂を上りきった所から牛込御門を見て、左側に旗本国領・近藤両家の塀、右側によしずかこいの団子店の屋台と商家が描かれている。

「分間江戸大絵図[28]」に旗本国領・近藤両家と神楽坂を挟んで向かい側は町人の住む市谷田町代地とあり、その神楽坂の景観図と絵図は一致するものである。

その後、江戸駒込竹町の大円寺（東京都文京区向丘）で石経書写を行い、天明七年（一七八七）正月には江戸伊皿子二本榎の廣岳院（東京都港区芝高輪）に逗留し、昨年、慢水で中止となった天下太平国家安全五穀豊年万民安楽の祈禱のために一切経石経書写奉納供養会と無福無縁の飢人の救済に向けての助施を請うために同年二月十九日、安房の諸檀那衆に連達状を出し、村々の所々で水災・火災・刃傷・博奕による横死、非業の死人などがあれば聞き出して帳面に俗名・戒名・命日を書いて送って欲しいこと、若し天明三、四年以来、打ち続く凶作により、今もってひん人、無縁の飢人はひだるい思いをしているので、一の頼みとして布施する麦が集まり次第、その方の近所や目の前に見えるところの飢人が死に瀕しているならば、その麦を与えて助けて欲しいこと、その飢え死にしそうな人を助けることは石経と三世十方仏を供養するよりも千万倍の功徳となるので、飢人に与えた麦の分は送らなくても志の戒名と施主方の名帳のみを石経寺（廣岳院）に届けさえすれば麦がなくても供養を行うと記している。

「諸檀那衆中連達状(29)」

一、為念申進候、村々所々水火刀博等の横死、非業ノ死人あらバ、
御きゝ出し此度帳面ニ俗名成共、かいめう成共、命日成共御じひ
ニ御書付ヲクリ可被下候、此無ゑんひごう死ノ者ハ皆コレ願主の
父母也、ノガレナキモノニ候間御頼申上候、幾重ニも〳〵
御じひ頼入候、天下太平の祈禱と申ハ如此ノ無福無ゑんノ者ヲタ
スケ法事スルガ平等りやく、大くどくりやく、皆々仁衆御賢知ノ
所也、依テ御世話頼候、

一、もし三四年以来凶作ツヾキ、今比ハ猶ひん人、無ゑんノウヘ人ハヒダルヰさい中に御座候得バ、一ノ頼有之、もし新麦御志ス仁衆より麦等あつまり候ハヾ、其御近所や目前ニ見る所のウヘ人ガ死ニ及バント思召候者あらバ、其石経麦ノあつまりたハ、ガ死ニ及ブ者ニくれてたすけ玉へ、此方へヲクルニ不及候、石経ト三世十方仏トヲくやうし奉りしよりウへ死者ヲくやうしタスケルガ千万倍のくどく也、為念申進候、志ノ戒名ト施主方ノ名帳サヘ石経寺へ届キサヘスレバ施麦ハ不参もくやう法事仕候、……………

その年、安房の麦作は半毛以下の作柄で、江戸では諸物価が高騰し、困窮に及んだ人たちによる騒動が起きる不穏な状況下で、同年五月十五日、十六日、十七日の三日間、廣岳院において過去現在未来の天下太平国家安全五穀豊年万民安楽の祈禱のために一切経石経書写奉納供養会を行い、廣岳院境内に建立された石塔には「一切経・天下太平・石書供養・願主叟宗龍・當住持然之」と刻まれ、伏蓮華台下に「一切経世話人、桜井杢兵衛・川越屋庄兵衛・久仁屋仁兵衛・増屋次兵衛・佐野屋喜兵衛・伊勢屋半兵衛・住吉屋五郎左衛門、神田・白山・巣鴨講中」と刻まれている。

その一切経世話人の久仁屋仁兵衛は先掲の牛込神楽坂の住人仁兵衛と同一人物であり、その邸宅内の一室を石経亭と称したのであろう。

神田三河町の桜井杢兵衛と川越屋庄兵衛は神田講中、駒込竹町の増屋次兵衛・白山の佐野屋喜兵衛・白山前の伊勢屋半兵衛と住吉屋五郎左衛門は白山講中とそれぞれ重なり、天明四年（一七八四）、駒込竹町の大円寺授戒会に巣鴨から三十人の参加が見られ、その人たちなどが巣鴨講中を結成し、その講中の世話人が一切経石経書写奉納供養会の世話人となったのであろう。

天明六年（一七八六）、越後新発田城下から江戸駒込までの勧化を記した「石経書写如意宝」[30]に「天明三癸卯七月八日上州浅間山火水石崩水死之群霊等」と「天明六年七月十四日東都漫水流死無縁万霊等」とあることは、各施主から送られた俗名・戒名・命日を記した有縁と水災・火災・刃傷・博奕で横死した人、非業による死人などの無縁の万霊を平等に供養したのである。

おわりに

この四件について比較して見ると、大而宗龍は宗賢寺における宝暦七年越後大飢饉餓死者の十三回忌供養（明和六年八月十五日）のことは著作に触れていないが、『横越島旧事記』と『龍華会雑録』の記述を照合すると『横越島旧事記』の記す「壱万灯の灯明」「高さ弐丈幅五尺四面の塔」は『龍華会雑録』の「餞君還十方世界賓樓閣」『挑一百八之大燈明、照三途癡闇』を指すのであろう。

安永四年（一七七五）、江戸中三災横死等への追善供養を発願したことを『大般若真読功徳本』に記している。

天明三年（一七八三）、浅間山大噴火による横死の供養については、被害のあった上州吾妻郡は明和二年（一七六五）、同郡の無量院で授戒会を行っており、そこには多くの知己の人々がいたことから直近の授戒会に自ら施主となって供養している。

天明飢饉等で餓死・横死した有縁・無縁の万霊を供養することは天明七年（一七八七）二月十九日、安房の諸檀那衆に宛てた連達状に記してあり、その供養は同年五月十五日、十六日、十七日の三日間、廣岳院で一切経石書奉納供養会を行っている。

それらのことから大而宗龍は見聞した飢饉や自然災害等による餓死・横死、法を犯しての断罪死、刃傷・博奕などによる横死の万霊を供養したことが確認できるものである。

【註記】

(1)『宗龍和尚遺稿』所収　「随願即得珠」
(2)大隆寺所蔵　『正受戒弟簿』
(3)『新津・中蒲原郡郷土資料』第一集所収　「横越島旧事記」
(4)大隆寺所蔵　『龍華会雑録』
(5)『新津・中蒲原郡郷土資料』第一集所収　「横越島旧事記」
(6)新発田市立図書館所蔵　『御記録巻之七』
(7)『新潟市史』通史編2・近世下
(8)大隆寺所蔵　「一札之事」
(9)『宗龍和尚遺稿』所収　「般若無礙海」
(10)大隆寺所蔵　『正受戒弟簿』
(11)『宗龍和尚遺稿』所収　「大般若真読功徳本」
(12)『日本庶民生活集成』第七巻所収　「後見草」
(13)『編年百姓一揆史料集成』第五巻所収　「夢物語」等
(14)『編年百姓一揆史料集成』第五巻所収　「夢物語」
(15)大隆寺所蔵　『正受戒弟簿』
(16)『日本庶民生活集成』第七巻所収　「孫謀録」
(17)岩波文庫　『耳袋』

⒅大谷氏所蔵　『供養大福田』

⒆『日本庶民生活集成』第七巻所収　「後見草」

⒇『日本庶民生活集成』第七巻所収　「浅間山大焼一件記」

(21)続群書類従完成会刊　「泰平年表」

(22)『日本庶民生活集成』第七巻所収　「後見草」

(23)大隆寺所蔵　『石経書写如意宝』

(24)大隆寺所蔵　「袈裟問答」

(25)大隆寺所蔵　「水陸会法語」

(26)大隆寺所蔵　『正受戒弟簿』

(27)平凡社刊　『城下町古地図散歩』9　所収「東都名所坂つくし」

(28)平凡社刊　『城下町古地図散歩』9　所収「分間江戸大絵図」

(29)大隆寺所蔵　「諸檀那衆宛連達状」

(30)大隆寺所蔵　『石経書写如意宝』

おんまか山念仏岩霊場開設について

中井滕岳

宗龍禅師は、明和七年（一七七〇）長年発願していた「大般若経石書奉納」の大事業を武州秩父郡大宮郷（現在秩父市）大林山廣見寺住職大量英器和尚の計らいにより境内にある大盤石の提供を得て完成を祝したことが『般若無礙海』に書かれている。翌年飛州吉城郡古川村（岐阜県飛騨市）五峯山林昌寺にて第十八回目の授戒会と安居結制が開催され、その時も華厳経の石経供養が行われています。七月には飛州大野郡高山（岐阜県高山市）海蔵山雲龍寺で第十九回目の授戒会を行います。

そして、同九年（一七七二）五月に**「随願即得珠の序」**を著し、その中で唵摩訶山念仏岩を開設する趣旨と、石経供養参加の呼び掛けが述べられています。

「唵摩訶迦盧尼迦娑婆訶」は十一面観世音菩薩の陀羅尼なり、この陀羅尼を唱えるものは、どんな願いごとも成就できないことはない、更に毎日、百八遍唱えれば、五逆十悪の罪も滅して臨終の時は十方仏が見奉り極楽に往生する云々、この故に、極楽直至の近道を指南せんと欲してひろく百万遍主を勧めるわけは、そもそも乞食僧（宗龍自身）兼ねて一切人を勧めて大般若経六百巻石経に書写して、末法法滅盡のありさまを、おもん見れば感涙嘆息にたえず、亦此の行願を発す」と述べている。

即ち「釈迦牟尼如来入滅してより弥勒下生に至るまで、その間の年月、五十六億七千万歳なり、法盡劫

おんまか山功徳院

滅して人壽十歳の頃に至れば仏菩薩の御姿もなく佛経僧形もなき故、この時衆生は三宝の御名を聞かざれば、只、悪業にして命短いばかりでなく、皆三途に落ちる事、春雨よりもなお多し、この時三宝の姿なければ、誰取り上げて救うもの無し云々、然れども乞食僧、朝顔の露よりもあやうき無常の身なれば、一人にては調えがたく、この故に天下人に勧めて、五十六億七千万遍を満願せんと欲して、百万遍主を雇い且つ奉納供養を企てた」とある。

（註　五十六億七千万年は末法思想の通説）

「此処に益田南部の里少ケ野（飛騨益田郡下呂町、現在は岐阜県下呂市少ケ野）に数間尺の大盤石あり、この石を六尺ばかりの石櫃（せきひつ）に掘って中に弥勒菩薩の石像を安座し、その盤石上に金仏の十一面観世音菩薩を安座し奉り、且つ陀羅尼を唱えたる願主の実名戒名を石に書き、弥勒菩薩と一緒に安置する者也、此の大盤石の名を念佛岩と言うのは、むかし恵心僧都この山に入り盤石の上で坐禅をされた故、人此れを見て念佛岩と名付け、又聖観音を本尊とした故に聖観音野と唱えければども世下り言つまり今は少ケ野と云えるとは、三宝の因縁あつき岩にて、此度弥勒仏の宝塔となり観音大士の蓮華座となり、随願陀羅尼行者の仏果菩提蔵となった事、かたじけなく正法無盡の霊場なり。」

「一度この宝蔵に納めたる実名や戒名の石書は風雨水火の災いなく、百千万歳の後までも今日の如く一字一点損せずいのち長く安住して弥勒三会の暁には成仏記別の仏名となる云々。」「石経を書写せんと願うものは僧俗男女によらず書写すべし、両親の大恩に報ぜんものならば、身の皮を剥いで紙となし骨を折って筆となし、血肉を絞って墨となし、佛経を書写して菩提報恩といわんか。」

「佛菩薩を供養するにあらず、観世音菩薩より参拝の人々一切衆生を平等に供養したもうなり、この大陀羅尼平等供養の利益を以って、天下泰平、五穀成就し万民安生の福聚海となり自他共に三界の万霊法界の群生と同じく大悲無上の円通を証せん事を、乞食僧の大願心、唯ここにあるのみ。

明和九年五月七日　　願主　越後　常乞食僧　龍慎白」

一部割愛しましたが、その時から『正受戒弟簿』（正授戒弟簿）に次の添書きが付されたようです

「正受戒、代戒共に受戒之戒名皆石書し、飛州唵摩訶山龍華石窟に奉納し、永代常夜灯明に預かる者也、龍乞食僧の心から願いなり」とある。

そして、その年七月には同じ益田郡中呂村にある龍澤山禅昌寺（下呂市萩原町中呂）で二十一回目の授戒会を開いている、しかしこのお寺は、臨済宗南禅寺派の名刹です。地元下呂市にはその末寺数カ寺ありますが、曹洞宗の寺は一カ寺もありません。地元の協力をお願いしなければならないことで、異例の開催

になったことでありましょう。配役等は宗龍一門にて行っています。戒弟は幸い地元周辺の参加者があって総勢百六名です。同じ飛騨でありながら益田郡に曹洞宗の寺院が無いのは地形の関係も理由の一つです。高山との境に海抜七八二米の宮峠があり、そこが分水嶺となって、萩原、下呂、金山と南方面に飛騨川が流れて美濃加茂で信州からの木曾川に合流しています、山間の川に沿って集落が続き、美濃から一気に平地が開けて経済文化の影響が大きい、一方宮峠から高山、国府、古川へと北に向かって宮川の流れが変わり神通川と合流して富山湾へ高山、古川は飛騨盆地の中にあり、四方どちらへ行くにも峠を越えなければ飛騨からは、出られないのです。因みに、高山と下呂少ケ野までの距離は、現在の国道で五十キロ、昔の峠や川沿い道では八十キロはあり大変な道と距離となります。

『飛騨下呂町史』史料二（昭和六十一年）には

おんまか山功徳院内部

次の史料が掲載しています。

『少ケ野念仏岩由緒』（萩原町　黒木正義氏所蔵）高山大隆寺中興宗龍和尚遺稿
随願即得珠の序「少ケ野に数間の大盤石あり云々」明和九年五月七日　願主　越後常乞食僧龍慎白これは大隆寺所蔵の「随願即得珠の序」です。次の大隆寺所蔵の**「般若臺法語」**中に**安永五丙申騨国聖観音野唵摩訶山居歌**が記載されています。五言の漢詩で、庵での生活感想と思われます。

「年シ老ヘテ鳥藤折レ　世間ニ無シ住家　山居ソ繁ク露命ヲ　道友有リ些サ些　屋破シテ月ノ来ルコト早ク　谷深ク風ノ到ルコト遅シ　狂猿呼ヒ月ヲ落シ　猟父張テ弓ヲ之ク
春盡テ鶯ニ無ク語　花開テ蝶ニ有リ情　坐テ看三五ノ月ヲ　起テ撮ム一天ノ星ヲ　渇蜂窺ヒ硯水　饑鼠窃ム燈油オ　吹キ出シ東山ノ月ヲ　寝遊ス北海ノ舟ニ　無ク商ウ仏法ヲ意　無シ撃ク世人ヲいと　臂を枕ニシテ石頭ニ睡リ

等々、更に続きますが省略します。

『飛騨下呂町史』（通史民俗　平成二年三月発行）宗龍禅師について次のように述べている。
「安永五年（一七七六）少ケ野村唵摩訶山参道際に、加賀国（石川県金沢）吉谷三郎衛門が両親の菩提供養のために参道を造成した供養碑がある。唵摩訶山は、明治初年の寺院明細帳や仏堂明細帳収載されておらず、寺院或いは仏堂として扱われていないので記録が乏しい。
そもそも、少ケ野村、中川武右衛門所有に念佛岩と云う大岩があり、ここに石櫃（せきひつ）を掘って中に弥勒仏を安置したのが始まりである。」

『下呂町史』、（史料二）「**高山大隆寺中興の宗龍和尚による唵摩訶山の由緒書**」

「明和九年（一七七二）に書かれているので、これ以前に大岩が掘られ仏像を安置し、安永年間に入って堂舎が整備されたようだ。宗龍は加賀国天徳院で修行し、授戒の師として各国を巡り、しばしば飛騨、美濃へ訪れたといわれ唵摩訶山の願主にもなったのである。安永五年に参道が完成したが、その施主が右の加賀の住人であるのは、宗龍が加賀と縁故が深く、奇特の信者をうることが出来たのであろう。」と記載されている、この明和九年は「随願即得珠の序」を指したことでしょう。

『下呂町史』に記載されている石塔及び石碑

地蔵尊　自然石丸彫り座像　唵摩訶山道　願主加州金沢　吉谷三郎衛門　安永五年七月十七日

念佛塔　慶應三年十一月　自然石 文字碑　妙月禅師書

万霊塔　安永十龍舎四月　自然石　文字碑

三界万霊塔　明和七年六月八日　自然石　文字碑

地元の唵摩訶講保存会による昭和の記録、その他

昭和　四年十二月　二日　山中貞順　十六羅漢　掛物一幅購入

二村貞七、近藤仙太郎　代金四十円　三つ具足　十七円

昭和　六年　二月　四日　山中貞順　死去　六日葬儀　禅昌寺和尚　高山雲龍寺和尚

四月十八日　観音様の縁日　観音堂を唵摩訶山へ移す　毎年供養する事

五月　五日　住職入寺式　松林招賢（名古屋市東区杉村町　正光寺）

役員　堀　徳府　松林松次郎　今井一郎

昭和　十年　八月　十日　松林招賢　住職退任　同年十一月二十日　忍一山　入寺

昭和　十一年　一月　七日　唵摩訶山　仏像ご来迎　阿弥陀如来　子守地蔵尊

先達日切弘法大師　御附添人　高野山大師教会金剛講

濃飛本部総理　大島道朝　古川大関屋　高山町相応院住職

昭和　十四年　四月　唵摩訶山　往住小僧　大下泰道　入山　二十一年七月　死去

昭和二十一年十一月　二日　石田真英（大円玄乗法嗣）復員後入寺　二十二年結婚、少ケ野牧家より

昭和二十八年　真英和尚、高山市善応寺十世住職として晋山（九世は大円玄乗和尚）

昭和二十九年より　外来の旅僧入寺　本堂より上の畑に平屋を新築

昭和四十八年　無住で家屋も荒廃となり、廃寺として下呂町の管理となる

同　年　経済成長期で下呂温泉宿泊多く、民宿「おんまか山荘」新築

平成　二年　屋根雨漏り修繕　予算　四万八千六七〇円は積立金より

平成　七年　のぼり旗新調（寄付四旗）

平成　十三年　四月　弥勒様前面垂れ幕新調（寄付による）

平成　十七〜十八年

弥勒様参拝場所の修理　総予算 事業費 四七六、九七五円

（下呂市補助金一九三、〇〇〇　桧、杉一五三、一三二　積立金一三〇、八四七）

平成　十八年　三月二十四日

裏山に八重しだれ櫻（六〇本）山もみじ（二〇本）植樹する

平成　十八年　七月

桜の手入れと草刈を始める

平成二十三年　四月

おんまか山荘廃止　取り壊され、跡地を舗装して参拝者の駐車場と休憩所にして利用するようになる

平成二十四年　四月二十四日

念仏岩弥勒菩薩のご開帳（新聞記事に報道される）

導師　下呂市森　泰心寺住職　他　地蔵寺住職

中日新聞

25　2012年（平成24年）4月14日（土曜日）

下呂市史跡・「おんまか山念仏岩」の石室

100年ぶりにご開帳

あす・午後から

下呂市少ケ野の「おんまか山念仏岩」（市史跡）の石室が十五日、約百年ぶりにご開帳される。石室に安置されている弥勒菩薩と、一緒に納められていたお経などを書いた玉石数千個が一般に公開される。（[illegible]）

菩薩や玉石も公開

おんまか山は、江戸時代の僧侶[illegible]禅師が、念仏岩に霊感を得たことで開基したといわれる霊場。岩は高さ十八ﾄﾙ余、周囲は三十ﾄﾙを超え、岩には深さ約二ﾄﾙの石室があり、弥勒菩薩とともに、玉石に経文や願い事をした人の名などを記して納めたという。

近くに寺があったが、一九七〇年代に廃寺に。以降、現在まで地域有志らでつくる「[illegible]」が守っている。ご開帳準備は十三日に始めたが、石室から出てくる玉石の多さにびっくり。水できれいに洗い、披露に備えている。

グループの今井[illegible]さん（[illegible]）は「これほど玉石が出てくるとは。ぜひ多くの人に見てほしい」「不景気の時にご開帳があると、世の中が上向きになると聞く。多くの人に[illegible]訪れたら」と話す。ご開帳は十五日午後一時半から。

石室から出てきた数千個の玉石を整理する有志たち＝いずれも下呂市少ケ野で

玉石には経文などが記されている

平成24年4月24日　中日新聞

平成二十九年　四月二十三日　おんまか山　念仏岩　弥勒菩薩法要並びに万霊供養
導師　下呂市森　泰心寺住職　伊藤泰道和尚
高山市大隆寺住職　中井滕岳和尚、偶然この法要日を知って随喜をする。

その時の様子　午後一時半から法要が始まり、八十人位と参拝する場所が容れきれないほどのお参りでにぎわった、そして少し登った所に歴代の墓所があり、そこでも読経回向して、更に登った所には、万霊塔、その由来碑の前にても丁重に回向し関係役員も焼香をした。法要が終わってから広場で団子まきが行われた、更に、東屋でお斎も用意されるなど、唵摩訶講保存会有志の努力で、毎年こうして法要が続けられ行われていると聞き、大変有り難いことであります。

この日、弥勒菩薩と書かれた、のぼり二本が新調され風になびいていた、寄付者は地元の今井實様と矢島健様です。

歴住の墓所には　坊僧塔が東天一山大和尚で、後は自然石で判読難しく年号不明　黙如貞順尼首座　寂照大光尼上座　東畑嶺雲上座　慧鳳晃忠上座　慈山貞邦尼庵主　祥林瑞芳尼首座など読み取れました。

尚　念仏岩の参拝場所は角柱で確りと櫓が組まれ、三十人位は入れるスペースに椅子、長椅子にて、お勤めができるようになっています。

弥勒菩薩の石像の前には次の由来書の額が掛けてあります。

「俺摩訶山は江戸時代の僧侶である宗龍禅師が、念仏岩に霊感を得たことで開基した霊場です。

安永元年宗龍禅師は大地主の中川武右衛門からの喜捨で、石工を雇い念仏岩に六尺四方という大きな石室を掘らせました、その中に弥勒菩薩の石像を安置し浄書した多くの玉石を納め岩上に金像十一面観音菩薩をお祀りして俺摩訶山功徳院を開創しました。石経供養の為にこれ程大きい石室が掘られたものは、他に見当たらず貴重な史跡です。安永五年には参道が造成されその後本堂と庫裡鐘楼が建ち寺社として形が整いました。天保十年に益田西国三十三カ所霊場の札所が設けられて、昭和初期までは尼僧寺として供養が続けられていましたが、昭和四十八年を境に入寺者が途絶え、廃寺となり、現在では念仏岩と庵だけが残り、当時を忍ばせています。」

年号期日はありません。

念仏岩周辺の現況と将来について

下呂温泉で知られる下呂市は、平成の大合併の平成十四年（二〇〇二）、小坂、萩原、金山、馬瀬を合併して誕生しました。少ケ野町は下呂市街地を南方面、飛騨川の左側二キロ程の丘陵地で、昭和五十六年に、念仏岩及び周辺の墓地を含めた一体を「つつじヶ丘公園」として開発整備されたので、念仏岩の周辺も一新しました。旧参道を挟んで両側を盛土して五十台位は駐車できる広場と、念仏岩の参拝者が休憩できる東屋が、椅子とテーブルまで設置され、立派な環境になっています。

裏の車道を上ると左側に、**萬霊塔**と、「この周辺の墓地と開発者の労苦を以て**つつじヶ丘公園**にしたここに感謝の意を表し報恩供養する。昭和五十六年　有志一同」と書かれた碑があります。その道を左に曲がり

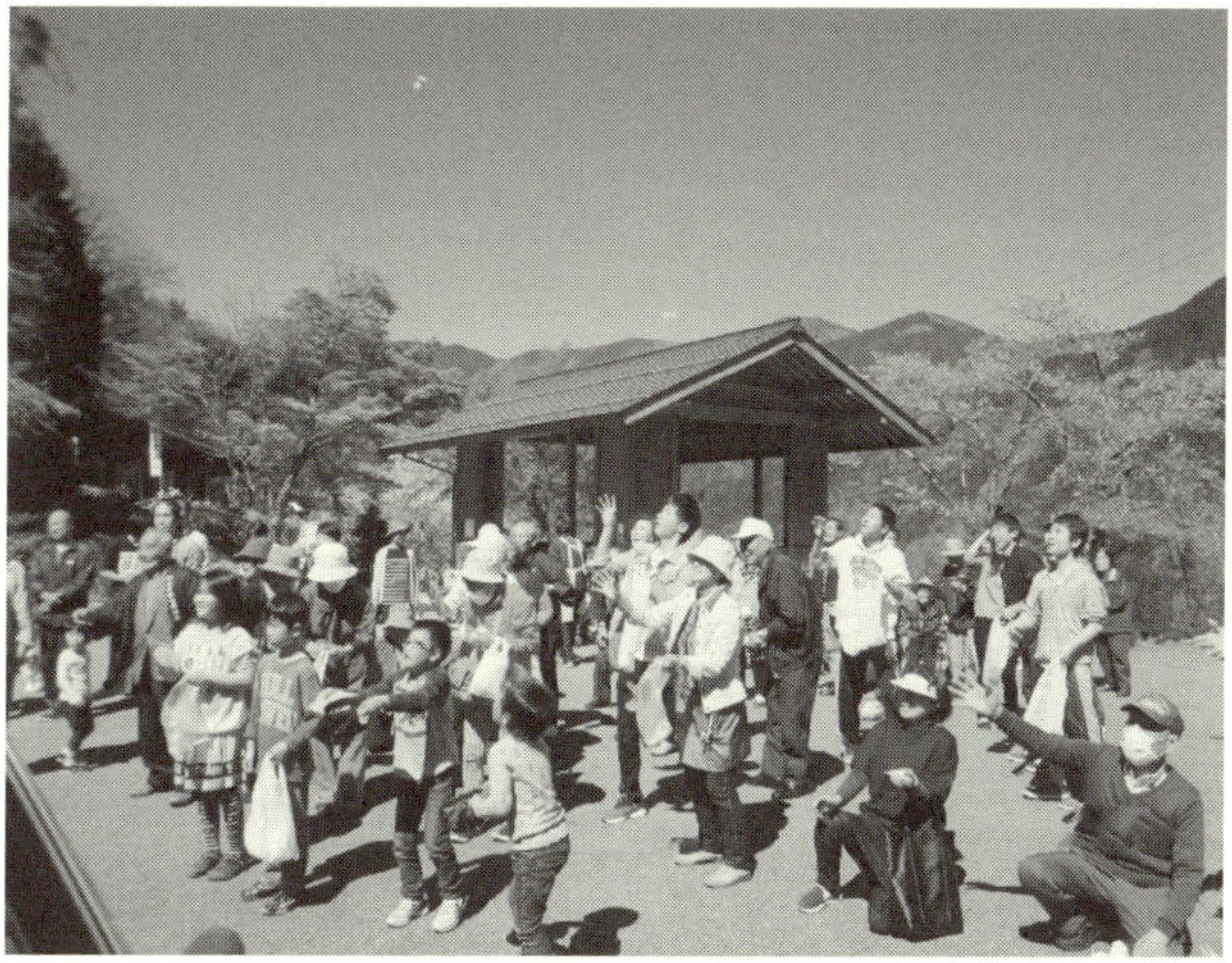

ご開帳の時の様子

登った所に、立派な**少ケ野　野球場**があり、更に上っていくと、展望台の休憩所です。

飛騨川を眼下に、左遠方は下呂温泉のホテルや町並みを望む素晴らしい景色です。植樹した櫻や紅葉も丘陵地一体に移植されれば、春、秋には絶好の行楽場所として、益々市民始め観光客も訪れて賑わうことでしょう。下呂市でも、新しい観光スポットとして「ナビ」にて紹介しています。地元唵摩訶講の役員　牧　弥寿男、今井　實、講長の熊崎　勉さん、並びに世話役員、そして地元の皆様に感謝申し上げ、今後とも、お願い致します。宗龍禅師も喜んでいることでしょう。

萬霊塔

大而宗龍禅師と泉龍寺子安地蔵尊

菅原昭英

はじめに

安永四年（一七七五）七月大而宗龍禅師（以下敬称略）が、武蔵国多摩郡和泉村（東京都狛江市元和泉）の泉龍寺において授戒会を行っている。秩父市廣見寺ご住職町田廣文師が、平成十八年泉龍寺に来られ、大而宗龍のことを教えて下さった。にわかに関連史実が浮かび上がり始めたのは、それからである。ここでは、大而宗龍が泉龍寺の授戒会に請ぜられた事情と、泉龍寺子安地蔵尊（写真１・２）にとって大而宗龍が思いがけないほど重要な人物になったことを中心に、ご報告したい。信仰史に包まれている社会史的脈絡を、改めて読みほどく上で、ひとつの事例ともなりうると思う。

写真1　子安地蔵尊厨子入り

写真2　泉龍寺子安地蔵尊正面

第一章　泉龍寺と廣見寺法系

泉龍寺は、多摩川中流域の北岸にある。境内は、湧水を取り囲む縄文住居址や古墳時代以後の住居址を含む泉龍寺弁財天池遺跡の中に立地し、良弁僧正の雨乞い伝説がある。天台宗の時期を経、小田原北条氏時代、旅の僧で通幻派の桂破泉祝が、安居結制（江湖会）を立ち上げて曹洞宗に改宗したという。その後の天正十八年（一五九〇）徳川家康の関東入国とともに新時代が始まり、曹洞宗太源派の鉄叟瑞牛（〜一六一二）は、地域密着型の寺院としての基礎を確立し、中興開山とされている。

寺院を支えた古い農民の檀家は、和泉村はじめ近村の猪方村（狛江市）・矢ケ崎村（東京都調布市）・入間村（調布市）に集中する一方、やや遠方の牟礼村（東京都三鷹市）・下田村（神奈川県横浜市）・大棚村（横浜市）などにも散在した。また、旗本石谷氏が、和泉村三給の中の一地頭となり、寺の東南隣接地（小田急線狛江駅辺）に陣屋を構え、開基家と称した。泉龍寺は、旗本石谷三家など武家檀越を持つ寺として、近隣の村々では、顕著な存在となっていく。

鉄叟瑞牛は、相模国遠藤村（神奈川県藤沢市）宝泉寺六世朝岩存夙の門弟であった。これにより宝泉寺が泉龍寺の本寺となる。以来しばらく太源派・宝泉寺法系の住持が続いているが、宝暦六年（一七五六）八世棟岩祖梁が本寺宝泉寺二十一世に晋住すると、泉龍寺の相模宝泉寺法系は途絶えてしまった。そのあと小刻みに住職交替を繰り返し、宝暦十二年（一七六二）に至って十一世一峰太円が晋住し、ここから秩父廣見寺法系の時代が始まる。

第二章　一峰太円の経歴

一峰太円は、松平大膳大夫の家臣・門井兵庫の次男であるというから下級武士の出身である。しかし叔父は江戸神田鎌倉河岸の大関屋という商家の人であり、一峰太円が建てた六親のための墓石には、左に「門井」右に「大関」と刻まれている。江戸の商家との血縁もあった。

一峰太円の僧歴は、享保十九年（一七三四）秩父市荒川白久円通寺（廣見寺末）宗船の許で始まった。延享元年（一七四四）一峰太円は、秩父市慈眼寺（廣見寺末・秩父観音札所十三番）の雲蓋全峰の安居・授戒会に参じたのであろう、その時の禅戒血脈が泉龍寺に残されている。さらに宝暦六年（一七五六）には廣見寺会下として、同じ慈眼寺の天隆寿門の下で首座を務めた。そして天隆寿門に嗣法した。以上をみると一峰太円の経歴はすべて通幻派の秩父廣見寺法系の内側で積まれてきている。

ところが宝暦十二年十月、泉龍寺十世蓮如不染が住職の後席に指名したのは、江戸牛込大龍寺弟子としての一峰太円であった。これは何故か。ここに牛込大龍寺が出てくるのは唐突のようにみえる。その疑問は、奇しくも平成二十年、泉龍寺子安地蔵尊像の胎内から見出された小さな地蔵菩薩立像の背板の裏に墨書された銘文（写真3・4・5）によって氷解した。一峰太円は宝暦九年（一七五九）正月、大龍寺六世・万松十世の太素玄甫より大龍寺の歴代が伝えてきた尾張千代姫君様の「延尊」等を相承していたからである。一峰太円と大龍寺との関係が裏付けられた。さらに廣見寺文書によって明らかになったのは、先に一峰太円が受戒した雲蓋全峰は、さかのぼって享保十六年（一七三一）江戸牛込原町大龍寺の日州光春の許で首座を務めていたことである。秩父廣見寺法系は、江戸大龍寺との間に関わりを繰り返していた。秩父と江戸には、すでに本末でも法類でもない、こういう民間僧侶の人脈ができていたことが確認される。

写真3　子安地蔵尊胎内小地蔵尊立像

写真4　子安地蔵尊胎内小地蔵尊背板裏

写真5　子安地蔵尊胎内小地蔵尊背板銘文

一峰太円が泉龍寺住持に指名された実際の経緯は明らかでないが、「拙僧（一峰太円）大旦家方（石谷家）御眼鏡ニ而泉龍寺ニ住山仕」（宝泉寺文書）というから、既に江戸住いだった大檀越石谷氏との縁が、先行していたかもしれない。

一峰太円は、住持期間中、安永四年の授戒会のほか、安永六〜七年（一七七七〜八）の子安地蔵尊をめぐる裁判やその再出発の事蹟を残し、天明三年（一七八三）天明の大飢饉に際しては、村方に頼まれ、石谷氏に対して年貢減免交渉の仲介をした。門弟は数人を養成し、天明六年（一七八六）十二世宗田太牛に住持を譲って退隠し、寛政十一年（一七九九）泉龍寺において示寂した。

第三章　大而宗龍を招いての泉龍寺授戒会

大而宗龍は、上野国出身で、甘楽郡下丹生村（群馬県富岡市）永隣寺九世紹山賢隆のもとで出家し、宝暦七年（一七五七）曹洞宗明峰派の悦巌素忻に嗣法した。越後国南蒲原郡紫雲寺村（新潟県新発田市）観音院、同国中蒲原郡横越村（新潟市）の宗賢寺、飛騨国高山（岐阜県高山市）の大隆寺などに短期間住持したこともあるが、重要なことは越後・越中・上野・武蔵・相模・飛騨・美濃・三河・安房など諸国をまわり、一生の間に三十三回の安居＝江湖会（助化師・化主）、六十四回もの授戒会（戒師）を行ったことであろう。

中世後期以来の曹洞宗、特に関東では、修行僧の遍歴と江湖会の集団修行とが特別重視されてきた。十七世紀以後永平寺に関東出身の僧が晋住するようになり、また関三刹を通しても、関東風の厳格な江湖会の励行が、全国曹洞宗寺院の規範となった。授戒会は、在俗信者も体験できる集団修行として十五世紀に東海地方で行われた事例があり、十七世紀には永平寺でも始まっている。江湖会や授戒会のけじめ正しい集団修行は、信仰の社会史から見れば、曹洞宗寺院が在地において発揮した大きな説得力の根源であり、いわばお家芸であった。十八世紀、明峰派徳翁良高の法系は、全国的な行動半径をもって、安居・授戒会を盛んに実施・指導した。悦巌素忻・大而宗龍はこれを継承している。泉龍寺の授戒会も、その中での特殊性ある事例のひとつと思う。

泉龍寺での授戒会として、安永の事例は、これまでにおいて泉龍寺過去帳に記録された本寺宝泉寺宛ての書状が見られるだけであった。虫損が多いが、安永四年五月、泉龍寺の一峰太円は、「本山宝泉大禅刹／鑑司大和尚」に宛てて次のように、授戒会の興行を届け出ている。

「然は、宗龍和尚当夏拙寺□御留錫被成候、然ニ付檀中檀外より発起御坐候て戒会御願申候、依之七月廿日より於拙寺戒会興行仕度奉存候、此段乍略儀以使僧御訴□□□」

本寺宝泉寺への説明では、泉龍寺から招いたのでなく、むしろ大而宗龍の側から泉龍寺にやって来るというので、一峰太円としては檀家内外の要望により、その機会をとらえて七月二十日から授戒会を催したい、という筋書きになっている。しかし、実際に一峰太円と大而宗龍との間にどういう交渉や仲介があったか、この文面だけから読み取ることは困難である。が、新たな知見が加わった。

ここで、泉龍寺の授戒会よりも数年前の明和五年（一七六八）大而宗龍が、秩父廣見寺の住持大量英器に招かれて安居（江湖会）と授戒会を営んでいるだけでなく、明和七年（一七七〇）廣見寺の大般若経石書奉納を達成し、これに伴って江湖会をも催していたことが注目される。廣見寺法系に連なり、しかも大量英器の孫弟子に当たる一峰太円は、大而宗龍について密度の高い情報を得る立場にあったはずである。事実、明和五年の廣見寺の安居には、和泉村泉龍寺太円和上徒の太春が参加していた（『夏冬安居牒』岐阜県高山市大隆寺文書）。泉龍寺での授戒会は充分に練られた企画であったに違いない。

「檀中檀外の発起」の実態については、泉龍寺の授戒会に集まった戒弟の顔触れが手掛かりとなろう。『正受戒弟簿』（大隆寺文書）によると、参加者は僧俗合せて百七名。内在俗戒弟計七十三名で、男性（二十五名）より女性（四十八名）が多い。泉龍寺檀家十二名のほかに、近村の有力農民十七名や、府中高安寺の檀家圏内の人々二十九名、江戸の商家十名、不明三名である。

泉龍寺授戒会に参加した人々は、地域的には広く、甲州道中の布田宿や府中宿近辺の裕福な農民や代官川崎平左衛門の一族、江戸の商家が多い。ところが一種の偏りがあり、檀家の内では、膝元の和泉村が女一名のみで極端に少ない。これには、特別な背景があったようである。和泉村彦根領名主伝左衛門は檀家であるが、一峰太円とは晋山当初から対立した。武家出身で法系も異なるから寺と檀家の関係が変わってしまったのであろう。村の秩序についての考えも相容れない。土豪の系譜を誇る伝左衛門にとって村の成員は高持百姓であり、年貢を納められず落伍してしまう農民が村を出て行くことを厭わな

在俗戒弟の分布〈優婆塞25・優婆夷48〉

泉龍寺檀家　男５名　女７名

和泉村（東京都狛江市）		1	（門前の村方医師）
入間村（東京都調布市）	4	4	（新井氏・清水氏）
下田村（神奈川県横浜市）	1	2	（田邊氏）

近村　男８名　女９名

上仙川（東京都三鷹市）	2		
上布田（東京都調布市）		3	（原氏）
下布田（東京都調布市）	1		
小マイ（東京都狛江市駒井）	1	1	
ウナ子（東京都世田谷区宇奈根）	1	2	
大倉（東京都世田谷区大蔵）		1	
中島（神奈川県川崎市中野島）		1	（高橋氏）
スゲ（神奈川県川崎市菅仙谷）	1	1	（小嶋氏）
五反田（神奈川県川崎市）	1		
細山（神奈川県川崎市麻生区）	1		

府中高安寺檀家圏内　男４名　女25名

府中（東京都府中市）		7	
本宿（東京都府中市）		3	
府中番場宿（東京都府中市）	1		
四ッ谷（府中市四谷町）	1	6	
押立（東京都府中市）	1	9	（代官川崎氏）
是政（東京都府中市）			
小野宮村（東京都府中市）		2	
関戸（東京都多摩市）	1	1	
やぶ（東京都国立市谷保）			

江戸の人たち　男６名　女４名

江戸四ッ谷（東京都新宿区）	2		（岩田屋）
江戸赤坂（東京都港区）	1	1	（上総屋）
芝三田二丁目（東京都港区）		1	（伊勢屋）
神田三河町（東京都千代田区）	1	1	（上州屋）
麹町（東京都千代田区）	1		（秩父屋）
飯田町（東京都千代田区）		1	
皆川町（東京都千代田区）	1		（松坂屋）

不明　男２名　女１名

かった。一峰太円は、無高となり小作人になっても、農民が檀家として村にとどまることを尊重した。伝左衛門は、明和六年（一七六九）宗門改めを機に一峰太円に詫証文を入れたが、溝は埋まらなかったようである。三給の和泉村の名主は、みな泉龍寺檀家であったが、おそらく伝左衛門に共感して授戒会をボイコットしたのであろう。たったひとりの参加者は、新たに京都から移住してきたと称する村方医師・新興農民の妻であった。

しかし、授戒会の成功で、檀家の人々の受け止め方が変わった。はやくも安永四年十月、和泉村松下領の名主代石井又市は廿三夜塔を建立し、一峰太円がその開眼を取り行っている。

第四章　泉龍寺の子安地蔵尊の特色

話変わって、江戸後期十八世紀の後半以後、泉龍寺の子安地蔵尊（延命子安地蔵尊ともいう）は、子授け・子育ての祈願に霊験あらたかというので、宗派の別なく信者を集め多くの講中が組織された。江戸の市中、青山・本所・神田・日本橋はじめ、江戸近郊の農村に広がり、北は巣鴨・十条・赤羽、西は砂川・立川・狭山（埼玉県）に及んだ。江戸中期から流行し始めた巡行仏の一例である。

毎月二十五日に泉龍寺を出発し、月ごとに決まった方面の講中の一軒一軒を宿とし、近くの人たちを集め一晩だけおまつりして次の宿に送ったので「一夜地蔵」とも呼ばれた。翌月の二十三日に「送り込み」といって地蔵尊とともに講中の人たちが行列をなし徒歩で泉龍寺に向かい、参籠した。翌二十四日の地蔵縁日にかけて大いに賑わい、境内には露天商がならび、時には余興の芝居などがあったという。講中の人々にとっては、普段の生活から抜け出して楽しむ仲間たちの小さな旅でもあり、見聞を広げ、情報交換するチャンスでもあったろう。寺の周囲の農村では、大人も子供もひと月に一度都会風の賑わいに接した。町から古着等の商品が持ちこまれ、地元経済の目玉であったともいえる。この地蔵尊の巡行は、明治・大正・昭和に及び、第二次世界大戦中に中止された。

第五章　泉龍寺子安地蔵尊のはじまり

六世大白睦牛（在住は一八世紀前半）のころ、泉龍寺には、一体の地蔵尊が安置されていたことがあった。大白睦牛の弟子であった義全が、宝暦七年（一七五七）真福寺の住持となり、赴任すると共にこの地蔵尊は真福寺に移された。一峰太円が泉龍寺十一世となる五年前である。やがてこの地蔵尊信仰は、真福寺の繁栄にとって不可欠の位置を占めるにいたった。安永六年（一七七七）七月、真福寺義全は、自分の隠居と後住の承認を本寺泉龍寺に願い出た。これが事件の発端となる。

応対した一峰太円は、件の地蔵尊がもと泉龍寺を拠点に巡行していたことを聞き知っていたのであろう。地蔵尊は六世が義全に貸したのだが、この際、正式の書類を交わして泉龍寺が真福寺に寄附しよう、と提案した。使者は喜んで書類の下書きを受け取って帰ったというが、肝心の義全は承知しない。義全の言い分では、地蔵尊が泉龍寺のものであったことはなく、諸国行脚のため師僧の大白睦牛に預けた期間があったにせよ、もともと義全が個人的に入手した持仏だというのである。

大白睦牛の弟子であった義全は、泉龍寺中興開山鉄叟瑞牛からの法系を嗣ぎ、泉龍寺に晋住する可能性を持っていたはずである。十一世一峰太円を快くは思わなかったであろう。さらに義全は和泉村の井伊領名主伝左衛門家の出身という。名主伝左衛門と一峰太円は当初から折り会いが悪かったが、その一因はここにもあったと思われる。

一峰太円の提案が無視されたままで、同年十一月、義全は病死してしまった。その葬儀は慣行にそむき、本寺の立会いなしに執行され、一峰太円の怒りを買った。初七日に駆け付けた一峰太円は、義全の法要を済ませると、件の地蔵尊のことを話題にし、結局、地蔵尊を自分の駕籠に乗せて泉龍寺に持ち帰ってしまったのである。

安永七年（一七七八）四月真福寺は、本寺泉龍寺が地蔵尊を奪い取ったとして、関三カ寺の龍穏寺に訴え出た。龍穏寺は、五月、双方に内済（調停示談）をするよう命じ、案が作られたが、泉龍寺はこれに応じなかった。すると六月真福寺は、上級審の寺社奉行に出訴した。七月泉龍寺は、最高審にあたる内寄合に呼び出され、理を尽くして返答書を提出し、これに臨んだ。ところ思いがけず自らの不利を察知し、窮地に追い込まれた。真福寺側がその筋にすっかり手を尽くしていたらしい。再度内済の命が出された。十月済口証文をもって訴人真福寺と相手泉龍寺の調停が成立した。

江戸での裁判・調停では、宿所と弁護士を兼ねた公事宿が大きな役割を果たす。真福寺の公事宿は上州屋新七、泉龍寺の公事宿は上州屋弥次兵衛であった。

その結論は、上州屋弥次兵衛が同じ地蔵尊一体を造立する、もとの地蔵尊は真福寺一寺の運営に不可欠として真福寺に置き、本寺泉龍寺に新しい地蔵尊を置き、双方今後一切の争いを止める、というものであった。この決着は、双方の面子を立てつつ実情に合わせて調整した江戸時代風の決着の典型である。ひとつだった地蔵尊をふたつにしてしまうのは、いささか奇異であるが、双方が納得した裏には、講中を分割して住み分けする類の取り決めがあったのではなかろうか。

こうして泉龍寺に造立安置された新しい地蔵尊への信仰こそ、江戸時代後期からの泉龍寺を鮮やかに彩ることになったのである。その造立の発願主は、泉龍寺の公事宿上州屋弥次兵衛とその妻であった。弥次兵衛妻が「地蔵尊本願主」であったことは泉龍寺過去帳に記されている。何故この夫妻が願主なのか、従来は訴訟経過の一部として憶測するほか術がなかった。ところが今回、不思議な縁というべきか、平成二十一年泉龍寺本堂の耐震補強工事のため、古い位牌を移動していた時に、まずは上州屋弥次兵衛の位牌が見つかったのである（写真6・7）。

（表）

快翁昌機信士
空山宥心信女
即堂陽心信士
庭桜虚讃大姉
春岳道照居士
開雲院擔法道壽居士
慈光院尊堂妙貴大姉
浄花泰順信士
青岸妙涼信女
永隣九世大和尚
石峯落岩信士
蓮羽了秀信女

写真6　松本弥次兵衛家位牌（表）

（裏）

和泉村
泉龍寺　子安地蔵尊

右施主　江戸神田 紺屋町 三丁目代地　松本彌次兵衛

于時安永七戊戌年
十一月廿三日　奉安置

写真7　松本弥次兵衛家位牌（裏）

表には、十二名の戒名を並べ、裏には、泉龍寺子安地蔵尊の施主が松本弥次兵衛であるとし、安永七年十一月二十三日に安置した、と刻む。日付は、済口証文の一カ月後、上州屋の姓は、松本なのであった。開雲院擔法道壽居士の道壽と慈光院尊堂妙貴大姉の妙貴には朱色が残り、この二人にとっては逆修の位牌であることを示す。二人は上州屋弥次兵衛夫妻にほかならない。残りの一〇名はおそらく松本氏夫妻の親族であろう。

この中ひとりだけの僧侶、永隣九世大和尚が注目される。駒沢学園寺院資料データベースによると、現在全国で永隣と名の付く寺院は群馬県富岡市下丹生の永隣寺のみである。これは宗龍禅師の得度の師、永隣寺九世紹山賢隆（明和元年十一月八日寂）ではないか。衝撃的な気分のまま、永隣寺様に問いあわせたところ、下丹生に松本姓が多いと教えていただき、さらに堀口元澄師は、九世紹山賢隆当時の月牌帳と西浦地区の檀家松本家の墓石などで、空山幽（ママ）心信女・即堂陽心信士・石峯落岩信士の三戒名の存在を確認してくださった。紹山賢隆は、上州屋松本弥治兵衛との縁が確実にある。紹山賢隆自身もおそらく松本姓出身であろう。

第六章　大而宗龍と一峰太円と公事宿の夫妻

上州屋弥次兵衛に、紹山賢隆と縁が深かったとすれば、大而宗龍自身との縁はどうなのか。廣見寺町田師のご教示に大きな手がかりがあった。『正受戒弟簿』によると、安永六年八月の川越観音寺の授戒会には、泉龍寺の一峰太円和尚が「伝戒」という役柄で参加した。その戒衆の内に開雲院担法道樹居士（江戸上州屋弥次兵衛）がいたのである。さらに同年九月の比企郡玉川松月寺の授戒会に「代法界」の立場で参加している「太円座元」も一峰太円であろう。その戒衆に「尊堂妙貴」（江戸弥次兵衛内）がいた。

一峰太円は、二年前の泉龍寺において大而宗龍を招き自らも教授師を務めたが、授戒会の感動をそれで終わらせず、大而宗龍の布教活動に積極的な参画をしたのであろう。しかもそこで、上州屋弥次兵衛夫妻と出合った。上州屋の参加は、親族が大而宗龍の受業師だった縁によるのであろう。この八月、すでに真福寺の地蔵尊問題は始まっていた。しかし十一月に義全が示寂し、裁判問題に発展するとは予想していなかったのではあるまいか。結果からすると、大而宗龍の授戒会は、両者顔合わせの場であったことになる。

一峰太円と上州屋のとの関わりは、信仰面と事件面が、いわば同時並行に深まっていったようである。従って上州屋が新しい地蔵尊の願主になるという結論は、単に公事宿の仕事上のなりゆきではなく、大而宗龍を囲む一峰太円との信仰上の共感を踏まえていたであろう。最終結論には、大而宗龍の助言があったかもしれない。少なくとも、大而宗龍の同意があったと考えられる。

このことを証明するのは、先に触れた子安地蔵尊の胎内納入品である。先述の牛込大龍寺伝来像のほかに、小さなお守り札があった。表は中央に「願王尊」左右に「調御法性／降伏無明」、裏に「前宗賢　宗龍無盡拝」と書かれているではないか（写真8）。これは大而宗龍の自筆に違いない。お守りの中身（写真9）は、「金龍山浅草寺」の観音菩薩お姿（写真10）があり、折りたたんだ赤い一枚の紙に書かれた祈願の文字がある（写真11）。

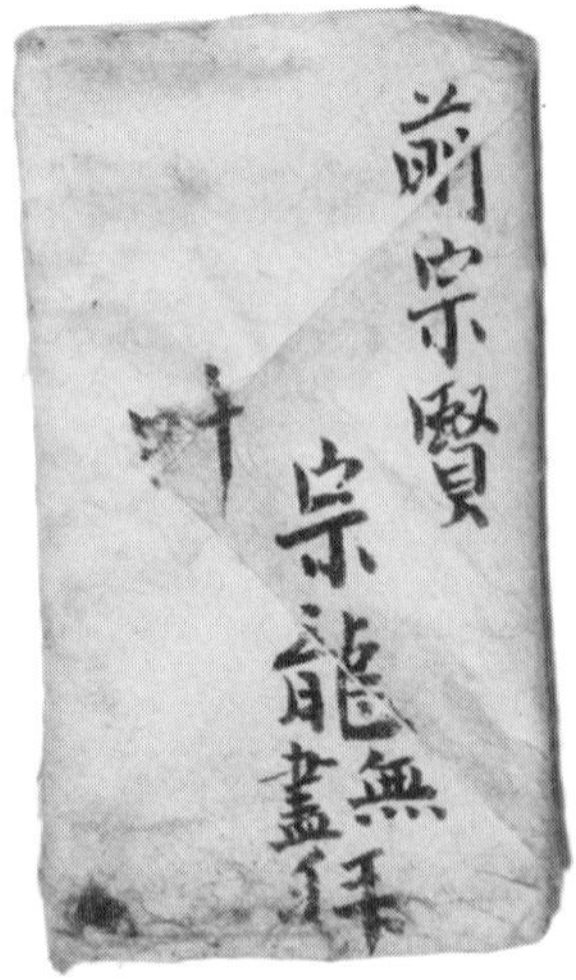

写真8　大而宗龍筆お守り札（裏）

写真9　大而宗龍筆お札展開状態

写真10　大而宗龍筆お守り札内
浅草寺観音お姿

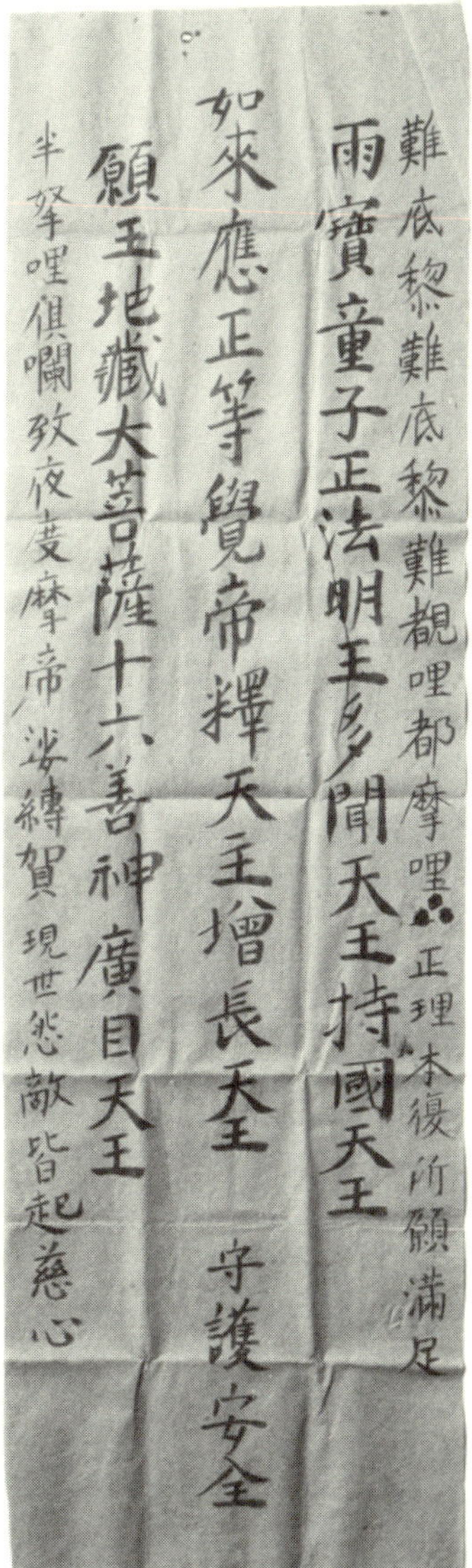

写真11　大而宗龍筆祈願札

難底黎難底黎難覩哩都摩哩∴　正理本復、所願満足
雨宝童子・正法明王・多聞天王・持国天王
如来・応・正等覚、帝釈天主、増長天王　守護安全
願王地蔵大菩薩・十六善神・廣目天王
半拏哩倶囒致夜度摩帝娑縛賀　現世怨敵、皆起慈心

宗龍禅師の自筆が納められたのは、宗龍禅師の合意を物語る。そしてこの地蔵信仰の核に、実は、大而宗龍の教えが込められたことを意味しているのではなかろうか。この紙片の文字はじめ、胎内の品々は、その信仰の特色や社会的働きへとどのように繋がるのであろうか、次の課題としたい。

【参考文献】


『狛江市史料集』第十一、一九八〇年。『狛江市史』一九八五年。

『狛江市文化財調査報告書第8集　狛江の巡行仏―狛江市の民俗Ⅲ―』（執筆、中島恵子）一九八七年。

『大而宗龍伝』大島晃　考古堂、二〇〇六年、第二版二〇一〇年。

『永平寺史料全書』　文書編第二巻、二〇一七年。

飛騨高山　大隆寺の創建について

中井滕岳

妙高山大隆寺は、慶安三年（一六五〇）父重頼公卒去の後、三代将軍徳川家光公より飛騨国主を賜った金森四代目頼直公が、承応二年（一六五三）京都柴野臨済宗大徳寺塔頭、金龍院前住の禅海宗俊和尚を招いて、高山城の南東に創建し自らの菩提寺とした。そして寛文三年（一六六三）病のため剃髪を許されて立軒素白と号しています。同五年には高山町中、金森家中が頼直公武運長久を祈願して片野山王宮に奉額したが、七月江戸にて卒去された（四十七歳）。

大隆院殿長州大和立軒素白大居士。大隆寺に帰葬され、妻子共に墓所あり。その後元禄五年（一六九二）六代目頼時公の時、徳川綱吉公に、突如出羽国上の山に転封を命じられ、同八年には高山城破却の命が下された。その時頼

金森頼直公肖像

時公は、素玄、大隆の二寺にある歴代遺骨は京都金龍院に移し、寺坊は破却しないよう告げたことが、記されている。開山禅海宗俊和尚は、寛永二十一、正保元年（一六四四）大徳寺に出世後、金龍そして承応二年に大隆寺の開山となった。寛文十二年（一六七二）七十八歳で示寂。二世大穏妙雄和尚（禅海の法嗣）は何時大隆寺を引き継いだかは不明です。しかし、萬治三年（一六六〇）に大隆寺より大徳寺に出世と『飛騨編年史』に記されている。寛文九年（一六六九）五十九歳示寂。三世乾舟妙一和尚（大穏の法嗣）学徳高く書画に堪能なり、寛文年間には瀬戸より陶工加藤源十郎を招き、乾舟自らも造った、水指、茶器、香炉などの源十郎焼が、今も寺に伝わっている。元禄四年（一六九一）大徳寺に出世するまで二十年余、高山で過ごしたことになるのか。

なぜ京都金龍院か

飛騨国主初代金森長近（ながちか）公は、信長、秀吉、家康公と三代に仕え京都伏見屋敷に過ごしていた時、茶道を千利休、道安に学び、大徳寺で得度を受け法印と号したのです。そしてその後、大徳寺内に金龍院を建て金森家の菩提寺としています。それ故、頼直公が大隆寺創建の時、金龍院から前住を招いたのでした。元禄四年（一六九一）乾舟妙一和尚は大徳寺に出世をする。

飛騨国は江戸直轄の天領となる

元禄五年（一六九二）大隆寺は金森家からの支援が無くなったので、住職は京都金龍院に帰った。その後のことが「空地同様にて庭に塩釜桜の名木花盛りには貴賤群集し遊戯の道場となって、留守居の道心坊或いは山伏等住居して、月花の騒客をまち、小唄三味線の声喧しかり（やかましい）」と『高山市史』下巻　宗教編大隆寺の項に記載されている。その間、約七十年余りでした。幕府の命で、金沢藩が留守居役を勤めていた時に書かれた、高山城郭の地図に大隆寺も記されているが、山門や鐘楼まではできていなかったと思われます。

大而宗龍禅師は、明和八年（一七七一）第十八回目の授戒会を、吉城郡古川村（現飛騨市）五峯山林昌寺（堂頭九世村牛）にて催し、同年七月には高山市の海蔵山雲龍寺（堂頭二十二世道苗）で第十九回目の授戒会が行われた。その時に大隆寺が無住であることを知り、予てからの念願だった道場建設のために、資金集めと、京都金龍院との交渉活動がはじまった。（大島晃著の『大而宗龍伝』より）

大般若経真読の道場建設の為、大隆寺を譲渡交渉

「安永四年（一七七五）十二月、大了より大義、恵林宛の書付けに、京都金龍院より請取を受けたこと、大而宗龍の入院につき録所素玄寺に取持つことなど」譲渡交渉がうまくいった知らせ、そして「安永五年（一七七六）八月、金龍院宗桃外一名より大而宗龍、恵林、大了の三名宛に、大隆寺を願いのとおり離末し譲渡いたし、香資金百両のうち五十両を即納し、残金は五年年賦で納入されたし、建物・土地・什物等も譲渡する等の主旨」と「この度、大了の往復は懇情の至り」と労いの語あり。

大了上座について

「明和六年（一七六九）十月、飛州吉城郡古川村太江屋重五郎外二名。越後蒲原郡横越村　宗賢寺宗龍

和尚様宛。重五郎の父で隠居の清五郎が剃髪する件」という一札がある。しかし、すでに宝暦十二年（一七六二）第一回目の安居に大了の名にて参加、明和六年、越後蒲原郡仁箇村万福寺の十四回目安居会は看門の役で参加しており、十八回目の吉城郡古川村五峯山林昌寺の安居では雑務役として勤めている。そのあと安永四年に飛騨高山素玄寺での授戒会には、大了庵主として参加している。宗龍禅師の著「**随願得珠之序**」は明和九年、すでに唵摩訶山念仏岩開設のため庵を建て活動していた。禅師もこの庵が気に入ってか、生涯安住したいと恵林に書状で、実質、百日間庵にこもり、その体験を**唵摩訶山居歌**として漢詩で般若臺法語に述べています。

禅師は、大了の功績を讃えて、**中興開基**として「**般若斎心安大了上座**」の戒名を位牌に、そして墳墓を禅師のお墓そばに建てています。併せて大隆寺再建の為に、上州中高瀬村、**新井五郎兵衛親子**で金百両を寄付されたので、同じ位牌に新井夫婦と息子の戒名も刻まれ安置されております。

『高山市史』下巻（昭和五十六年復刻版、紙魚のやどり）には

「安永五年（一七七六）曹洞宗の大徳、宗龍和尚は、京都金龍院より譲求めた、古堂や毀屋舎（破れた家のこと）を朽ちて田となし、はるか上なる山を引きならし、新たに本堂、禅堂、庫裡等を造立した」とある。しかし天保十二年（一八四一）「大隆寺外二名より高山役所宛。庫裡老朽化のため再建するにつき、入用の木を村々の寄付と寺有のものにしたい」と願状がある所から、庫裡は本堂の用材か、そして「越後国曹洞宗萬福寺の末寺と成り、師匠の悦厳素忻和尚を開山とし、自らを二世とした、大隆寺曹洞派に再興之事」として掲載されている。

第二の疑問は、金龍院との譲渡で金百両の大金を支払ったこと

「手持ち五十両しか無かったので後は五年分割で」との証文がある。ところで、宝暦十年（一七六〇）神社寺院の宝暦除地帳に、次のように記載がありました。

大隆寺　　承応三巳年（一六五四）開基　　越後国萬福寺末　禅　宗　大隆寺

一、除　地　山　林　一町三反九畝　高三石八斗　　境　内　二反六畝　　屋　敷　三畝二十六歩

山　畑　七畝十九歩

右大隆寺儀京都金龍院末寺ニ候所　安永六酉年ヨリ越後国萬福寺末ニ相成、則

一件之書物金龍院ノ届書素玄寺ノ届書有之」

以上の寺領があって金百両の大金となったと推察される。然し天領になってからなので、実際はこのとおりあったのか。とにかく**宗龍禅師は、頼直公の菩提寺を復活し再興させたのであります。**

金森家代々、特に高山市の基礎を築いてきた、飛騨の国主であり、市民としても大切な菩提寺です。

金森頼直（よりなお）公と、五代目頼業（よりなり）公の三百五十回正当御遠忌を営む

正当命日を五年前に知った住職は、如何様な法要を営むか、数軒の檀家と和尚一人でもできるが飛騨国主なので、高山市民にも周知すべきかと、法要奉賛会を立ち上げ、平成二十七年（二〇一五）十月に、高山洞門七カ寺と臨済三カ寺を拝請して、先ずは、臨済三代歴住の追悼供養を、臨済宗の導師に洞門八人も加わって勤め、そして頼直公（一六六五）及び五代目頼業公も、六年後に卒去されてい

るので併せて、三百五十回忌の法要を、当山十七世住職、雲外滕岳和尚の導師に臨済五人も加わって営んだ。

法要は、導師が入堂して法語（趣旨文）唱えてから、両班は左右に開いて導師と並び、本堂大間左側の間に設えた茶席で、宗和流十五代森本花文宗匠にて茶点てが始まる。その間に山田流尺八が山仲巻虚大師範により演奏され、飯頭役の野畑邦雄社中が、菓子そして茶を中央香台に運ぶを見て、両班は元の位置に戻り、導師は香台に進み密湯、菓子、濃茶を薫じて侍者、供真と渡り須弥壇上に献じられ、読経が始まった。高山市長国島芳明氏、及び市教育委員会そして奉賛会代表、鍋島道雄、中村　慈、鴻巣　昇の各氏等、たくさんの奉賛会員の焼香を頂き、盛大かつ厳粛な法要を営むことができて、宗龍禅師の意図したことかと喜んだ次第です。記念講演として「飛騨国主　金森頼直公の生涯」市文化財委員　田中彰氏もありました。

尚、前日に「イベント」として、弁天堂の開扉を行った。弁財天は、天明三年慧林住職の時、高山に来ていた松島瑞巌寺の学僧より譲り受けた高さ十五センチ、巾十センチの厨子に入って、裏書には白蛇宇賀神将王菩薩弁財尊天とあり、享和元年（一八〇一）に弁天堂が建立された。

室内は格天井で、当時江戸の絵師、池　大雅に画法を学んだ二木長篇（上二之町）の描いた花鳥絵図六十枚があり、また正面の扁額「擁護最勝殿」は江戸の漢学者、舘　柳湾の書で、昭和五十一年に弁天堂とともに、高山市指定の文化財になっております。

乞食僧宗龍について

「宗龍は越中街道野口の北にある修道陰徳の碑文を書き人、そこらに般若台の二字あり、般若台とは高山大隆寺のこと、中興開山を師匠の悦厳素忻和尚と言いて、自らの功を師匠に捧げて中興第二世となる、また金沢の天徳院にて長老となっていた時、掛けられていた袈裟は、種々の切れ端を集めつづり合わせ、藤を輪にして環となし作られた袈裟で糞掃衣という。

また血書の法華経など什物として大隆寺にありと聞く。ある時、戒師として遠方の寺に行かれるとき、雲水の荷物を馬に乗せて師自身は馬を牽きて行かれ、自ら乞食僧と言って、その徳高き事を知る。

寛政元己酉年（一七八九）八月十三日入寂す」

『高山市史』下巻（昭和五十六年復刻版、雑誌『飛州』）より

大隆寺本堂

大隆寺再興の棟札

大島晃著『大而宗龍伝』に記されたように、大隆寺は、新たに百五十メートル登った丘陵地に、本堂禅堂庫裡等を新たに建てています。その証拠となる棟札が、平成二十六年九月第五回目の「宗龍禅師シンポジウム」会場をお受けする為、有志で本堂の大掃除をしていたとき、田口電気社長の田口勝三氏が、本堂大間の天井をはぐり、棟札を探し見つけてくれたのでした。

「写真参照」確かに、宗龍の二字が書いてあり驚きであります。その棟札の中央には大きく**唵摩訶般若波羅蜜多経**と書かれています、

右側に　寄語宋無忌　火光速入地　永代日日般若真讀　妙高山大隆寺と記されて、

左側に　寺有壬癸神　日献四海水　天下泰平　平等利益　二世宗龍拝書とあります

右横には　安永八巳亥八月二十八日入仏供養　建立安永七戊六月吉日

左横に　上古是寺者金森国主建立菩提寺也百年來廃寺特得金百両此地新立也鑑寺英麟直歳桃雲也

棟札

そして裏面には少し大きめの字で**秋葉大権現守護**と書かれ、それを取り囲むようにして、舎利礼文のお経が書してあり確かな証拠です。鑑寺英麟は恵林ですが、直歳役の桃雲は解りません。

表面上にある語は、法華経中に現われる**八大竜王**（天竜八部衆）のことで、釈尊の説法を聞いて、仏法の護持と雨と水とを守護する存在となった**「止火偈」**といわれ、火災除けの経文だそうです。宗龍禅師は、火災や大雨から当山を含めて国土安穏を祈願されたのでしょう。秩父の今宮神社に、八大龍王の住む名水があり、仏語に四海の水は竜王が棲む程、清らかな水のことを指しております。

曹洞宗文化財調査

平成二十年八月に文化財調査委員として、椎名宏雄、松田陽志の両師が来山され、二十三年十一月号と二十四年一月号の『曹洞宗報』に**「調査目録及び解題」**（担当　佐藤秀孝師）掲載を頂きましたので宗龍禅師研究には大変助かり、今回、その項より参照させて頂きました。（資料閲覧希望の方は、駒澤大学内の文化財調査委員会事務局に問合わせを）

まず本堂の再建進行とともに、京都の仏師に仏像注文見積書など大変な金額であります。「安永五年黄檗山宝蔵院一切経印房より大般若経を箱代と荷造り代を含めて銀二貫十八匁を収領。子年四月、京都大仏師清水隆慶より、十六羅漢像を造刻する場合の極上、上、中の見積。みのふく力丁大仏師宗雲より高山城谷亦兵衛宛、仏像の見積書、釈迦、文殊普賢、四天王像、十六善神像。隆慶師より達磨、大権、高祖、開山の見積など製作依頼」。また各地から永代供養の寄付金申込みも集まり、現在の本堂を見ても、こんなに檀家が有るのかと思われるほど、篤信者からの永代祠堂の位牌がたくさんあります。

寛政二年三月（一七九〇）、大隆寺の在籍僧侶の人数十二名の報告を素玄寺宛に生国、年齢、嗣承など記帳した書類など保存されています。また同年十月越後国萬福寺大賢より大隆寺宛。関三刹の裁決で、大隆寺の本寺が観音院となった旨。道主大賢は萬福寺の十三世文化三年（一八〇六）示寂　観音院六世大義より素玄寺宛に、萬福寺は法系が異なるので離末し、拙寺の末となる儀につき聞き届けられたいとの旨。

素玄寺は、慶長十四年初代金森長近公菩提寺にて、慶長十七年（一六一二）飛騨国僧録司を命ぜられ、明治初年まで飛騨国内の宗門寺院のまとめ所となっていた。秀天祖関和尚は素玄十二世です。大隆八世牧渓良牛（小峠）は、天保十一年（一八四〇）江州彦根の清凉寺会中にて、「開山悦厳素忻禅師行状記」を書写し、自己の参考資料として法語、詩、詠歌など「古教照心集」が残されている。

弁天堂

明治、大正そして昭和の変遷

九世の国寿大豊和尚は良牛和尚と同じ七世慈海得船の嗣法で、善応寺の四世になっており、明治五年(一八七二)大豊年譜に「得度弟子五人、嗣法五人、尼一人、俗弟子一人」とあり、明治六年十二月示寂。嗣法の五人は、果山得成、大忍孝道、仏国董宗、徹心護三、あと一人は不明。明治六年大豊和尚示寂あと、十世果参得成(善応五世)十五年に示寂。十一世大忍孝道(善応寺六世)明治二十七年七月に示寂。仏国董宗和尚(柳)は善応寺の七世でしたが、大隆寺の鑑寺なので、素玄寺の指示で大隆寺の十二世となります。(文書あり)董宗和尚には嗣法者三人、大円玄乗(白川)天然雄道(冬頭)霊瑞吉祥(水木)、そして荒原見山は鶴見の寺へ、董宗和尚のあと、雄道和尚が善応寺の八世を継いだが大正四年に示寂したので、大円玄乗が善応寺の九世となり、霊瑞吉祥が寺に残り董宗和尚の後継となったのです。仏国董宗は、寺の什物帳及び資産管理など再興に尽力していたが大正十一年七月に示寂。そこで「総代世話人及び各位の憤然、発願により同十二年に『妙見講』を組織して講員を募集、千数十口　その浄財を得る事多過、此処に山門維持の為に、祠堂田を得て基本財産とする。」旨と講員の名を明記した書類が残されている。

一、田　一畝六、外十九筆　　　合　反別田　三反二畝二十参歩　　高山町　下岡本

一、田　一反一畝二十二歩　　　　　　　　　　　　　　　　　　　高山町　石浦字

前住職　柳　童　宗　　十五世　住職　水　木　吉　祥

昭和二十年（一九四五）終戦後は、どこの寺院でも農地開放によって維持管理していた財産が無くなり、住職や家族の生活が困窮して大変な時代。当山も家族多く生活厳しく、地元の支援を得て、活動をしていた吉祥和尚は、昭和三十四年五月、大野郡丹生川村（高山市丹生川町）正宗寺にて、法要中に突然倒れ示寂されたのです（六十歳）。長子の良英和尚が十六世を継いだが、教員生活にて寺の勤めも十分にできず、従って寺の維持管理も難しくなり、平成十二年家族ともに寺を空けてしまい、平成十五年（二〇〇三）十一月病気療養中に示寂された（七十七歳）。引き継ぎ相談もなかったが、法類として放置できず、雲外滕岳は、嗣法した弟子光博和尚に善応寺十二世を継がせ、平成十七年二月、大隆寺に転住し十七世となった。

善応寺との関わり

善応寺は、天正年間飛騨国を支配していた松倉城主三木自綱の開基した真言の寺で城下にあった。同十三年（一五八五）、秀吉公の命によって金森長近公は松倉城を攻め落とし、その時寺も全焼して廃寺となる、その後長近公の菩提寺素玄寺が慶長十四年（一六〇九）に創建されるや塔頭に善応寺も再興された。勧請開山は素玄寺の二世格翁門越和尚、そして天保六年（一八三五）に現在の所に移転、伝法初祖素玄十八世南溟得州、二世省巳官龍、三世官豊祐山、四世の国寿大豊から宗龍禅師の法系となり、五世果参得成、六世大忍孝道、七世仏国董宗、八世天然雄道、九世大円玄乗、十世は玄乗和尚の嗣法石田真英、和尚は善応寺から出征し、二十一年に復員して唵摩訶山念仏岩の庵に住み、そこで世帯を得て、昭和二十八年善応寺に晋山された。昭和三十一年三月に玄乗和尚八十三歳で示寂、同三十三年六月真英和尚は胃癌にて示寂（四十一歳）。三兄弟子の玄濤清司（森田）和尚は、密伝天山禅師について北海道に渡り苦労して旭川市に密伝寺を建立、永平寺の天山禅師（鈴木）を勧請開山に、師匠の玄乗和尚を二世、そして自らは三世として、昭和二十一年寺号公称、平成九年（一九九七）七月に四世を継いだ長子、大応厳祥和尚は、本堂庫裡山門鐘楼堂などを新たに建立して創立六十年、三世開山清司和尚の十三回忌、そして四世自身の晋山結制を厳修された。たまたま大乗寺専門僧堂の堂鑑兼後堂を勤めていた善応滕岳和尚は、永平寺御専使として祝意を表した。

玄乗和尚二人目の嗣法大光智彦（住奥）和尚は、山梨県甲府市円通寺に住職し長子が後継されたが四十代で遷化された。滕岳和尚の実父祥山和尚は、高山で生まれ雲龍寺で育った因縁あって、若い和尚に来て欲しいと大学卒業の年に声が掛かり、自身も仏門に入ってこそ大衆教化が有意義と思うところがあって決断、大学卒業直ちに大本山總持寺に安居、大隆吉祥和尚にて伝法の予定が急逝にて叶わず、雲龍寺塔頭の久昌寺、如龍得水和尚の室に入って伝法、昭和三十五年（一九六〇）六月、辞令を持って善応寺十一世として南面する。

如龍得水和尚の法系は、大隆寺七世、慈海得船和尚の嗣法で牧渓良牛和尚と同期の、南陽福州和尚（中山）で久昌寺の六世です。その嗣法が泰陽智玄（大阪）七世で、如龍得水和尚（中谷）は八世となります。嘗ては、大隆、善応、久昌、栄鏡と北海道密伝寺の五カ寺が法類でしたが、今は大隆と善応十二世を継いだ器外光博和尚、そして密伝寺の三カ寺であります。

大而宗龍禅師からの法系です。

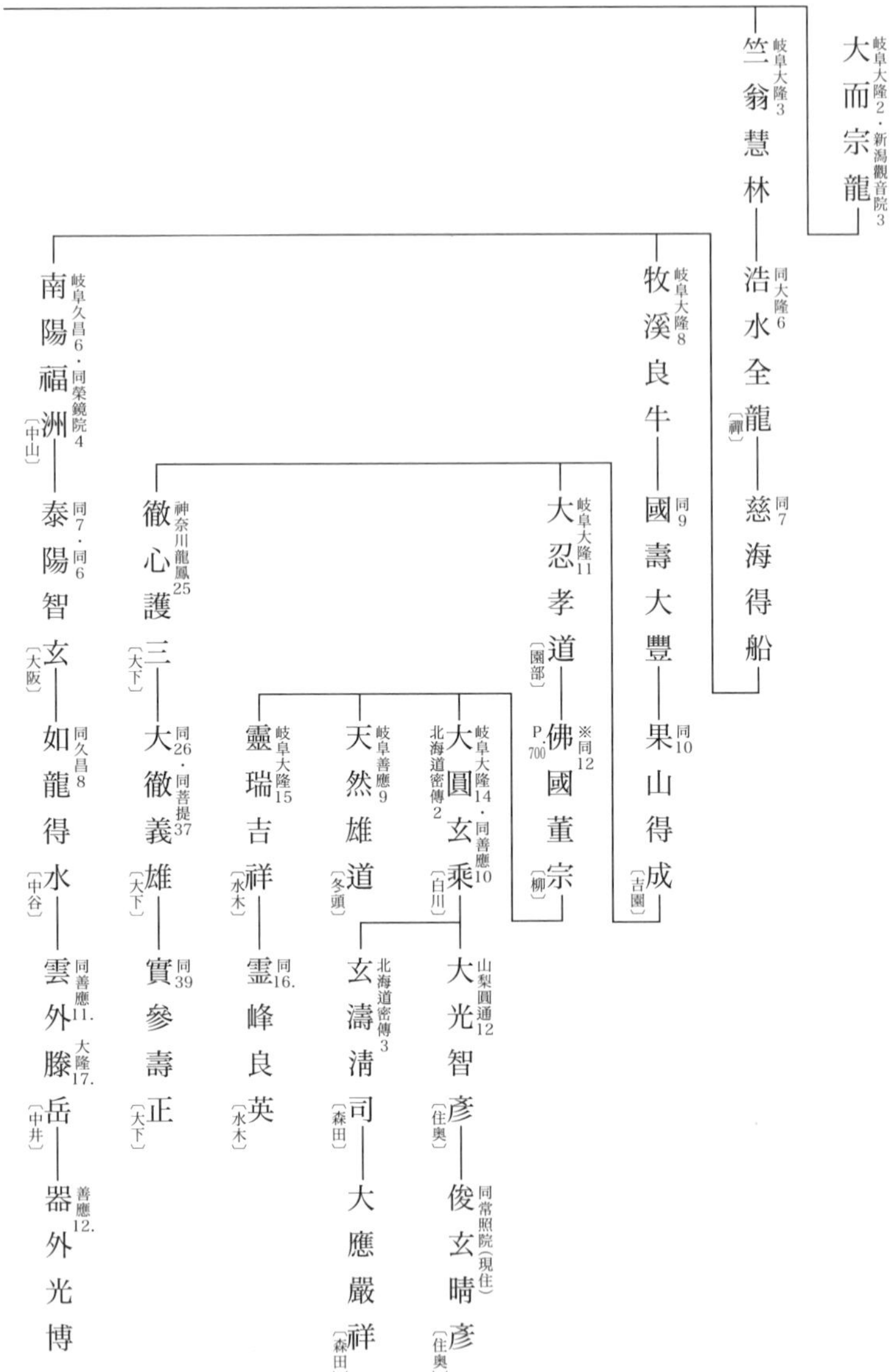

大而宗龍禅師からの法系

高崎市　長松寺　宗龍禅師の「石經藏」と石経

（平成二十五年九月　第四回シンポジウムより・平成二十九年　加筆修正）

山端紹之

●はじめに ～宗龍禅師と長松寺～

群馬県高崎市・赤坂山長松寺は、永正四年（一五〇七）に、臨済の僧「嶽應元海」によって金井の地（現在の末広町辺り）に、開闢されたと伝えられています。のちに臨済宗としては衰微しましたが、寛永元年（一六二四）に、同市下横町の興禅寺六世「虎谷春喜」により曹洞宗に改められ、現在ある赤坂の地に移転しました。以降、虎谷春喜を開山とし、現住職の山端耕之が、第十三世にあたります。（前住職・山端昭道は、平成二十九年七月に退董し、東堂となりました。）

宗龍禅師の授戒会、第一回（宝暦十三年・一七六三）と、第四十九回（安永十年・一七八一）の戒場でもあり、宗龍禅師は『江湖送行歌』の中で、授戒会以前にも長松寺に立ち寄られたことを記しています。

●長松寺の「石經藏」について

「石經藏」は長松寺に残る、宗龍禅師の数少ない足跡の一つです。第四十九回授戒会の後に建立され、現在は、本堂に向かって左側、幾つかの石仏・石碑が並ぶ境内の一角にあります。（石經藏の向かって左側面には**「願主乞食宗龍・天明元丑五月朔・施主　魯峯耶　諸戒弟　等」**の刻字があります。）最頂部には十一面観音を頂き、同町内に古くより伝わる観音堂との関連も想起させます。（かつて観音堂は、門前を通る旧中仙道の坂下に位置し、現在は同町恵徳寺の境内に移転。同じく十一面観音を祀る。）

石經藏は元々、長松寺の墓地区画内にあり、大正四年七月には土台部分が増築されています。その後、前住職が小学生の頃（昭和二十五年頃か?）、墓地から今ある場所へと移動され、その際、土台部分からはたくさんの〝石経〟が出てきたことを記憶しているそうです。但し、石経の由来については聞いた覚えはなく、出土した石経は、そのまま旧開山堂の片隅に、ひっそりと置かれていたようです。

十一面観音

向かって左側面

正面

大正四年増築の土台正面には、以下のような碑文があります。

是は日本全
國一切の無
縁亡靈の為
に建てまし
たものです
からどなた
様でも御参
り下さるや
うお頼み申
します
　願主敬白

土台増築当時の住職は、私の曽祖父、十世・山端息耕ですが、この文からは、曽祖父が宗龍禅師や授戒会について、知っていたかどうか推し量ることはできません。前住職によれば、私の祖父、十一世・山端敬吾からも、宗龍の名前はついぞ聞いたことがないことから、息耕（明治十二年～昭和四十四年）・敬吾（明治三十九年～平成四年）の代では、既に宗龍禅師や授戒会のことは、伝わっていなかったのではないかと考えられます。

したがって、平成十八年に宗龍研究者の川崎洋幸氏によって石經藏が〝再発見〟されるまで、長松寺では、少なくとも百年以上の期間、宗龍禅師について、忘れ去られていたことになります。

「石経」の内容について

私が、石経を再び見い出したのは、川崎氏から石經藏の由来を伺ってから、一～二年のうちだったように思います。書院の裏手の軒下で、複数のバケツに入った状態で見つかりました。恐らく平成七年（一九九五）の本堂大改修の際、事情を知らない工事関係者の手によって旧開山堂から移動され、そのままになっていたのだと思われます。バケツには雨水が溜まっているものもあり、保存状態は決して良くない状態でした。

後日、これらの石経を洗浄し、比較的文字の残っているもの・殆ど消えてしまっているもの等に分類し保管しました。その後、東京都狛江市・泉龍寺御住職（現・東堂）、菅原昭英老師が来訪された際に、幾つか石経をお見せしたところ、今はインターネット上の〝大正新脩大藏經テキストデータベース〟で、経典の検索ができることを教えて頂き、半ば〝宿題〟として、石経の調査・整理を仰せつかることになりました。

ただ私自身は、こうした調査研究は不慣れなため、専門家の眼からみれば甚だ至らぬ点ばかりだと思いますが、御容赦頂きたく存じます。

さて、こうして調査を始めた石経は、全部で341個。総重量は、おおよそ157kgですので、平均値は、一つ460gほどになります。概ね、扁平の石の両面に写経がなされ、幾つかは、細長い石の三面に文字が記されている場合もありました。

状態別に分けると、

①文字の大半が摩滅…195個
②文字の痕跡はあるが検索は難しい…89個
③ある程度は判別可能…57個

このうち、③の判別可能の石経から、読み取れる文字をデータベースに入力して検索したところ、36個の石経で、以下の経典と一致する箇所が見つかりました。

・大般涅槃經…16個

・佛説千佛因縁經…7個
・大毘盧遮那成佛神變加持經…5個（うち2個は、大日經疏妙印鈔、大日經疏演奥鈔に同じ箇所あり）
・大日經疏妙印鈔（または、大日經疏演奥鈔）…1個
・大毘盧遮那成佛經疏（または、胎藏三密抄）…1個
・蘇婆呼童子請經…3個
・佛説造塔功徳經…1個
・佛説不増不減經…1個
・佛説頼吒和羅所問徳光太子經…1個

また、出典となる経典は分からなかったものの、他に次のような石経（？）がありました。

・「南無釋迦牟〜」の文字…1個
・「南麼三曼多勃馱〜」の文字…1個
・戒名と思われる文字（信士・信女）…3個
・顔のイラスト…1個

なお、判別可能と思われた57個中のうち、残り16個については、文字の状態などから、現時点では詳細までつきとめられませんでした。また日を改めて調査方法を検討してみたいと思います。

経典については、秩父市・廣見寺様の石経蔵の『大般若経』や、武甲山奉納石経石の『大般若理趣分』とは、また違った経典が書写されていたことが分かります。東京都・廣岳院様の供養塔『一切經』の趣旨に近いのかも知れません。

知名度の高い『大般涅槃經』（釈尊の最晩年についての経典）は兎も角として、その他の経典について、私には大した知見もございませんので、これらの経典の持つ意味合い、宗龍禅師の思想との関連性については、諸老師・諸先輩方に御賢察お願いできればと思っております。今回はこれらの石経の書き方など、表面的な特徴から気付いた、基本的な部分について列記させて頂きます。

（写真中、石経のナンバリングについて）

石経のタックシールのアルファベットと数字は、分類の都合上、便宜上割り振ったもので、実際の経典の並び順とは関係ありません。また、数字の丸印や、下線の有無は、石経の表裏の判別につけたものです。実際にデータベース検索するまで、石経の表裏は分からなかったため、○印が表の場合もあれば、裏の場合もあります。

（タックシールのサイズは、縦15㎜×横8㎜ですので、大きさの目安にして下さい。）

①大般涅槃經の巻数と石経の分布について

今回判別した石経で、最も数が多かったものが、大般涅槃經となります。大般涅槃經の訳本は、編纂過程の違いなどで、主に、北本（全四十巻）と南本（全三十六巻）とがあるそうですが、今ある石経の断片からは、両者の相違点が見つかりませんでした。その為、暫定的に北本の巻数に当てはめて、石経の分布を見てみました。

・巻第二十一…３個
・巻第二十五…４個
・巻第二十八…１個
・巻第三十五…４個
・巻第三十六…１個
・巻第三十八…３個

以上のように、最も若い巻で第二十一、最も後ろの巻で第三十八にあたる経文の断片があります。もし石経書写の順番が、21巻→22巻→23巻…と、に順を追って行われていたならば、少なくとも21巻から38巻に至る、合計18巻分は書写されたことが推測されます。

②通し番号らしき漢数字について

石経の中には、それぞれの経文の頭に〝漢数字に○（または□）〟が書かれているものがありました。（数字の若い順に、(三)・(十二)・(十七)・(二十七)など）

幸いにも、大般涅槃經　巻第二十五の中に、比較的数字の近い石経、(十二)（A—30）と(十七)（A—3）が含まれていました。それぞれ石経の位置関係は、それほど近くにある訳ではなく、経本の行数にして160行ほど離れています。また、二つの石経の間に位置する、A—15・B—21の石経には、文頭の漢字が無いことから、単純な通し番号ではないことは分かります。（表①）

推測ですが、一人が書写する石経の割り当てが複数個あり、自分の番の最初の石にだけ漢数字を記してから写経をするやり方であったら、このような数字の現れ方になるかも知れません。（(十二)〜(十七)の間の石経には、恐らく十数個おきの間隔で、(十四)(十五)(十六)の漢数字が、順に割り振られていたのではないかと思います。）

因みに、大般涅槃經　巻第三十五に該当する、A—17とA—26は、経文が連続しており、丁度前後に位置する石経でした。ひょっとしたら、同一人物の書かも知れません。（筆跡が似ているような気もします。）（表②）

更に、A—16の石経は、『佛説不増不減經』の冒頭にあたる石経ですが、文頭には、漢数字の㊂が記されています。経典の最初ですが、必ずしも㊀から始まるという訳でもないようです。（表③）石経書写の際して、番号に何らかの意味はあったとは思いますが、現段階では明確な理由までは判断しきれません。

③経文の区切り位置について

石経に書かれた経文の区切り位置は、文頭の漢数字の有無に関わらず、意味や段落とは全く関係のない位置で区切られています。恐らく、石の大きさがそれぞれ違うので、書ける限りの文字を記したら、区切りは意識せず、次の文字からまた続いて、次の石へ書写していったということだと思われます。近藤義雄先生の卒壽記念論集によれば、万座山修験者の理趣分書写石でも、同じように、章や区切りを意識せず書写されたことが示されています。

④戒名の書かれた石経について

石経には、経典ではなく、戒名と思われる文字が書かれてたものが、3つありました。（A—11・A—23など）今のところ、全て信士・信女です。

⑤その他の石経…似顔絵？

今回調べた石経の中で、ひとつ特別なものとして、浮世絵風の似顔絵らしきイラストが描かれた石経がありました。（B―22）残念ながら裏面は、何が書かれていたか判別できませんでしたが、石経供養参加者の遊び心でしょうか？　数ある石経の中にあって異彩を放つ一つです。

以上が今回、長松寺の石経を調査した内容と経過報告です。まだまだ基礎研究の段階で、調査の精度も低いかと思いますが、今後の宗龍禅師の網羅的な研究の一助になればと、報告させて頂きました。町田廣文会長には、力不足・若輩の私に、身に過ぎた発表の場を与えて下さったことに感謝申し上げます。久しく歴史に埋もれていた、長松寺の石經藏と石経について、僅かなりとも光を当てられたなら、幸甚に存じます。

最後に、石經藏に刻まれた宗龍禅師の願意と、石経供養をなされた方々の思いが、時代を超えて現代にも伝わって行くことを祈念して、結びの言葉とさせて頂きます。

石經藏　向かって右側面

石經福德
諸願圓成
極樂非遠
粵兮佛京

表①　『大般涅槃經　巻第二十五』
A―30の文頭に ⑬
A―3　の文頭に ⑰

A－15（文頭に番号なし）	
（表）	（裏）

何以故開法 眼故世有三 人一者無目	二者一目三者 二目言無目者 常不聞法

A－30（文頭に‘十三’）	
（表）	（裏）
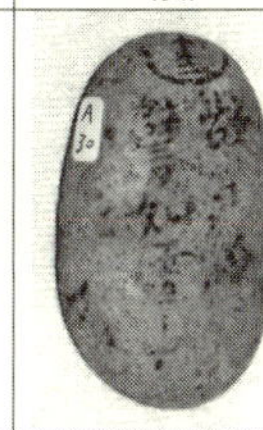	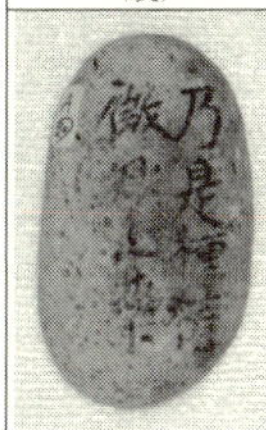
⑬ 故善男子 譬如雪山	乃是種種 微妙上藥

A－3（文頭に‘十七’）	
（表）	（裏）

⑰ 一樂以當見故得 阿耨多羅三藐 三菩提時名菩提 樂爾時光明遍	照高貴徳王菩 薩摩訶薩白佛 言世尊若煩惱 斷處是涅槃者 是事不然何以

B－21（文頭に番号なし）
（片面のみ）

顧命 阿難比丘 廣爲

A－30 ← A－15 ← B－21 ← A－3

A－30：令諸衆生具足修得善法根本⑬**故。善男子。譬如雪山乃是種種微妙上藥**根本之處。佛及菩薩亦復如是。悉是一切善根本處。以是義

←49行―

A－15：以是義故。聽法因縁則得近於大般涅槃。**何以故。開法眼故。世有三人。一者無目。二者一目。三者二目。言無目者常不聞法**。一目之人

←16行―

B－21：時**顧命阿難比丘廣爲**説法。時舍利弗聞是

←90行―

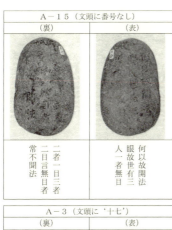

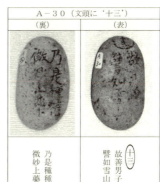

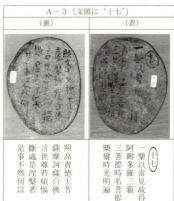

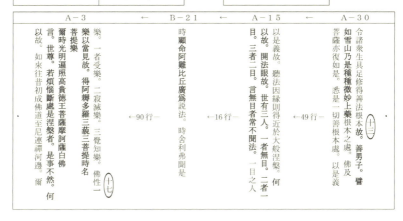

A－3：樂。一者受樂。二寂滅樂。三覺知樂。佛性一⑰**樂以當見故。得阿耨多羅三藐三菩提時名菩提樂**
爾時光明遍照高貴徳王菩薩摩訶薩白佛言。世尊。若煩惱斷處是涅槃者。是事不然。何以故。如來往昔初成佛道至尼連禪河邊。爾

表②

『大般涅槃經　巻第三十五』連続した二つの石経

A－17（表）	A－17（裏）	A－26（表）	A－26（裏）	
	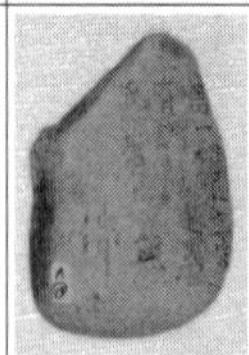			無今有。是故智者應言乳中非有酪性非無酪性。善男子。是故如來於是經中説如是言。一切衆生定有佛性是名爲著。若無佛性是名虚妄。智者應説衆生佛性亦有亦無。善男四事和合生於眼識。何等爲四。眼色明欲。是眼識性非眼非色非明非欲。從和合故便
言乳非有酪 性非無酪性善 男子是故如來於 是經中説如是	言一切衆生定 有□□是名 爲著□無 佛	性是名虚妄 智者應説衆生 佛性亦有亦無 善男子四事	和合生於眼識 何等爲四眼色 明欲是眼識性 非眼非色	

表③

『佛説不増不減經』

經典の冒頭部分　文頭に㊂

A－16（表）	A－16（裏）	
		佛説不増不減經 元魏北印度三藏菩提流支譯 如是我聞。一時婆伽婆住王舍城耆闍崛山中。與大比丘衆千二百五十人俱。諸菩薩摩訶薩無量無邊不可稱計 爾時慧命舍利弗。於大衆中即從坐起。前至佛所到已頂禮佛足。退坐一面合掌白佛言。世尊。一切衆生從無始世來。周旋六道往來
㊂佛説不増不減經 元魏天竺三藏菩提流 支譯如是我聞一時婆 伽婆住王舍城耆闍 崛山中與大比□…	摩訶薩 無量無邊不可 稱計爾時慧命舍 利弗於大衆中即從坐 起前至佛所到已頂禮 佛足退坐一面合掌白 佛言世尊一切衆生從無 始□…	

その他①　戒名（裏面は判別不能）

A－11	A－23
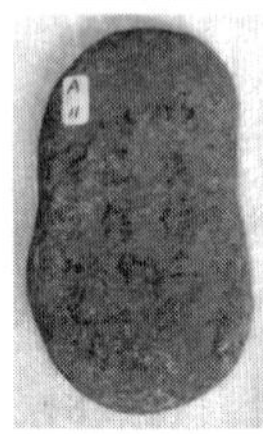	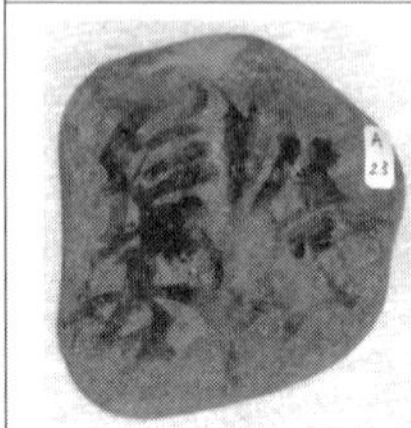
…… □□信士 □□信女 ……	□□ 信女

その他②　似顔絵？（裏面は判別不能）

B－22

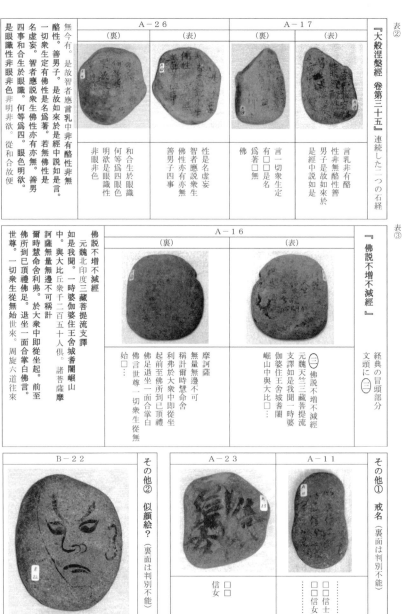

宝塔「金光明最勝王経」等の由来と宗龍禅師

今井寛之

はじめに

かつて、紫雲寺潟の潟端であった新潟県新発田市下草荷に、人々から「おおつかさま」といわれている石塔二基は県道五四五号線より小高いところにあり、同地内の白山神社や加治川の堤防と同じ高さにあるといわれている。

県道側に建立されている宝篋印塔は基檀からおおよそ三メートルの高さがあり、塔身の四面に梵字と七八文字からなる銘文が刻まれている。

その基礎の裏面に宮川四郎左衛門栄重が願主となって、天明二年（一七八二）二月に建立したとある。

後方の宝塔は基檀からおおよそ一・五メートルの高さがあり、塔身正面に「金光明最勝王経」、その左右側面に三二文字からなる銘文が刻まれ、裏面に「安永七戊戌三月廿日・石経願主宮川義元・石井氏・般若乞食宗龍誌」と刻まれている。

その石塔二基について、地元では紫雲寺潟開発願人の宮川家によって建立されたとする口伝はあるが、その由来についての記憶は失われている。

その石塔の存在は深井一成氏の論稿「宝光寺の大乗妙典一千塔について——大而宗龍の事跡に関連して」の注記（15）「新発田市草荷に金光明最勝王経塔あり、『安永七年三月廿日』『般若乞食宗龍誌』等の文字が刻まれている」（『新発田郷土誌』第38号二〇一〇年）によって知り得たが、最近、石塔の世話人と称される家の事情で、それを維持管理することが困難となり、地域の文化財といえる石塔の管理が危惧されたため、新たな管理の方向性が見いだされるよう、その参考資料として小冊子「石塔『おおつかさま』の由来と、その願主宮川氏・宗龍禅師について」をまとめたが、その内容の裏付けを改めて石塔と宗龍禅師の関係資料から言及するものである。

第一章　宗龍禅師と願主宮川氏

大而宗龍禅師は享保二年（一七一七）、上州甘楽郡（群馬県富岡市）に生まれ、同郡下丹生村の曹洞宗永隣寺で得度した後、妙応寺（岐阜県妙応寺か）において修行を積み、更に越後蒲原郡二箇村（新潟市西蒲区）の万福寺で修行を重ね、宝暦六年（一七五六）、加賀金沢（石川県金沢市）の天徳院悦巌素忻会下で首座職を務め、同年、同院悦巌素忻より嗣法をうけ、越前国（福井県）永平寺に瑞世したことは、飛驒高山（岐阜県高山市）の素玄寺に宛てた「一札之事」と大隆寺竺翁恵林の回向文に記されている。

「大隆寺宗龍一札案」(1)

一札之事

一、拙僧儀上野州甘楽郡下丹生村永隣寺賢隆長老弟子、寶暦六丙子冬於加州愛知郡金沢天徳院長老會首座職相勤、同暦於丁丑年同寺和尚室嗣法了畢、越前國永平寺遂登山轉衣仕候、―（後略）―

安永六丁酉年四月二日　　大隆寺　印

宗　龍　印

素玄寺

御役寮

「竺翁恵林筆宗龍和尚示寂疏」(2)

――本日今日、恭シク本山二世大而宗龍老和尚示寂之辰ニ値ヒテ預メ香花、燈燭、茶菓湯ノ微供ヲ献備シテ以テ供養ヲ伸、慇勤ニ一七日之小法事ヲ勤修シテ聊カ法乳之慈恩ニ酬ユルモ

ノナリ、――――初メ妙應ニ登リテ一重ノ却石ヲ座破シ、更ニ
萬福ニ投ジテ半夜ノ鉄鞋ヲ捧呈ス、天徳ニ半座ヲ分ツテ一千指
ヲ打接シ、―（後略）―
維時寛政元己酉年十月十三日
守塔小子恵林等　謹ンデ疏ス

宗龍禅師は宝暦十二年（一七六二）、越後蒲原郡紫雲寺郷の観音院二世に就いていた師の悦巌素忻が示寂したため、その後住として三世に就いた。

その後、同郡横越村（新潟市江南区）の宗賢寺十世、飛騨高山（岐阜県高山市）の大隆寺二世に就いたが、いずれもその在山期間は短く、自ら無徳無福の乞食僧と称し、その生涯を通して六四回の授戒会と三三回の安居を行い、民衆救済と修行僧育成などに尽くされ、寛政元年（一七八九）八月十三日、越後蒲原郡紫雲寺郷の観音院で示寂（七十三歳）した。

越後蒲原郡紫雲寺潟開発にかかわった宮川氏は四郎兵衛言胤と甥の儀右衛門吉明であるが、その関係は伯父と甥であり、宮川四郎兵衛言胤は元文五年（一七四〇）正月十六日に亡くなっている。

宮川儀右衛門吉明は延享三年（一七四六）八月、水原役所に提出された「紫雲寺潟新田再検地歎願書」[3]に、宮吉新田・住吉新田・宮川新田の庄屋として署名捺印している。

安永七年（一七七八）四月二日からの越後蒲原郡紫雲寺郷の観音院授戒会に宮川四郎兵衛（随求院亀翁道範居士）と妻の参加が見られ[4]、その前月二十日に宮川義元等が願主となり、金光明最勝王経の石経書

写が行われ、その記念塔の銘文を宗龍禅師が誌している。

その宮川四郎兵衛（随求院亀翁道範居士）は由緒書(5)によると宮川四郎兵衛言胤の孫の四郎兵衛常光に相当し、宮川義元は由緒書に見えないが宮川四郎兵衛常光か、或いは宮川儀右衛門吉明の子であろう。

天明二年（一七八二）、宝篋印塔を建立した宮川四郎左衛門栄重は宮川四郎兵衛常光の子である。

第二章　宝塔「金光明最勝王経」

建立年月の早い、後方の宝塔銘文に金光明最勝王経を石に書き写した勲功と、その地が大水や日照りに至らず、イナゴによる被害がなく、風がやみ、田畑から生まれる豊かな恵みをもって、全ての人々が楽しい暮らしにつつまれ、そして災難で亡くなっても安らかに眠れるよう、家運興隆を祈禱したことが刻まれている。

その裏面に、安永七年（一七七八）三月二十日、石経願主宮川義元・石井氏が金光明最勝王経の石経願主となったことと、その銘文を誌した般若乞食宗龍の名が刻まれている。

なお、石井氏は同年四月、越後蒲原郡紫雲寺郷の観音院授戒会に参加した同郡草荷の伴右衛門のことといわれている。

「宝塔塔身」

（正面）

金光明最勝王經

（右側面）

金光明經書寫勲功
淼旱不到無蝗息風

（左側面）

田産餞福萬民楽葶
横亡解脱家運興隆

（裏面）

石經願主宮川義元
安永七戊戌三月廿日　石井氏
般若乞食宗龍誌

宝塔背面

宝塔正面

その銘文は紫雲寺潟を開発した後、新田に入植した人々は大水や日照り、実りがあってもイナゴや風による被害に苦しめられていたことを物語っている。

そのころの宗龍禅師の動きは、安永七年（一七七八）四月二日付、武州入間郡久下戸村（埼玉県川越市）の観音寺住職笠翁恵林へ宛てた宗龍禅師書状に、同年三月四日、越後蒲原郡茨曽根村（新潟市西蒲区）の永安寺授戒会を完戒した後、同郡蒲原郡紫雲寺郷の観音院において、開山黙子素淵（延享三年六月二十日示寂）と二世悦巌素忻（宝暦十二年三月十三日示寂）の行法事（三日間）を結制したこと、その行法事には百名余の僧侶が参集し、毎日、一千余供養を行うとともに大衆に門戸を開いた無遮会であったこと、四月二日より当院（観音院）において授戒会が始まり、七月二十三日は武州比企郡下野本（埼玉県東松山市）の無量寿寺で授戒会を行うことが記されている。

「宗龍禅師書状」(6)

尚々□ノ屋一家中へ宜敷頼入候、

圓道和尚帰國ニ付伏啓、暖和ニ罷成候所、法身堅康、住山仙坐と祝祈無他念候、此春ハ来杖と待候所、領主入國ニ付諸寺他行不成ニ付而無来儀事尤ニ存候、此方開山二代三日ノ行法事、一百僧余来ヲ以、毎日一千余供養無遮会、而モ結制ニ致シ、拙始入たくはつの安居也、笑山首座也、戒会も此二日より始候、去冬も戒会、此春も永安寺戒会三度戒御座候、秋後七月廿三日よ

り野本無量寿寺戒会、圓和尚御出ニ付、秋又候罷下リ候、其節者戒会取持ニ野本迄来儀可被下候、
一、大隆寺立寺ハ来亥年ニ可仕と存、拙他行留守の間ハ造立無用と申付候得共、七主取立、此春中ニ寺ヲ立候と東室中来候、然ハ来夏中ニ造作、来亥ノ七月廿三日入佛供養可致と存候、貴身取立ノ根本人ナレバ後住ニハ致候間、来入佛ノ比より其元退院して飛國へ来儀、後住ト成リ万事相ぞく致様ニ賢慮議念頼入候、高山ノ七主始大了組其外在々所々人々大ニ出精取持、材木も沢山ニ集リ、留守にて立寺候事ニ八善神ノ御働キ也、井水も山ノ頂キヨリ湧出候、此モ善神ノ威力也。何事も秋日、対話氷解、今日より戒開、早々頓首、

四月二日　　　　　　　　　　　　宗龍和南　拝書

観音林大化長老林下

追啓　下原甚右ヱ門孫、岩女去冬死去也、

驒國ノ大紹立身して郡代ト成リ候、

前掲の宗龍禅師書状に記してある「―戒会も此二日より始候、去冬も戒会、此春も永安寺戒会三度戒御座候、秋後七月廿三日より野本無量寿寺戒会、―」の授戒会が行われたことは『正受戒弟簿』に記録され

ている。

『正受戒弟簿』(7)

◎越後蒲原郡横越邑宗賢禅寺戒會戒弟列名

（略）

都計二百七員安永六丁酉念十月完戒日

教授圓巌實融大和尚、侍者開田大義座元、直檀雄山座元・魯峰上座

◎越後蒲原郡茨曽根邑延命山永安寺戒會列名

（略）

都計壹百五十一人安永七戊戌歳三月四日完戒

教授古岸大舟大和尚、侍者圓巌實融大和尚、直檀官邦力生・魯峰上座

◎越後蒲原郡紫雲寺之郷片桐邑龍華山観音院制中會戒弟列名

（略）

戒弟都計二百七十三人僧尼廿三員優波塞八十一員優波夷百六十九員

教授師堂頭道主大賢大和尚、侍者良榮座元、直檀魯峰上座・鉄丈上座

安永七年龍次戊戌四月佛誕生之日完戒

◎武州比企郡野本邑利仁山無量壽寺解間會戒列左

（略）

教授天苗亮大和尚、侍者圓巖實融大和尚、直檀圓道大和尚・魯峰上座
安永七戊戌閏七月廿九日完戒日
僧尼・優波塞・優波夷四百六十八人

そのことから観音院開山、二世の行法事は安永七年（一七七八）三月五日から四月一日までの約一カ月内に行われたことになるが、四月二日より始まる観音院授戒会の完戒日を佛誕生の日と定めたことと同じく、先師二人の異なる示寂日である開山黙子素淵の六月二十日の二十日、二世悦巌素忻の三月十三日の三月をもって三月二十日とし、その日を含めた三日間としたことが推測される。その三月二十日は宮川義元が願主となって金光明最勝王経の石経書写が行われ、その記念塔の銘文を宗龍禅師が誌したことに立脚すれば、三月二十日は観音院開山と二世の行法事の内であると断定して誤りのないことである。

宗龍禅師が銘文を誌した宝塔「金光明最勝王経」と同じ宝塔は新発田市諏訪町の宝光寺境内にあり、その塔身に「金光明最勝王経一千部全書写一字一石塔」と刻まれている。

それは宝光寺十七世央州良鼎が隠寮一朝斉において、明和四年（一七六七）春、金光明最勝王経千部を読誦し、その経文を一石に一字ずつ書き写したことの記念塔である。(8)

央州良鼎は弟子の泰岳と天嶺の二人を宗龍禅師が行った安居に首座の配役で参加させたことは、直弟子を僧侶としての出世のはじまりを宗龍禅師に託したことである。

『夏冬安居牒』(9)

◎越後州蒲原郡田上邑安國山東龍寺明和二乙酉冬安居

（略）

本州新発田城宝光寺央州和尚和上徒泰岳首座

（略）

清衆都六拾五員十三軍人事

◎本州蒲原郡金津庄横越邑龍渕山宗賢寺今冬結制安居如左（明和四年）

（略）

本州新発田城宝光寺央州和尚徒天嶺首座

（略）

清衆都六拾三員共有拾二軍州人事

その宝塔に並んで建てられている「大乗妙典一千部塔」は宝光寺十八世一天良瑞によって建立されたもので、その塔身左側面の八行の行頭四〇余の文字は微かに判読できる。その文字は宗龍禅師が著した『龍華会雑録』から読み取れ、その文中に「法華千部塔之銘并序、宝光寺良瑞和尚請之」とあり、それは宝光寺十八世一天良瑞より依頼され、宗龍禅師が請けて記したとある。

そのことから般若乞食僧と称した宗龍禅師は新発田藩主溝口家菩提寺で、藩曹洞宗録所の宝光寺十七世央州良鼎、十八世一天良瑞と親交が深かったことが裏付けられる。

「龍華会雑録」(10)

法華千部塔之銘并序　寳光寺良瑞和尚請之
竊惟諸佛之本分者唯以一大事因縁故出現於世
化一切衆生皆令入佛道也、—（中略）—
三界萬霊法界含識壽當當常住法身圓智智一切
種果共得成就諸佛出世本願普皆回向無上正等
菩提者也、—（後略）—

第三章　県道側に建つ宝篋印塔

宗龍禅師が安永七年（一七七八）、宝塔に「淼旱不倒」と誌したように紫雲寺潟新田は開発時、落堀からの排水は砂の堆積によって、その機能を果たさなかったため、享保年間、加治川からの流水口となっている境川を締め切り、阿賀野川を松ケ崎より日本海に落とす分流工事が行われたが、春の融雪による洪水で松ケ崎の両岸が決壊して本流となり、その一方、境川の締め切りも決壊し、その水の勢いで落堀の川底も深くなり、排水路としての機能を果たし、紫雲寺潟の三分の二が干潟となった[11]。

再び、境川からの流入口が締め切られ、その流入がなくなった紫雲寺潟新田の用水は上流の古村からの排水を利用したが、古村の取水が多く、新田に至るまでに用水は減少し、慢性的な水不足が生じていた。

それを解消するため、古村の余水を集める排水路を作り、新田の用水路と結んで解決を図ったが、大雨となると古村からの排水が一挙に新田へ流入して耕地が冠水するようになり、紫雲寺潟新田は水害と干害の悪条件が重なる耕地であった[12]。

宝塔「金光明最勝王経」が建立された直後の安永七年（一七七八）五月二十八日より六月二日まで大雨、翌八年（一七七九）七月二十日夜に大風雨、同月二十七日と二十八日も大雨、八月二十四日より二十六日まで大風雨となり、二年連続して信濃川・阿賀野川・加治川などの河川は出水し、越後蒲原郡内の田畑が冠水するなどの甚大な被害が出た[13]。

更に天明元年（一七八一）閏五月より七月九日までと同月十九日・二十日の両日にわたって大雨が降り続き、信濃川・阿賀野川・加治川などは出水し、再び越後蒲原郡内の田畑が冠水するなどの甚大な被害が出た[14]。

その度重なる被害に宮川四郎左衛門栄重は願主となって、人々が安心して暮らせるよう祈り、その記念として天明二年（一七八二）二月に宝篋印塔を建立したものである。

「宝篋印塔塔身」

（正面）

アク　□□□□人
□□□□□
□□□□□
地□□□□

（右側面）

タラーク　證一切衆生
□衆生□□
祖先□霊父
母□□成徳

（左側面）

キリーク　或一福竊石
法談地獄門
関咎横路
巽塔建立

（裏面）

趣天下泰平

宝篋印塔塔身

五穀豊熟萬
民安楽風雨
順時天雷静

（基礎裏面）
願主
寂静院智海大空居士
宮川四郎左衛門
栄重
時
天明二壬寅二月吉日
建立也

そのことは毎年繰り返される大雨や大雨風による甚大な被害に人々は苦しみ、心身ともに疲れ果て、自然の脅威に「淼旱不倒無蝗息風」を祈ることから「風雨順時天雷静」への祈りに変化したことは、自然の力を受け入れた暮らしを物語っている。

その宝篋印塔の銘文を誌した人の名が刻まれていないが、内容から見て宗龍禅師であろう。

天明二年（一七八二）ころ、観音院住職は四世道主大賢・五世大船頓乗・六世開田大義の三人のうちとなるが、道主大賢は『夏冬安居牒』天明二年（一七八二）、大隆寺夏安居の項に「越后蒲原郡仁箇村萬福寺大賢和上徒、祖廣菜頭」[15]とあることから観音院から万福寺に転住している。

大船頓乗は『新潟県曹洞宗寺院歴住世代名鑑』[16]によると天明二年（一七八二）二月九日示寂とあり、開田大義は長年にわたって宗龍禅師に随従し、観音院六世に就いた以後も安居の侍者をつとめている。

その三人の僧が安永七年（一七七八）三月二十日に宝塔「金光明最勝王経」の銘文を誌した宗龍禅師に代わって、天明二年（一七八二）二月、宝篋印塔の銘文を誌したとは考え難いものである。そのことは宝篋印塔の塔身左側面に刻まれている「横路」の同義語は宗龍禅師の著した『大般若真読功徳本』[17]に、その意味が記されている。

裏面に刻まれている「天下泰平五穀豊熟萬民安楽」の類義語は宗龍禅師の著した「放生功徳海」[18]（諸宗和合草）に「天下泰平萬姓安楽」、「三喚掌」[19]（永代真読般若願文）に「祝シ天下泰平ヲ禱ル、五穀成就」、「随願即得珠の序」[20]に「天下泰平五穀成就し万民安生」、「福聚海」[21]（心経和註）に「天下太平五穀豊熟萬民安生」、「大般若真読功徳本」[22]に「天下泰平五穀成就万民安楽」、「観音水」[23]に「天下泰平萬民安生」とあるように、安永七年（一七七八）三月二十日に誌した宝塔「金光明最勝王経」の銘文「淼旱不到無蝗息風、田産餞福萬民楽蕚」と関連性のある記述となっていることでも裏付けられる。なお、道主大賢・大船頓乗・開田大義の著作は管見されていない。

宗龍禅師が安永十年（一七八一）、上州高崎の長松寺授戒会（三月二十一日完戒）から天明二年（一七八二）、飛驒高山の大隆寺授戒会（四月八日完戒）までの間、その所在を裏付ける資料は管見されていないが、天明二年（一七八二）、飛驒で『豊稔祭』[24]を著している。

その文中に、人と鳥や獣が共存するためには広大な霊感のある御嶽大権現を白山の奥峰に移して祭り、五穀鎮護豊稔の宮として崇めて祭礼するものなり、―（中略）―飛騨丹生川村北方の正宗寺において、春夏秋の年三度の観音講を行うとあり、文末に「天明ニ壬寅吉日、本社建立成就吉書宗龍叟手記、宮額奉納」と記している。

現在、正宗寺の近隣に白山神社があり、その奥峰の御嶽大権現は存在していないことは、近くの白山神社に合祀されたと思われ、現白山神社神主が幼少期、社殿は裏山の山頂にあって、そこに「白山宮」の額が掲げられていた記憶はあるとしているが、その額の所在は不明である。

その一方、新潟県新発田市下草荷の宝塔・宝篋印塔のある「おおつかさま」から約三〇〇メートル離れている白山神社の社殿に、金沢市の大乗寺二十六世月舟宗胡揮毫による「白山宮」の額が掲げられている。その由来は不明であるが奉納にあたって禅僧が介在したことは確かなことであり、それは宗龍禅師以外に考えられないことである。

「宮川家系譜」(25)文政三年（一八二〇）の項に、宮川四郎兵衛言胤の菩提を弔うため、宮川儀右衛門吉明が創建した長照庵の本尊十一面観音菩薩二体のうち、一体を観音院十世麒山玄麟の要望により観音院に移して安置したとあり、天保七年（一八三六）、宮川儀右衛門は白山神社に石灯籠一対を寄進している。

又、観音院授戒会のうち、安永七年（一七七八）四月の授戒会に宮川四郎兵衛と妻、天明五年（一七八五）五月の授戒会に宮川四郎左衛門の妻が参加していることから宮川氏・観音院・白山神社の三者は親密な関係にあったことが分かるものであり、宗龍禅師は安永十年（一七八一）、上州高崎の長松寺授戒会を終えた後、越後蒲原郡紫雲寺郷の観音院での逗留を経て、飛騨高山の大隆寺授戒会・夏安居に向かったことである。

宝篋印塔が建立される二年前の安永九年（一七八〇）五月、新発田藩は倹約令を出し、新規に祠・辻堂・石塔・供養塚を建てることを禁止している。

そのころ、越後蒲原郡草荷村は幕領と三日市藩領が入り交じり、新発田藩の支配外であったことにより天明二年（一七八二）二月に宝篋印塔を建立することができたのである。

「新令町在江」(26)

定

（前略）

一、井筋を埋出し、或ハ道をせハめ秣場、林際を田畑ニ切添へからす、且新地之寺社建立之義堅停止之、惣而ワコラ・辻堂・石塔・供養塚等之義、田畑・野・山林・道路之端一切新規ニ建へからす。神事・仏事等致来候義も軽くすへし、新規之取立無用之事、

（中略）

右条々、毎年正月検断・庄屋所ニ而扨下之町役人・惣名主共申渡、名主銘々写置、并古来より之御法度書共ニ毎年正月七日町人・百姓共江読聞背、町中・一村之ものとも不残篤と呑込、堅相守候様致へし、若違犯之者有之ハ、罪之軽重を糺し、其人ハ

いふニ及ハす、検断・庄屋・町役人・村役人・五人組迄それそれの御仕置可被仰付者也、

安永九年庚子四月

堀　丈大夫　書判
佐治角右衛門　書判
溝口　内匠　書判
堀　内蔵丞　書判

右在中組々　壱冊ツヽ也

（後略）

おわりに

『新潟県史』をはじめとする各市町村史は、紫雲寺潟開発・一揆等について触れているが、紫雲寺潟開発が竣工した後、入植した人々が洪水・日照り・大風などの被害に苦しんでいたことの暮らしについての記述は見られない。

宗龍禅師が誌した新発田市下草荷の宝塔「金光明最勝王経」と宝篋印塔は紫雲寺潟新田に入植した人々が災害に遭いながらも楽しく安心できる暮らしを祈り願ったことを伝えている。

また、二基の宝塔と宝篋印塔は寺院以外の場所に建立されていることは宗龍禅師が常に乞食僧と称して民衆救済に尽くされたことの証でもある。

今後、その石塔の文字は風化により、ますます判読が難しくなるであろう、そのためにも石塔の由来と銘文を誌した宗龍禅師のことを伝え残すことの思いは、より一層、強くなった次第である。

これをまとめるにあたって、石塔の存在を知見されていた永泉寺住職深井一成氏より御理解をいただいたことと、新発田市下草荷の皆様から、これまでの石塔管理をお聞かせいただいたことに心より御礼を申しあげます。

【註記】

(1)宮榮二著『良寛研究論集』大而宗龍禅師史料（二）史料〔五〕
(2)宮榮二著『良寛研究論集』大而宗龍禅師史料（二）史料〔八〕
(3)『新潟県史』資料編8・八二
(4)大隆寺所蔵『正受戒弟簿』
(5)宮川氏所蔵「由緒書」
(6)宮榮二著『良寛研究論集』大而宗龍禅師史料（四）史料〔五〕
(7)大隆寺所蔵『正受戒弟簿』
(8)新発田市立図書館所蔵「御在城御留守居行事」明和五年六月二十六日条
(9)大隆寺所蔵『夏冬安居牒』
(10)大隆寺所蔵『龍華会雑録』
(11)『新潟県史』資料編8・七九
(12)『新潟県史』通史編・近世二三五九頁
(13)新発田市立図書館所蔵「御記録巻之八」安永七年七月六日・安永八年十月九日条
(14)新発田市立図書館所蔵「御在城御留守居行事」天明元年八月十一日条
(15)『越佐研究』第三十八集、宮榮二「良寛相見の師大而宗龍禅師について」八頁
(16)大隆寺所蔵『夏冬安居牒』
(17)新潟県曹洞宗青年会編『新潟県曹洞宗寺院歴住世代名鑑』

⒅奥田正造編『宗龍和尚遺稿上』一一二～一一三頁
⒆奥田正造編『宗龍和尚遺稿上』五頁
⒇奥田正造編『宗龍和尚遺稿上』三八頁
(21)奥田正造編『宗龍和尚遺稿上』六七頁
(22)奥田正造編『宗龍和尚遺稿上』八四頁
(23)奥田正造編『宗龍和尚遺稿上』一〇八頁
(24)奥田正造編『宗龍和尚遺稿下』七五頁
(25)大谷氏所蔵『豊稔祭』
(26)『越佐研究』第三十八集、宮榮二「良寛相見の師大而宗龍禅師について」八頁
(27)『新発田市史』資料編第三巻三三一～三三五頁

豊稔祭（ほうねんまつり）について

町田廣文

第一章　発見の経緯

平成十八年三月、正宗寺（岐阜県高山市）住職原田道一老師より『豊稔祭』「供養大福田」の資料を送付していただきました。それは将（まさ）しく宗龍禅師真筆の貴重な文書でありました。この資料は、正宗寺のある高山市丹生川町（にゅうがわまち）北方に住まいする篤農家大谷信應氏宅に伝わるものでした。原田老師の話によると大谷家は江戸時代、よく文人墨客を泊めて接待したということです。かの円空も滞在し、大谷家には円空作の観世音菩薩像があるとのことです。他にも多数の文化財を所蔵しているそうです。禅師もこの『豊稔祭』を書き上げ

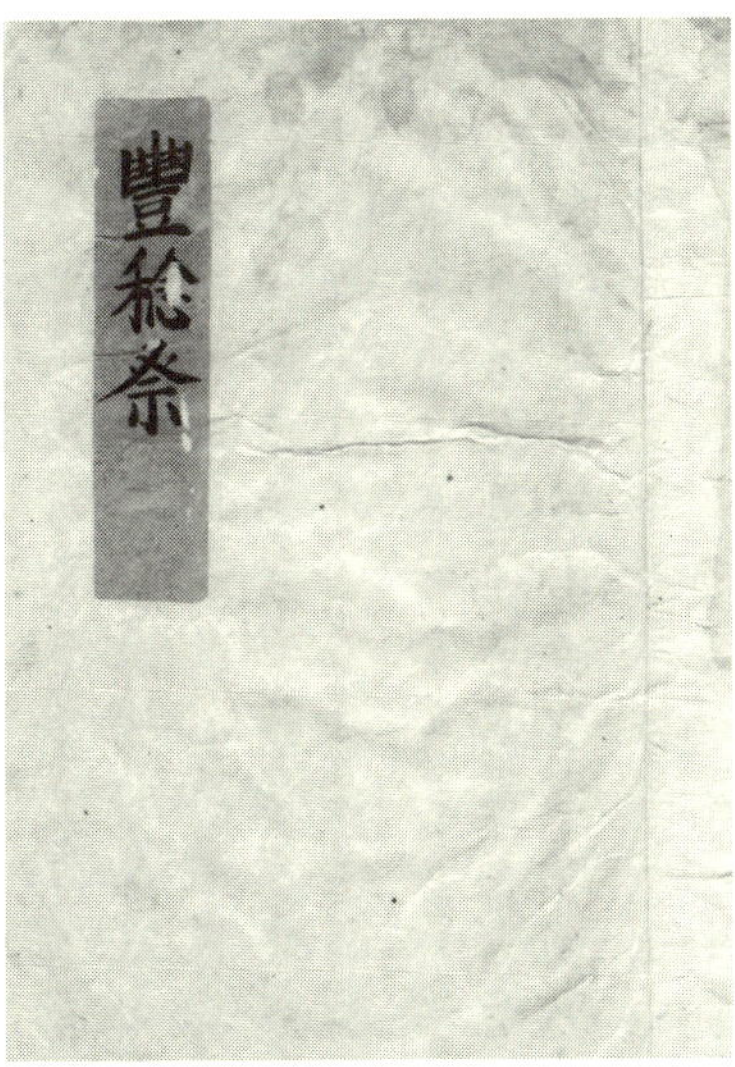

『豊稔祭』表紙

た時、大谷家に宿泊していたのだと思われます。

今回、特にこの『豊稔祭』を取り上げたのは、その内容が禅師の思想や教化方策が如実に現わされているからです。そこで具体的に『豊稔祭』の内容を書いていきたいと思います。

第二章　豊稔祭の内容

この文章の最後に付録として原文影印と活字体（一部現代かなづかいと漢字に改めている）に直したものを掲載しましたので参考にして下さい。

まず、この文章は何時書かれたかというと、文末に「天明二壬寅吉日本社建立成就吉書宗龍叟手記宮額奉納」と書かれており、天明二年（一七八二）、正宗寺裏山に御嶽大権現本社が建立された時に書いたものであります。そして、それを記念してか、村民に『豊稔祭』を奨励した文章であります。この時禅師は、本社に宮額を奉納したということです。

天明二年には大隆寺で夏安居（通算三十一回目）授戒会（通算五十回目）を行っており、高山に居たことが確認できます。また、十月には恵那地方にも巡錫をしており、柏原村水月庵（岐阜県飛騨市神岡町）

に「妙見尊碑」を立塔したりと、精力的に教化活動を行っていた年でもあります。

文書によれば、祭りは年二回三月十一日と八月十五日に行われたということです。祭り当日は、小八賀村村民一軒残らず参加し、家族全員分の団子を作り供え、法要後、一人一個の団子を持ち帰り、残った団子は野山の鳥獣に撒き与えるという作法でした。また、銭一文を持ちよりローソク代や修理にあてたということです。法要は、「南無御嶽大権現」と三唱三拝し「唵虎嚕虎嚕惹耶穆契娑婆訶（おんころころじゃやぼくけいそわか）」という真言を三百六十返唱え、最後に「南無御嶽大権現　五穀豊稔　諸願満足」と唱え三拝し終わるというものでした。

第三章　祭りの特徴

始めにこの祭りは禅師の思想や教化方策が如実に現れていると書きました。その特徴をあげたいと思います。

第一に、余った団子を鳥獣に供養するという行いです。巻頭の無量壽経を引いて「能く掌中において一切世界を持せり」と言っており、人も鳥獣も同じ地球という土俵で生きており、共生していくことが大事であることを説いています。たとえば、鳥獣が里に出て作物を食い荒らすのは、人間の欲心によるものであるから欲を離れ鳥獣に供養（布施）すれば、鳥獣も里に出て来ずに五穀も豊作となると説いています。故に、この祭りを布施まつり、慈悲行と禅師は言っています。

第二に、多くの人々が一処に集まって真言を何度も唱えるという教えです。『石経書写如意宝』という文書の中で、「金勝咒妙見咒百万返」の祈祷を行うにあたって、弟子や信者達が助け合って満願したことが書かれています。また、廣見寺石経書写会を始め、各地の書写会においても、多くの助筆者を得て、事業を完遂させているところから、禅師は「多くの人々と共に、何度も繰り返し唱え、書写する」という方策を教化の中心においていたことがうかがえます。祭りにおいて村民が一処に集って何百返も真言を唱えれば、その場所は正に浄土となり、人々の心に信心が熟成されることはまちがいありません。また、自然と和合の心が生まれ、村民の生活も安寧になったものと思われます。

第三に、神仏混淆思想をもっていたということです。江戸時代の仏教界は宗派を問わず神仏は一体であると考えており、禅師も同様の考えをもっていたようです。この祭りの本尊は御嶽大権現であり、山岳宗教そのものです。禅師は、その土地にある民間信仰を巧みに利用し、人々の信心を喚起する手法をとったものと思われます。巻末にも諦澄大師と白山信仰、本地十一面観音いざなみの命（みこと）のことが書かれており、本地垂迹説を積極的にとらえていることがわかります。

第四章　正宗寺の役割

『豊稔祭』の中程に、

「正宗寺において年春夏秋の三度に観音講あり。三度の観音講に村中一軒も欠くこと逃がるることなく観音講勤めて、観音講定まりの勤め済(すまし)て、和尚尊手を頼み奉りて、直に寺の仏壇を峯の大権現の宮となし、南無大権現と三唱三拝して、十一日の如くにダラニ三百六十返となえ奉るべし」

と、書かれています。当時、正宗寺では、春夏秋の三度観音講が行われており、その時に合わせて豊稔祭の行事も行われたようです。寺の須弥壇を山の本社に見立て、住職を導師にして祭りの時と同じように三百六十回ダラニが唱えられたということです。文章の中で「和尚尊手(そんしゅ)」「和尚尊口(そんく)」という言葉があり、これは住職への最大の尊敬語であり、祭りや観音講において、住職の存在が重要であることを物語るものであると思われます。故に、その御礼として

正宗寺

「布施奉るべし」と言っています。また、お祭り当日、天候によって山に登れなかった時は、寺の本堂にて法要を行ったということです（大谷氏談）。このことは、当時の村の生活において正宗寺や住職が欠くべからざる存在であることを物語っており、また、禅師もこの状態を理想型と考えていたのではないでしょうか。

第五章　豊稔祭の再営

この豊稔祭が何時まで行われていたか大谷氏に聞くと、定かではないが、戦前までは行われていたようだと言っていました。ただ、百年くらい前に御嶽大権現本社は朽ち果ててしまい、白山神社に合祀されたということです。ですから、禅師が奉納したという宮額も残っていないと大谷氏は話されていました。

残念なことに、戦後に祭りは行われていなかったようですが、昭和五十五年頃、原田老師が住職になりたての頃、大谷氏の発案により、天明二年から丁度二百年になるということで、祭りが再営されたということです。

第六章　長松寺より「雨宝童子」版木発見

豊稔祭とは直接関係がないのですが、原田老師送付の資料の中に、他に二種の資料（大谷氏所有）がありました。一つは禅師真筆の「南無観世音菩薩」と、もう一つは「雨宝童子」のお影であります。雨宝童子は神仏混淆思想によれば天照大神の化身であるといわれています。禅師も雨宝童子を深く信仰していたようです。このお影は天明元年（一七八一）十月に長松寺（高崎市）で作製されたものでした。この年の三月、長松寺において授戒会（通算四十九回目）を行っており、禅師は十月まで滞在し、このお影の版木を作ったものと思われます。

この版木が平成二十八年、長松寺の倉から発見され、長松寺山端紹之師によって第七回シンポジウム（於蓮光寺）にて発表されました。この発見によって正宗寺や大谷家と長松寺とが実線で結ばれました。

天明二年には大隆寺にて夏安居（通算三十一回目）と授戒会（通算五十回目）が行われました。禅師はこの出席者に配布する為に作製したのではないかと想像されます。

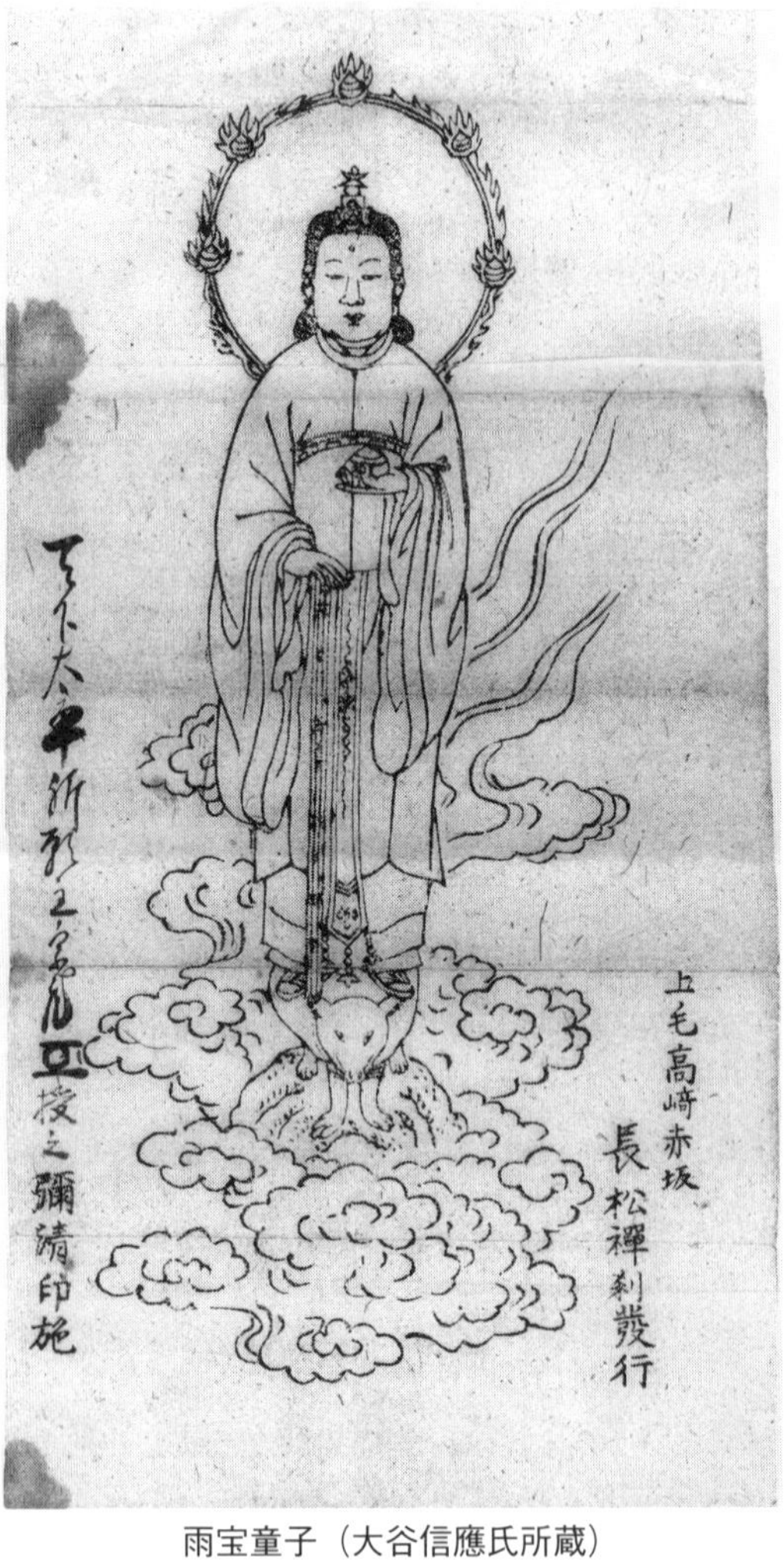

雨宝童子（大谷信應氏所蔵）

禅師真筆（大谷信應氏所蔵）

同右 版木銘文

雨宝童子版木（長松寺蔵）

結び

この文章作成にあたり、原田老師より多くの資料とご助言をいただきました。おかげさまにて拙文ではありますが、完成することができました。心より感謝を申し上げます。本来ならば、現地調査をしっかりして、発表すべきものでありますが、不十分な文章となり、慚愧にたえません。唯、この豊稔祭は、最初にも言いましたが、禅師の誓願や教化方策が凝縮されている事例であるので、何とか掲載したいと思い、筆を執った次第です。また、もう一つの資料『供養大福田』についても言及したかったのですが、残念ですが研究不十分にて紹介できませんでした。次回の記念誌には必ず載せたいと思っています。

なお、「豊稔祭」の原文と今井寛之氏にご協力いただき現代かなづかい文章を作成しました。参考になれば幸いです。

第二部〔研究論文編〕　豊稔祭について

豐稔条

無量壽經云神智洞達威力自在能於掌中持一切世界○海中に三千世界のこさい世かいは

佛のみての中せかいこの世にこさい衆生せかい衆生のやとのた

海人すみ給ふときは日月も山河も天地草木も國土にこく

衆生もみなこゝとみなみのうちにあるなりてあまねくこてのむへ

みのうち人衆生もみな是佛のいのちにて生ある事

[illegible]衆生じんせいは[illegible]のこゝにある人

わかみのおしへのめくにうつしよれは三こくもかく[illegible]のむか

衆生神明のをもしかして風雨[illegible]すへからす

二しかそてこゝく[illegible] 是すこてご衆くせさるハ天地風

豊稔祭

無量寿経に云く、神智洞達威力自在なり、能く掌中において一切世界を持せり、まさに知るべし、この一切世界は仏の御手の中にあり、この故に一切衆生摂取不捨とのたまえり、然る時は、野も山も川も天地草木も田地屋敷、五穀五行もみな、これ御仏の御かげによりて助かり、五穀の生え実るも、人畜の生るゝも皆、これ仏体のうちに生を受くなり、ここおいて仏を信心する者は仏の国に行くなり。仏の教えの如くにつとむれば、五穀も豊年なり。仏の教え神明に背くおいて、風雨ときならず、陰陽不和合にして五穀熟せず、五穀熟せざるは天地風

面々どりに成らず人心の正ハつね正直に念こうし守るにて
の成く心信行へかる事をならく人ハ天地の間のことハいかう
ハ其をてらう善ものゝ喰れども不正直の心行れハ佛神の
めぐみなし然とても人ハ心ち正しく正直の心得も細く行るなり自
ら見合行く其心くをかへ善る己ハ自合なられハ人心正直の
御つとめてなき天命をつゞる事こそこの世にをなすゆへならハ
命おつとめなきがたし其べくなるゝ是天しの日に作がなすむ
る身ゝ九ゝもゝ人の秀徳をなすみ佛の恩がうけ覚し得の恵
なすものもはゞすく〔 〕せりハ正なすみするゝ
主なく行れをもちくをのまこくみず見ゝ正直の
すみなりし人の佛天地の三宝がなすむハ恵すみまんせ

雨の科にあらず、人心の偽り、親に不幸・不道・不義
の悪心悪行よりなせるところなり。人は天地の間の霊物
にして、たつときものなれども不正直の心、何れは仏神の
恵みなし、然れども人は知恵あり、田畑あるを以って自
分食あり、畜生鳥類は自食なければ人心正直の
まつりごとを得て、命をつなげり、この故に盗みせざれば
命をつなぎがたし。むべなる鳥獣の田作を盗む
事、然れども人の天福を盗み、仏の恩を報せず、親の物
盗むよりも甚だ少なし。世界に盗みする
品々あれども、畜生の五穀盗み食うは正直の盗
みなり。人の仏天親の三宝を盗むは盗みと見せ

奉しても去る日にぬすみするおそれ二ヶ条の事をもつともしらずに佛神
天狗魔王のめぐみをうけまほしがるぞしらば惡星家おいてその
上ても家々の里にうつりて命をおとす。是翔胤の方にてお
わしぬすむぞ。されば事ある時にばかり古代よりおこり、
この國に上代から寒山家をつくるもの何れもすへ代は翔れ
四天も刀それは云二く候へ申す悪しき類に神社
東塔佛神ゆうへあまたじしんをつくる何れもこれもみなく
のたまひ人何れはかれをは多勢より相加へて我ころせいとの事やらも、
うらきを知るをひとつぜつ候へども大きなるそのおもくさしゆ候へば、
ひ心のくらく佛神と二つに心なるおそれさく取付ます、
それらも命をすてしとしても仏山ふかくつれより飛ばされおち、

ずして上手に盗みするを以って、一命の危うき時に仏神天親を頼めども助けなし、鳥獣はこの里を追い立てられても、亦、外の里に移りて命をつなぐなり。四足羽類の五穀を荒らし盗む事は今に始りたる事にあらず、古代よりしかり、この故に上代にも案山子（かかし）といえるものあり。、然れども末代は羽類四足も増（ふ）えければ五穀荒らす事甚だし。ここおいて国々に神社を祭り、仏菩薩を信心して防ぐ事あり。然れども、防ぐ心悪（にく）む心あれば、彼仇（あだ）をなせり。親ししを殺せば、その子供かたきと思い仇（あだ）せり。只、慈悲心を以って、のぞくときは慈悲心の功徳は仏神と一体一心なるを以って、作を荒らさず、彼らも命を全うして、他山に移れり。然らば彼らを

實もぜ大要御まころさしまゑ意念紵覚田維前り
諸人敬えん不益也一の神鎮行り其至去敷季りと云へりき
甲去
御嶽大権現之霊感広大なるおん
おそしまうに白山の山のおくべ峰にあ在しませり古数ちん
ご神諸人の衰を祈るめすり宝れまる事是屋のほか八品念
三月十一日八月十五日ある三月十一日ハ八村中参りけり
さいしてみさけ山ふ登り亦子おえず開し但し新に
雨生人今七人ハ父おもどもせツごんしおるせまる開し
ごんしまるをへなり

（八月十五日ハ村中云ツルニアワサルモノ也　ノ後ヘハカヘリヨリコウクウコウウウソウツムルナリ）

南無御嶽大権現と三遍となえ三遍となえて祝
咒　唵虎嚕虎嚕惹耶穆契娑婆訶

害せず、悪(にく)まず、殺さずして慈悲行を以って田畑の豊年を得んには、茲に一の神符あり、是を五穀祭りと云えり。

甲国　御嶽(みたけ)大権現の霊感広大なるを勧請し来り。白山の山の奥峰に安座し奉り、五穀鎮護豊年の宮と崇め奉り、祭礼する者なり。祭の法は年々三月十一日、八月十五日なり、三月十一日には村中精進潔斎して、御嶽山に登り、団子を献ずべし。但し我家内に生ける人七人あらば、人数ほど七つ御供をそなえ奉るべし、御供そなえ奉り、

八月十五日には村中まつるにあらざるもの勧請の願主の家より御供ろうそく等を上るなり。

南無御嶽大権現と三返唱え、三拝し奉り祝(のりと)に

曰く　唵虎嚕虎嚕惹耶穆契娑婆訶

此ふしに一人ぶん三百六十通りは、しそへまそ所

あなみあげ、ふだいごん、じゆん、あ二て、くわし、じゆん、ゆびぐ、くぞく

ところへまいりて三ねんしゆぎやうし、その、ゆ子ご、らか、二ツいあぐ

まゐりひがしは、その後おかき山に、そて、鬼の修行のためにに

御まいおく修行しそうのまいうて、すもんおやくせず修行

らすとも今日の四季相る、いたく和しもるくこれか[illegible]

菩薩ゆらいりて一こ、もうだんに、いふもふ一あうしらる

大権現のなげもしのもしのごへいうごに一にちも万信の

くどく行り一の山へにちくる、大権現の逆いかんと人

心の菩薩の書をへて、にあんかして、山伏あるも、

そうりて、あ二て、行きまず、北れいごう八聖衣に一足も、

此の陀羅尼一人分三百六十返づつとなえ奉りて、亦、
　南無御嶽大権現五穀豊年諸願満足
と唱え奉りて、三拝し奉るなり。その団子御供を一ついただ
きもらい、あとはそのまま置き、山ゝ、谷ゝ、猪(しし)・鹿(しか)等のために
まき置くべし。鳥の類、食うにも頓着せず、作荒
らす無食の四足羽類に食わしむるなり。これを布施まつり、
慈悲行といえり。一の御供団子は例え一なりとも
大権現のうけ玉う祝の御供故に、一に百千万億の
功徳あり。この故に畜類大権現の霊感と人
心の慈悲の布施心とに順服して、外山、他国にも
移りて、五穀荒らさず、然れども八賀谷に一疋も

あらぬをとがむべからず、すすめ候へ、いつも権現のまことにかんにん
信てもちゐられ本のみちをもつてこれらが今の相ひかわずが三箇
中道ののへまことの一人一のごゝろにて一処も相の御しんじんゆるさ
御しんじんば相はなれぬならびの身を、修んずへし、人々のつとむる
不浄のこゝろを止するにあらず、すくなき事をあらくしてみな本四の、
ひのみにしむ、ぬけす、今の用心せよ、ひとへに家おにくしむ能し、
ひ理ひひとの善悪さらに此上の浄きよりなきの清か、
修用すべし、ただ今まで相ちがひ、これ真実の言語にこそ
あることてにけり、言語のことをなしてけるに相中に一けんもなく
ことのがれてるゝ事なく、もちこそ、つとめてもこそなしこそ
のぞむ修のつとめ、掛て、相通ぜむことをかみこそまもりて、

おらぬというにはあらず。住むといえども権現の霊感によりて、栗・柿・木の実なりて、彼らが食物あり。僅か三百六十返の祝（のりと）と一人一の御供にて、一疋もおらまじ、あらさまじとは愚かなる愚痴の妄念なり。人々のつとむる所、祭る所、布施する所、たから少なきを省みず、向うの非のみ憎むは盗人の用心厳しき家を憎むが如し。非理非法の甚しきなり。さらに此上の祭やくの法を指南すべし、正宗寺において、年ゝ春夏秋の三度に観音講あり、三度の観音講に村中一軒も欠くこと逃るゝ事なく、観音講つとめて、観音講の定まりのつとめ済ませて、和尚尊手を頼み奉りて、

真言の儀だんおゝ常の大陀羅尼と号し、
亦七十余字大陀羅尼と三時三百ありして、十一字めくにあはれに三百六十
五之うへまるべし。此字に三ヶ所あり。此に海のつもれハ其ハ然へ、
何ゝすとハゝここをすハもしおこ知る人にてかうかすみゆへ、
我らなる人ハかんハ我縁ハ南無の其字字の如くなるべし、
正真心に四字成ののつとめし。今の御前に神ゝ
わざとわもみのりおこうるべし、山の峰にハ海して神
用ゆてとさしで其ところん五人ハ人心の実とハつるりとおゝ
一月ふ元日こと因毎の日おえるかるもいとあはすし、
其日も我らく赤子くの田まで其りのつり出て天を拝子、
なのり所げてハハ竜神一系のうる名くハ此年に三日

直に寺の仏壇を峰の大権現の宮となし、
南無御嶽大権現と三唱三拝して、十一日の如くに陀羅尼三百六十
返唱え奉るべし。この如くに三度共に祭り奉れば霊感
あらずということなし。若し怠り、人にばかり読みもらい、
我唱えずんば、我が作福は南向の春雪の如くなるべし、
正直一心に四度の祝つとめし人は、こうべに神
宿らせ、実り多かるべし。山の峰にいまして、神
目明しとして、照らし見たまえば人心の実と偽りとを
一目に見玉うこと田毎の月を見るよりもいとやすし。
然れども我が赤欲(あかよく)の田へばかり水引かんとして、団子
ばかりあげては、布施ほう謝の利益、この如くに三月

十一日ゟ三(正五九)隣庵に人替ろうには訴りつゝ弟に存候
あるまる可し借ふはいかにもものありし法の陣内の、
字がなで読みすれば、ら分に三ぶまれば其中に好みすみ
何ゝ行り、其ゝ行わりてハ四五をハいかほどしもし我意
内三人の所すつが行はハ一ヶ○小二銭二文七人行りハ
七分八人割一せんがいうめて三ヶ十文の目に
り言の前にらしてあき乞しきんり人ちがせんし
承を人るのうをの所の張ん子の給ふらし二貫二捨、
大陰殿のんず此大月と乎の陰陽に乞と令
用で何れにて何がうら所陰陽実をおけてなし
言の成るにいゝ人尋し而ふ修あくてすべし

十一日と三講会（正五九）に和尚尊口（そんく）に祈りもらう礼ほうに布施
を奉るべし。法より重きものなし。法の徳、神明の
守を得て、宝を捨てて供養せざれば、その中に盗み
心あり。その心ありては正直とはいいがたし。若し我家
内三人の身過ぎあらば、一年に一度三文七人あらば
七文人別一銭を集めて、三月十一日の祭日に
御宮の前にろうそくを立て、菓子線香等を献じ、
亦、観音講の後の豊年祭の時にろうそく一挺、
大権現に献ず。此の入用等と祭主の法師に布施とに
用いて、余りあらば預かり、豊年宝と名付けて、若し
宮の風雨に傷みし時に修復すべし。

それ法華経の[illegible]いかんの[illegible]まいらせ候人々の信心と不信心とにあり右のだ
ちにの[illegible]けつ[illegible]とも心中の[illegible]くらモノカケタル事ハアリトモ[illegible]人心
ニカケタルコトアレバ因果不足ナリこの[illegible]ふかう[illegible]人(大[illegible])[illegible]
ことを[illegible]せられ[illegible]も[illegible]のは[illegible]
さく[illegible]ことしこのむなしく[illegible]
命[illegible]のつゆの[illegible]つゆくさのしるしもみちびきの[illegible]の経をしらぬこれ[illegible]
[illegible]ひざるくてこも二[illegible]しす[illegible]の[illegible]
ば[illegible]そ[illegible]の法華経をしらぬこの[illegible]にあつり
の[illegible]をあ[illegible]大[illegible]のことに[illegible]せし[illegible]に
お[illegible]ひ[illegible]この[illegible]て中法華経は天帝の[illegible]
又天帝の[illegible]天[illegible]して[illegible]し人に
[illegible]山[illegible]て一日に[illegible]すとも[illegible]
くの[illegible]の[illegible]てば[illegible]の[illegible]のあるにて[illegible]
法華経は[illegible]の[illegible]て[illegible]たら[illegible]て[illegible]
つ[illegible]とんも[illegible]して[illegible]
するはさるの[illegible]中の月[illegible]とすると[illegible]
ちかおこ[illegible]みを[illegible]れば現世すぐれば後生[illegible]しみちびきの[illegible]をしらぬ[illegible]の[illegible]

それ大権現の霊感のあるとないとは、祭る人々の信心と不信心とにあり。右の陀羅尼の名を補欠真言とも心中の呪ともいえり。ものの欠けたるを補う徳あり。人心に欠けたることとあれば田福不足せり。この陀羅尼を常に読む人は第一命長し。不足のこと満足せり。例え祭りても、その業重きものはしかしし作を荒らせり。つくりは荒れるとも、これを読みたる陀羅尼の功徳によりて、我命の綱のび強くなり、しかも未来の菩提の種となりぬ。これ福を得るなり。今生は例えひだるくても一生短かし。来生の長き事はかざりなし。その長き来生の福の種と成りぬ。この陀羅尼祭のために唱え奉れば、大権現に布施祝にあげ、寄進せしように思い違いあらんか。この陀羅尼を以って、大権現は天帝に祝し奉て、天帝の御厨に納めぬれば、天帝は宝となして、そのよみし人に雨降らしたもうなり。若し御嶽山に登ること一日に百度すとも、只、欲のためにばかりのぼりては、ひばりの空に鳴きのぼるにことならず。権現は法の祝を得て福蔵となし、大力（おおちから）となして万民に福を授くるなり。信心もなく陀羅尼も読まずして、只、頼みしげくするは、猿の水中の月を取らんとするが如し。まさに知るべし、此の陀羅尼を読み奉れば、現世の願い満足し、未来の福蔵と成りぬ。この如くの祭、

法花受立に行年中すれハ一重蔵ハゆるす人の中の風がとらずとも
井ありれハ井おぐありまる田のなかハ月のなかにあかりあるべし
扇をけの三ん扇んしん人ハ水中の月のぬしもろくの人のなきよけ
色ハ月のみうけうつる如し其こ大権現御神ハ其まま深権ハ
みするならけれありりにごんぢんぬすうてかすい
ありくしあくりいさおすのみそてハむかハ十面をえせあんぼ
まありて諦澄大師ありたのがありてむかし近江の時に
白山大権現がみつかり十一面のむかしまに顕し又ハ十一面
十一面と天にうりてハすゞ拾ぶのみそして此ハこのありハむかし心
ホ一〇の日の仏ありどこし六十存こそみてありし乎すれハ二
〇ホあり当くする十二く十さりり折し其根をわかる者
日ハ昭つるしまハむかありれハまいもらん当するがむし山佑ハ金
石中の人々小現世来世あるそその縁の権ありへ志めん旅も
ひ 丰給を十の後権えそ重く四方佛ありんて立ありせハ
大権現のさ色ハ加ハりんてまるめし条々如律令
天明二年寅吉日本 社建立成就吉書 安永 史平記

宮崎奉納

法を正直に行祭すれば霊感ある事、水中の月を取らずとも井をほれば、井に水も溜まり、月のきたり宿るが如し。仏の真法身は水中の月の如し。もろもろの人の心清ければ月の御影映るが如し、それ大権現・明神は、その本源本性は皆、仏菩薩なり、仮に権現・神明の姿を垂迹したまえり。伊弉諾尊は本体は十一面観世音菩薩なり、諦澄大師白山に登り、本地祈願の時に白山大権現。自ら十一面の本身を現して、我はこれ十一面なり。天にありては伊弉諾尊と。然らば、この陀羅尼を一心に一年の日の存るほど三百六十返読みて、螺鳴らし奉れば、一年に豊熟する五穀さわりなし、その根本を敬い祭るときは本を得れば、末らん召する如法なり。山僧八賀谷中の人々に現世未来安楽無尽の福の種を植え、しめんと思い豊稔祭の法を授くる者なり。正宗師を頼んで祭りせば、大権現の霊感あらたなるべし、急々如律令。

大而　龍

天明二壬寅吉日本社建立成就吉書　宗龍叟手記　宮額奉納

廣岳院一切経供養と麦托鉢

町田廣文

はじめに

『良寛研究論集』内、大而宗龍禅師史料に「諸檀那衆連達状（天明七年二月十九日付）」が紹介されています。その内容は、江戸廣岳院において、一切経六千巻書写供養と麦托鉢をして被災民を供養したというものです。平成十八年に会員小林將氏が、廣岳院（東京都港区高輪）境内に供養塔を発見し、実際に行われたことが証明されました。この連達状の内容は、禅師の思想や願心があますところなく表現されている貴重な文書ですので、末尾に史料の原文（宮榮二編『良寛研究論集』の大而宗龍禅師史料）をそのまま転載させていただきました。

廣岳院

第一章　一切経供養の発願

禅師は、廣見寺石経蔵事業をはじめ、各所にて石経書写事業を行ってきました。その目的は、「天下太平、国家安全、五穀豊稔、万民安楽」であると言っております。その集大成ともいうべき事業として一切経供養を企てたものと思われます。というのは、禅師も七十歳を超えて、自らの命の限界を悟られたからだと思います（実際に、二年後に亡くなられている）。ただ、六千巻を写経することは、そんなにたやすいことではありません。多額の資金と写経する多くの人々が必要となってきます。そのためには、綿密な計画性が必須であります。その一端がかいまみれるのが、神楽坂の石経亭であります。この石経亭に天明六年七月、禅師の兄弟弟子の全龍が、壽昌寺（神奈川県藤沢市）からはるばる助筆にきたことが判明しています（本書第一部入門編「悦巖禅師四龍」参照）。何時頃からこの石経亭という名前がつけられたか全く不明ではありますが、廣岳院の他にも石経を書写するところがあったということです。その

一切経供養の塔

他、この付近には授戒会、安居を開催した大円寺、清厳寺、龍泉寺、善徳寺、龍門寺等の寺があり、これらの寺も協力した可能性があります。また、多くの弟子や随身僧、賛同寺院がいたことが文章の中から読み取れます（連達状に天明六年七月十五日に大雨による洪水が起こり、八月十五日供養の予定が中止になって、ほとんどの僧を帰してしまったと書かれている）。

また、運営資金ですが、江戸の商人達が工面したようです。供養塔の台石に寶経塔施主として十九名の商人の名前と、世話人として七名の商人、櫻井杢（もく）兵衛（神田）、川越屋庄兵衛（神田）、久仁屋仁兵衛（牛込神楽坂）、樽屋治兵衛（駒込）、佐野屋喜兵衛（巣鴨）、伊勢屋半兵衛（白山）、住吉屋五郎左衛門（白山）が刻まれています。この七名は江戸で開催された授戒会に複数回参加しており、禅師の事業を物心両面にわたり協力したものと思われます。

供養塔（右側面）

一切経供養塔刻字

右側面

当院住持然之
天明七子未五月十五日
願主叟宗龍〇

正面

石書供養
一切経
天下太平

左側面

銘曰
逌石開眼
洽晶十方
東都井謚
三大金剛

台座右側

一切経
世話人
櫻井杢兵衛
川越屋庄兵衛
久仁屋仁兵衛
樽屋次兵衛
佐野屋喜兵衛
伊勢屋半兵衛
住吉屋五郎左衛門
神田
白山　講中
巣鴨

台座左側

寶経塔施主
丹後屋三左衛門
三河屋安兵衛
白木屋平兵衛
上総屋清兵衛
柳川龍兵衛
荒物屋次兵衛
伊勢屋長兵衛
井筒屋佐兵衛
大和屋俵兵衛
□喜平治
村松屋権平
万屋輿兵衛
伊勢屋新兵衛
矢立屋甚兵衛
松屋清八
樽屋多兵衛
□嶌屋吉右衛門
石屋五兵衛
石□

第二章　大洪水と麦托鉢

連達状によると一切経供養は、天明六年八月十五日に行う予定でありました。しかし、七月十五日の大雨による大洪水によって中止せざるを得なくなりました。そして、洪水によって江戸の物価は上がり、禅師自身も生活に困窮したことが書かれています。この天明六年の洪水は、江戸三大洪水の一つに数えられており、犠牲者や被災者が相当数出たものと思われます。禅師はこの人々に対して、冥福を祈り、救済の手をさしのべたのでした。その方法とは、各所の信者から新麦を布施してもらい、それを被災民に供養しようとする方法でした。何故、麦であったのか、米でなかったのか、その理由は定かではありませんが、その理由として二つ考えられます。

一つは、四年続きの凶作や、洪水により米価が上がってしまい、米を集めるのが困難であったからではないかと思われます。二つ目は、連達状の中で「猶々病気重なり、此比（このごろ）ハ一日ニ麦粥一合位ものこり、死出山入近ク成リ、いそぎ命アル内ニくやう仕度候得共」と言っているように、自分の死が見えてきており、米の収穫の秋まで待てず、新麦のできる夏に合わせて、麦供養となったのではないかと想像するところです。禅師自身も老体を顧みず、昼は托鉢し、夜は自ら麦をつき、ひきわりにして供養の準備をしていました。連達状によると、この麦托鉢依頼の為に二人の尼僧が派遣されました。二人は托鉢袋を各所に配り、祈祷の願意や追善供養の戒名を袋に書き添える伝達役でした。そして、五月に入り長老弟子を遣わし、麦袋を回収するというものでした。大隆寺古文書「(天明七年)四月二十六日付、諸山諸尊宿、諸檀那衆宛」によると、長老弟子とは徹源長老と禅瑞であることがわかりました。また、この文書によれば、当初五月十五日だけであった法要が、十七日までの三日間に延長されたということも判明しました。この三日間の法要は、大施食会での追善供養と大般若六百巻の真読による祈祷法要とであったということです。そこで、集まった不特定多数の人々に麦めし供養を行ったり、石経奉納する儀式を行ったりと盛大に開催されたものと思われます。

第三章　禅師の慈悲心

連達状の中頃に「為念為申進候」ということで、二つのことが書かれています。一つ目は、「村々所々水火刀博等の横死、非業ノ死あらバ、御き丶出し此度帳面ニ俗名成共、かいめう(戒名)成共、命日成共御じひニ御書付ヲクリ可被下候。此無ゑんひごうの死ノ者ハ皆コレ願主ノ父母也」と述べており、図らずも災害や事件、事故で命を失った人々に対する禅師の思いが吐露されている貴重な文書であります。

もう一つは、

「天明三年よりの凶作により、飢人が各地で発生しているが、近くにそのような人がいたならば、集められた石経麦は、その人達に供養するように」と、述べられています。そして、「石経と三世十方仏トヲくやうし奉りしるウへ死者ヲくやうしタスケルガ千万倍のくどく也」と、飢人に対する禅師の思いが如実に表された文書であると思います。

既に、今井氏が「災害横死等の無縁供養」で書かれているとおり、禅師は各地の災害、飢餓で亡くなられた人々の霊を供養する法要を間断なく行っているのです。また、かろうじて命をつないでいる人々には、食物を布施し、自ら慈悲行を行いました。

第四章　廣岳院授戒会（通算六十二回目）

禅師は、天明六年四月、甑洞庵（新潟県長岡市）において授戒会を開催し、その年の八月に予定していた一切経供養の為に江戸へ向かったものと思われます。しかし、一切経供養は洪水によって延期せざるをえなくなり、廣岳院に逗留して、年を越したようです。そして、予定どおり、天明七年四月授戒会を開催したのでした。戒弟は一七六名、教授師は住職十三世本龍然之和尚、室侍は円道和尚（埼玉県坂戸市西光寺住職)、直檀は魯峰和尚、義宝長老でした。想像ですが、この時にも写経が行われ、一カ月後に計画されている一切経供養への協力がなされたものと思われます。

まとめ

禅師は、四月二十六日付文書の中で「石経塔を一丈余尺に建立し、石経ヲ其塔下ニ納」と、書いております。一丈は約三メートルですから一丈余尺というと約四メートル近くの供養塔という事になります。ただ、現在の供養塔は約一メートル程であります。この差異について私見を述べたいと思います。

平成二十二年に廣岳院の調査に行った時に、この供養塔を見て大変感動したと共に、少し違和感を感じました。それは、バランスが悪いところです。この供養塔の上に何らかの構造物があると調度よいのになあと直感しました。たぶん、三メートル分の何かしらの構造物が載っていたものと思われます。それが地震等で倒壊し、戻されることなく、今日に至ったものと推測されます。もしも、四メートル近い供養塔があれば、禅師の高き志の象徴的存在となっていたのではないかと思われます。

また、同文書の中に「一切経ハ大願企以来十七年の間ニ所々国々にて石経ヲ納」と、書かれています。

十七年前とは、明和七年の廣見寺石経事業のことで、以来、縁のある寺々に石経奉納してきたということです。禅師も自分の寿命を考えた時、この事業が最後の大事業になるかという強い思いがあったと考えられます。ただ、禅師の衆生済渡の誓願・飢人・被災民に対する憐憫の情、死者鎮魂の念は、晩年になっても全く衰えることがなかったことが証明されました。

《付録》

（天明七年）二月十九日　諸檀那衆中連達状（『良寛研究論集』五九八頁〜六〇二頁）

（包紙）**「諸所建状順次」「願主僧手書」**

春風吹といへとも未暖和ならず候得共、檀那衆いよ〳〵御機嫌能罷越御座候半と海山外目出度祝賀不斜奉存候。山僧石経願をいまだ此世に長らへ、加犬年罷在候条、貴意易思召可被下候。

乍無礼以連状致啓上候。山僧事小僧心より大願をはつし、天下太平国家安全五こくほう年万民安楽のための御祈禱のために一切経を石経に書寫し奉り、石蔵に奉納し、万々歳の盡未来際迠のこし、此世あらん限り三宝の命長く国家を清平にし奉らんと平なる利益の大願心にて一切経六千巻の余、石経に奉納祈禱心すでに代久しといへども、愚僧無徳破戒の身なれバ仏神天ノ御守りもなきか、埒不明、ばちをはじ入、面目もなくなく七十の年ハ大願供養し奉らんと心掛、去年スデニ七十ニ罷成候後ハ東都ニ下リ、秋八月十五日比ハ供養せんと心かけ罷下り候所、七月十五日比の漫水にて往来大難儀し、其上水中泥中こまり、江戸へ罷下り候後ハ一夜の宿にこまり、一盃の粥もくわれぬ位、其上茄子が一で十文、豆ふが一丁で七十二文、米が一升で四合位か、八月十五夜の月見の夜、旅宿かけ落、野にて芋名月を見候位難儀仕り、八月のアテノくやうの事ハ扨(さ)テオキ、七十をロノ鼻ノ下のくやうしかね、石経書ニ付てきた百里外の伴僧も寺方も皆申ワケシテ国々ニ帰りもらひ、拙一人旅屋に手なべさげ、麦めし一盃ツヽたべ、たくはつしても一日ニタカ(鷹)ノヲトシ(落餌)へ夫ゟ冬籠りせしかバ、一切経の石ト供養不叶候、アンジノ病とはらにあまり積病、中氣ノ気遣ト平臥し、元日も人ニ不逢、此比漸ク筆トリ如此金釘ノ折ヲ以、旦那衆へ状進候。只今居所ハ江戸芝二本ゑ(榎)の木、広岳院と申寺ニ居、たくはついたし五月十七日ニ石経くやう奉納仕度心掛ル。尤四月二日ゟ此事ニ受戒興行仕候。もし其比ニ江戸へ御出府ならハ入戒ト祈候。尤先年貴国日本寺らかんくやう百日会の時に貴国の諸旦那衆ゟ大ニ御功力布施米御きしんニあづかり、其をかげ　日本寺のくやうも石経も十分に調候事幾久しく不忘、千万ノ後ノ宝ヲ得タリト忝平生奉存候。右日本会にて信施物もらい候上ニ又々此度一切経奉納くやうの助施、御心ざし御頼み申と云ハ大なるよくかき房也。殊ニ此年ハ人人のくらしさへ無き大難題の年、無ゑんりよ千万ニ候得共、因縁アル旦那衆江此旨ヲかたり度、尼僧ニ一人頼みまわし候間、先年のよしみニ此尼僧一夜ツヽ御とめ、麦めしでくれ玉(ま)ふて山僧か去年以来病臥難儀の旨御きヽ、あわれニ御思召可被下候。

願主房小僧心より

天下太平の御祈禱心掛候。四年以来凶年ツヾキ、大願不叶とチカラヲチ、猶々病気重り、此比ハ一日ニ麦粥一合位ものこり、死出山入近ク成リ、いそぎ命アル内ニくやう仕度候得共、迚（とても）の事に米のめしでハくやうできかね候ト覚悟して、新麦出来次第ニ願主山僧七十一ノ病足ヲ引テ此方在々村々新麦ノあら麦皮共ニもらいあつめ、在家ハいそがし時なれバ拙僧生れながらの土百姓の子に（て）麦つく事上手、ひるハたくはつ、夜ハ麦ヲつき、引ワリニヒキ、江戸ノ人人ニ珍敷麦めしくやう仕度用意仕候。依之尼僧ヲ頼ミ、貴国へ麦たくはつの袋クバリ候。麦ノタクハツナレバ、麦めしくれ玉ふて一夜ツヽ御トメ可被下候、尤只今ノ内麦袋クバリヲキテ五月中ニ又々此方カラ長老弟子共ヲタノミ麦アツメニ遣候間、其時ニ麦ヲ入レ玉ふ袋ヲ御渡シ可被下候。戒名ト三品ノ御志ハ袋ニかきつけ候。御賢覧可被下候。しかしながら五月十五日石経奉納くやうの時分新麦できズ、袋ニ入リカネ候ハヾ、六月七月ニ成ても麦ハ此方へ御届ヶ可被下候。くやう御布施の麦ハ此方ニ不届候とも、五月十五日に此方にて一切経ヲヨミ大セがき法事し、且ツ大はんにや経しんどくし奉て施主方ノ御家内ノ御きとう仕候間、もし病人のためにきとう願の方ハ先達而くやう前ニ其願のおもむきを帳面ニ印シ被遣可被下候。きとうハ大はんにやしんどくニ法事、ゑこうハ一切経ヲヨミついぜんセリ、戒名一に麦米一袋布施し奉て、一切経ノくやう、はんにやのしんどくにいのり候事、又此まれなる事也。為念あらかじめ此旨御知せ申候コレインネン旦那衆、三世の大福ウへ玉ふ事ヲヨロコビ候て、如此ニ申入候。

一、為念申進候。村々所々水火刀博等の横死、非業ノ死人あらバ、御きヽ出し此度帳面ニ俗名成共、かいめう成共、命日成共御じひニ御書付ヲクリ可被下候。此無ゑんひごう死ノ者ハ皆コレ願主ノ父母也。ノガレナキモノニ候間御頼申上候。幾重ニも〳〵御じひ頼入候。天下太平の祈禱と申ハ如此ノ無福無ゑんノ者ヲタスケ法事スルガ平等りやく、大くどくりやく、皆々仁衆御賢知ノ所也。依テ御世話頼候。

一、もし三四年以来凶年ツゞキ、今比ハ猶ひん人、無ゑんノウへ（飢）人ハヒダル卆（空腹）さい中に御座候得バ、一ノ頼有之、もし新麦御志ス仁衆ゟ麦等あつまり候ハゞ、其御近所や目前ニ見る所のウへ人ガ死ニ及バント思召候者あらバ、其石経麦ノあつまりたハ、ガ死ニ及ブ者ニくれてたすけ玉へ、此方へヲクルニ不及候。石経ト三世十方仏トヲくやうし奉りしゟウへ死者ヲくやうしタスケルガ千万倍のくどく也。為念拙進候。志ノ戒名ト施主方ノ名帳サへ石経寺へ届キサへスレバ施麦ハ不参もくやう法事仕候。天下ニツラ卆モノハヒンホドコワ卆モノナシ。依テ小僧心ヲ大願ヲヲコシ、天下ノ為ヒン人ヲスクハンタスケン為ニ七十余ノ山ニノボリカヽリテモ麦タクハツニ追付罷出候。古稀ノコシヲヲシ可被下候。元来此大願ハ拙僧ハ日本一ノ大ヒン僧、ヒダル卆シテ仕候ゆへ、此大願ヲ企候。然ハ此度ノ大願叶ひ候得バ、拙ハビンボウ神サマへ御礼申上候。貴国ノ日本寺薬師建立シ玉ふ　聖武皇帝ハ、前生ニテ良辨僧正ノ天竺ニ渡ル時、流沙川ニテ舟賃ヲキシンシ玉フ、ワヅカ舟チン御キシンノ布施ノ前福にて、次ノ生ニ日本ノ大王ト生れ大佛コン立、日本に仏法ヲ弘メ且ツ受戒ヲ始玉フ日本第一ノ仏法王トナリ玉へリ。今一合二合三合ノ石経尊ニ奉ル米麦の福も又々如此当来大福主ト成ル事聖王コレ鏡也。施主衆ノ御志の広大ナル事ヲサンタンシ、證古ノ為ニ古実ヲ引テ啓上、御賢智希候。敬白

天明七二月十九日　　石経願主僧手書（花押）

諸檀那　衆　　（印ニ顆）

連達状

【参考文献】

『良寛研究論集』　宮榮二編　象山社
「大隆寺文書」53　大而宗龍禅師書状　『曹洞宗報』平成二十四年一月号

不明三カ寺の発見

宗龍禅師は、宝暦十二年（一七六二）より天明八年（一七八八）までの二十七年間に、安居を三十三回、授戒会を六十四回開催しています。その開催寺院数は、六十二カ寺にのぼります。その内、五十九カ寺が現存しており、三カ寺が不明寺院でありました（宗龍禅師顕彰会発足当時、平成十七年現在）。その三カ寺は、武州久下戸（くげど）村観音寺、上総坂畑村廣太寺、越後茨曽根（いばらそね）村王舎林であります。おそらく、明治時代の廃仏毀釈によって廃寺になった寺で、現地調査すれば、必ず発見できると思っていました。案の定、この三ヶ寺は、すぐに発見できたのでした。その経緯を一カ寺ずつ記述してみたいと思います。

⑴王舎林（新潟市南区茨曽根）

今井寛之

一、はじめに

安永八年（一七七九）、越後蒲原郡茨曽根村（現新潟市南区茨曽根）の仏母山王舎林において冬安居が行われているが、その旧址は不明である。

その前年の安永七年（一七七八）、同村の永安寺で授戒会（三月四日完戒）が行われているが、同寺は度重なる火災により寺伝文書を焼失している。

所在地の茨曽根は新潟市と合併するまでは白根市といい、その『白根市史』にも仏母山王舎林の記述は見られないことから仏母山王舎林の旧址を探求するものである。

二、解明への糸口

新潟市南区茨曽根地内に曹洞宗延命山永安寺を開基した関根家があり、同家は江戸時代を通して越後村上領蒲原郡茨曽根組大庄屋を務めた家柄である。

そのことから仏母山王舎林と称する仏堂の存在を尋ねたが、そのような伝承は聞き及んでいないとのことであった。

関根家から調査の参考にと家伝文書目録を見せられ、その中に『佛母山王舎林效割牒』と「茨曽根村絵図」（年不詳）の二点を見つけることができ、新潟市に寄託文書として保管してあったことから後日、新潟市を訪れて閲覧することができた。

その『佛母山王舎林效割牒』の序に、仏母と王舎の意味、開山万山祖用（永安寺六世）と開基建立の功徳が記されてあり、その文末に「初住宗龍慎書」とあり、この效割牒によって仏母山王舎林の初住は大而宗龍であることが判明した。

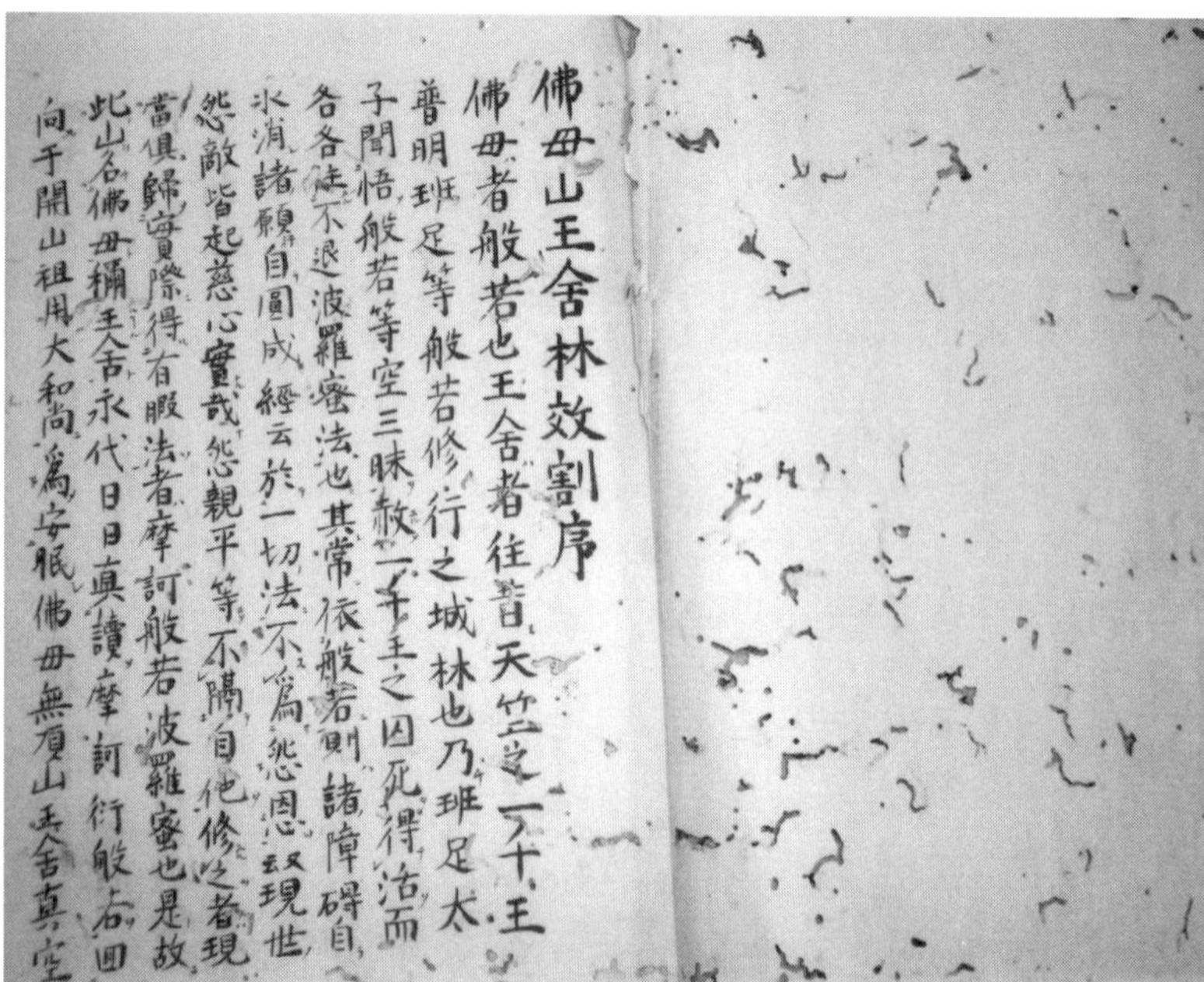
佛母山王舎林效割序
佛母者般若也王舎者往昔天竺之一千十王
普明班足等般若修行之城林也乃班足太
子聞悟般若等空三昧赦一千王之囚死得活而
各各徒不退波羅蜜法也其常依般若則諸障碍自
氷消諸願自圓成經云於一切法不爲怨恩或現世
怨敵皆起慈心實哉怨親平等不隔自他修之者現
當俱歸實際得有暇法者摩訶般若波羅蜜也是故
此山名佛母稱王舎永代日日真讀摩訶衍般若回
向于開山祖用大和尚爲安眠佛母無盡山王舎真空

佛母山王舎林效割牒（関根氏所蔵）

『佛母山王舎林效割牒』(1)

佛母山王舎林效割序
佛母者般若也王舎者往昔天竺之一千王普明班足等般若修行之城林也乃班足太子聞悟般若等空三昧赦一千王之囚死得活而各各往不退波羅蜜法也其常依般若則諸障碍自氷消諸願行自圓成經云於一切法不為怨恩叹現世怨敵皆起慈心實哉怨親平等不隔自他修之者現當倶歸實際得有暇法者摩訶般若波羅蜜也是故此山名佛母稱王舎永代日日眞讀摩訶衍般若回向于開山祖用大和尚為安眠佛母無頂山王舎眞空城報荅開基建立功徳不可思議之檀波羅蜜福聚海也是以此山之常住物者般若之法器而一物一器非他物佛母之體用也開山之身心也少一器損失此者害破佛母打殺開山之大罪無所避難北鼠入銭筒住持者宰住物當貴重於自巳眼目眼目設使如舎利子隻喪猶有法眼在趙壁再可奪歸此常住物之損失者不償置如左臂不足右用五體不具之佛身無之欲為佛母之子而成佛身住持人或鑑司者若自損壊或外賊失則如佛制戒經自賣身舎衣須償置無盡未来相續常住物勿令断絶佛母之慧命並開祖用老身守之者即是般若神善用老寂光也

初住宗龍　慎書

『夏冬安居牒』の安永八年（一七七九）、越後蒲原郡茨曽根邑仏母山王舎林冬安居の参加者の冒頭は「初住」とあるのみで、僧名と配役は記していない。それは大而宗龍が堂頭であるため、それまでの例に習って記さなかったのであろう。

『夏冬安居牒』(2)

越後蒲原郡茨曽根邑佛母山王舎林今冬安居列左

一 初住	一 天秀副寺
一 魯峰侍者	一 萬宏維那
一 孝本典座	一 頑鏡客堂
一 卍鏡知殿	一 竺英堂司
一 活鱗化主	一 祖清香司
一 道牛知庫	一 義宝飯頭
一 義産茶頭	一 白龍行者
一 現光菜頭	一 徳栄供頭
一 舜道行者	一 良統聴呼
一 新戒 天暁給士	

清衆都十七員

侍者魯峰欽誌

安永八己亥年

安永九年（一七八〇）春に著した『法華経千部功徳本』(3)に、「王舎常乞児宗龍慎勤書」と記している。效割牒の本文は客殿・知庫寮・庫下・内仏ごとの仏具・什具等の数量を詳細に記してあり、その客殿の仏像から仏母山王舎林の本尊は聖観世音菩薩であることが分かる。

その奥書に「――常ニ般若ヲヨミテ回向スル所即王舎般若林ニシテ佛身佛事ヲナセリ茲ニ開基宗範居士無上菩提ノ大願ヲ發シテ此凡地ヲ轉シテ佛母山トナシ四十七石餘地ノ田畑ヲ寄附シテ永代王舎之田地禄福トナス其本願ハ萬山祖用大和尚ノタメニ一宇ヲ造立シテ開山ニ請ジ奉リ尊祭スル者也蓋シ自ラ開基之功ニ處セズ地中之山謙ニ處シテ両親鶴林院松月道樹大居士仙壽院憲質貞範大姉於開基トスル者也コレ無上菩提ノ果福トシテ以自ラ嘗（なめ）ズ両親ニ献スル摩訶般若波羅蜜之甘露供養也――」(4)とある。

「関根家系図」(5)によると仏母山王舎林の実質開基である宗範居士は関根五左衛門栄都で、その父鶴林院松月道樹大居士は関根十左衛門栄勝であり、母仙寿院憲質貞範大姉の俗名は不詳であるが、授戒会の参加者を記した『正受戒弟簿』安永七年（一七七八）、永安寺授戒会の項に、関根五左衛門とその祖母・母・妻の授戒名が記されている。

なお、開山の万山祖用は『新潟県曹洞宗寺院歴住世代名鑑』(6)によると永安寺六世で、元禄九年（一六九六）二月四日示寂とある。

万山祖用については『宗龍和尚語録』(7)に、「王舎林開山萬山祖用和尚壽像、實相身大眞空眼宏自他見脱法性圓明咦為誰遺舎利紅葉玉離離」と記してある。

『正受戒弟簿』(8)

越後蒲原郡茨曽根村延命山永安寺戒会列名

（前略）

徳寿　当村　五左衛門

（中略）

玉蓮即生大姉　当村　五左衛門祖母

仙寿院憲質貞範大姉　同　五左衛門母

宗錦妙範大姉　同　五左衛門内

（中略）

都計壹百五十一人　安永七戊戌歳三月四日完戒

教授古岸大舟大和尚　侍者圓厳實融大和尚

直壇　官邦力生

魯峰上座

三、仏母山王舎林の旧址

效割牒奥書(9)に「孝養ニ於テハ最第一ナル者也此山之徳寶財福ハ皆其本宗範居士ノ信心海ヨリ湧出其波住スル僧伽ノ衲衣ニ及ヘリ日日乞食シテ食セハ一粒モ猶砕イテノコサントツマシク念フ可シ施主アルトテ容易ノ意ヲ在シテ乱リニ飽契シテ坐禅誦經ヲ退堕セハ五百ノ羽族浴車ノ疲牛ニ生ヲ待ツ可□（ママ）ス然ラバ常住

物ヲ護念スルコト安山子ノ秋禾ヲ守ルガ如ク倶生神ニ不昧燈ヲ立テ、行事定規ノ如ク守ルヘシ時之住持或鑑司ノ私意ヲ加ヘテ常規ヲ改新スルコト勿レ最初發信之一念祖用和尚ノタメニ拠金スル者也――（中略）――住持人交代或鑑司交代之時ハ本寺永安寺ヨリ役僧来リ一一改シテ開基家ヨリ来テ立合三人和合而住物一一牒面ノ如ク引當受取リ渡シ急度如法ナル可シ――」とある。

その文中の「行事定規・常規」である「仏母山王舎林行事恒規」は、『宗龍和尚遺稿』[10]に収録されている。仏母山王舎林の住持人交代、或いは鑑司交代のときは本寺である永安寺の役僧と開基関根家の立ち合いのうえ、三人が和合して住物を一つ一つ帳面と照合して引き継ぎするとある。

そのことから仏母山王舎林は永安寺と関根家屋敷とは別の場所に建てられていたことが分かる。深井一成氏の論文「宗龍禅師の宗賢寺在山期間について」の中で、「鑑寺」は配役上の名称である場合が多く、「鑑司」は住職不在につき、後任住職が入寺するまで、また、現住職が帰寺するまでの留守居の僧をいう場合があると説明している。

年不詳の「茨曽根村絵図」に、関根五左衛門屋敷と道を挟んで向かい側に「廟所四畝六歩・庵主」とあることに着目して見ると、仏母山王舎林の初住は大而宗龍であるが、安永八年（一七七九）四月八日に越後魚沼郡藪神荘干溝の竇泉寺で授戒会を行った後、信州水内郡栃原の大昌寺で夏安居を行い、その間の五月十三日に同寺で授戒会を行っている。八月二十八日には飛驒高山で大隆寺入仏供養を行って、弟子の竺翁恵林に大隆寺住持を譲った後、越後蒲原郡茨曽根村の仏母山王舎林で冬安居、翌年の安永九年（一七八〇）、早々に同郡紫雲寺郷の東光寺と同郡大崎村の永明寺でそれぞれ授戒会を行い、その後、武州秩父郡白石村の長慶寺で夏安居を行っているように、一定の場所にとどまっていないので、当然、仏母山王舎林には留守居の僧を配置していたと思われる。

「茨曽根村絵図」(11)に記してある「廟所四畝六歩」は一二六坪（四一六平方メートル）であり、効割牒に記載している客殿の五十二畳半・唐紙十四本・障子二十四本・雨戸障子二十本（含知庫）と庫下の内板戸十一本・雨戸三本・障子十一本から推測して、仏母山王舎林の建坪は約五十坪（一六五平方メートル）程度と思われる。

その廟所内に「庵主」と記してある東側に判読困難な絵文字のようなものが記してあり、その位置は現在の関根家墓地域で、天正十七年（一五八九）に亡くなった人の墓石をはじめとして、歴代当主とその一族の墓石に加えて卵塔墓石二基が見られるが、今から二三一年前となると現在の墓石数より少なく、仏母山王舎林を含めても廟所四畝六歩（四一六平方メートル）内におさまるものである。

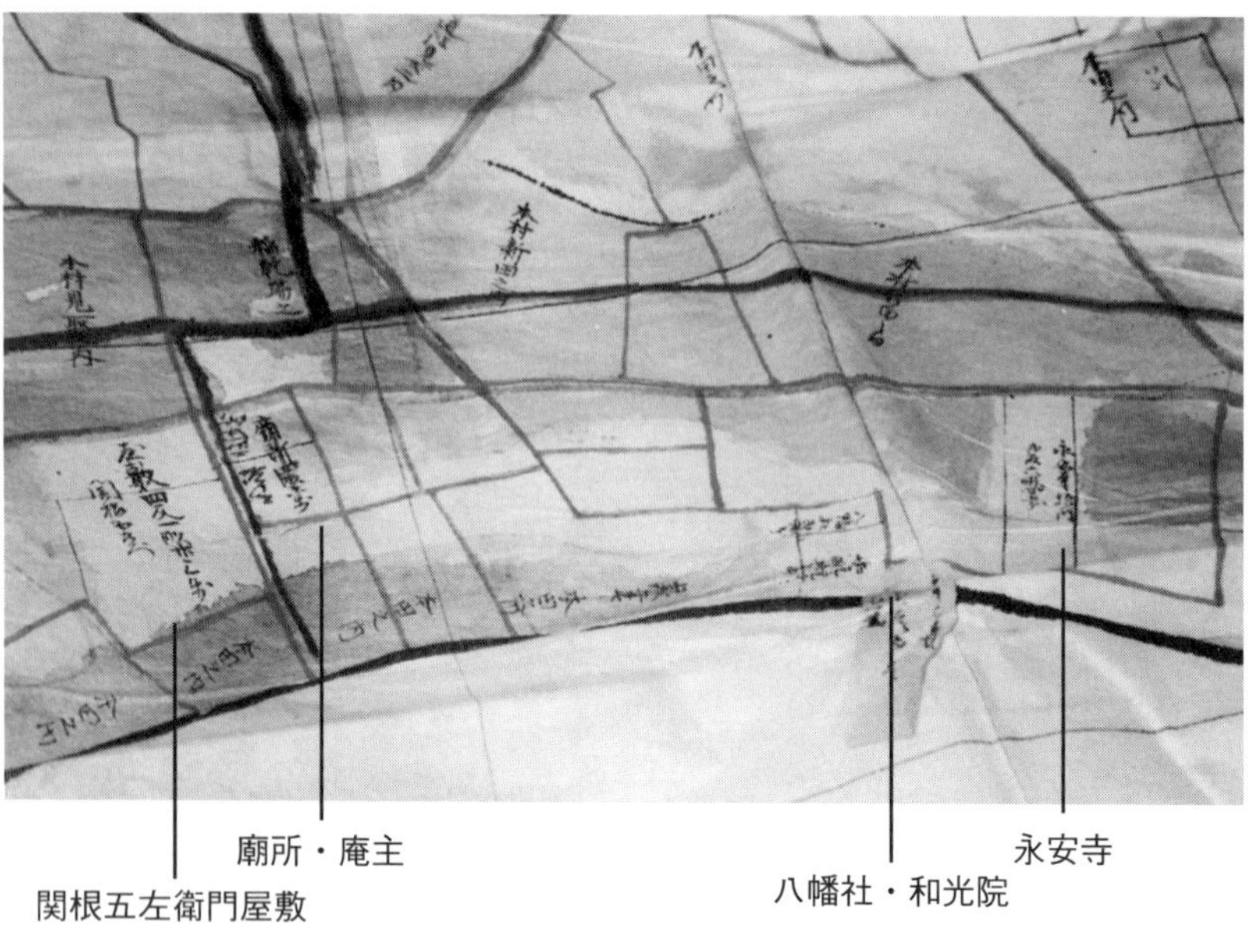

「茨曽根村絵図」

絵図には本寺である永安寺と八幡社、修験の和光院（安永七年、永安寺授戒会に「円行伯玄法印」とある）の寺社が見られるが、それ以外に固有名のある寺院はなくて「庵主」のみである。

正徳六年（一七一六）の「茨曽根村検地絵図」[12]に、永安寺・八幡社・関根家屋敷は記されているが「廟所・庵主」は見られないことは仏母山王舎林が存在していないことであり、その以後に建立されたことを裏付けるものである。

関根五左衛門は仏母山王舎林の創建にあたり、永安寺六世万山祖用を開山として尊祭し、無上菩提の果福として両親を開基となし、摩訶波羅蜜の甘露供養を行ったとあり、その旧址は茨曽根村内の永安寺と関根五左衛門屋敷以外の場所であることは先述したとおりである。

それは関根五左衛門屋敷と道を挟んで向かい側の関根家墓地に隣接している「庵主」と記してある場所こそが「仏母山王舎林」旧址である。

前述のごとく、大而宗龍による仏母山王舎林の在山は極めて短期間であったため、常に住持不在で留守居の僧を置いていたことと、仏母山王舎林が関根家のみの寺院であったため、近隣の人々から「庵主」と呼称されていたのであろう。

そのため、茨曽根村絵図の作成時に　通称「庵主」と記述されたことである。

四、おわりに

関根家は近世において曹洞宗三カ寺を開基・修造再興しており、近世前期に永平寺二十五世北岸良頓を招請開山として延命山永安寺開基し、延宝年間（一六七三～一六八〇）、同郡小中川村（現新潟県燕市）に引寺して寶泉寺（大乗寺末）を開基した後、寛延年間（一七四八～一七五〇）、同郡栗林村（現新潟県三条市）の久真寺（耕雲寺末）を修造再興している。

なお、久真寺は近年、廃寺となっている。

天保年間（一八三〇～一八四三）に成立した越後資産番付表「越後持丸鑑」(13)に本家は、年寄・茨曽根関根文助、分家は東前頭・茨曽根関根小左衛門とあり、関根家歴代は土地を集積して大地主となっていたことから永代王舎林の田地として四十七石を寄進する財力を有していたのであるが、その後、仏母山王舎林が如何なる理由で廃寺となったかは不詳である。

【注記】

(1) 関根氏所蔵『仏母山王舎林效割牒』
(2) 大隆寺所蔵『夏冬安居牒』
(3) 大隆寺所蔵『般若台雑記』
(4) 関根氏所蔵『仏母山王舎林效割牒』
(5) 関根氏所蔵「関根家系図」
(6) 新潟県曹洞宗青年会『新潟県曹洞宗寺院歴住世代鑑』
(7) 観音院所蔵『宗龍和尚語録』
(8) 大隆寺所蔵『正受戒弟簿』
(9) 関根氏所蔵『仏母山王舎林效割牒』
(10) 奥田正造編「宗龍和尚遺稿」
(11) 関根氏所蔵「茨曽根村絵図」
(12) 五十嵐氏所蔵「茨曽根村検地絵図」
(13)『新潟県史』通史編5「図28」

⑵観音寺（川越市南古谷）

町田廣文

『正受戒弟簿』によれば、安永六年（一七七七）武州入間郡久下戸邨圓通山観音寺において通算三十四回目の受戒会（八月五日完戒）が開催されました。戒弟数は百十七名、その時の住職は宗龍禅師の法嗣笠翁慧林和尚でした。この観音寺を特定する為に『曹洞宗寺院名鑑』（平成九年版）を捜してみると、埼玉県第二宗務所第一教区寺籍番号231番観音寺、川越市南古谷とだけ書かれており、番地はありませんでした（現在の寺院名鑑には、廃寺となったのか末梢されている）。そこで、延享年度本末牒で捜してみると、久下戸村観音寺が存在し、本寺は、蓮光寺（川越市渋井）であることが判明しました。幸いにも、住職は弊師と親交のあった今泉源由老師であったので、すぐに連絡

歴代墓地

をとり、末寺観音寺のことを聞くと、末寺であることは承知しているが、何処にあるのかは知らないとのことでした。しかし、調べてみましょうという温かい言葉をいただき、電話を切りました。それから約三カ月過ぎ、今泉老師より観音寺の特定ができたという朗報をいただきました。それからまた三カ月後の十一月二十八日に、今泉老師にご案内いただき、観音寺を訪れました。しかし、残念ながら本堂等の建物はなく、墓地と参道に地蔵尊、庚申塔等が立っているだけでした。墓地の管理人を訪ねたところ、何と四体の仏像の写真をみせてくれました。この仏像は、参道の奥まったところにある公会堂にあると教えてくれました。しかし、公会堂には住人がおり、仏像を見ることができませんでした。この四体の仏像の写真は、平成十八年五月七日、南古谷郷土史研究会員と阿部徳之助氏が観音寺跡を訪れて彼(か)の公会堂内の仏像を撮影したものでした。この調査結果は、川越市

参道仏像群

文化財保護協会編集発行（平成十八年八月三十日）の「川越の文化財94号」の巻頭に「忘れられた仏像たち」という題で阿部徳之助氏によって報告されました。この報告書によれば、観音寺は明治の廃仏毀釈により、廃寺となり、村全体が神葬祭になったということです。当時は、本堂等も存在していたと思われますが、移築されたのか、朽ちてしまったのかはわかりませんでした。ただ、観音寺の名前だけ残って寺院名鑑に存在していたということではないかと推測されます。

墓地入口に、歴代墓地（時期は不明ですが、改修整理されたものと思われる）があり、この墓地の銘をたよりに世代表を作ってみました。

左　素参和尚墓塔

観音寺世代

世代	僧名	示寂年月日	西暦	備考
開山	明庵関的	寛永二年十二月五日	一六二五	蓮光寺八世
二世				
三世	完竹　龍	宝永二年八月二十八日	一七〇五	
四世				
五世	天養慧運	寛保三年正月二十九日	一七四三	蓮光寺十五世　正徳二年總持寺瑞世
六世	心月　円	元文五年五月二十六日	一七四〇	
七世				
八世	梅関素香			黙子嗣（観音院嗣子帳より）
九世	大仙素参（學本）	文化四年八月四日	一八〇七	養寿院十三世栄林寺十二世悦巌嗣
十世	竺翁慧林	文化五年三月七日	一八〇八	養寿院十四世大隆寺三世宗龍嗣
十一世	祖嶽大英	文政二年九月十五日	一八一九	養寿院十五世光湛良長の嗣
十二世	大見阮貞			
十三世	萬道恵日	文化四年二月十七日	一八〇七	慧林嗣
	明　仙			文化七年九月三日總持寺瑞世素参嗣
	実　参			文政四年六月二十九日總持寺瑞世素参徒
				阮貞嗣
	大　林			天保七年二月二十七日總持寺瑞世明仙嗣
十八世	□　□			

※明仙・実参・大林は、總持寺『住山記』に観音寺住職として瑞世しており世代としましたが、何世であるかは不明です。墓石に銘なしの十八世塔がありましたので、十八世までとしました。

阿部氏が「忘れられた仏像たち」と題されましたが、宗龍禅師の研究が始まらなければ、本当に観音寺は忘れさられた寺となってしまったかもしれません。現在は、本堂もなく、墓地だけになってしまいましたが、二百四十年前、宗龍禅師が来錫し、盛大に授戒会が行われたことが顕彰でき、その意味では良かったと思っています。

道元禅師像

観音菩薩像
（本尊と思われる）

倶生神像

地蔵尊像

⑶廣太寺（君津市坂畑）

町田廣文

平成十八年七月六日に行われた第三回勉強会にて、森巌寺寺族田旗テル子さんが、廣太寺の発見の経緯について発表されました。その時の資料に基づいて記述したいと思います。

まず、廣太寺の基本的な情報から書きたいと思います。

總持寺『延享度寺院本末牒』によると、圓覚寺（君津市）の末寺として登録されています。ただ、曹洞宗寺籍番号がないので、明治の廃仏毀釈の折、廃寺となったと思われます。

この廣太寺において、天明三年（一七八三）授戒会（通算五十三回目）が行われました。住職は大蟲越山和尚でありました。この越山和尚は宗龍禅師の安居に七回参加し、授戒会では教授師一回、侍者五回、直壇五回を勤め、宗龍禅師の信任も篤く、禅師の法嗣と思われます（確認できる資料はない）。天明三年は禅師の晩年でありましたが、精力的に授戒会を行っていました。三月大圓寺（東京都文京区）を皮切りに、六月日本寺（鋸南町）、八月廣太寺、四年二月東照寺（富津市）、八月大圓寺、九月善徳寺（江東区）、十月長福寺（船橋市）と休む間もなく東京、千葉を巡錫したのでした。その水先案内人は、越山和尚だったのではと推測されます。この越山和尚は、廣太寺から森巌寺に十六世として転住したのでした。その縁から今回の調査に繋ったのです。

〈田旗テル子さんの報告〉

会員の小林將氏が廣太寺を捜しておられたので、平成十八年四月初め坂畑地区を訪れたのですが、手掛かりはありませんでした。後日、君津市に連絡したところ、久留里城址資料館を紹介され、そこの学芸員の布施さんに事情をお話ししました。数日後、布施さんより坂畑在住の及川三夫氏が廣太寺のことを知っており、墓石も残っているという連絡をいただきました。

四月二十七日午後九時、天候雨。久留里城址資料館天野学芸員、布施学芸員、及川三夫氏、田旗孝夫・テル子の五名にて、現地に向かう。用意していただいた古地図に廣太寺が示されており、当時は広い寺域があったことがうかがえた。現在は、及川三夫氏の義弟の所有という。及川氏の叔父小原博氏の案内で跡地を訪れるも、クマ笹でおおわれていた様子（及川氏が前もって笹を刈り取っておいてくれた）。四角の大きな墓石や僧侶の墓石が四～五基横たわっており、廃寺の後は、管理する人がいなくなり、倒れている墓石に胸が痛み手を合せる。廣太寺址地を後にして、近くの共同墓地内の阿弥陀堂に行く。この堂の中に廣太寺にあったという須弥壇と閻魔様をみせていただく。以前どこかの寺で譲ってほしいと言われたが断ったと小原氏が話してくれた。共同墓地にも僧侶の墓石があった。

五月三日、晴れ。先日、址地を訪れた折、倒れた墓石がずっと気になっており、今日、小林將氏と及川氏と田旗二名にて立て直し、お花と線香を供え供養させていただいた。

以上、田旗さんの資料を元に、記述させていただきました。

共同墓地内の阿弥陀堂に
祀られている像
（元廣太寺にあったものという）

阿弥陀堂内の閻魔さま
（廣太寺にあったものという）

倒れている僧侶の墓石
（忠嶽義道大和尚と読める）

後日（5月3日）、
墓石を起こし供養する

〈その後の越山和尚〉

何時か時期は不明ですが、越山和尚は、森巌寺を弟弟子の慧門舜泰和尚に譲りました。舜泰和尚は宗龍禅師の法嗣であり、安居にも七回参加していました。自由の身となった越山和尚は、尾州に旅する途中、旧交地岐阜県中津川に至り、勝半蔵氏宅に宿し、二十年ぶりの旧交を温めました。その時、怪岩奇岩の勝地、寺居山を案内され、此処は、正に仏縁の勝地と思い、亡き本師宗龍禅師の「五百羅漢建立」の遺言に従い、五百羅漢奉納の発願をしたのでした。しかし、完成を見ることなく、寛政十年示叔してしまいました。その遺志を嗣いだのが弟弟子開田大義和尚でした。詳しくは第三部弟子たちの活躍「越山和尚と寺居山五百羅漢」をお読み下さい。

第三部　弟子たちの活躍

越山和尚と寺居山五百羅漢

第一章　寺居山五百羅漢発見の経緯

町田廣文

曹洞宗参禅道場の会会報「参禅の道」第四十二号（平成十七年二月発行）に、小林將氏が「上総州紀行」と題して、上総地方の宗龍禅師の足跡について詳しく書かれていました。それを拝読した私は、会員名簿を見て小林氏に電話をかけたのでした。勿論、宗龍禅師のことについて色々と聞きたいことがあったからです。全く初めての方であったにもかかわらず、四十分間くらい宗龍禅師の話をしてしまいました。これが、私と小林氏との出会いでありました。以来、宗龍禅師研究の盟友として、お付き合いをしております。そして、同じ平成十七年五月、突然、大島晃氏（『大而宗龍伝』著者）が拙寺を訪問され、運命の出会いがあったのでした。それから約六カ月後の十一月五日、大而宗龍禅師顕彰会は発足したのでした。このお二人との出会いがなかったら、おそらく、宗龍禅師顕彰会の発足はなかったと思います。

小林氏は、『上総州紀行』の中で、禅師の随身僧（法嗣と思われるが確定するような古文書はなし）である森巌寺（しんがんじ）（市原市）十六世大蟲（ちゅう）越山和尚について記述されていました。この時、森巌寺でも越山和尚が禅師の随身僧であることを初めて知ったようです。

一方、禅師の研究を本格化した私は六月八日、インターネットで宗龍禅師の検索をかけると、偶然にも宗龍禅師の遺言によって越山和尚が発願した「寺居山五百羅漢」がヒットしたのでした。私は、小林氏にすぐ発見の報告をし、小林氏は森巌寺に連絡したのでした。この報告を受けた森巌寺住職田旗孝夫老師は、九月二十九日、寺居山を訪れて調査をされてきました。その報告を第一回勉強会にて発表していただきました。

私も平成十八年六月六日寺居山や源長寺を訪れ、勝敏史氏に親しくご案内いただきました。

以上が寺居山五百羅漢発見の経緯であります。

五百羅漢と勝敏史氏

第二章　五百羅漢造立の発願者大蟲越山和尚について

宗龍禅師の随身僧大蟲越山和尚は、禅師の主催する安居に七回参加しています。初めて参加した安居（通算二回目）は、宝暦十三年（一七六三）長松寺（高崎市）夏安居で、房州安房郡山本村龍淵寺實巌和上徒となっています。森巌寺過去帳には、房州の人と書かれており、地元の館山市山本にある龍淵寺十四世憲道實巌和尚を師として得度したことになります。そして、早くから宗龍主催の安居に参加し、侍者や授戒会の直壇を勤めており、禅師からも信任が厚かったようです。天明三年（一七八三）には、住職地広太寺（現廃寺、君津市坂畑）において、禅師を招いて授戒会を行っています。その後、時期は判明していませんが、森巌寺十六世として晋山した模様です。そして、寛政六年（一七九四）には、弟弟子の慧門舜泰（宗龍禅師法嗣）に森巌寺を譲り、何らかの用事で尾州へ旅立ったのでした。

第三章　五百羅漢造立の経緯

岐阜県中津川市源長寺に「石佛五百羅漢勧化帳」という古文書が残されています。この勧化帳内に、宗龍禅師の遺言によって五百羅漢を作ったことが書かれており、この文書を中心に造立の経緯を述べてみたいと思います。

越山和尚は、寛政六年（一七九四）七月、森巌寺を退去し、何らかの目的（新しい寺の住職になることか？）で尾張へ旅立ちました。その途中、二十年前に親交のあった茄子川村（なすびかわむら）の勝半蔵宅に立ち寄りました。二十年前とは、安永二年（一七七三）恵那市圓通寺授戒会、宗久寺（恵那市）結制冬安居、並びに授戒会を行う為に巡錫した時のことであります。越山和尚は、授戒会の侍者という重要な役についており、半蔵も戒弟として参加していました。この時に二人は出会い、

源長寺

昵懇（じっこん）の仲になったものと思われます。二人は旧交を温め、話は深夜にまでおよびました。半蔵は、その話題の中で裏山に寺居という旧跡のあることを話されました。越山和尚も興味をもち、明日半蔵が案内することになりました。寺居山に案内された越山和尚は、怪岩奇岩の地形に驚きました。二人は松の木陰で涼をとっていると、地中に埋もれている木像の観音像を発見しました。正に此地は仏縁の地と思い、宗龍禅師が生前「我に五百羅漢建立の志願ありといえども、老年すでに窮まれり、汝有縁の勝地を択び建立すべし」と言った遺言ともいうべき言葉を思い出しました。越山和尚は、禅師の遺言を達成すべき所はこの地であると即断し、半蔵に助力を願い、大事業が始まったのでした。

まずは、当所中切にある弥陀堂を移築しました。弥陀堂の扁額は、宗龍禅師の書であり、二十年前の巡錫の折、書したものと思われます。また、源長寺の本堂額も禅師の書であります。当寺の過去帳には「得戒師　宗龍大和尚」と書かれており、禅師の戒師としての名声が高かっ

阿弥陀堂扁額

たことがうかがえます。

翌七年（一七九五）六月、越山和尚らは、尾張藩奉行所へ五百羅漢建立の願書を提出しました。しかし、許可が下りたのは三年後の十年四月の事でした。こうして、十月から山を切り開き、信濃国伊那郡高遠の石工、吉倉と孫十郎、それに尾張領大井村久四郎の三人が石像の制作にあたったのでした。半蔵は光岡太郎右ェ門の協力を得て、近隣百ヶ村に趣意書を配り、勧進喜捨を求めると、次々に寄進者があらわれ、岩の上に石像が完成していきました。

寛政十一年四月二日、羅漢像三十体、その他の石像二十四体の開眼供養が行われました。本来ならば、発願者の越山和尚が導師を勤めるはずでありましたが、残念なことに一年前に遷化してしまい、弟子の宗賢寺住職開田大義（宗龍禅師法嗣）が勤める事になりました。開眼供養は、近隣の寺院住職三十名が随喜し、餅六十櫃を投げて、参詣人に供養され、盛大に行われました。

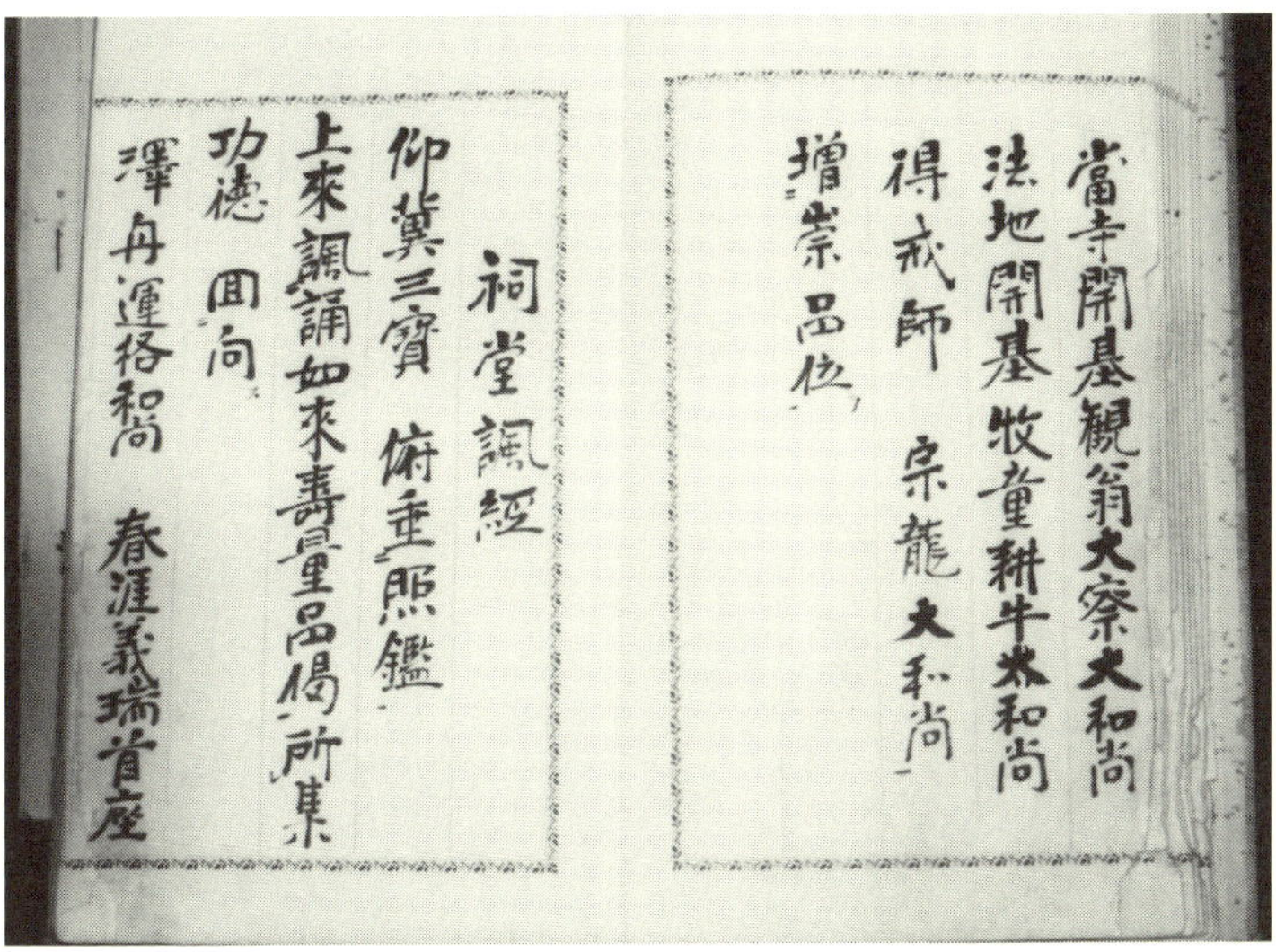

源長寺過去帳

阿弥陀堂内の大義和尚書

「勧化帳」によれば、十六羅漢像寄付者は、

第　一尊者　越後　前宗賢寺　大義　金一両
第　二尊者　飛州　大隆寺　恵林　金一両
第　三尊者　光岡　太郎右衛門　金一両
第　四尊者　東野村　宗久寺　探源　金一両
第　五尊者　大井駅　長国寺　宗峰　金一両
第　六尊者　茄子川　源長寺　耕牛　金一両
第十一尊者　上総国前森巌寺発起願主越山　金一両

となっており、宗龍禅師の法嗣や、以前授戒会で訪れた寺院の住職が寄付していることがわかります。また、地元茄子川をはじめ近村の篤信者や講中の名前で、尊像を寄付し、協力していることがわかります。なお、羅漢像は、一度ではできず、遂次造立されたようで、全部で一二九体造られて、五百体には至りませんでした。しかし、宗龍禅師の遺言によって創られた、この霊場は越山和尚、大義和尚勝半蔵氏の悲願が込められており、貴重な霊跡として今日まで守られてきました。

【参考文献】

『中津川市史』近世Ⅰ・中巻別編
『恵那市史』史料編
『参禅の道』第四三号「上総州紀行」2　小林將

雄山大英和尚について
——宗龍僧団の一人——

小林　將

第一章　雄山大英(ゆうざんだいえい)和尚とは

(一)　夏見山長福寺

筆者は現在、千葉県船橋市に居住しています。同市内に夏見台と呼ばれる台地があり、その台地の東側の一角に**夏見山長福寺**が所在します。

夏見台は、往古に海が内陸部に迫っていたころの海岸段丘であり、縄文時代の遺跡・古墳時代の住居跡や中世の城郭の遺構もあり、古くから人々が村落を形成していた場所でした。

長福寺の本尊・聖観音菩薩（市指定文化財）は、天文五年（一五三六）に造立されており、寺院の草創は室町時代まで遡ります。後世曹洞宗となり、本寺は船橋市西船橋にある宝成寺です。その**長福寺十三世**

が**雄山大英和尚**です。

(二)　雄山大英和尚の記録

雄山大英和尚が記録として登場するのは、大而宗(だいにそう)龍(りゅう)禅師が生涯に亘って六十四回の授戒会の戒師（授戒を助ける師）となった記録書である『**正受戒弟簿**』の中、第五十七回天明四年（一七八四）十月、大而宗龍禅師を拝請して授戒会を開戒した記録です。

『正受戒弟簿』より

下総州葛飾郡**夏見村長福寺**開会

當村**嘉左衛門母**

……………

教授現住**雄山大英**大和尚

維時天明四龍舎甲辰之年十月二十三日開戒会十月

二十九日満戒

長福寺の本堂

この授戒会は、大而宗龍禅師が晩年（六十七歳）、天明三年から天明四年に掛けて千葉県内（下総・上総・安房）のかつての自分の弟子・随身のもとを巡回して戒師となった際の記録であったのです。

また、雄山大英和尚の生家は、夏見台の麓に位置する伊藤家でした。代々の屋号は**嘉左衛門**であり、石碑・文書等にその名を留めています。長福寺の総代を務めた有力檀家です。天明四年の授戒会にも「嘉左衛門の母」が参加していました。雄山大英和尚の実母と思われます。

雄山大英和尚はこの長福寺で剃髪得度をしたものとみなされます。

(三) 雄山大英和尚の修行

宗龍禅師との道交・巡り会いはいつごろからあったのでしょうか。修行経歴は、宗龍禅師の弟子たちの集団＝**「宗龍僧団」**に雄山大英和尚が入っていたのでした。宗龍禅師は生涯に亘って三十三回の結制安居（年二回夏・冬に三カ月間、僧侶が集団で修行する行持）の助化師（安居を助ける師）となっており、その記録である**『夏冬安居牒』**に雄山大英和尚が登場します。明和から安永年間（明和八・安永元・安永二・安永三年）に随身・修行していました。その中で、特筆すべき記述があったのです。

『夏冬安居牒』より

安永二年（一七七三）美濃国恵那郡生家村（岐阜県恵那市）
長昌山円通寺夏安居　山主良重和尚
配役供頭・大周（下総国葛飾郡**夏見村長福寺泉英**和上徒）
配役茶頭・**大英**（雄山大英のこと）

配役菜頭・要津

この記述の意味することとは、遠く岐阜県で安居した大周と同じく、雄山大英和尚も受業師（剃髪得度の師）が長福寺十二世証安泉英和尚であると告げていると考えられます。

(四)　まとめ

雄山大英和尚は、夏見山長福寺の檀家である伊藤家に生を享け、長福寺十二世証安泉英和尚のもと剃髪得度しました。そして、雲水（修行僧）となり大而宗龍禅師のもと「宗龍僧団」の中で、各地を転地しながら修行をしていたのでした。

第二章　雄山大英和尚の生涯・法系譜について

(一)　雄山大英和尚の法系

船橋で産まれ「宗龍僧団」の一員として、下野（栃木県）・濃州（岐阜県）・三河（愛知県）等で修行の足跡を残した雄山大英和尚は、その後安房の福寿院七世住職（千葉県南房総市白浜町）となります。その際、安房の本寺格である旧三芳村延命寺（千葉県南房総市本織）の法系（師匠と弟子の系譜のこと）を継ぎました。残念ながら、参禅の師であった大而宗龍禅師の法嗣（はっす）（法をついだ弟子）とはなりませんでした。

この法孫は、幕末まで安房地方で繁茂し、ついに幕末の名僧・**大癡千準（だいちせんじゅん）和尚**を生むに至りました。大癡千準和尚は、幕末の永平寺の監院（かんにん）として辣腕を振い、永平寺臥雲童龍禅師を支え、のちに、滋賀県彦根市の清凉寺（井伊公の菩提寺）の住持にもなった人物です。この人物が雄山大英和尚の法孫（法系譜の子孫）であったのです。

(二)　法系譜の発見

平成十二年（二〇〇〇）、大勢の方々と房州白浜町の大癡千準和尚の生家や関係寺院を訪問し、法系譜調査を行いましたが判明しなかった経緯にありました。

この法系譜は、偶然に発見されたものでした。発見者は延命寺現住昆尚道老師であり、平成十八年（二〇〇六）、館山市龍樹院の『回向双紙（えこうぞうし）』の中に記されていた「雄山大英・大癡千準」の法の流れを発見されたものでした。

延命寺開山
吉州梵貞………**雄山大英**………**大癡千準**

禅僧の法系の集大成である『曹洞宗全書大系譜』に欠落していた法の流れを解明できましたことは、よかったです。

(三) まとめ

雄山大英和尚は、房州（千葉県）の延命寺門派の法を嗣いで、福寿院七世・船橋市長福寺十三世・八千代市観音寺十七世と歴住し、文政七年（一八二四）に示寂（亡くなること）しました。長福寺時代には、参禅の師・大而宗龍禅師の訪問を受けて授戒会を行い、また生家や一族に支えられて石造物の造立・梵鐘の鋳造を行い、住山期間も二十余年と長期に亘りました。

第三章　長福寺に残る足跡

夏見台一帯は、幕末の戊辰戦争時、旧幕府軍が上総木更津方面に上陸し北上する中、「市川・船橋戦争」と呼ばれる官軍と戦争があり、長福寺・その近隣薬王寺や船橋市内の船橋大神宮等が兵火で焼かれてしまいました。そのため、長福寺には文物は少ないものの、石造物が今に伝存しています。

(一) 禁葷酒碑

山門前の右手に所在。寛政四年(一七九二)、地元伊藤氏の支援のもと、雄山大英和尚自らが造立したものです。霊亀の背中に結界石が建つ珍しい石碑です。

(正　面) 不許葷酒入山門

(右側面) 于時寛政四年壬子

十月吉旦

(左側面) 當山現住**雄山英**叟代

(天下泰平)

(裏　面) 奉納大乗妙典六十六部

供養

行者當村**伊藤善兵衛**

(国土安穏)

長福寺禁葷酒碑

(二)　揚柳観音座像

山門前左手に所在。明和四年（一七六七）十月、受業師・証安泉英和尚が造立。これは、天明四年（一七八四）長福寺に大而宗龍禅師が訪問した際に、既に存在していたもので当時を偲ぶ唯一の石像といえます。

（台座正面）　下総三十三カ所
　　　　　　補陀場第一番目
　　　　　于時明和四年丁亥冬
　　　　　十月日

（台座右面）　長福現在　**泉英**誌之

揚柳観音座像

(三) 三界万霊等

文化十四年（一八一七）十月、雄山大英和尚が台座の碑銘を記している（雄山大英和尚は八千代市観音寺の住持であった）。十五世當観宗英和尚が造立したもの。裏面に僧形の像が彫られており、一部剥離して判明しないが、この僧は証安泉英和尚と推察される。

（正面）三界萬霊等

（裏面）當山□□□□〈欠落〉

泉英大和尚　現十五世

當観宗英叟真像敬立

三界万霊等裏面

㈣　伊藤家の墓所

墓碑銘がある。

（正面）　**嘉左衛門**累代之墓　伊藤氏

（墓碑銘）　七代目　観了道禅上座　寛政十年十一月廿一日
快運妙慶法尼　寛政七年四月廿七日
当長福寺十三世（雄山大英）之両親

この記述より、天明四年の授戒会に参加した「嘉左衛門母」とは、雄山大英和尚の実母と分かる。また、寛政年間には雄山大英和尚は長福寺に住山中（住職中のこと）であり、両親の戒名は自らが命名したものといえる。

㈤　梵鐘銘の記録

現在、長福寺に梵鐘はありませんが、かつては梵鐘が門前に存在し、その碑銘が『曹洞宗全書』の中に残されていたのです。これは、柏市龍泉院椎名宏雄先生からご教示を頂いたものです。

文化元年（一八〇四）、雄山大英和尚が江戸世田谷豪徳寺（江戸の井伊公の菩提寺）住職・寂室堅光禅師に梵鐘の碑銘を依頼したものであったのです。

『下総夏見長福寺鐘銘』

……而今住山**大英和尚**僧荘烈力。図興復。……

文化紀元甲子十月吉日　幻住豪徳**寂室堅光**識

佛法興隆皆度衆生　**伊藤嘉左衛門**　現長福十三世**雄山大英**拝書

夏見山長福寺現住**大英**叟代

非常に重要な記録でした。というのは、天明年間から寛政・享和・文化初めと長期間に亘り、雄山大英和尚は長福寺に住山していたことを伝えています。また、当時の名僧寂室堅光禅師と交流のあったこと（のちに法孫・大癡千準和尚は寂室堅光禅師の随身となりました）。梵鐘の鋳造に実家の伊藤嘉左衛門家が助力していたことも伝えてくれたのです。雄山大英和尚が筆刻した梵鐘が、戦時中供出されたことまことに残念なことです。

第四章　秩父市廣見寺との関連について

(一)　秩父市廣見寺

秩父市にある**大林山廣見寺**は、大而宗龍禅師の研究者にとりまして聖地といえます。それは、明和六年から七年（一七六九〜一七七〇）、宗龍禅師（五十三歳）が初めて「石経書写」を実施した場所で、境内地の一隅に『**石経蔵**』の石窟が残され、埼玉県文化財に指定されているからです。当時の住職十八世**大量英器和尚**（天明六年寂）が物心共に労苦を惜しまない支援を行ったものです。大量英器和尚は、その後も宗龍禅師の思想に共鳴し行動を共にされました。それは、大量和尚自らが、そして大量和尚の弟子達までもが「宗龍僧団」のメンバーとして、大而宗龍禅師の各地での授戒会・結制安居の開催を支えたからでした。

(二)　船橋長福寺との関係

廣見寺に古文書が残されています。これは廣見寺二十五世鉄山祖印和尚の時代書（経歴書）です。その内容は、「自分（祖印）は、元々船橋市宝成寺（長福寺の本寺です）の修行僧であり、寛政十年（一七九八）の冬、下総国葛飾郡夏見村の**長福寺大英和尚**の安居で首座（しゅそ）（修行僧のリーダーになった）」というものでした。

非常に重要な古文書でした。何故なら、寛政元年（一七八九・七十三歳）に、大而宗龍禅師は示寂していましたが、弟子たち「宗龍宗団」の関係がずっと継続していたことを伝えてくれているからです。それが、鉄山祖印和尚の存在だったのです。祖印和尚は、その後、船橋長福寺より聖地・廣見寺の住職として上がったのです。

ここに「宗龍僧団」の人間関係を示す記述があります。

『夏冬安居牒』より

安永元年（一七七二）下野州足利郡足利之庄松田邑（栃木県足利市）

瑞蔵山宗泉寺冬安居　瑞応和尚

配役鑑寺・**大量**（大量英器のこと）

配役知随・**要津**（要津不山のこと）

配役供司・**大英**（雄山大英のこと）

廣見寺本堂

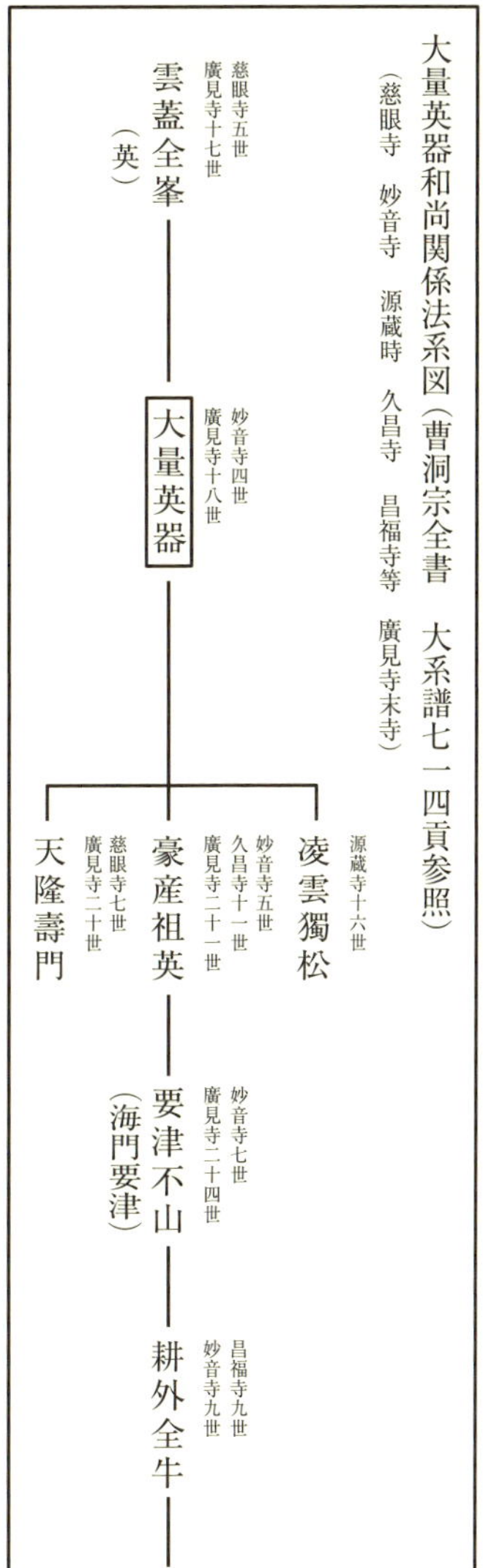

雄山大英和尚の姿があります。そして、大量英器和尚、その孫弟子である要津不山和尚も参随していました。この要津不山和尚こそ、鉄山祖印和尚の廣見寺前住職二十四世であったのです。

雄山大英和尚と要津不山和尚は、「宗龍僧団」のメンバーであるばかりでなく、寛政十年より遥か二十六年前の同時期、一緒に行動を共にしていた仲間であったのです。この二名の深い関係が後年自らの後任として廣見寺に鉄山祖印和尚を迎え入れたものと考えられます。

(三)　まとめ

雄山大英和尚は、弟子・鉄山祖印和尚を「船橋長福寺」より「秩父廣見寺」に異動の橋渡しをした人物といえます。宗龍禅師亡き後も「宗龍僧団」の人脈が生きていた証です。

第五章　おわりに

筆者にとりまして、住んでいる地元船橋に、大而宗龍禅師の足跡があったことをうれしく思っています。雄山大英和尚の生涯の解明は、まさに「大而宗龍禅師顕彰会」の発足による会員各位・関係者が、各地で史料の発掘・現地調査・情報交換・史実の積み上げげによる結実と考えられます。今まで歴史の中に隠れていた人物を、ひょっこり表舞台に登場させることができたのではないかと考えられます。「大而宗龍禅師顕彰会」の活動の成果の一つといえます。

雄山大英和尚は、隠れた一地方の「草莽の禅僧」でしたが、その経歴は、若き日当時の名僧・大而宗龍禅師の薫育のもと修行し、生家のある船橋長福寺に帰り住山します。そこで檀信徒の助力のもと布教と寺院の興隆に尽力した「地域に根ざした禅僧」であったと思います。晩年には、弟子を秩父廣見寺に送り込み、最後まで「宗龍僧団」としての関係を持っていたものといえます。直接には、大而宗龍禅師の法を嗣ぎませんでしたが、幕末には宗門の中央舞台で活躍する大癡千準和尚を輩出するにまで雄山大英和尚の法孫が繁栄したのでした。

筆者は今でも、大而宗龍禅師が侍者を伴って、この船橋の夏見に遥々来訪し、七日間滞在した往時の長福寺を繰り返し夢想しています。

宗龍禅師の弟子「大乗宗堅尼（だいじょうそうけんに）」

高野俊彦

第一章　廣見寺石経蔵と宗龍禅師

この石経蔵は、大林山廣見寺十八世大量英器大和尚と新潟県新発田市観音院三世大而宗龍禅師によって、明和七年（一七七〇）に造られたものです。

石経蔵の中に大般若経を墨書した大小の川原石数千個が納められています。

大而宗龍禅師は、各地で授戒会（六十四回）、安居（三十三回）を行い、民衆の救済と僧侶の育成に務められた大禅師です。

廣見寺石経蔵

第二章　江戸時代の石経蔵

現在の石経蔵の形状は、石経蔵内を封鎖する火灯窓風の扉がついているのみであります。しかし、本書にて町田会長の「廣見寺石経蔵事業の全容」にて言及されているように、当時は、灯籠や金銅の十六善神像があり、現在よりも豪華であったようです。

昨年のことですが、偶然「松本家文書」の中より、左記の文章を発見しました。この文章によれば、建設当初（明和七年）には、梁間三間、桁行二間、笹板葺の大きな向拝があったとのことです。しかし老朽化したことからか、十五年後の天明五年（一七八五）に、二本柱で七尺五寸、柿葺と少し縮小されて再建されたようです。

○　忍藩秩父領大宮郷代官所「松本家文書」より

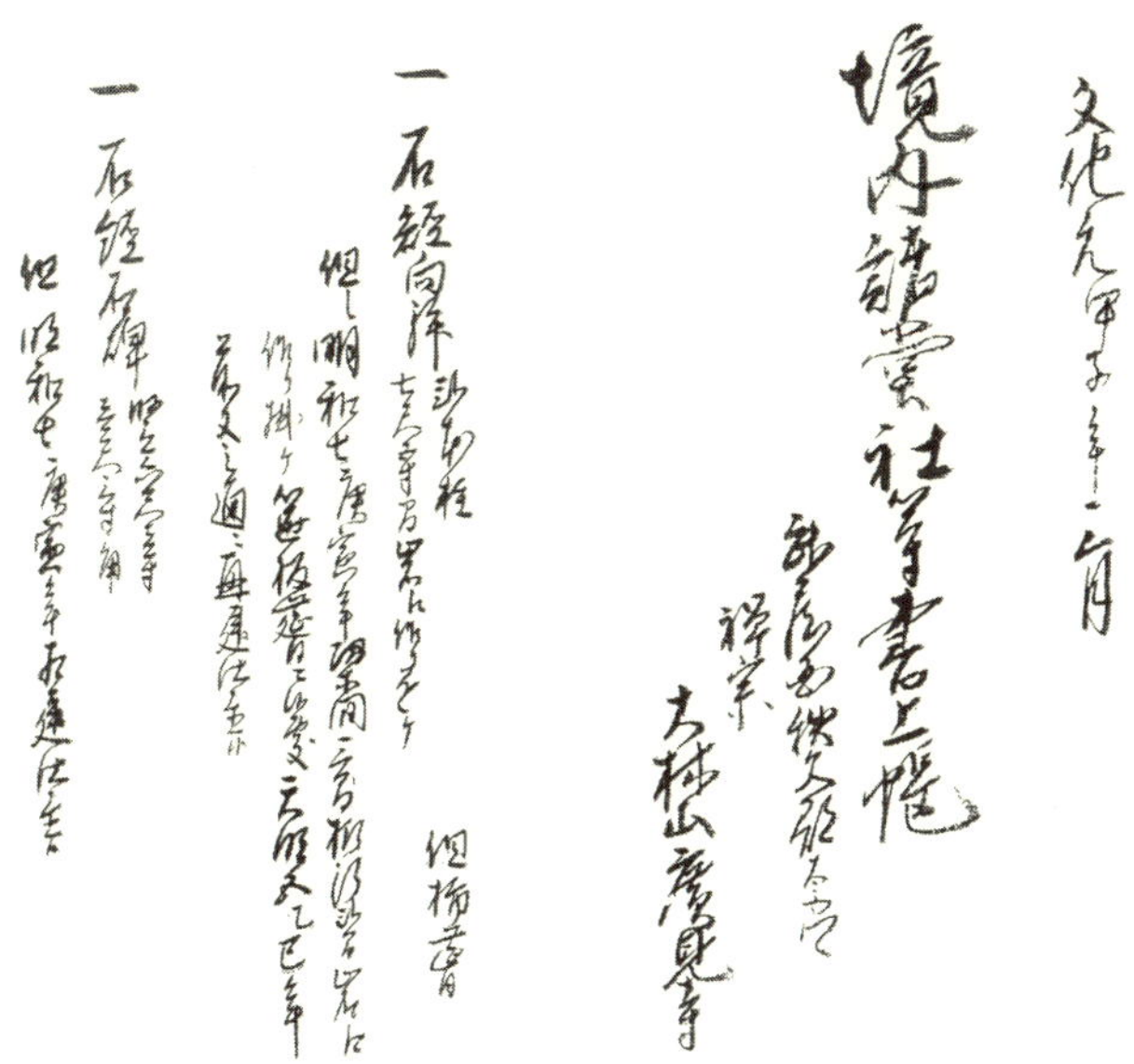

文化元（一八〇四）甲子年三月

境内諸堂社等書上帳

武蔵国秩父郡大宮郷

禅宗

大林山廣見寺

一　石経向拝　弐本柱　但柿葺
七尺五寸間岩江作り懸ケ
但し明和七庚寅年　梁間三間、桁行弐間、岩江
作り懸ケ笹板葺に候處天明五乙巳年
前文の通りに再建仕置候

一　石経石碑　竪六尺壱寸
壱尺三寸角
但し明和七庚寅年　相建仕置候

第三章　廣見寺石経蔵関係の年表について

(1)　大而宗龍禅師による石経蔵

明和三年（一七六六）
　大而宗龍禅師、藤岡市龍田寺安居にて大般若経書写の大願を志す。
明和四年（一七六七）
　二月、秩父郡大通院において第十一回授戒会を開催する。廣見寺大量英器和尚の弟子たちが参加する。秩父三十四所観音霊場を参拝する。その際、河原の平白石に書写することを思いたつ。
明和五年（一七六八）
　廣見寺（十八世大量英器）において宗龍禅師十三回目の授戒会・安居を開催する。参加者は二百二十八名。
明和六年（一七六九）
　廣見寺の大量英器により、石工八人、一年がかりで石蔵を完成。

明和七年（一七七〇）
　五月より百日間の石経書写安居。僧侶参加者八十九人。大般若経を書写し石蔵に納めた。

(2) 廣見寺石経蔵の顕彰

明治四〇年（一九〇七）
　奥田正造氏の父、祇兵衛氏が宗龍禅師百年忌に『福寿海』を印施。
昭和二年（一九二七）
　埼玉県史跡名勝天然記念物調査が行われ、調査員塩谷俊太郎氏（秩父市今宮神社宮司）『埼玉県史跡名勝天然記念物調査報告』第四輯を作成する。
　奥田正造氏（成蹊高等女学校校長）が『宗龍和尚遺稿　上下』を刊行する。
　石経蔵が埼玉県史跡に指定される。（三月三十一日）
昭和三年（一九二八）
　奥田先生が石経蔵を参拝する。（十一月四日）
昭和三十九年（一九六四）
　改修並びに説明板作成する。（県補助十一万九千円・市補助二万円）
昭和五十二年（一九七七）
　山本哲成師、宮　榮二氏により、良寛の相見の師「宗龍」が大而宗龍であることを『越佐研究』第三十八集に発表する。

昭和六十年（一九八五）

宮　榮二氏『良寛記念論集』に「大而宗龍禅師史料」を掲載する。

平成十八年（二〇〇六）

廣見寺の明和七・八年の日記が発見され、秩父神社・武甲山・三峯山にそれぞれ石経を奉納したことが判明した。

※秩父神社では、昭和四十八年（一九七三）の本殿解体修理の際の発掘調査で大般若理趣分経を墨書した五十点の礫石経が出土し、武甲山では、昭和五十二年（一九七七）頃の武甲山総合調査において武甲山山頂遺跡より理趣分経の礫石経が出土している。

平成二十七年（二〇一五）

※廣見寺第三十世智浄大宏大和尚の備忘録より「廣見寺般若石経保存会設立趣意書」のメモが見つかる。

第四章　宗龍禅師の影響を受けた廣見寺の僧侶

(1) **大量英器大和尚**（廣見寺十八世）

明和五年（一七六八）の授戒会。石経蔵を宗龍禅師と協力して造立する。

安居に参加（宗泉寺　鑑寺　全久院　後堂）

安居・授戒会に参加した弟子

慧賢　英倫　古鏡　独松　要津　梅心　栴林　了端　月笑

(2) **大庵正道大和尚**（廣見寺十九世）

明和七年（一七七〇）石経蔵事業

安居に参加した弟子

蘇林　見宗　素聯　昶天　密玄　義喬

(3) **仏州英倫**（麟）（秩父札所十三番　慈眼寺十世）…

安居に十三回参加

宗龍禅師から転衣金五両を頂戴。全久院授戒会の直壇を務める。西光寺授戒会の侍者を務める。

(4) **要津不山大和尚**（廣見寺二十四世）

安居に十一回参加する。

第五章　秩父大宮郷上町の中覺兵衛

明和五年（一七六八）

廣見寺授戒会には、中覺兵衛が妻娘と共に参加している。『正受戒弟簿』には、筆頭に名前を連ねているので、当時のリーダー的存在で、授戒会という大変な事業をささえたものと思われる。

明和九年（一七七二）

七月の宗泉寺（足利市）授戒会では、先年亡くなった息子要八（羅山了休居士）の亡戒を仙齢比丘尼に代受してもらっている。

安永七年（一七七八）

　高崎の長松寺授戒会には息子と思われる二代目半兵衛（仙外良胤居士）が参加している。

○中家の墓地には、覺兵衛が寛政十年（一七九八）三月吉日に建てた「大乗妙典千部供養塔」の石塔が建っている。裏側に誦緒者中覺兵衛と書かれている。

大乗妙典千部供養塔

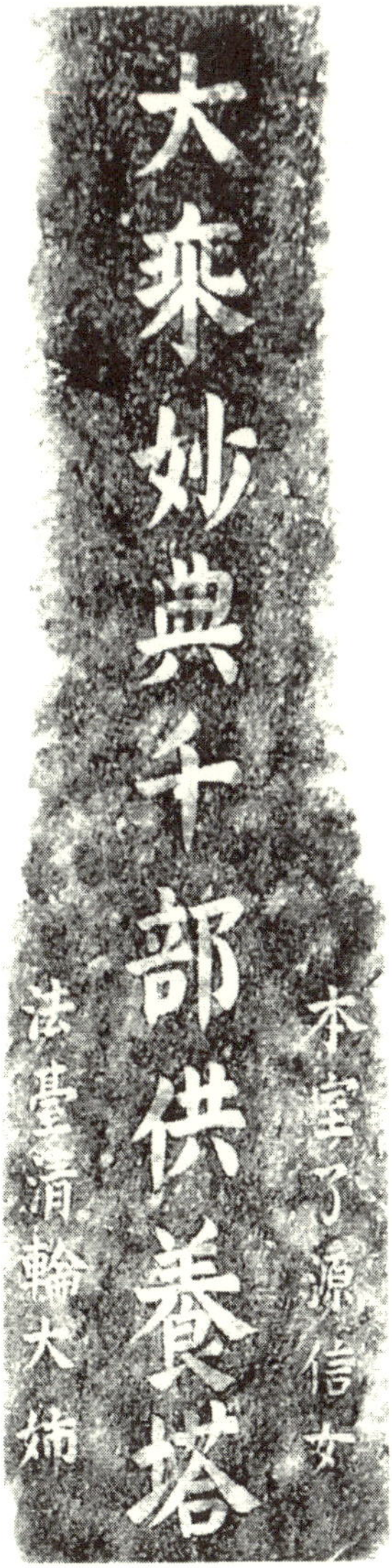

右の拓本

○「大乗妙典千部供養塔」の右側に、もう一塔「漸読妙経千部供養塔」がある。この供養塔は、宝暦三年（一七五三）正月に建てられたことがわかる。裏側に中半兵衛（一代目半兵衛、覺兵衛の父）と書かれており、半兵衛が建てたものと思われたが、半兵衛は、立塔二年前の寛延四年（一七五一）三月二十日に歿していることから、父半兵衛菩提の為に覺兵衛が建てたものと思われる。

宝暦三年　漸読妙経千部供養塔の拓本

第六章　高野伊左衛門と秩父神社柞稲荷

宝暦三年（一七五三）

宮川村在住の高野伊左衛門の屋敷内に祀っていた稲荷社を宮側町内に移す。

宝暦九年（一七五九）

二代目高野伊左衛門は、子の孫右衛門と伏見稲荷大社に出向き、神霊安鎮の覚を授与される。（現在、柞稲荷社殿に保管）

天明二年（一七八二）

三代目高野伊左衛門は、新たに伏見稲荷大社より神霊安鎮の璽令を受ける。（現在、高野武四郎家で保管）

天保十五年（一八四四）

稲荷社を宮側町の正式な社とする。

明治四十年（一九〇七）

政府の命により、秩父神社境内に移す。

昭和五十七年（一九八二）

柞稲荷

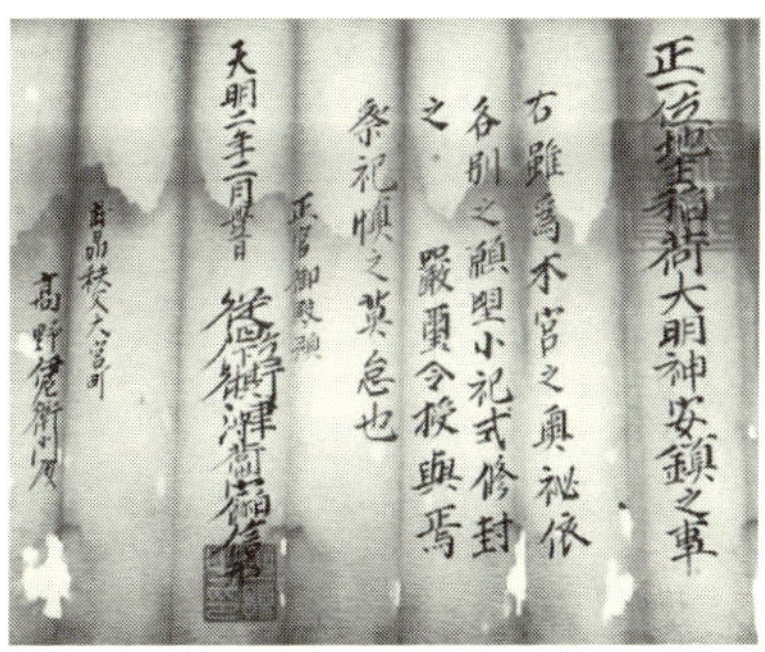

正一位稲荷大明神安鎮之事
右雖為不肖之輿祕依
各別之願望小祀式修封
之嚴重令授與焉
祭祀慎之莫怠也
天明二年二月
武州秩父大宮町
高野伊左衛門殿

天明二年文書

宮側町の奉賛会役員が伏見稲荷大社に出向き、確認・再祈願をする。

第七章　高野伊左衛門と帯刀御免

文化六年（一八〇九）
四代目高野伊左衛門は、新しく夏用の袴（はかま）の生地を手掛け、忍藩に冥加金を収めた褒美として帯刀を許された。

文化六年（一八〇九）
忍藩からの御名代が妙見祭礼絹市に来秩した時、名主らとともに案内役を務める。

○年代不詳ながら
「三井文庫」収蔵の関東・越後の商品預かり控帳に秩父絹の取扱商人に高野伊左衛門の名もみられる。
秩父神社での祭礼のお札配りの会合での扱いも特筆されている。

第八章　高野伊左衛門家の墓所と戒名

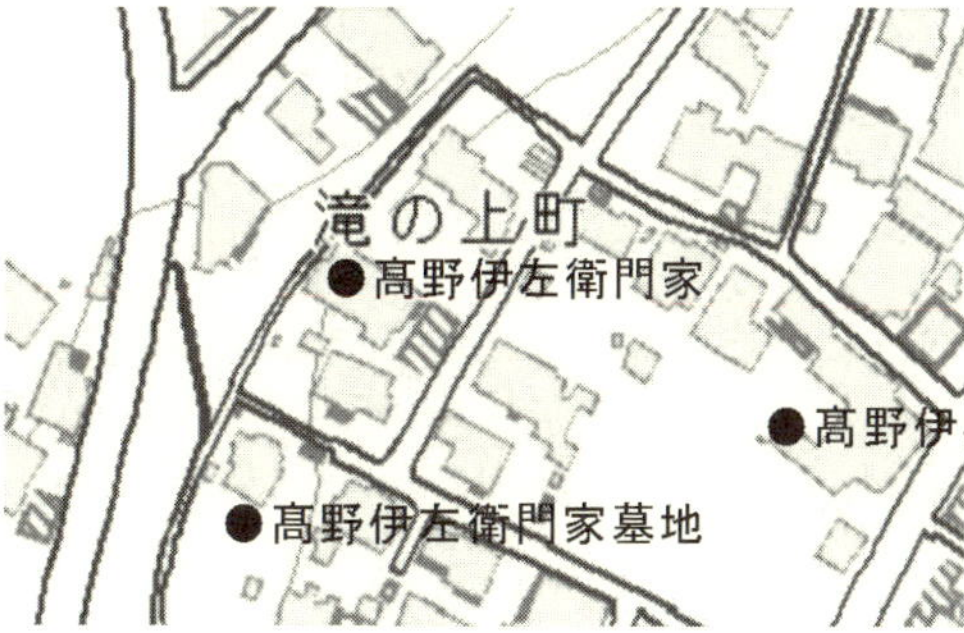

8　7　6　5　4　3　2　1

18　17　16　15　14　13　12　11　10　9

【没年順の墓石】

番号	戒　　名	和　暦	西暦	備　　考
7	花雪妙金大姉	万治　3年	1660	伊左衛門内儀
7	白岩道雪居士	元禄　3年	1690	○吉右衛門父
9	寒質霜庭居士（禅定門）	元禄　4年	1701	太左エ門子　柿沢
6	西言道向居士	宝永　5年	1708	○初代伊左衛門父　吉右衛門
9	璨相童女	正徳　6年	1716	忠兵衛娘　瀧の上
16	了幻童子	享保　4年	1719	伊左衛門子　瀧の上
6	節巌操貞大姉	元文　3年	1738	初代伊左衛門母
10	**圓達覺峰童子**	**寛延　4年**	**1750**	**2代目伊左衛門次子　松五郎**
5	一方西蓮庵主	宝暦　3年	1753	○初代伊左衛門
10	白林良水童女	宝暦　3年	1753	2代目伊左衛門女子
10	劫外了空法尼	宝暦　8年	1758	初代伊左衛門叔母
11	幻芳露心大姉	宝暦11年	1761	2代目伊左衛門娘
5	一向貞三法尼	宝暦12年	1762	初代伊左衛門妻
10	幽玄蘭芳童子	宝暦13年	1763	2代目伊左衛門孫
13	心譽量覺妙感大姉	明和　7年	1770	高野伊左衛門實母江戸にて没
4	**丹山僊桂庵主**	**安永　3年**	**1774**	**○2代目伊左衛門**
4	自覺妙心法尼	天明　7年	1786	2代目伊左衛門妻
14	圓顔俊光樿童子	寛政　7年	1795	3代目伊左衛門孫
3	最運榮勝庵主	寛政10年	1798	○3代目伊左衛門　勝栄
18	忠峰了儀信士	享和　元年	1801	伊左衛門抱者　番頭
15	**従容四世當菴開基大乗宗堅尼首座**	**文化　4年**	**1807**	**2代目伊左衛門娘**
3	光安恵明法尼	文化　8年	1811	3代目伊左衛門妻
17	蘭芳秀菊大姉	文政　2年	1819	
2	大剛良最庵主	文政　6年	1823	○4代目伊左衛門
1	玉燈良順庵主	文政13年	1830	太八　伊左右衛門孫
	髙嶽良雲庵主	天保13年	1842	太市　伊左右衛門子
2	林雙良鶴法尼	天保15年	1844	伊左右衛門妻

【没年不詳の墓石】

番号	戒　　名	和　暦	西暦	備　　考
8	髙山道屋居士			
8	祖室妙林大姉			
9	了約童子			
12	圓室妙覺信女			

第九章　高野伊左衛門と受戒会

二代目高野伊左衛門は、明和五年（一七六八）の授戒会に妻娘と参加している。

　大林山廣見寺受戒会『正受戒弟簿』より

「天性道胤」　瀧ノ上　伊左衛門（二代目）

　丹山僊桂庵主（廣見寺過去帳）

　安永九年没

「丹山玉鳳」　瀧上　伊左衛門内

　自覚妙心法尼（廣見寺過去帳）天明七年没

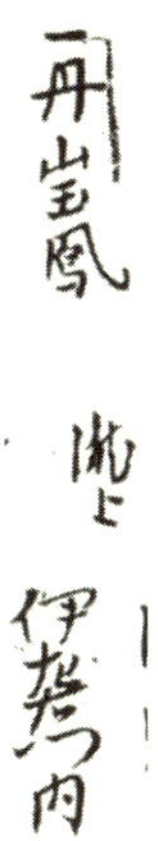

「憲外明章」　瀧上　伊左衛門娘

　受戒後に出家か。

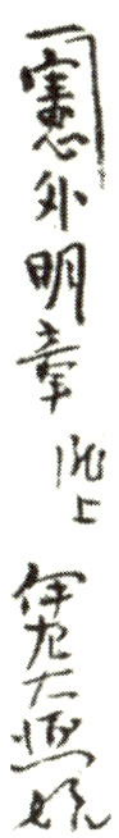

○現在の高野俊彦家の先祖である高野伊兵衛も、明和五年（一七六八）の授戒会に妻が参加している。

「旭雲玄鳳」　瀧上　伊兵衛母

　幽窓貞玄大姉（廣見寺過去帳）安永二年没

第十章　大乗宗堅尼

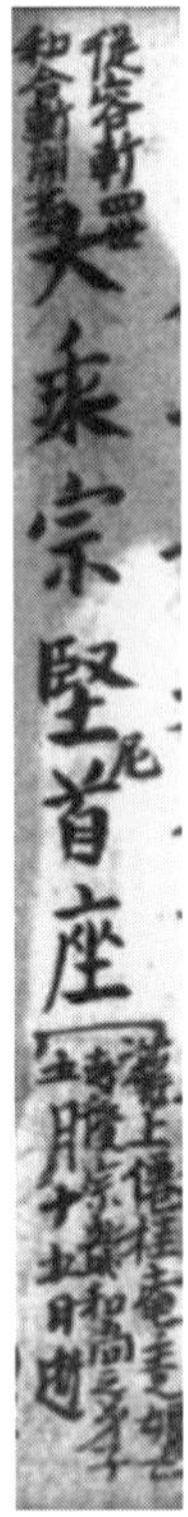

廣見寺の過去帳の「大乗宗堅尼」の部分には、「越後宗龍和尚の弟子」と明記されている。受戒会に参加した娘と同一人物かは不明であるが、二代目高野伊左衛門の娘は、宗龍禅師の弟子となり、大乗宗堅尼として、何回か各地での宗龍禅師の授戒会に参加している。

文化四年（一八〇七）に没した。

宗堅尼墓塔

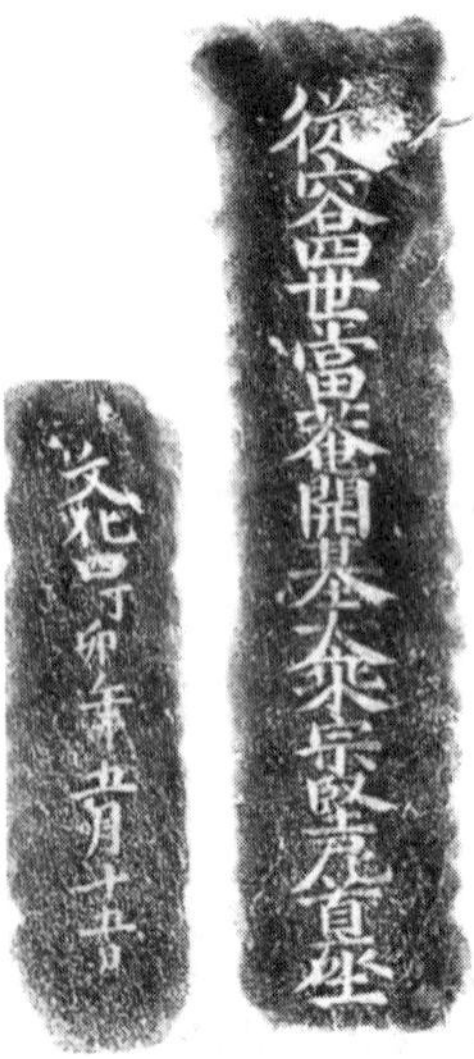

墓塔拓本

第十一章　従容軒四世とは

廣見寺の過去帳の大乗宗堅尼の「従容軒四世」及び髙野伊左衛門家の墓地の大乗宗堅尼の墓碑の「従容四世」とある「従容軒」とは、宝暦年間に、後桜町天皇妹の桂林院殿天質宗香禅尼が開基し、徳川家寄進の関東で最初の曹洞宗の尼寺（五〇人扶持）で、常に四〇名の尼僧が各地より集う関東における一大尼叢林（徳川三筆尼寺の随一）となった。明治初期の廃仏毀釈の際に廃寺になることを恐れ小田原の福寿院の寺籍を移して旧称の「従容」を山号に残して従容山福寿院と改称した。

現在、福寿院に残る世代表に、「従容四世大乗相（宗）見尼」と記録されている。

第十二章　各地の授戒会に参加する大乗宗堅尼

明和七年（一七七〇）

相州愛甲郡田代村満珠山勝楽寺の冬安居では「戒本大乗比丘尼」として参加している。

…　この明和七年（一七七〇）夏には、廣見寺（十九世大庵正道）において、宗龍禅師とともに、「般若石経結衆安居」が開催されている。

明和七年（一七七〇）

武州多摩郡直竹村村鳳林山長光寺での授戒会には、二代目伊左衛門の次男（自分の兄弟）の「圓達覚法童子」を代受し、大乗尼が参加している。

…　大乗尼は、この頃には宗龍禅師の弟子となっていたことが推定される。

明和九年（一七七二）

下野の足利郡松田村瑞蔵山宗泉寺での冬安居には、「雪山不白居士」を大乗比丘尼が代受している。

雪山不白居士墓塔（関根徳治家宅地内）

この「雪山不白居士」は、滝の上に隣接する宮地の関根家の人で、伊左衛門家を後継した分家「ひがし」（現在の高野武四郎家）の過去帳（伊左衛門家の戒名も多くを掲載している）に見られる。平成二十九年に同じ宮地の関根徳治氏の宅地内に墓石が見つかっている。

安永四年（一七七五）

武州江戸牛込横寺町桃嶽山龍門寺での授戒会にて、安永三年（一七七四）に没した二代目伊左衛門（父）の「丹山僊桂庵主」を、大乗尼が代受している。

このことから大乗尼は、廣見寺での授戒会に参加した二代目伊左衛門の娘である可能性が大きいと推定される。

安永八年（一七七九）

越後魚沼郡の歓喜山寳泉寺の授戒会には、縁者と思われる二人の代受のために宗見尼（宗堅尼）として参加している。

宗龍禅師の本拠の地である新潟まで足を延ばしていることから、師である宗龍禅師の各地の授戒会や安居に随順しているものと推定される。

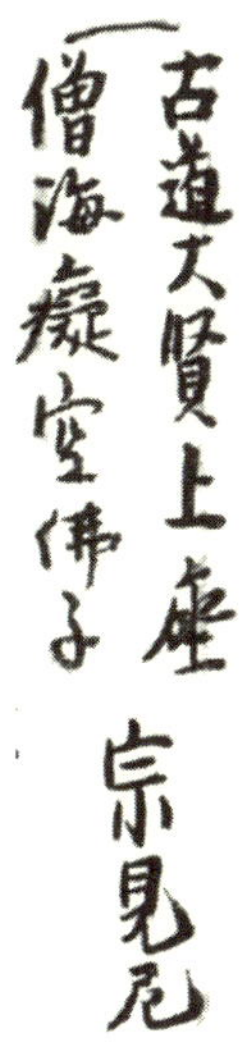

安永十年（一七八一）
上州群馬郡高崎赤坂山長松寺の授戒会（長松寺では二回目）には一七名の比丘尼の七番目に宗見尼として参加している。
天明三年（一七八三）
安房州平郡大福山日本寺の蔵経石会では、比丘尼の筆頭の宗堅尼として参加している。
天明五年（一七八五）
越後蒲浦郡紫雲寺村観音院での授戒会には、「浮幻秀證童子」を宗見尼が代受している。

【参考資料】

○廣見寺『寺報』
○廣見寺ホームページ
○松本家文書
○下郷歴史研究会作成文書
○「武甲山総合調査」関係文書
○「柞稲荷」関係文書
○高野武四郎家所有文書
○国土地理院「国土基本図」ＷＥＢデータ
○廣見寺受戒会『正受戒弟簿』

○「従容軒」関係文書

○福寿院「世代表」

○宗龍禅師関係年表

第四部　特別寄稿

現代語訳『江湖送行歌』

椎名宏雄

小稿は、大而宗龍禅師撰述『龍華会雑録』（筆写本）所収の法語「江湖送行歌」一篇の現代語訳である。すでに本文は大澤弘氏と椎名が行った訓注によって活字化はされている（『訓注　江湖送行歌』〈高崎、長松寺、平成二十四年四月〉）。しかし、底本はかな書き法語ではあるが比喩や省略語などが多く、文意はきわめて晦渋である。そこでさらに関係者から現代語訳がほしい、という要望があり、これに応えたものである。そこで言句をかなり補い意訳的なルビを多用するなどして文意解読につとめたが、そのためにかえって原意を損ねていることを恐れるものである。

また、底本には現今では許されない差別的な用語が若干存在する。やむをえずこれも訳出したが、読者におかれては、これを絶対に差別の再生産としてはならないことに留意し、その取扱いには十分注意されるようお願いいたします。

なお、組方は訓注本に準じ、全文を三十三段に分けた。

（一）

雲水たちが結制安居の修行を行う「江湖会」の集まりは、かれらにとっては、いわばふるさとに帰るようなものである。その「江湖会」の由来をたずねてみると、その名称も内容も、もとは中国ではじめられたものである。唐代の禅匠、馬祖道一禅師（七〇九～七八八）は、江西の地域に禅法の帆を高く張って、仏法の道理に迷っている人達を済度する、船筏の宗師家であった。また、同じく石頭希遷禅師（七〇〇～

七九〇）は、湖南の地域で大いに法鼓をくりひろげ、やはり迷いの人びとを驚させた老先生であった。そこでこのころ、大陸全土の雲水たちで、江西と湖南の禅道場で修行をしない者は、真に坐禅修行につとめる雲水とはいわれないほどであった。それ以後、禅門僧侶がたくさん集まって修行する場所を、名づけて「江湖」と呼ぶようになったのだ。

（二）

行脚して仏道修行をかさねるありさまといえば、あたかも鳥が大空を飛んでゆくように、また魚が水の中を泳ぎまわるように、それぞれ自在の歩みをしながら、何のあとかたものこさないのだ。だから、「ことさらに結制修行などということも忘れて、もっと高いところに志を立てよう」といわれる。また、「安居とは全身をあげての修行であり、それは何のわだかまりもない正しい智慧のはたらきだ」ともいわれる。会衆がしっくりととけ合って、内外の別も自他の区別もなく、乳水のように和合した修行者たちの積む功徳こそは、むかしの仏祖から伝えられてきた悟りの心のように、よく澄みわたっているのである。

（三）

かような、一体に澄みわたっている心中に、もしも相対的なくもりの心が少しでも生ずると、たちまちとらわれなき自在のはたらきが失われ、離れていくという病いが生まれるだろう。昔でさえも、こんなしっくりと和合した世界は、なかなか生まれなかった。ましてや現在は末世のご時世である。いくら仏法にかなった安居修行が行い難いからといって、しいて世間的な人情に随って仏法を売りものにし、檀越の布施を貪るよりは、まだましだろう。

（四）

わたしは、寺の住持におさまらず、真実の仏法の精神にかないたいと思い、徳もなく修行もいたらぬ身を反省して、結制安居(あんご)の場から逃れようとして、陳倉道へと向かった。その途中、上野国の山中にある黒瀧山不動寺にお参りした時、この寺のご開山、潮音道海禅師（一六二八～一六九五）の由来を聞き知って、いよいよその決意がかたまった。

こんなわけで、黒瀧山の開山禅師のお寺に偶居した時、人知れずわずかの同伴の者に向かって、「わしは不肖(おろか)な者ながら、永平寺高祖大師の末裔(ほうそん)であるからには、どうして檀家さんからの布施を貪って、おのれの結制安居の経費や食糧とすることができよう。もしもわたしが首座(しゅそ)・瑞世(ずいせ)・住持という三出世などをすれば、これまで祖師方が築いてきた禅門の根本義を失い、ボダイダルマからの禅宗の流れも、日増しに衰えてしまうだろう。わたしの意志は、今すでに決した。わたしはこれからは方々の岩窟などをたずねあるき、山神とともに煩悩の淘汰(コントロール)につとめたい。これが、越後の国に帰らないための方策である」と申して、同伴者に別れをつげた。

（五）

ところで、良無居士という人がいて、こうしたわたしの意向を聞くに堪えないといって、わたしのあとを追い、上州の高崎城下にある長松寺までやって来た。そして、人目をさけてわたしに申すには、「あなたさまのお志ざしはもっともですが、俗人の気持ちはまたちがいます。もしあなたさまが、檀家からの施しを受けるのを忌避しようとされるのならば、わたくし一人に江湖会の経費を供養させてください」と申して、懐中から金百両の大金を出して寄進した。わたしは、そのお方の志が清らかであることを知って、金一両だけを拝受して、残る九十九両はお返しした。

そして、この一両のお金を持参して信濃国に入り、矢代（屋力）の宿場で伝馬を所望した。すると、馬方が脚は鶴のようにやせ細り、目はめしいて白雲のようになった馬を牽いてきた。そこで、そこから三里ばかりの道中で、その馬方につぎのように言い聞かせてあげた。「お前さんは知らないだろうが、この馬は観世音菩薩さまの仮のすがたなのだよ。つまり、馬に乗る人、馬を使う人、馬を養う人の三者に対して、慈悲、化他、忍辱、信施などの、ボサツ行の縁を結ばせるための仮のすがたというわけなのだ。それなのに、もし馬を苦しめて適量以上の過重の荷を背負わせて、目をめしいさせ、足を痛ませ、心を脳ませたとすれば、三つの重い罪業をみな馬方にふりかからせてしまうだろうよ。すると、将来はきっと馬方が馬の身となって、このように苦しみを受けるという道理を、この馬を見て心配すべきなのだ。そもそも、この馬はもとからの馬ではない。前世にこうした苦しみや悩みを馬に与えた者が、この馬に生まれかわってきて、いまお前さんに使われているのだよ。だから、もしいまお前さんがこの馬を解き放してやれば、そうした業の報いから免れることができるだろう。ひとつ、わしに馬を与えてくれ。」と申して、その馬を金二分六百文で買い求め、伴僧をしていた竺翁恵林和尚（＊〜一八〇八）に引かせたのである。

（六）

こうして、馬方に買証文と金銭を手渡して別れた時、その馬は目から大粒の涙を流すこと、しばしばであった。馬の胴腹はペシャンコで、まるでたるんだ鼓（つづみ）の胴皮のようだったが、水草も食べないのに、涙が前足を洗うほども流れた。これをみてわたしが思うには、馬はなにも語らないが、「生まれ代わり死に代わりして、幾年も続く業（ごう）の報いが、今はもうまったくなくなり、馬頭観音のそなえている本来身（マッサラのみ）に還ることができたのだ。また、むかし業の縁（えにし）を結んだ馬方も、また馬が本来はボサツの身であったことをさとって、馬を解放した信心の一念という功徳（くどく）によって、本来はよくない報いを受ける身から脱することができたのだ。このように、自分が馬となって、馬方と主従という関係から解き放たれたことは、ほんとうにボサツがあまねく衆生を救済しようとする願心（ねがい）が、いますでに成就したのだ。」と感じて、あらためて馬の全身の姿形（すがた）を見ると、わたしもまた感動の涙が止まらなかった。そこで、餅を買い求め、また草をとって、涙を流している馬に食べさせ、その日の一夜は善光寺に拝宿したのである。

（七）

こうしたことがあってからは、旅する街道ごとに、この馬についてのことをみな聞き知って、因果の道理を感ずる者が多かった。そこで、この馬がそうした人びとから供養を受けて安らかなさまは、わたしよりもはるかにまさっていた。しかし、信州の山越えをしてゆくには、山は雪が深く巌は高峻であって、めしいた馬ではとても通れない。

ところが、信州と越後との国境の村には、慈しみ深い方がおられた。右の馬の因縁（おはなし）を聞いて、「その馬がもし野に放たれた馬ならば、わたくしたちがみんなで代わる代わる養いましょう。」と申し出て、村をあげてこの馬を駐（とど）めさせてくれたのだ。そこでわたしは、この馬に「十徳放生馬（じっとくほうじょうめ）」という安名（あんみょう）を与え、その土地に別れてきたのであるが、もうすでに江湖会は無事に円成（えんじょう）し、ちょうど今日はその解制の日に当たっていた。だからもしまだかの馬がいたならば、三十五名の雲水たちを騎せて送れたであろうが、惜しくももう馬を引いてこなかったので、今はもうかの馬を見たいと思っても、見ることはできない。呼んでも来はしないから、どうして結制安居を円成して禅寺を後にする雲水たちを送ることができよう。わたしは、柱杖（つえ）を打って寺を離れたが、その時に偈頌（うた）を詠んだ。

たとい叱声（おおごえ）が全世界に響いても
無心に活動する木馬は春の野で自由に遊んでいる
だが馬はどこにも安住はしない
馬の歩みを進めれば雲水はいつしか江湖会にいっぱい

（八）

ところがここにある僧がいて、わたしを咎（とが）めてこういった。「和尚さんの長い物語は聞いてよく分かったが、和尚の言動には七点の迷いがある。わたしは、それらにはとても納得がゆかない」と。そこで聞いた。「あんたのいう七つの迷いとは、いったい何だね？」と。すると、つぎのようにいった。「一カ寺の住職になるのは禅僧たちの本望であり、また一般衆生にとっても幸福（しあわせ）なことである。それなのに、これを忌避するのがその一。金銭はすべての基本財であるのに、これを受けないというのは、一般大衆からの布施供養を少なくしてしまうのがその一。馬は卑賤なけものであり、雲水はこの上もなく尊い存在である。それなのに、なぜ馬などを慈しみ、われわれ雲水の貧者を憐れまないのか、がその一。貧女のなりわいは自業自得であって、どうして和尚の不接化の罪などであろう。ところが和尚は彼女のために乞食し、自分の食事を減らしてまで彼女に与えるのは、いたって愚かな考えがこれ一。寺での定期的な説法は、住持たちによるすばらしい衆生済度である。ところが和尚は、なぜ百日のあいだに一度も説法をしないのか？　これは性格的に偏屈で度量が狭いのではないのか、がその一。他宗門で諍論が起こった時は、もっぱら耳目をふさいで関わらず、自らの安寧をはかるのが思慮ある者といわれる。なのに、どうして隣寺の不和を見て黙っていず、しんぼうできずに自分の金子まで使い、ちょうど他人の馬が倒れたのを、自分の馬が倒れた時のように苦心して療養させるのか、がその一。悪人がいる時は早く退散させ、罪を科してお仕置きすべきなのに、どうして悪人の破戒をけなさず、かえってこれを愛憐んで強く追罰をかけない。こんななおざりな放漫さがその一。和尚は、これら七つの迷いによって、おそらくいつの日か閻魔さまに棒打されるだろうことを、いったいどうします？」と。これに対して、わたしは舌先が縮んでしまってうまく云えないので、「墨筆でもって七惑を釈明しよう。以下の文をみてほしい」と応えた。

（九）

「いったい、一カ寺の住持人になるのが禅僧たちの本望だというが、もしも住持として出世すべき時期に出くわさなかったら、また出世すべき徳がないのに出世したら、かならずさまざまな災難がたくさんふりかかってくるであろう。むかしの人で、それぞれ住持となるべき分限を守らずに非難を受けた者は、たくさんあるのだ。わしは、いまは小寺ながら住持こそしているが、慎み深い心は保ち難いし、名聞利養のおもいは多く、逆に道心は薄くて、泰然自若としていないところが多いのだ。むかし山中の菴に居住していた時は、夜でも横になって就寝することがなかったから、ことさらに寝具を求める心配もなく、よそさまから水をもらって洗面する煩わしさもなく、日中は乞食托鉢をし、薪を拾い集めて説食をし、自分でいったんは捨てた菜っ葉を拾いあつめ、友人まで養って、世間的な義理人情のつき合いなどはなく、世の中のことにはまったく関知しなかった。

　七日間にわたる断食の坐禅や、一カ月も戸外に出ない坐禅精進、また安らかな所での修道実践などもよく行ったものだ。そんな時は、沐浴などしなくてもいつも身も心も潔らかであり、財宝や衣食に対する欲念などはまったくなかった。ところが今は、小寺であっても一カ寺の住持人であるからには、まだら模様の袈裟を身にまとい、高価な鐘などを使用して、あたかも常軌を逸した人のように心が乱れ散って欲望のとりことなり、見聞するものにふりまわされ、真実の教えによって欲望をコントロールできなくなり、えらそうにもの知り顔をして檀家の葬儀で引導を渡し、〝咄〟だの〝喝〟だのと大声をあげる。また法事や追善供養で布施を受ければ、それをあたかも私物のように思い、それが寺院に常住する三宝物の領域に違反してしまうことは、これ以上のどんな罪悪があろうか？　だからこそ、〈街中でガツガツはたらくよりも、山中で閑かに住しているのを仏祖たちはおよろこびなのだ〉といわれているのだ。」

（十）

「わしが昔、山中の庵に居住していた時は、共に修行する仲間もまたわしと同様、あっさりとして朴篤(じゅんぼく)に務めていたものだ。わしがなにも教え示さなくても、自ずから仏法に違わぬ修行であった。それが今、この寺に来てから以来(このかた)は、修行仲間の数こそ昔より何倍も多いけれど、わしの悪いふるまいを見習ったために、衣食住所等(せいかつぜんたい)が華美(はで)になったことは、わしよりもはなはだしい者さえある。はでにしようとしているわけではないが、わしを見習ったので、坐禅の精進も托鉢なども、みなわしより多くはしない。これに加えて、行ずべきことを教示しても実行に移さず、すぐ忘れ去って、指図をしても行わず、牽引(ゆうどう)しても動かずに、あるじよりも尊大(おおへい)で増上慢(こうまんちき)の者すらおる。今の身ですらこのように本来の人品(じんかく)を失っている者は、表向きは立派でも中味のない衒術師(たぶらかしもの)にすぎない。ましてやそれで三大出世などをしたら、婆さんの顔に紅(べに)や白粉(おしろい)を塗って夜間に稼ぐようなもので、翌朝になって起床し洗面をしたら、閻魔さんの前でいったいどう対面するというのか？

　だからといって、わしは出世をきらい避けるのではない。寺院そのものになど、どうして名聞利養があろう？　どんな檀那であろうと、どうしてわしを名聞利養のとりこにすることがあるというのか。山は元来山であり、水はもともと水である。寺は元来寺であり、人はもともと人なのだ。このように、もとから一つのものは分別(ふんべつ)して考えることなどできないのだ。たとえば、金(きん)はみんな同じ価値だから交換の必要はなく、水は全部水ならば洗いようがないように、すべては本来清浄なのだ。それなのに、人はなかなか思慮分別をコントロールできないから、つねに衣食住の生活の中で心の念(おも)いをはたらかして、仏法の教えにそぐわずにこれに背いてしまってよしとしているのだ。」

（十一）

「こういったわけで、日に何度も退身の索をはかってみたが、噫呼（ああ）なんたること、『法華経』にいう、わが子を憐れむのあまり、〈この世の迷いの世界はあたかも燃え立つ家のようだ〉と知っても、そこからまったく抜け出られなかった。その上、江湖会をつとめるなどの法縁が加わって、もうずっと身動きのとれない身になろうかとする途中で、さいわいにも身を転ずるチャンスとなったのだ。そういうわけであって、わしはことさらに出世するのを避けているのではない。おのれのあやまちを改めようとして静かに坐禅をしたのだが、やむをえずこの身を退くことができずに、とうとう江湖会の行事となってしまった。

このような行事に身を置いて、名聞利養を重ね続けることに荷担してゆくならば、弥勒（みろく）ボサツの説法がなされる龍華会（りゅうげえ）まで行く長旅のワラジ銭を、どうしたら調達し、また、九旬（くじゅん）安居のために信者から寄捨を受けた罪のつぐないを、誰にたのんで還債（へんさい）してもらえるというのか？　これは、所詮わし一人の心によって生じた重い任務なのだ。あんたは、わしに代わってこの重い任務を背負って、無事に有縁（うえん）の人々を龍華会に赴かせる大きな確信の力があるというのか？　もしも、あんたがこのような大きな確信の力がないならば、黙って、出世などしないことこそ、この偉大な仏法存続の無生法忍（かくたるおさとり）だと会得し、もっぱら坐禅することが禅僧のあるべきすがたであり、人間本来のありかたなのだと心得て、しっかり守りなされ。」

（十二）

「いったい、金銭とか宝物とかは生活上の根本資糧ではあるが、そうした財力も満ち足りると、必ず厄災もまた起こるものだ。反対に財力が足らなければ、厄災など起こらぬ。だから、〈智慧ある者は幸と不幸との両者ともに受けない〉といわれているではないか。わしは蒙昧な者ではあるが、道元禅師の末孫ながらその地位を汚している者として、向上の志もなく道心も欠いてはいるが、いささか高祖さまの遺風を追慕申しあげてはいる。かの篤心者の居士が百両の金銭を施された心はたいへん清らかではあるけれど、それを受領する者の心に不浄の念があれば、その行為は施主・受者・施物の三者に執着があってはならぬとする「三輪空寂」の真精神にもとるのだ。だからこそ、わしは九十九両をお返しして金一両だけを受けたのは、布施された施主のご尊徳を破らないための守戒だったのだ。

いま、ふり返って考えてみると、あのとき金一両を受領したことも、むかし高祖大師が、檀越からの寺領寄進を喜悦した玄明第一座をとがめて追放された、という大きな憐れみからすれば、わしのこんな仕方は世間的な分別のようなものであって、高祖大師門下における大罪人である。現在、もしもわしが高祖大師のもとに従って師事し、玄明師と一緒に修行していたとすれば、この宗龍もまた追放は免れなかったであろう。あたかも、鏡の表側をくらましてこの金一両を受領し、それによって目をめしいだ馬を野に放ったようなものだ。

また、あんたはわしに、かの篤信居士の差出した金百両を受領しないで、むなしく雲水たちの糊口をひもじくさせた、というけれど、それはけっしてひもじくさせたのではない。かえって、過分なほどの供養をいただいておるのだ。いったい、人はそれぞれの分上にどんな徳分がそなわっているといえるのか？　どれだけ前の生涯において福徳や善根を植え、またそれを積んだところはどこだろうと探し求め、おのれの心を反省してみなさい。およそ、その人その人の前生は何ものであったのか、また、自分がまだ生まれぬ前の本来の心性はどんな姿形であったのか？　と。そういった己れのもともとの本性さえも明らかにできぬままに、ただやたらに人さまからの布施だけを貪っている。しかしながら、それでも誰しも、徳もなく修行もいたらぬ身でありながら、それ相応の布施を拝領したら、たとい一日にわずか三粒の米、一杯の水、一本の薪、茶碗半分のお茶などの小量であっても、みな咽（のど）に通らぬほどであり、己れの身を安んずべきわずかな徳すらあるはずがないのだ。」

（十三）

「だが、釈尊はこうした仏法の衰えた時代のわれわれを憐れんで、ご自身に具わっておられた百歳のご寿命を二十歳ものこされて、悪い世の中に生きる法孫の者に分け与えてくだされ、その上、一千ほどもあるボンノウの九百九十九をご自身がお受けになり、残る一つだけを末代の人びとで福分のない者に与えられ、その上、仏の三十二相の一つである白毫相（びゃくごうそう）が具える功徳の一分だけを得られた。だから、人びとが尽きることなく受けるものは、けっしてわれわれじしんの徳によるのではないのだ。

たとえば、今日の人びとが頭上にかぶる笠は、たとい材料が竹皮でも菅芻（くさのは）でも木皮でも、みなこれ如来さまから戴いた蓋（かさ）なのだ。もしも如来さまが分け与えられた笠がなかったら、われわれは何によって雨を避けたり、またお日さまをさえぎったりするのか？　もし樵夫（きこり）が笠をこわし、天を頭上に戴いて家に帰る時は、天が如来さまの蓋ではないのか？　だから昔の祖師は、笠を手にして〈全世界はすべて裏許（このうち）にあり〉といったのだ。お前さん、いってごらん。このような笠は、いったい幾文（いくら）の銭で買ってきたのか？　と。もしも、われわれ出家がこれまでに布施をいただいた金額を数えたら、それこそ恒河（ガンジスがわ）の砂の数ほどで、とうてい数えきれぬ。一日三度の食事でいただく米や豆や菜や果物などは、その一々の中に全世界を含んでいる、といわれる。してみれば、お前さんは毎日どれほどの世界を食しているのかな。食することはよいとしても、大切なのは、その百億万もの無限の世界を、すこしでもお返しなされ。もし返す力がないならば、もう黙って坐禅に打ちこみ、それが無生法忍（かくたるおさとり）との境地にあって仏法を永久に行じていくよう、しっかりとお護りしなされ。」

（十四）

「そもそも、馬はいやしい動物であり、修行僧たちはたいへん尊いといっても、衆生済度の利他行を会得しない者は、たとい沙門の身であっても、三悪道に堕（お）ちて苦の報いを受けて、このありがたい慈悲につつまれた身体さえも失ってしまうのだ。なぜならば、馬はじつは大へん尊いものだと心得ていないから、己れは馬に騎（の）っていながら、じつは馬に食われているのであって、馬のお腹を借りて往来しているにすぎないからだ。つまり、もしも馬が観音大士（ボサツ）でなければ、どうしておのれの頭上に馬を戴くことがあろうか？　ボサツが世の人びとの所に赴く時は、頭上の馬により下の馬が足を動かさずに赴けるし、また、ボサツが極楽浄土に赴く時は、下の馬はまたボサツを背負ったままで赴くのだ。このように、馬はあたかも二頭三面のはたらきをそなえているが、あんたの本来のすがたは、このうちのどれと同じだかお分かりかな？　ところが、もっぱら功利的な心があるために、馬や牛の持っている本来的なありかたが分からず、逆に何の執(とら)われもない自由な心であれば、どんなものにでも心が通じてカラリとしているのだ。そういう心さえ分かれば、姿形などは問題としないのは、昔、馬相をみる名人の九方皐(きゅうほうさい)が、馬の全身を観察して毛色などを問わなかったのと、ちょうど同じだ。尊卑も高下もなく、さまざまなものが融け合ってそれぞれの形をつくるという、まさに空の世界のありかたを学び、こういった馬には食物を与えて養育しなされ。」

（十五）

「あんたが、〈畜生に憐れみをかけて、われわれ修行者の貧や苦を富楽にしない〉とわしを誹謗するのは、あたかも己れの身体で相手の射かけた箭(や)を防ごうとするようなものだ。そんなことをすれば、箭は身体に当らないはずはない。いうまでもなく、箭そのものは無心ではあるが、箭を防ぐ者には心があるからだ。つまり、たといわしが馬を憐れまなくても、馬がわしを恨む心はないかもしれぬ。だが、箭の金物の鋒先(きっさき)に当る者は、必ずや金物の矢尻が身体に突きささって痛むのだ。そこで昔の人は、〈施主とのほんのわずかなつながりでも、けっして己れの肩にかけてはならぬ〉とのべているのだ。わしと縁があったこの馬は、あの金一両によって放生馬(ほうじょうめ)の身となり、一頭の馬ながら三匹もの虎のように強くなって、あたかも人を喰(くら)って耳は鋸のように割け、威風を発揮してさわやかな悟りの心境となったのだ。これは放生馬の徳風であり、それはちょうど虎の口から吹き出されて天地を覆い尽くすかのようである。どんな尊大(えらそう)であろうと、これ以上のものがあろうか。もしも、この金一両によってお前さんたちのつまらぬ糊口(しょくよく)を潤したとすれば、夭(くさ)でもって鉄を削ろうとするように、われとわが身のいのちを喪失してしまう原因となるだろう。

だから、もしこの馬のもつすばらしい徳を知りたいならば、だまってただ坐禅に打ち込み、長く仏法を行じていく覚悟をしかと固め、無生法忍（かくたるおさとり）を護りなされ。」

（十六）

「また、貧しい暮らしの女性が貧乏しているのは、その女性が自らなした業（ごう）によるものであるから手をさしのべるべきではないというが、わしはそうした仁道（じひぎょう）を行う上で仁慈（いつくし）まぬのはむしろ不仁（むじひ）の至りであり、また本来の出家と在家の関係ではないと思う。以前は豊かで現在は貧乏だからといって心変わりをするのは、仏法の上での教化のあり方とはいえぬ。先さまからの布施は欠けることなくて、こちらからの施与に欠けることがあっては、不実の思慮分別でもって仏法を売り物としてもてあそぶことではないか？もしも、先方は自らの業の招きであるから救済すべきでないというのは、あんたが今わしの面前で人が井戸に落ち泥穴に溺れようとしているのを見て、これはお前の自らの業であるから救うべきでないと云って、そのまま捨て置いたとしたら、あんたの本心はどんなに喜ぶのか、恨むのか、または安楽なのか？さあ、誠実にいってごらんなさい。仏法にそむいてはなりませんぞ。

また、儒教ではもし嫂（あによめ）が水に溺れた時、弟があえて手を差し延べないのが男女間の常礼だという。しかし、嫂が井戸に落ちて溺れる時、嫂の手を取って引き上げるのは権（かり）の手立てなのだ。方便と真実という智慧のはたらきが、同時で完全にできるのは、人を迷いから悟りに向かわせる菩提師（ボサツさま）である。わしは徳のない者ではあるが、一朝（ちょっと）だけ雲水に対する菩提師だ。どうして永らく常住不変の施主を、不公平に偏（かたよ）って接することなどしようや？　この迷いの世界はすべて心によって現われている、すべての人びとはみなわが子である、と明らかに知れば、たといお前さんたちでも路ばたにいる貧しい者をみれば、仁慈（いつくつみ）をせずにはいられないだろう。唐代の韓愈（かんゆ）（七六八～八二四）が〈政（まつりごと）の得失を観察するには、越（えつ）の人が秦（しん）の人の肥瘦（たいけい）を観察したようにすべきだ〉といったようにすれば、どうして仏弟子でないことがあろう。出家とて、自己に具わっているマッサラな心を体得しなかったならば、やたらに親（しん）と疎や遠と近などの分別心を起こしてしまい、この上なき菩提（さとり）へふりむける心をなくしてしまうのだ。お前さんは、自分自身の本来的な父母に教養を尽くそうとするならば、もっぱら坐禅に徹して仏法を大切にし、無生法忍（かくたるおさとり）を心にかけてお護りなさい。」

（十七）

「そもそも、結制安居の百日間に一度も上堂説法をしなかったわけは、わしは愚かで偏見の者かもしれないが、上堂をしないことには、またおしはかることのできない功徳があると思うのだ。なぜなら、上堂せぬ間は一言も舌先だけでよしとすることがない。そういうときは、迷いの世界ながらも平穏であり、周辺の世界は治まり、あれこれ分別することなく、山は山であり水は水であって、みなその本分を示しているし、国禁を犯したり重い仏法を軽んじたりもしない。もうふたたび他日（いぜん）のように、上堂（せっぽう）という大きな功徳を種積（つみかさ）ねて、雲水たちから拝礼を受けることもなく、妄語（いつわり）の罪を免れ、無徳という徳を失うこともなく、海があくまで深く山があくまで高いように、その底や頂きをとうてい知ることはできないのだ。

　こうして、わしは自ずから陰徳（ひそかなとく）を積んで、福分の少ない人びとを蓋覆（おおいつ）くすほど大きな袈裟（くどく）となって、弥勒（みろく）ボサツさまが説法される時に出てきて、あまたの身となって現われ、釈尊の遺された仏法を堅く護持しようとするだけである。どうして一言の化導を惜しむことがあろうか？　器一杯の水を惜しんですら、無数の身体部分を増やす場合は、現在の器一杯の水は将来における須弥山（しゅみせん）の周辺にある水よりも多いのだ。ましてや、たとい一度の法座でも一度の上堂（せっぽう）でも惜しんだら、どうして迷わぬ功徳が増大しないことがあろう？　もしも、こんなわしの態度を愚かな偏見というなら、あの唐代における薬山惟儼禅師（七四五～八二八）が、月例の十五日に高座に上りながらなぜ説法しなかったのか？

また釈尊がマカダ国で、なぜ真実の仏法は言葉を表現はできぬとして室を閉じ、ボダイダルマさまは嵩（すう）山（ざん）少林寺で面壁九年の坐禅に徹して説法をしなかったのか？　これらはみな、末の世に出て破戒しているわれわれ僧徒を憐れまれて、仏法を永続させるためのお悟りのありさまなのだ。お前さん、どうか今わしの説法（おしえ）を護って、ただ黙って坐禅に打込みなされ。」

（十八）

「また、よその門派の間で諍論（いさかい）が起こったときは、耳を塞（ふさ）ぎ眼を閉じて自分の身の安寧を企るべしというが、一般世間の門には自家（じぶん）の門と他家（たにん）の門があって、それぞれ出入りをする。ところが、出家の仏事（きょうじ）という門は、何ものも捨てぬ不捨一法という門であって、別に取る物もなければ捨てる物もないのだ。出家者はこうした世界に入って、もっぱら自他という対立の念をきわめつくして、ただ仏法を行じ守ってゆくことを志ざすだけである。自他の間が円滑に通じないことの根本は、己れに執着し偏重し、逆に仏法をいいかげんに軽んじることから始まるのだ。

もしも、仏法を軽んじ己れを偏重するのが正しい実践だとすれば、むかし高祖大師は、入宋して天童山に掛錫（あんご）する際に新戒者として扱われたので、仏家の位次は僧臘（じゅかいねん）によるべきことを、どうして中国を相手どって政府に訴えたのであろうか？　それは、正しい仏法が永続すべきとする道念が厚かったからであり、だからこそ遂には高祖大師の申されたとおりになったのだ。もしこの問題が円滑に解決するための交渉が不和となったらば、これはわが永平寺一門派の大きな不幸であり、曹洞宗門としてはあってはならなかったのだ。このように円滑にゆかないことは、わしの身にとっては四百四病（あらゆるやまい）がいっぺんに起こるよりも、もっと苦しい。だが、一人の万病は一人の苦しみにすぎず、医薬の力で治せる範囲である。同様に一か寺の不都合は一か寺だけほろびる病害にすぎない。ところが、何百何千という者の心が病苦に犯され、お互いに論争に明け暮れし、未来永劫に仲たがいや敵対の心が続くから、みなお互いに苦しみの究まった地獄に堕（お）ち、また争いの絶えない修羅道（しゅらどう）に墜（お）ち、三途（ず）八難という仏法とは無縁な世界に赴く乗物の、その車輪の動きが止められぬようなありさまだ。このありさまを見て忍耐できるならば、どんなものすごい苦難を見ても忍耐できないことはあるまい。ところが、腕が鳴るのをこらえきれないという慈悲や、他人を救おうとするボサツの心もあるのだ。わしは徳もなく破戒の愚か者ではあるが、ボサツさまの実践する慈悲の心とやらいうもので、己れの馬が倒れてしまった時のように、わしの金銭を使ってまで他門のあいだの和合と無事解決のためにはたらくつもりだ。どうして凡人のせまい考えや己れの救いのみを願うような心で、高祖大師の根本的な教えであるところの言葉や真髄を、すこしでも垣間見ることができようや？」

（十九）

「聞くところによれば、キリンという動物はたいへん思いやりの深い動物であって、山野を闊歩（かっぽ）する時、生えている草や生きている虫を踏みつけないという。反対に、猫や狸は別種の生物を殺すことを、己れの功勲（てがら）にすると。お前さん云ってごらん、どちらが善か不善かと。こんなことは、三つのちのみごでも知っておる。ところが、仏法の衰えたいまの世では、猫が鼠を取ったのを誉（ほ）め、かえってそれを勧める僧すらある。だから、病んだ猫でさえ、鼠が天井を走る音を聞くと、首を上げて目を光らせる表状（ようす）を見せるのだ。これは所詮猫であり、そんな本性を生まれつき具えている力であろう。

ところがいっぽう、外観は人間のようで、人間が着用する袈裟衣（ころも）を身につけながら、その心は猫のような僧がおる。その者は他人のいさかいの意志を見て、横側から矢を射かけるようにけしかけ、圧力を掛けたり屁理屈（へりくつ）を教えたり、その上、いさかいの者を誉（ほ）めそそのかし、君子よろしくまくしたて、それ負けるなと扇動し、勝つことの意義がまったく誤っている者がおる。こういった輩（やから）は、それこそ猫の殺生を誉める手合いよりも大罪人である。これらの邪悪人どもは、ほんのわずかの名誉心をむさぼることにより、多くの人びとを三悪道（さんまくどう）の苦しみの世界に堕（おと）し、あたかも地獄で刀剣の生えている山に登らせるような鬼の群れのようなものだ。釈尊はこんな邪悪人どものことを獅子心中の虫、つまり百獣の王たる獅子の体内に生じた虫が遂にその死体まで喰（くら）い尽くすことから、本来は仏の正法を信奉すべき比丘が自らこれを壊滅（ほろぼ）してしまう、とお示しされたのだ。わしは、もっぱらこんな獅子の虫と猫のような者達にたいして、これ以上に悪業を増（ふ）やさんようにと願い、何とか円滑に和合して仏法を永く護ってもらいたいと意図するからこそ、

「和合功徳経」の実践を勧めたのだ。お前さんは、おのれのおろかな見解である二乗心に恥じ入って、大乗仏教の善き信心を起こして、無生法忍を身につけようとするならば、黙ってひたすら坐禅に打ちこみ、己れの心にはどんな慈悲や徳行があるだろうか、と心にかけ続けなされ。」

（二十）

「いったい、わしはけっして悪人をそしっているのではない。とはいうものの、逆に憐れみをかけるのは大いに間違ってはいるが、その悪人の非行は、じつはそのままわしの真実のすがたであり、自ら受くべきさとりの境地なのだ。だからこそ、わしはあえて他者の非行を買ってわが物とし、これを常に鍛冶師がイロリとフイゴで金物を鍛錬するように強靫に錬えぬいて、ついには吹毛剣のような力量をそなえたので、それをいくら使っても使いきれないのだ。この吹毛剣を使用して、是非善悪という分別心を截断し、自他の対立的見解を截り捨て、どこでも自在のはたらきができるようにしているのだ。こういった悪人の非行を買り、あえて使用する者の手段方法を見聞したければ、まずもってお前さんの持っている有柄剣を捨てて、わしのところに近前しなされ。さすればもっとくわしく説明し、かつ、それを授けてもよい。」

（二十一）

「だいたい、さまざまな仏さまたちがこの世に現われたのは、一般民衆のあやまちをあわれむためからであって、民衆の苦しみが苦とならないように、また快楽にもふけらないように、苦楽ともに除き去って、悩みのない平安の境地である無余涅槃（ニルヴァーナ）に誘引したもうための方便からなのだ。あやまちのまったくない者に対しては、仏は憐れんだり慈しんだりする必要はない。たとえば、鞭を使用しなくてもすぐれた馬は赴くべき所に行くように、地面の穴や泥深く危険な所にはまり込むことはない。馬主の思い通りに歩んで長安大道（もくてきのところ）に到着するのだ。

いっぽう、素性の悪い馬は、馬主が鞭打ってあやつらねば、手入れされた田畑に入って荒したり、また穴の中にはまって、ついに抜け出られなくなってしまう。こんなわけで、悪人をいつくしみあわれむことは、素性の悪い馬を嫌いも捨てもせずに養育しておき、段々と鞭打って励まして、悪い素性をとり除いてやるようなものだ。逆に、馬を嫌って痛いほど強く鞭打つと、その脚が折れたり皮や肉が割（さ）けたりして、馬の全身ばかりか心のうちもゆがんでしまう。こうした、ゆがんだ心が生ずると、馬が自分の飼主ですら咬んだり、また践（ふ）んでしまったりの、いわゆる病弊を生じてしまうのだ。」

（二十二）

「そもそも、素性の悪い馬を使用する場合は、あまり寛（ゆるや）かでもなく、また性急でもなく、その馬の身形意胆（からだとこころ）を分離しないように調教（くんれん）すると、生長するにしたがって遂には素性の良い馬となって、目的とするところに到達するのだ。素性の良い馬は、たとい捨てられてしまっても元のところに帰ってくるが、素性の悪い馬は、いくら鞭打っても帰っては来ない。もしも、悪い馬をにくんで野原に捨てると、その馬は人や馬を喰み、田畑に入り込んで荒し、おのれ自身をきずつけ、目的地に到着できないだけでなく、その道中で狂い走りをして思いまどい、あげくの果てには生きながら狼に喰われ、己れの命をうしなってしまうだろう。こんな六道の輪廻は終わることがないので、宿世に蓄い養ってくれた飼主を恨んで敵と思い、いつもそんな思いから抜けられず、うらみの心が晴れることがないのだ。このように馬に罪を負わせたもとはといえば、馬を野に捨てた飼主の、無慈悲の心から生じたものである。そこで当然知らなければならぬ。一頭の馬を捨てただけでも、このようであり、永劫に累災のひもを截断するのは至難である。ましてや、悪い心のある者を嫌って打ち捨てれば、その者の悪心はますます増長して、いつしか自分の誤った知識で諂曲をするような道に迷い込むだけでなく、どれほどかの他人に害をあたえ、友人をよこしまな道に引き入れること数限りなく、遂には長安大道に到達することができない。そして、生まれかわり生まれかわり仏教の敵となって、偉大な仏法を破壊さえしてしまうのである。」

（二十三）

「こういったわけであるから、わしは悪人をけっして退ぞけない。さまざまな手だてを尽くして、かれを長安に導いてあげるが、これを仏法の檀度というのだ。考えの愚かで狭い心の者などが、とうてい理解できるものではない。たとえば、仏弟子で智慧第一であった舎利弗は、実母が仏教に遅疑っていたのを、化導して熱心な仏教者にさせたという因縁があるようなものだ。こういった大きな仏法のすばらしい力は、けっして不可思議な超人的なすぐれたはたらきを身につけて、それを次々に受け継いでゆくようなものではない。また、仏教について博識で弁舌に長けた者によって、よりいっそう弘まりゆきわたるというものでもない。もっぱら他人を誹ることをせず、他人のあやまちを見た時は、自分のあやまちよりも身に痛みを感じて反省し、他人のあやまちを自分が受けてわがあやまちとし、他人がおのずから自分のあやまちを改めて、もともと持っている良き性質に還着してあげようとする。また、ともに仏道を修める者のあやまちは、わたしのあやまちから出たものと受けとめ、決して同行者をとがめることなく、わが心を責めて、慈悲の誓願と実践をすれば、おのずから同行者と自分とがしっくりと打ちとけ、自他平等を知って大慈悲心を起す平等性智の安居が完成して、どんな分別や差別もせず平等の心に生き、誰とも和合して上下のへだたりもなく、同化して内外の区別もなくなるのだ。それはあたかも、むかし釈尊が霊鷲山で厳然として説法された内容が、まだ現に遺って存続しているようなものだ。だから、〈末世の世界には仏もボサツも現存しないから、釈尊の説法された会座を拝見することはできない〉などといってはならない。むしろ、昔の人は〈凡夫の思量分別をなくしなさい。そのほかに聖なる悟りなどありはしない〉といっているではないか。」

（二十四）

「凡夫の思量分別というものは、他人のあやまちを見て、それをきらったり誹ったりして、おのれのはじを人目にさらすため、寺門の外にいる檀越の方の信仰心を止めさせてしまい、また、己の近くにいる者を引きずりこんで、三宝誹謗という悪縁を高めてしまうのだ。だから、こんな心はただ自分だけの心が清らかだとして、他人の心を不浄だと誹(そし)る悪い見解(おもい)である。およそ仏法というものは、自と他とを隔てる分別などを超越したものであって、是非や善悪などの分別的なはたらきが起こらない心の方角に、もっぱら黙々として参究してゆくのを〈仏子住(ぶっしのじぞく)〉というのだ。思量分別をなくせば、他の非を見て悪(きら)い誹(そし)るという病いからぬけ出て、他人のあやまちを見て己のあやまちのように反省し、他人を憐れんで、そのあやまちに自分が犯されないように防ぐ堤防とし、慈悲の心から発する智慧の水が漏失しないように心掛け、よりいっそう自他が和合するような功徳をつくってゆく、これを〈凡情(ぼんじょう)を尽(つ)くす〉というのである。

　このように、清らかな智慧による正しい眼(まなこ)を開いて、ただの一人も見捨てず、一頭の馬も捨てることなく、それぞれの役につけて、果てしない大宇宙(ひろいせかい)を修行の道場とし、〈全世界のありようが仏のすがたそのものだ〉という心をはたらかし、自由自在に生きて衆生も仏も一つであるという境涯にある人を〈聖解(せいなるさとり)〉というのだ。そのほかにいらぬ考えを抱き、是非善悪の思いをこらし、分別による黒白をつけるのは、けっして聖解などというべきではない。現世の江湖会にあって、仏・菩薩さまがおられなくても、思慮分別をなくした者があれば、それこそ菩薩さまだ。なぜならば、もともと〈菩薩(ボサツ)〉とはインドのことばであり、中国では意訳して〈覚有情(さとりにむかうもの)〉というのだ。だから、もしも人がすべての衆生が迷っているさまを知って、それをこの上もないさとりの心にさせようとする慈しみや教化の心があれば、とりもなおさずそれが〈覚有情〉であり〈菩薩〉なのだ。」

（二十五）

「もしも僧侶の者で、外面的には衣服、持ち物、七宝荘厳、瓔珞、袈裟、頭蒙などが、菩薩のお像のように美麗しくても、内面的には慈悲の心がなくて、他人のあやまちを見て謗り悪い、また人が叱られたり責められたりして落ちこんでいるのを見て喜ぶような心があるとすれば、外面的な飾りだけは菩薩像に劣らないように見えても、その内心は動物にも劣り、いやしくきたない。あの麒麟は動物ではあるが、生きた虫を踏み歩くことがなく、また鳳凰は竹の実でなければ食用としない。だから、聖者や賢者がこの世に出現した時でなければ現れないという。ゆえにこれらの霊妙な力をもつ動物は、いわば生まれつき菩薩の慈悲による誓願を具えているので、いのちあるものに危害をおよぼす心などなく、もっぱら聖者や賢者としての徳があらわれるのだ。

だが、今の世であっても、いつくしみの心や他人を教化しようとする誓願と実践が大きく、そうした寛大な心を養うのが安居修行であるからこそ、〈修行者たちの集まりは釈尊説法の座が厳然として続けられているかのようだ〉といえるのだ。たとい一度の江湖会に修行安居する者が五〇人であったとしても、その五〇人はそれぞれの主人公と同身同体なのだ。たとい千万人の心があっても、それは各主人公の絶対心と同じだ。主人公と同身同心であるからには、捨て去るものなど何もない。だから、もし身体のわずかな部分でも截って捨てれば、主人公の身体が完全ではなくなってしまうのだ。同様にある一人の者のあやまちをとりあげて、これをきらい退けるならば、じつはその者の主人公の身体全体を損傷させることになるのだ。すなわち、絶対心はあるがままの真実であるから、あらゆる現象はあるがままの真実にほかならない。こういうわけであるから、もしも一人でも仏法の道理からはずれた者があれば、その者の主人公たる身体全体が仏法の道理からはずれるのだ。これらの両者はけっして別人ではないのだ。」

（二十六）

「わしは幼少のころ聞き知ったことがある。これは、そののち常に忘れたことがない。それは、〈その昔、最澄（七六七〜八二二）伝教大師は、千人あまりの門下僧の中で一人だけ仏法に違反している者がいると告げられた時、大師は落涙していうには、〔これは違反者の罪ではなく、わが罪である。わたしの不徳によって違反者が出たのだ。〕とのべて罰則などを課さなかったと。

また昔、中国の荊州（湖北省荊州市）長沙寺の法遇禅師（生寂年未詳）は、仏道を悟り学識の博い高徳であった。常に四百名あまりの門下僧がいた。その中に一人の僧が酒を飲んで、夕刻の大切な儀式である仏前焼香を怠ってしまった。だが、法遇はその者を処罰しなかった。その当時、法遇の師匠である道安禅師（三一二〜三八五）が現存せられていた。このことを聞き知って、竹筒の中に鞭打ち杖を入れて自ら封をし、法遇に送り届けた。法遇はその封を開き中の杖を見て、〔これは門下僧の飲酒に由来したのだ〕といって、すぐに衆僧の指導責任者である維那の役職の者に命じ、椎を鳴らして衆僧を集めさせ、その面前で維那に杖で三たび打たせ、自らの身を大地に伏してこれを受けた。そして杖を竹筒に納め、涙を流して自らを呵責した。そののち、法遇はかの有名な盧山の慧遠（三三四〜四一六）に書簡を送り、その中で〔わたしはたいへん物の道理にくらいため、多くの僧衆を統率する能力がございません。あなたさまは遠くの地におられますが、それでもなお遠方までご心配をおかけ下されました。わたくしの犯した罪はたいへん深うございます」と述べた〉と。

わたしこと宗龍の私見によると、ボサツの慈悲の心は、ちょっと考えただけでは愚かに思えるが、そうではなく、たんなる賢者や知識人のおよび難いものなのだ。外面的には痴鈍愚魯ような人でありながら、じつは生きた本物の眼をそなえている者は、古今を通じて稀というべきであろうか。」

(二十七)

「思えば、伝教大師はまことに菩薩が衆生済度のためにすがたを現したようなお方であり、わが国の天台宗初祖第一代となられているが、その足跡といえば、一般世間の人びとの中に入られて、まったく上下などの区別をしない中での異彩を発揮された。これはとうてい凡夫の心では推しはかることはできない。その大師さまの心身が一体となったお悟りのありさまは、あたかも海水と空とが一体となった中の明月のようなもので、一点の雲のような障りもなく、内外ともに清潔であって、あらゆるもののお手本となりうるのだ。そうであるのに、その門下の一人に仏法違反があった時、その者をとがめないばかりか、〈これはわたしの不徳がもたらしたもの〉とのべられて、おのれ自身を反省された。こうしたたぐいまれな功徳によって、僧衆の中に仏法違反の心ある者も、自然となくなり改正されたのだ。これをたとえていえば〈無手の王宝剣〉のようなもので、刀身を鞘から抜かず刀光を発しなくても、能力を発揮して違反の根本を断ち切り、顔に怒りをあらわすことなく、忍耐するという慈雨を沾えるのだ。これは、ボサツの他者を教化するための行願であって、せまく尖った心では推しはかることなどできない。

また、法遇禅師の場合は、鞭打つ杖を自分の師匠さまから送り届けてこられ、これを香台の上に載せ、そこに御礼の香を爇きしめ、礼拝して受領した。考えてみれば、この杖は飲酒して集団の規律を犯した門徒を呵責すべき訓戒の棒であるのを、法遇はかえって〈わたしの罪である〉とのべて、自ら伏して三打の杖を受け、違反僧を処罰しなかった慈悲の杖である。だからこの杖は、かの僧一人を鞭打って感化させただけでなく、門徒の四百人あまりの僧衆に活きた目玉を開かせ、かれらの心中にある他人のあずかり知らぬ罪をとりはらった。のみならず、それはすべての罪ある者や罪なき人への友情として、わが国の四百余州はもとより、今日のこの江湖会の同伴や、むかしインドの阿蘭陀寺の王たちや、龍王の宮殿と神々の住む天上、あらゆる国々の有形無形のものにいたるまで、みな一時に作用をおよぼした。まさに痛快で弁道奨励のための大柱杖であったのだ。」

（二十八）

「むかし唐代に棒や杖を用いて学生の指導に当ったという、芭蕉慧清（生寂年未詳）・徳山宣鑑（七八〇～八六五）・雲門文偃（八六五～九四九）などの祖師方は、この法遇禅師による慈悲の大柱杖という策励の中にあって、礼拝や坐禅などの修行精進により、国中の修行者たちとともに、無生法忍を得たのである。であるからには、もしもこの大柱杖の主旨を完全に認得すれば、もうすでに弁道修行の究極目的を達成したことになろう。ところがわしは、いまだにこの大柱杖の要旨を完全にマスターしていないから、これと同じ棒を用いることはできない。そこで、この大柱杖というものの要旨を尋ね求めようとするならば、何が幸となるか不幸となるか分からぬことの譬えとして有名な、中国古代の塞翁の馬をあんたが買い求めて三生六十劫に養育しなされ。

考えてみると、法遇禅師については、そのたしかな縁起（おはなし）を知っている者すらないといわれている。そうであるなら、なおさらこの偉大な仏法実践のために世俗の中に身を置かれ、塵や泥をかぶって衆生済度の清らかな棒打三度を受けられ、大柱杖の要旨を示されたのはじつにすばらしいことだ。まさに禅師は大慈悲をたれたまうボサツさまが、すがたを変えた済度である。これもまた、せまく劣った心ではとうてい推しはかることさえできない。思えば、法遇禅師はお悟りを開かれ、真理を明らかにされた尊い聖者であられたのだ。

ところが、こういう聖者でありながら、なんと他人の犯した罪をわが身に受けて、それは自分の罪であるといわれたのだ。そのありかたは、ちょうど深い海がすべての水を引き受けるようであり、また、太陽がすべてのものを照らすように、深く広い。さらに、こうした大きな功徳などは忘れ去って、すべてのものを憐（あわれ）む。こうしたさまは、小さな〈自己〉を転回させて山河大地（ぜんせかい）とし、あらゆるものを統合して〈己れ〉とし、すべて〈己れ〉ならざるものがなくなり、それでいて〈己れ〉などまったく空（から）っぽになっている、という世界なのだ。

ふりかえって、わし、宗龍などは、もしも仏道修行の同伴（なかま）に仏法違反者があるたびに、本師さまから柱杖（つえ）を賜られるとすれば、毎日一五本の柱杖でも受けよう。同伴の犯した小さな罪によって、山僧（わし）の大罪として打たれるべき杖を賜られるとするならば、それこそ国中の木を斬（き）り尽くし、世界中の竹木を斬り尽くして柱杖にし、それでわしを打っても、それでも百千万本の柱杖一本にも足りないことだろう。なぜならば、わしの犯した罪業（つみ）は、はかることができないほど深く重いからである。」

（二十九）

「わしの、はかり知れぬほどの罪を、今ここに懺悔（ざんげ）しよう。とりあえず心底から聴きなされ。いったい、わしのような者は、身にはまだら模様（もよう）の袈裟をまとい、舌に波を起すように経文を誦（とな）えるなど、そんな衣服とふるまいだけは一人並みの和尚みたいではあるが、おのれの心のうちを省察してみると、なんと重大な禁戒である〈十重禁戒〉をみな破っているのだ。ましてや、軽戒（きょうかい）とされる〈四十八戒〉すら一つとして守り保つことがないのに対して、常に慚愧（ざんき）の念をいだいているのだ。わしは、このように〈十重禁戒・四十八軽戒〉ともに保持していないから、いってみれば身心はクソタレ器具のようなものだ。どこ一つとして清浄なところがない。こんなようなわしが、破戒僧の身でもって、どうして他人さまのあやまちを改めさせたり罰として道場から退出させたりすることができようや？　むかしのえらい聖者（そし）たちは、右にのべたように、ご自身が明白（おさとり）の身心（しょうじゃ）にあられてさえ、なお他者のあやまちを己れに受けられている。ましてや、わしのように、罪業が深く重い境界（きょうち）の者が、どうして他者のあやまちをとりあげ、その者を道場から追放できよう？

　わしの江湖会に集まっている修行者たちは、みなそれぞれ良き縁（えにし）によって仏法に参じているのであって、生まれ変わり死に変わりして先生となったり学生となったりお互いに交替して、弥勒（みろく）ボサツの説法が聴ける龍華会に赴くための同伴同道をしてゆく法縁は続くのであるから、わしは縁ある者の一人とて見捨てず、一人をも悪（きら）わず、みなともに一つの身心での善悪の境界に生きているのだ。だから、どうして〈手（て）脚（あし）を截（き）りて活を求むる〉などというとうてい不可能なことをする道理があろうや？　仏道の同伴者は、それこそわしの身体の手であり、腹であり、頭であり、背中であり、全身であり、同一の生命である。であるから、たとえば大小の便通器官をけがれているとして、また、ややもすれば婬欲的な行為を欲するとして、自分のためにならぬ敵であると称して、大小の便通器官を截り捨ててしまえば、全身のはたらきはできはしない。そうした行為は、かならず全身の憂苦（くるしみ）となり障害となることは明らかだ。眉毛（まゆげ）のようなものも、ふだんは無用ではあるけれど、目の下にまで垂れ下がってくると、大いにわずらわしく憂いや災患（わざわい）となるであろう。このように、ふだんは無用と思っているものでさえ、その位置を替えることすらできない。ましてや、不浄なものでも、大小の器官などはけっして截り捨てることはできないようなものだ。」

（三十）

「こうしたわけであるから、かりに一つの罪悪を犯したからといって、その者を見捨ててしまえば、同時にその者が行った百の善事をも捨ててしまうことになるのだ。たとい一三五（わずか）の悪行がある者にも、また七九十（おおく）の善行のある者も存在するのだから、かりそめにもわずかの悪だけを見て多くの善を見損なってはならない。たとえていえば、太陽の光がたいへん強い時には、田んぼに植えられた苗稼（いねのなえ）を枯らす原因にはなるが、その太陽光がなければ苗稼はまったく生長しないのだ。また同様に、豪雨が十五日間ほども降り続いたならば、また苗稼は流出してしまうが、やはりその雨が降らなかったら苗稼は増長（ぶんけつ）をしない。だから、雨も陽光もともに順調であるのは、上（かみ）は天子さまのご仁徳であって、中国古代の聖天子である尭（ぎょう）・舜（しゅん）の徳化を減（そこな）わず、下（しも）は万民の素朴な忠誠が、やはり中国古代の帝王とされる無懐氏（むかいし）の時代の民衆と同じようでなくては、けっして風調雨順の天候に恵まれ、心安らかではいられないのだ。

こういうことであるから、末世である今、五種（じょく）のけがれた世に生きているわれわれは、破戒の身でありながら人さまの指導者となってはならない。だが、この江湖会に参集する同伴者（しゅぎょうしゃ）は、みな過去世の因縁の果報として仏に出会い、またまた仏に出会えたのだ。どうして生涯にわたって極楽浄土の凡夫と聖者であるべきであるか？　そうであるからこそ、あなた方はただ修行安居する因縁を大切にして、各自の一大事因縁（ぜんしゅぎょうのがんもく）を明了（あきらかに）し、遠い未来に弥勒ボサツさまの龍華会説法に出られるようにと、わしはこのつまらぬ言葉でもって、六七（ママ）日に昔の祖師が著した〈法語〉をふたたびとりあげて示教したけれど、聞く耳をもたない者がいたのは、わしの不徳のしからしめるところ。こんな言葉を聴いても心を用いず、仏道にたがう行為の者があるのは、これわが短綆（つるべなわ）が深井戸には短かすぎて水に届かぬことを反省して、この時からは夜間は縄をない、昼間は草鞋（わらじ）をつくって、届かなかった深井戸に届かせて、同じように歩いてまだ行き届かないほどの所に向かっての長途（ながたび）にと、ふたたび赴こう。これは唐代の趙州従諗（じょうしゅうじゅうしん）禅師（七七八〜八九七）が、老年になってからの再行脚というすぐれたあとかたを、もっぱら学ぶためなのだ。」

（三十一）

「わしは、ふたたび雲や水の流れのように行脚をして、自分のあやまちを徹底的に知り、また前非を改めて、もしも身心ともに浄空（おさとり）の境地に達したならば、他者のあやまちについて語るだろうか？　いや、そんなことはない。もしも身心が空浄（おさとり）の境地となっても、さらに昔のお祖師さまのように、己れの心境を回顧するだけではあきたらないだろう。だから今わしは、いったいどのような面目（しんじつしん）でもって、他者のあやまちを改めさせようというのか？　もしも一人のあやまちを犯した僧があれば、それはみなわしの身心から発したところの非作業(しぜんのごう)である。一人の仏法違反者があるとすれば、その者はわしのためには大善知識(よきしどうしゃ)であり、よき親友であり、お手本を示す策励である。であるからこそ、あの非作業の者が出たのを見て、おのれの修行の至らなさや徳のなさを反省して、自からの修行を尽すために再行脚の意志が起こったのだ。これは、生まれ変わり死に変わりして、お互いに先生となり、学生となって偉大な仏法を背負い、修行という無限の長旅を究め尽して、宝所(おさとり)に至るための真実の善き朋友(どうゆう)関係なのだ。どうしてかの者を悪(にく)むことなどあろうや?

ところで、ややもすると同伴者(しゅぎょうなかま)の中に利発頓勝(おおいにりこう)の者がいて、わしにすすめていうには、〈それがしめの仏法違反に対しては、けっしておゆるしなく、どうぞ直ちに処罰し退去をお命じくだされ〉と。このようにすすめる者の全体を仏法に照らしてみると、それは刀と刃のように、よく似てはいるが同じではない。言葉と心とのいずれが正しいかであるから、他者のあやまちを指摘しようとするときは、まずは何か言いたい口をくいしばり、怒語などを吐く前に、己れの頭上から足元までの全身にわたるほど照観脚下(あしもとをはんせい)して、心王(ほんしん)からの答えを待って、それから口を開くべきなのだ。もしも、そのときに己れの全身心の中にわずかな分別の思いがあったり、また私欲的なけがれた心があったり、さらに仰山慧寂(きょうざんえじゃく)禅師(八〇七~八八三)が云われた〈閙々(こころさわぎ)のもの〉が少しでもあったりしたらば、他者のあやまちなどを口外する資格などはないのだ。」

(三十二)

「いったい、潙山霊祐禅師(七七一~八五三)のように、七年間でごく微細(わずか)なボンノウさえなくされたのに、なお後世には檀家の家に一頭の水牯牛となって生まれるといわれた。このように、自らわが身のすがたを変えてまで衆生済度に尽くす利他の実践をされた祖師がおられようとも、なおまだインドには一人の方が呵々大笑されているのだ。そうであるからには、われわれ一人一人の心の中には、いったいわずかばかりでも障物があるだろうか？　またはなくなっているだろうか？　たとい、われわれの仏としての身に三昧としての境地が宿ったとしても、修行の関門を通過しないことには、安心のうちにもひっかかりのある重病人であろう。わしは、常にこの重大事を心掛けて守っているので、この江湖会に来て他者の是非善悪などの分別をのべまいぞ。そういう是非などの分別を言う者は、言ったとたんに分別者の張本人だという制止は、まさしくこうした時の制戒である。わし、宗龍が定めた私的な制止などではなく、いやしくも仏の制定なのだ。仏法僧の三宝を誹る者は如来さまでも救い難いとは、経文によって明らかに示されているではないか。

　他者の犯した悪行を喜んで話すような者は、たれにでも仏として具わっている法身をぶちこわしてしまう。これは、仏法を滅亡させるなかだちをしているようなものだ。だから、もしここである者が所定の行をつとめぬことを、わしに告げるのを聞いた場合、わしはあたかも三百本の鉾で責めたてられるように苦しい。なぜならば、この江湖会に集まっている人びとは、みなわしと同じ肉体だ。どうして痛まないことがあろう？　ただ痛むだけではない。すばらしい仏法をはずかしめることを世間一般にさらし、仏法僧のすぐれた徳をほろぼして、仏道をさまたげる天魔や外道の勢いを増長させてしまうのだ。こういうわけで、わしは己れの無徳さを反省して、容易に他者をしりぞけることなどはしない。のみならず、生涯を通じて他者を見捨てないことを誓願とするのだ。たれでも、見捨てられなければ一人の人格としてのはたらきをし、見捨てられればその人格もこわれてしまう。だから、見捨てなかったために一人の人格がはたらけば、一つの事物がはたらき出す。一つの事物がはたらき出せば、すべての事物がその中にはたらき出す。ゆえに、もし一人格で一事物でも捨ててしまうと、驚くべし、すべての事物を捨てることになってしまうのだ。」

（三十三）

「もしも、他者の短所（けってん）を見てとり、これはだめだといってその短法（あやまち）を笑い捨てるとすれば、その人はわずか一寸ばかりの長さの亀の毛でも、なんと七斤もの重量ある身であることを知りえないだろう。同様に、大山のように重いものでさえ、かえって鴻（おおとり）の毛よりも軽い世界を知ることはできないだろう。同じように、もっぱら妄想としての〈人相（われ）〉や〈我相（おのれ）〉を見て、〈無人相〉や〈無我相〉というわれというとらわれを離れたありさまを知らないと、大般若経を誹謗するだけでなく、仏法のはたらきが現われて自他の区別をわずかも立てず、『宝鏡三昧（ほうきょうざんまい）』の所説のように〈仏法の真理は全世界にあまねく行きわたる〉ことや、是非や長短などの分別を離れた如来さまや、捨てるものなど何もない法王身（ほとけとしてのみ）を明らかに知ることができないので、迷っている者も悟っている者も一緒に安居し、聖も凡も龍も蛇もみな入り混って、ただマッサラな一枚の世界のうちに修行することは難しいであろう。だから、これまでの仏祖方の修行安居のあとかたをこわすことなく、無尽法界平等性智（ありとあらゆるものがおなじたちば）の安居修行を行って、仏祖が示し遺された仏道の大恩に酬（むく）い奉ろうとするならば、ただ次の一句だけを参究しなされ。

〈もともと春景色に優下（ちがい）はないが、同じ環境に育った花の枝にも自然に短長（ゆうれつ）が生じる。〉

さらに、つぎの偈頌（うた）一首を述べよう。

〈長短（ゆうれつ）も是非（よしあし）もみな法身（しんり）
怨親（てきみかた）も平等で疎親（うちそと）も絶（な）し
安居（しゅぎょう）の海（せかい）は闊（ひろ）し王三昧（このざぜん）
自己（おのれ）を空（なく）する時、万法（いっさい）は真実〉」

第五部　資料編

宗龍禅師安居助化寺院一覧表　安居僧のべ人員　一、七五一名

通算回数	開催年月	西暦	寺院名	住職	安居僧数	所在地
一	宝暦十二年冬	一七六二	香傳寺	條庵歓理	一六人	新潟県新発田市
二	宝暦十三年夏	一七六三	長松寺	顚明抜錐	六八人	群馬県高崎市
三	宝暦十三年冬	一七六三	大智院	宛應蔵轉	一六人	新潟県村上市
四	宝暦十四年夏	一七六四	東光寺	舜山養國	五六人	新潟県新発田市
五	明和元年冬	一七六四	大榮寺	盛庵弘隆	五〇人	新潟県長岡市
六	明和二年夏	一七六五	無量院	宗春高林	四八人	群馬県嬬恋村
七	明和二年冬	一七六五	東龍寺	悦堂禅梁	六五人	新潟県田上町
八	明和三年夏	一七六六	宗賢寺	大而宗龍	二二人	新潟県新潟市
九	明和三年冬	一七六六	龍田寺	仏量来道	六一人	群馬県藤岡市
一〇	明和四年夏	一七六七	宗賢寺	大而宗龍	二三人	新潟県新潟市
一一	明和四年冬	一七六七	宗賢寺	大而宗龍	六三人	新潟県新潟市
一二	明和五年夏	一七六八	宗賢寺	大而宗龍	二三人	新潟県新潟市
一三	明和五年冬	一七六八	廣見寺	大量英器	六三人	埼玉県秩父市
一四	明和六年夏	一七六九	萬福寺	宏淵逸龍	四二人	新潟県新潟市
一五	明和六年冬	一七六九	観音院	大而宗龍	二一人	新潟県新発田市

一六	明和七年夏	一七七〇	廣見寺	大庵正道	八九人	埼玉県秩父市
一七	明和七年冬	一七七〇	勝楽寺	物外全提	四五人	神奈川県愛川町
一八	明和八年夏	一七七一	林昌寺	犨翁村牛	八九人	岐阜県飛騨市
一九	安永元年冬	一七七二	宗泉寺	瑞應角麟	四六人	栃木県足利市
二〇	安永二年夏	一七七三	圓通寺	密門良重	三四人	岐阜県恵那市
二一	安永二年冬	一七七三	全久院	大巓純丈	八二人	愛知県豊橋市
二二	安永三年夏	一七七四	法性寺	透外祖関	六六人	愛知県新城市
二三	安永四年冬	一七七五	龍雲寺	俊翁　雄	七五人	岐阜県岐阜市
二四	安永六年冬	一七七七	宗賢寺	圓巖実融	八八人	新潟県新潟市
二五	安永七年夏	一七七八	観音院	道主大賢	四七人	新潟県新発田市
二六	安永七年冬	一七七八	龍昌寺	頭嶺梅岸	六三人	新潟県長岡市
二七	安永八年夏	一七七九	大昌寺	瑞應聖麟	八三人	長野県長野市
二八	安永八年冬	一七七九	王舎林	大而宗龍	一八人	新潟県新潟市
二九	安永九年夏	一七八〇	長慶寺	祖学量道	三六人	埼玉県東秩父村
三〇	安永十年冬	一七八一	聖澤寺	京山梅陽	四六人	群馬県神流町
三一	天明二年夏	一七八二	大隆寺	竺翁慧林	七三人	岐阜県高山市
三二	天明三年夏	一七八三	日本寺	高雅愚傳	七六人	千葉県鋸南町
三三	天明五年夏	一七八五	観音院	開田大義	五八人	新潟県新発田市

宗龍禅師授戒会開催寺院一覧表　戒弟のべ人数　一〇、五二六名

通算回数	開催年月	西暦	寺院名	住職	戒弟数	所在地
一	宝暦十三年六月	一七六三	長松寺	顚明抜錐	一九七名	群馬県高崎市
二	宝暦十四年四月	一七六四	瑞光寺	別天素峯	七二名	新潟県新潟市
三	宝暦十四年	一七六四	東光寺	舜山養國	三六名	新潟県新発田市
四	明和元年十月	一七六四	大榮寺	盛庵弘隆	九八名	新潟県長岡市
五	明和二年四月	一七六五	常安寺	統天祖文	一三四名	新潟県同
六	明和二年夏	一七六五	無量院	宗春香林	一八五名	群馬県嬬恋村
七	明和二年十一月	一七六五	東龍寺	悦堂禅梁	一二三名	新潟県田上村
八	明和三年五月	一七六六	永明寺	禅苗越宗	一五八名	新潟県三条市
九	明和三年五月	一七六六	賢聖寺	玄峰素石	六八名	新潟県加茂市
一〇	明和三年十一月	一七六六	龍田寺	仏量来道	二一二名	群馬県藤岡市
一一	明和四年二月	一七六七	大通院	覚巌高天	一八九名	埼玉県皆野市
一二	明和四年十月	一七六七	宗賢寺	大而宗龍	一三六名	新潟県新潟市
一三	明和五年十月	一七六八	廣見寺	大量英器	二二九名	埼玉県秩父市
一四	明和六年五月	一七六九	萬福寺	宏淵逸龍	一四一名	新潟県新潟市
一五	明和六年	一七六九	圓福寺	耳汀文琳	七二名	新潟県長岡市

一六	明和七年冬	一七七〇	勝楽寺	物外全提	一〇六名	神奈川県愛川町
一七	明和七年冬	一七七〇	長光寺	広海慈寛	三〇〇名	埼玉県飯能市
一八	明和八年夏	一七七一	林昌寺	犨翁村牛	一〇六名	岐阜県飛騨市
一九	明和八年七月	一七七一	雲龍寺	安農道苗	二〇六名	岐阜県高山市
二〇	明和八年九月	一七七一	徳城寺	太愚厚本	一〇四名	富山県滑川市
二一	明和九年七月	一七七二	禅昌寺	禎州　聾	一〇六名	岐阜市下呂市
二二	明和九年仲冬	一七七二	宗泉寺	瑞應角麟	一五六名	栃木県足利市
二三	安永二年夏	一七七三	圓通寺	密門良重	七五名	岐阜県恵那市
二四	安永二年七月	一七七三	宗久寺	如童霊一	一九一名	岐阜県恵那市
二五	安永二年仲冬	一七七三	全久院	大巓純丈	二〇三名	愛知県豊橋市
二六	安永三年二月	一七七四	大岩寺	定印大峯	一六九名	愛知県豊橋市
二七	安永三年六月	一七七四	法性寺	透外祖関	二〇六名	愛知県新城市
二八	安永四年三月	一七七五	龍門寺	即應豊瑞	一八一名	東京都新宿区
二九	安永四年六月	一七七五	存林寺	乗山振宗	九七名	千葉県鋸南町
三〇	安永四年	一七七五	泉龍寺	一峯大圓	一〇二名	東京都狛江市
三一	安永四年十月	一七七五	素玄寺	透天祖関	一四〇名	岐阜県高山市

通算回数	開催年月	西暦	寺院名	住職	戒弟数	所在地
三二	安永四年十二月	一七七五	龍雲寺	俊翁　雄	一〇〇名	岐阜県岐阜市
三三	安永五年三月	一七七六	林昌寺	玉璨本圭	一〇五名	岐阜県飛騨市
三四	安永六年八月	一七七七	観音寺	竺翁慧林	一一七名	埼玉県川越市
三五	安永六年九月	一七七七	松月寺	壽林鳳祝	一四五名	埼玉県ときがわ市
三六	安永六年十月	一七七七	宗賢寺	圓巌實融	二〇七名	新潟県新潟市
三七	安永七年三月	一七七八	永安寺	古岸大舟	一五一名	新潟県新潟市
三八	安永七年四月	一七七八	観音院	道主大賢	二七三名	新潟県新発田市
三九	安永七年閏七月	一七七八	無量寿寺	天苗　亮	四六八名	埼玉県東松山市
四〇	安永七年	一七七八	龍泉寺	孝山全中	一二七名	東京都杉並区
四一	安永七年十月	一七七八	龍昌寺	頭嶺梅岸	一九〇名	新潟県長岡市
四二	安永八年四月	一七七九	寳泉寺	泰巌活道	二二二名	新潟県魚沼市
四三	安永八年五月	一七七九	大昌寺	瑞應聖麟	一八五名	長野県戸隠村
四四	安永九年三月	一七八〇	永明寺	禅苗越宗	三七四名	新潟県三条市
四五	安永九年七月	一七八〇	東昌寺	定慧圓明	七九名	埼玉県小川町
四六	安永九年	一七八〇	清巌寺	義峯覚勇	一五七名	東京都豊島区
四七	安永九年十一月	一七八〇	聖澤寺	京山梅陽	一九三名	群馬県神流町

四八	安永十年	一七八一	西光寺	大車圓道	一九三名	埼玉県坂戸市
四九	安永十年三月	一七八一	長松寺	蜜山抜宗	四〇五名	群馬県高崎市
五〇	天明二年四月	一七八二	大隆寺	竺翁恵林	八五名	岐阜県高山市
五一	天明三年三月	一七八三	大圓寺	祥峰輝運	一六五名	東京都文京区
五二	天明三年六月	一七八三	日本寺	高雅愚傳	一七〇名	千葉県鋸南町
五三	天明三年八月	一七八三	廣太寺	大蟲越山	一二〇名	千葉県君津市
五四	天明四年二月	一七八四	東照寺	瑞麟魯峰	一四四名	千葉県富津市
五五	天明四年八月	一七八四	大圓寺	祥峰輝運	一七七名	東京都文京区
五六	天明四年九月	一七八四	善徳寺	碩翁秀嶽	一三九名	東京都江東区
五七	天明四年十月	一七八四	長福寺	雄山大英	一二五名	千葉県船橋市
五八	天明五年五月	一七八五	観音院	開田大義	二五四名	新潟県新発田市
五九	天明五年孟秋	一七八五	瑠璃光院	大喝興宗	九五名	新潟県阿賀野市
六〇	天明五年八月	一七八五	會林寺	荷山瑞嶺	一六五名	山形県新庄市
六一	天明六年四月	一七八六	甑洞庵	孝鑿温忠	二〇三名	新潟県長岡市
六二	天明七年四月	一七八七	廣岳院	本龍然之	一七六名	東京都港区
六三	天明七年八月	一七八七	天桂寺	功屋鉄全	一九一名	群馬県沼田市
六四	天明八年四月	一七八八	観音院	開田大義	一二八名	新潟県新発田市

安居・授戒会開催寺院地図（関東地区）

○印は、安居開催寺院、数字は開催順序

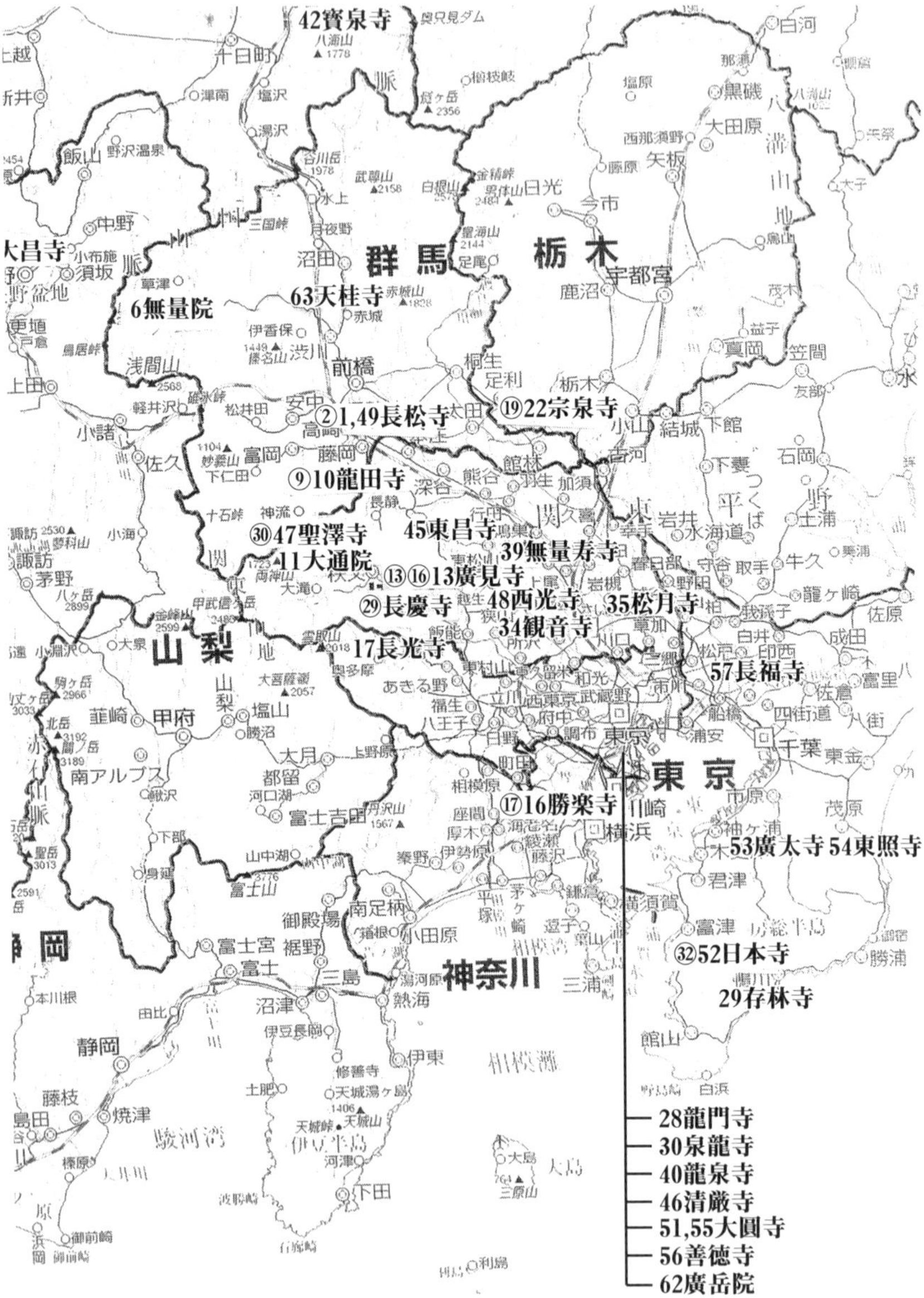

安居・授戒会開催寺院地図Ⅱ（新潟県・山形県）

◯印は、安居開催寺院、数字は開催順序

安居・授戒会開催寺院地図Ⅲ（岐阜県･長野県･富山県･愛知県･静岡県）

○印は、安居開催寺院、数字は開催順序

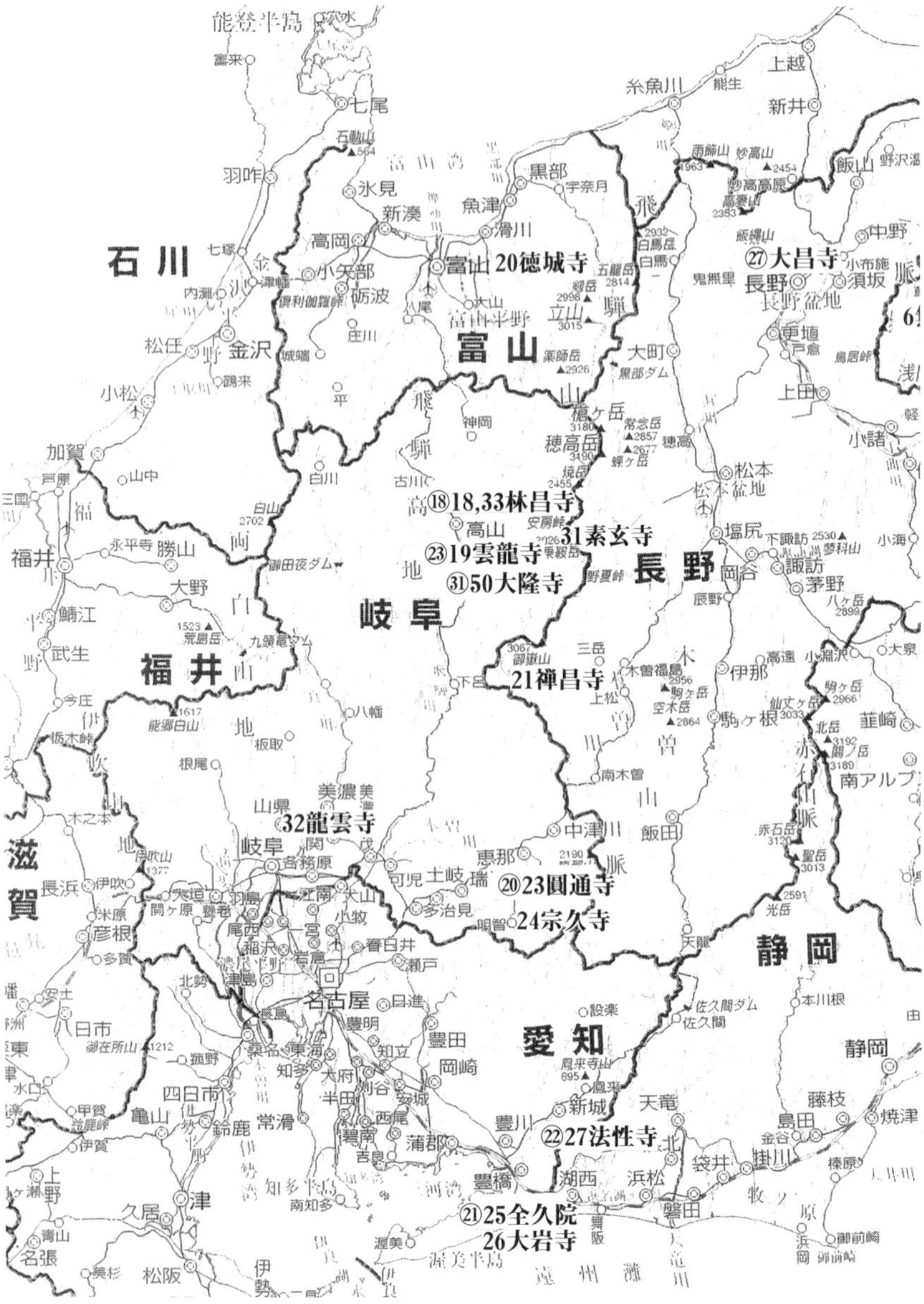

第五部〔資料編〕　授戒会開催寺院地図

16	17	18	19	20	21	22	23	24	25	26	27	28	29	30	31	32	33	合計
54	54	55	56	57	57	58	59	61	62	62	63	63	64	65	66	67	69	
廣見寺	勝楽寺	林昌寺	宗泉寺	圓通寺	全久院	法性寺	龍雲寺	宗賢寺	観音院	龍昌寺	大昌寺	王舎林	長慶寺	聖澤寺	大隆寺	日本寺	観音院	
書記	客堂	侍杖	典座		侍者	侍者	侍者	侍者	侍者		侍者			侍者		侍者	院主	27
	維那	侍者						侍杖	院主							直歳	鑑寺	17
			堂司	典座			維那								堂頭	校考	都寺	19
		菜頭	侍香		飯頭	侍真	堂司	書記	飯頭	堂司		維那	首座	典座	典座	維那	維那	18
巡唱	飯頭	堂司	書記	客堂				堂司	僚主		客堂	侍者	衣鉢	維那	維那	都官		16
		客堂		知客	客堂			衣鉢	杖侍				住持					15
都官		副寺						堂主			都寺			化主		杖侍		14
飯頭		知殿	客堂	飯頭	堂司	客堂	飯頭		首座									14
副寺	知客	知客	維那	知蔵	客堂	紀綱	湯薬		湯薬				化主	化主		書状		13
堂司	知庫	書記			首座	典座	副寺	維那	衣鉢	侍者	維那				侍者	都官		12
					雑務		供頭	行者	行者	行者	供司	飯頭	書状	供頭	侍香	湯薬	化主	12
供頭		供頭	知随	菜頭	点司		副堂	送供					侍者	衣鉢	供司			11
					雑務	菜頭	行者	供頭	行者	行者	侍聖	香司	飯頭	堂司	僚主			11
直歳	知随			直蔵	知殿	浴司												10
				侍聖	寮元	侍聖	菜頭		侍香			化主	典座		送供			9
行者			茶頭		供司	菜頭				知庫	浄人	茶頭	侍香					9
																		9
		侍真	知殿	知殿	侍者													9
茶頭		浄人					椀頭	水頭	菜頭		水頭			書記	知蔵			9
					茶頭			雑務	侍聖	書状	副寮	知庫	辨事	湯薬	看糧			9
		浴司	聴呼				客堂	行者	街坊				行者				書状	9
書記	侍聖	茶頭	侍聖	侍香	副堂	送供												9
湯薬		浴司	知庫		書記	飯頭	客堂											8

『夏冬安居牒』参加者一覧表 I

	回	1	2	3	4	5	6	7	8	9	10	11	12	13	14	15
	宗龍・年齢	46	47	47	48	48	49	49	50	50	51	51	52	52	53	53
	実施寺院	香傳寺	長松寺	大智院	東光寺	大楽寺	無量院	東龍寺	宗賢寺	龍田寺	宗賢寺	宗賢寺	宗賢寺	廣見寺	萬福寺	観音院
1	開田大義	○	○	○	○	○	○	○		知客	侍者	書状	典座	衣鉢	直蔵	侍者
2	道主大賢	○	○	○	○	○	○	○		知庫	副寺	書紀			首座	
3	竺翁恵林	○	○	○	○	○	○	○		書状	知随	堂司	維那		典座	鑑司
4	智海萬宏	○			○	○						雑務				
5	瑞麟魯峯									副寮	供頭			侍香		
6	祖學量道		○	○	○	○	○	○	堂司	化主				僚司		
7	梅苗良榮		○	○	○		○	○		副寺	維那	客堂				
8	松(笑)山柏翁					○	○	○	知庫	侍真		湯薬				
9	仏州(天縦)英倫													首座		
10	大佑官邦															
11	義宝															
12	要津不山													行者		
13	祖清															
14	良源							○			知殿	知随	飯頭			化主
15	金毛活鱗					○										
16	義産															茶頭
17	文明	○	○	○	○	○	○		典座		典座	典座				
18	麟道							○		茶頭	供頭	知殿		侍真		
19	宗源															供頭
20	道牛															
21	大統														行者	聴呼
22	梅林一條													看糧		侍香
23	圓成大鏡									外寺		雑務				

16	17	18	19	20	21	22	23	24	25	26	27	28	29	30	31	32	33	合計
54	54	55	56	57	57	58	59	61	62	62	63	63	64	65	66	67	69	
廣見寺	勝楽寺	林昌寺	宗泉寺	圓通寺	全久院	法性寺	龍雲寺	宗賢寺	観音院	龍昌寺	大昌寺	王舎林	長慶寺	聖澤寺	大隆寺	日本寺	観音院	
																		7
	行者				供頭		副寮	副寮	書状						書状		主塔	7
								菜頭	知殿		菜頭		僚主		首座	香司	典座	7
	書記	巡唱															副寺	7
湯薬	堂司	湯薬	飯頭	堂司	直藏													7
		鐘司				鐘司	点司			湯薬	送供							7
化主																		6
																		7
			侍者	侍者	鑑寺		知客									校考		7
			知客	維那	紀綱				鑑寺									6
飯頭			衣鉢	衣鉢	衣鉢	衣鉢	衣鉢											6
																		6
			菜頭	知随	香司	侍香	香司		知随									6
						看糧	汁頭	看門	茶頭	水頭		汁頭						6
																		5
										書記	書記	典座				知殿	侍者	5
																		5
		浄人			供頭			外侍								鐘司	知客	5
															供頭			5
			行者				供頭								知庫		侍衣	5
		送供	湯薬	菜頭	湯薬	副堂												5
		行者	供司	茶頭	侍聖	供頭												5
		水頭	知庫		藏王	知庫	浴主											5
											監糧						堂司	5
	水頭	椀頭	鐘司			点司	知随											5
								菜頭		飯頭	湯薬							5
知殿	衣鉢	飯頭																4
89	45	89	46	34	82	66	75	88	47	63	83	17	36	46	73	76	58	

	回	1	2	3	4	5	6	7	8	9	10	11	12	13	14	15
	宗龍・年齢	46	47	47	48	48	49	49	50	50	51	51	52	52	53	53
	実施寺院	香傳寺	長松寺	大智院	東光寺	大棨寺	無量院	東龍寺	宗賢寺	龍田寺	宗賢寺	宗賢寺	宗賢寺	廣見寺	萬福寺	観音院
24	賢瑞良愚	○	○		○	○				典座				堂司	衣鉢	
25	慧門舜泰															
26	徹源															
27	高宗				○	○	○	○								
28	賢外															知客
29	大忍											行者	行者			
30	學本素参		○	○	○	○		○								
31	素巖	○	○	○	○	○				飯頭	侍真					
32	大蟲越山		○				○									
33	良本覚樹											知客	監寺			
34	大安頑海															
35	旋友		○			○	○	○	知随	湯薬						
36	州泰															
37	浄還															
38	佛量来道									法幡師	鑑寺	侍者	侍者	副寺		
39	舜道孝本															
40	大如玄海					○	○	○	副寺	維那						
41	冠龍															
42	卍祥		○		○					侍者				維那		
43	宗潭															行者
44	大淳															
45	雄山大英															
46	悦巌紋宗															
47	一山										看門	看門	看門			
48	玄燈															
49	活麟							○		堂司						
50	豊山祖興															典座
	参加人数	16	68	16	56	50	48	65	22	61	23	63	23	63	42	21

住　職　他	受戒会参加	備　　　考	寂 年 月 日	西暦
観音院６、宗賢寺15、大隆寺４	31		享和２年12月24日	1802
観音院４、萬福寺13	8		文化３年５月17日	1806
大隆寺３、養寿院、観音寺	7		文化５年３月７日	1808
観音院７	6		文化元年５月13日	1804
東照寺12（富津）	23			
	5			
	7			
宗賢寺14、観音院８、鑑洞寺６	5		文化９年９月10日	1812
慈眼寺10	4	廣見寺寺門派	寛政６年11月８日	1794
全久院20、興禅寺３	5			
	3			
廣見寺24、妙音寺７	0		文政８年１月11日	1825
	0			
	3			
福源寺16（新潟村上市）	0	寛政２年總持寺瑞世		
	0			
	4			
	1			
	0			
	0			
	0			
	0			
宗泉寺16	2		文政６年10月16日	1823
興隆寺（福島川俣町）	4	天明４年總持寺瑞世		
森岩寺17	0			
	3	天明２年冬大隆寺首座		

『夏冬安居牒』参加者一覧表Ⅱ

	随身僧名	参加回数	本師	受業師
1	開田大義	27	宗龍	長岡寺　（恵那市）　義柏
2	道主大賢	17	悦巌	宗久寺　（恵那市）　紹天
3	竺翁恵林	19	宗龍	養寿院　（川越市）　大光
4	智海萬宏	18	宗龍	養寿院　（川越市）　宗龍
5	瑞麟魯峯	16		吉祥寺　（所沢市）　雲山
6	祖學量道	15		光源院　（小鹿野市）　海音
7	梅苗良榮	14		梅香院　（太田市）　梅関
8	松（笑）山柏翁	14		安正寺　（高梁市）　通明
9	仏州（天縦）英倫	13	大量英器	廣見寺　（秩父市）　英器
10	大佑官邦	12	大巓純丈	全久院　（豊橋市）　大実
11	義宝	12		
12	要津不山	11	豪山祖英	廣見寺　（秩父市）　英器
13	祖清	11		全久院　（豊橋市）徒
14	良源	10		宗悟寺　（東松山市）　智源
15	金毛活鱗	9	喝堂	永安寺　（新潟市）　古岸
16	義産	9		宗龍
17	文明	9		保国寺　（伊勢原市）
18	麟道	9		青龍寺　（東京港区）　秀猊
19	宗源	9		宗龍
20	道牛	9		
21	大統	9		
22	梅林一條	9		廣見寺　（秩父市）　英器
23	圓成大鏡	8		宗泉寺　（足利市）　恩明
24	賢瑞良愚	7	悦巌	安善寺　（長岡市）　芳春
25	慧門舜泰	7	宗龍	
26	徹源	7	宗龍	長福寺　（長岡市）　諦應

住職他	受戒会参加	備考	寂年月日	西暦
	2			
	0			
	0			
森巌寺16、広大寺	12			
	0			
養寿院13、永林寺12、観音寺9	0	明和6年總持寺瑞世	文化4年8月4日	1807
大仙寺8、東光寺12、龍昌寺8	2	寛政3年總持寺瑞世		
	2			
	1			
	0			
	0			
龍田寺11	3			
長谷寺15（川越市）、法昌寺（川越市）	6	享和2年總持寺瑞世		
	4	宝暦13年冬首座		
	1			
	1	宝暦14年夏東光寺安居首座		
	0			
	0			
観音寺17（千葉市）、長福寺13、福寿院7	0	天明4年長福寺授戒会開催	文政7年	1824
新光寺12（新潟市）、久真寺8	0		文化2年8月28日	1805
	0			
	0			
	0			
宝積寺33（群馬廿楽町）、光巌寺20	0		文化9年3月5日	1812

	随　身　僧　名	参加回数	本　師	受　業　師		
27	高　宗	7		仁叟寺	（富岡市）	賢高
28	賢　外	7		延命寺	（京都伊根町）	萬徹
29	大　忍	7		洞雲寺	（廿日市市）	瑞苗
30	大　蟲　越　山	7	宗　龍	龍淵寺	（館山市）	実厳
31	素　厳	7		香林寺	（宮城加美町）	五鳳
32	學　本　素　参	6	悦　厳	養寿院	（川越市）	大光
33	良　本　覚　樹	6	便　旨	大仙寺	（新発田市）	便之
34	大　安　頑　海	6		定明寺	（三条市）	全達
35	旋　友	6		定明寺	（三条市）	全達
36	州　泰	6				
37	浄　還	6				
38	佛　量　来　道	5	龍淵珠白			
39	舜　道　孝　本	5	宗　龍	甑洞庵	（長岡市）	一道
40	大　如　玄　海	5		華厳院	（掛川市）	玄路
41	冠　龍	5				
42	卍　祥	5		観音寺	（川越市）	梅関
43	宗　潭	5				
44	大　淳	5		新光寺	（新潟市）	嶺音
45	雄　山　大　英	5		大林寺	（恵那市）	春國
46	悦　厳　紋　宗	5	大鷲嶺音	栄雲寺	（三条市）	古友
47	一　山	5		性乗寺	（長野市）	
48	玄　燈	5				
49	活　麟	5		安楽寺	（鳥取大山町）	玄海
50	豊　山　祖　興	4		光厳寺	（富岡市）	芳龍

悦巌禅師法嗣表

★安居・授戒会に参加した兄弟弟子　☆大系譜所載
★活宗全龍は、下系図にはありませんが組み入れた

僧名	瑞世	和暦	西暦	寺院	受業師	出身	備考
☆鎮州霊樹						房州	千葉長安寺21
☆本然鳥道★	總持寺	寛延三	一七五〇	円福寺	尭音	越後	新潟新光寺10
☆天如雲禅	總持寺	宝暦六	一七五六	萬福寺	萬貞	越後	新潟東福寺10 萬福寺10
☆悦堂禅梁★	總持寺	宝暦六	一七五六	梅林庵	寂堂	肥前	新潟東龍寺10 萬福寺11
☆天嶽洞暁						尾州	
大光玄低	總持寺	宝暦六	一七五六	明徳寺	玄旨	肥後	
的翁愚中						駿州	
宏渕逸龍★	總持寺	宝暦九	一七五九	吉祥寺	笑峰	筑前	新潟萬福寺12
黙堂覚海	總持寺	宝暦九	一七五九	松雪寺	大竜	肥前	
☆大而宗龍	永平寺	宝暦十	一七六〇			上州	新潟観音院3 宗賢寺10
拙庵恵光						因州	
揚眉宗麟							
☆天山真龍	總持寺	宝暦十一	一七六一	萬福寺	沢昌	肥前	静岡少林寺6 神奈川壽昌寺12
正巌泰道★	總持寺	明和元	一七六四	東光寺	泰瑞	芸州	新潟東光寺10

戒珠良朝	總持寺	宝暦九	一七五九	観音院	舜山	肥前	
大耕良耘							静岡少林寺8
☆無際一丈★	總持寺	明和五	一七六八	法秀寺	黄竜	羽州	山形瑞雲院26　向川寺31
佛道来道★							群馬龍田寺11
大超香海				種福寺		肥前	
大寂察道★	總持寺	宝暦十二	一七六二	安楽寺	硯堂	芸州	
☆大中玄峰★	總持寺	宝暦十三	一七六三	萬福寺	愍峰	越後	新潟顕聖寺11　便住寺開山
東屋素梁★	總持寺	明和八	一七七一	萬福寺	悦巌	越後	
賢瑞良愚★	總持寺	天明四	一七八四	興隆寺	芳春	越後	
☆道主大賢★	總持寺	安永四	一七七五	東光寺	松山	濃州	新潟観音院4　萬福寺13
海翁東岫★	總持寺	明和七	一七七〇	万能寺	悦巌	越後	新潟万能寺6　神奈川昌壽寺14
☆大船頓乗★						奥州	新潟観音院5
家山道皇	總持寺	明和六	一七六九	泰林寺	泰亮	奥州	
俊國祖英						羽州	
機外祖玄						肥後	
學本素参★	總持寺	明和六	一七六九	法心寺	大光	武州	埼玉観音寺9　養寿院13　榮林寺12
廻州						尾州	
活宗全龍★						甲州	群馬龍田寺12　神奈川壽昌寺15

宗龍禅師法嗣表

☆『曹洞宗全書大系譜』に所載

僧名	瑞世	和暦	西暦	寺院	受業者	備考
開田大義						新潟観音院6 宗賢寺15 岐阜大隆寺4
☆竺翁慧林						岐阜大隆寺3 埼玉養寿院14 観音寺10
☆智海萬宏						新潟観音院7 岐阜大隆寺3
徹源						
舜道孝本	總持寺	享和二	一八〇二	法昌寺	一道	埼玉長谷寺15
頑鏡						
大蟲越山						千葉森巌寺16 廣太寺
慧門舜泰						千葉森巌寺17

※大蟲越山が宗龍禅師の法嗣たる確たる証拠はありませんが、「寺居山五百羅漢勧化帳」の中に先師と宗龍禅師を呼んでいることから、法嗣としました。

参考資料

『夏冬安居牒』
『曹洞宗全書大系譜』
『大本山總持寺住山記』
『曹洞宗報』文化財調査委員会調査目録及び解題
西来山良高禅師
龍華山観音禅院　下系図鑑（観音院蔵）

宗龍禅師年譜

年号	年齢	事項	典拠
享保二年（一七一七）	一歳	群馬県富岡市下丹生の近隣で誕生する。	
享保一二年～二〇年（一七二七～三五）		同所、永隣寺（群馬県富岡市下丹生）九世紹山賢隆に就いて得度する。	素玄寺宛一札事
不詳		美濃国妙應寺（岐阜県不破郡関ケ原町）で修行する。	宗龍禅師示寂疏
寛保三年（一七四三）	二七歳	師の悦巌素忻が越後萬福寺（新潟市西蒲区仁箇）九世に就くに伴い、宗龍も随従する。	悦巌和尚行業記
宝暦四年（一七五四）	三八歳	師の悦巌素忻が加賀天徳院（石川県金沢市小立野）八世に就くに伴い、宗龍も随従する。	悦巌和尚行業記 素玄寺宛一札事
宝暦六年（一七五六）	四〇歳	加賀天徳院で、悦巌素忻の結制安居の首座をつとめる。	糞掃衣墨書
宝暦七年（一七五七）	四一歳	師の悦巌素忻から嗣法する。	瑞世許状
宝暦九年（一七五九）	四三歳	飛州一ノ宮水無神社に、永代懺法講会の開催を祈願する。	宗龍遺著抄

宝暦一〇年（一七六〇）	四四歳	師の悦巌素忻が越後蒲原郡紫雲寺郷、観音院（新潟県新発田市長者館）二世に就く。	悦巌和尚行業記
宝暦一一年（一七六一）	四五歳	大本山永平寺に瑞世する。	瑞世許状
宝暦一二年（一七六二）	四六歳	三月一三日、悦巌素忻が観音院（越後蒲原郡紫雲寺郷）にて示寂し、宗龍はその後住として、観音院三世に就く。 越後蒲原郡蔵光村、香傳寺（新潟県新発田市蔵光）で冬安居を行う（第一回目の安居）。参加者一六人。	悦巌素忻書状
宝暦一三年（一七六三）	四七歳	上州群馬郡高崎、長松寺（群馬県高崎市赤坂町）で夏安居を行う。参加者六八人。 同寺で授戒会（六月一八日完戒　第一回目の授戒会）を行う。参加者一九七人。 越後岩船郡宿田村、大智院（新潟県村上市宿田）で冬安居を行う。参加者一六人。	
宝暦一四年（一七六四）	四八歳	越後蒲原郡新潟津、瑞光寺（新潟市中央区西堀）で授戒会（四月三〇日完戒）を行う。参加者七二人。	

明和元年（一七六四） 六月二日改元		越後蒲原郡紫雲寺郷、東光寺（新潟県新発田市真中）で夏安居を行う。参加者五六人。 同寺で授戒会を行う。参加者四三人。 越後古志郡中俣村、大榮寺（新潟県長岡市西中野俣）で授戒会（一〇月八日完戒）を行う。参加者九八人。 同寺で冬安居を行う。参加者五〇人。	
明和二年（一七六五）	四九歳	越後古志郡栃尾、常安寺（新潟県長岡市谷内）で授戒会（四月完戒日）を行う。参加者一三四人。 上州吾妻郡大笹村、無量院（群馬県吾妻郡嬬恋村大笹）で授戒会を行う。参加者一八五人。 同寺で夏安居を行う。参加者四八人。 越後蒲原郡田上村、東龍寺（新潟県南蒲原郡田上町田上乙）で冬安居を行う。参加者六五人。 同寺で授戒会（一一月一日完戒）を行う。参加者一二三人。	
明和三年（一七六六）	五〇歳	越後蒲原郡横越村、宗賢寺（新潟市江南区横越東町）一〇世に就く。	深井一成師論文

明和四年（一七六七）

五一歳

同寺で夏安居を行う。参加者二一一人。

越後蒲原郡大崎村、永明寺（新潟県三条市大崎）で授戒会（五月一三日完戒）を行う。参加者一五八人。

越後蒲原郡黒水村、賢聖寺（新潟県加茂市黒水）で授戒会（五月二六日完戒）を行う。参加者六八人。

上州緑埜郡寺山村、龍田寺（群馬県藤岡市本郷）で冬安居を行う。参加者六一人。

同寺で授戒会（一一月完戒日）を行う。参加者二一二人。

同寺において大般若石経書写奉納の志を立てる。

武州秩父郡日野沢村、大通院（埼玉県秩父郡皆野町下日野沢）で授戒会（二月完戒日）を行う。参加者一八九人。

越後蒲原郡横越村、宗賢寺（新潟市江南区横越東町）で夏安居を行う。参加者二三人。

同寺で冬安居を行う。参加者六三人。

般若無礙海

明和五年（一七六八）	五二歳	同寺で授戒会（一〇月七日完戒）を行う。参加者一三六人。	
		越後蒲原郡横越村、宗賢寺（新潟市江南区横越東町）で夏安居を行う。参加者二三人。	
		武州秩父郡大宮郷、廣見寺（埼玉県秩父市下宮地町）で授戒会（参加者二二九人）と冬安居（参加者六三人）を行う。	
明和六年（一七六九）	五三歳	越後蒲原郡仁箇村、萬福寺（新潟市西蒲区仁箇）で授戒会（五月一三日完戒）を行う。参加者一四一人。	
		同寺で夏安居（参加者四二人）と宝暦七年越後大飢饉による餓死者の大施食供養を行う。	龍華会雑録
		越後三島郡寺泊町、圓福寺（新潟県長岡市寺泊）で授戒会を行う。参加者七二人。	
		八月一五日、越後蒲原郡横越村、宗賢寺前の河原で、宝暦七年越後大飢饉による餓死者の一三回忌供養会を行う。	横越島旧事記
		この年、宗賢寺を退院する。	

		越後蒲原郡紫雲寺郷、観音院（新潟県新発田市長者館）で冬安居を行う。参加者二一人。	般若無礙海
		廣見寺境内西側の大岩を八人の石工が一年がかりで開削する。	
明和七年（一七七〇）	五四歳	五月七日、武州秩父郡大宮郷、廣見寺（埼玉県秩父市下宮地町）に来錫し、同寺で大般若石経結衆安居（参加者八九人）を行い、七月二一日に大般若石経書写奉納を成就する。	般若無礙海
		相州愛甲郡田代村、勝楽寺（神奈川県愛甲郡愛川町田代）で授戒会を行う。参加者一〇六人。	
		同寺で冬安居を行う。参加者四五人。	
明和八年（一七七一）	五五歳	武州多摩郡直竹村、長光寺（埼玉県飯能市下直竹）で授戒会を行う。参加者三〇〇人。	
		飛州吉城郡古川村、林昌寺（岐阜県飛騨市古川町片原）で夏安居を行う。参加者八九人。	

明和九年（一七七二）一一月一六日改元	五六歳	同寺に、華厳経八十巻を石経書写し、「華厳石経碑」が立つ。同寺で授戒会（参加者一〇六人）を行う。	宗龍和尚語録
		飛州大野郡高山、雲龍寺（岐阜県高山市若達町）で授戒会（七月二九日完戒）を行う。参加者二〇六人。	
		八月一六日、同寺で永代懺法講会を行う。	般若臺法語
		越中新川郡滑川、徳城寺（富山県滑川市四間町）で授戒会（九月一七日完戒）を行う。参加者一〇四人。	
		飛州益田郡少ケ野、唵摩訶山の大磐石に石経奉納を志す。	随願即得珠
		飛州益田郡中呂村、臨済宗禅昌寺（岐阜県下呂市中呂）で授戒会（七月三日完戒）を行う。参加者一〇六人。	
安永元年（一七七二）		下野足利郡松田村、宗泉寺（栃木県足利市松田町）で授戒会（仲冬一五日完戒）を行う。参加者一五六人。	
		同寺で冬安居を行う。参加者四六人。	

安永二年（一七七三）	五七歳	美濃恵那郡正家村、圓通寺（岐阜県恵那市長島町正家）で夏安居を行う。参加者三四人。 同寺で授戒会（七月八日完戒）を行う。参加者七五人。 美濃恵那郡東野村、宗久寺（岐阜県恵那市東野）で授戒会（七月二九日完戒）を行う。参加者一九一人。 三州渥美郡二連木村、全久院（愛知県豊橋市東郷町）で授戒会（一〇月一三日完戒）を行う。参加者二〇三人。 同寺で冬安居を行う。参加者八二人。
安永三年（一七七四）	五八歳	三州渥美郡大岩村、大岩寺（愛知県豊橋市大岩町）で授戒会（二月三日完戒）を行う。参加者一六九人。 三州設楽郡野田村、法性寺（愛知県新城市豊島）で夏安居を行う。参加者六六人。 同寺で授戒会（六月九日完戒）を行う。参加者二〇六人。

安永四年（一七七五）

五九歳

武州江戸牛込横寺町、龍門寺（東京都新宿区横寺町）で授戒会（三月二一日完戒）を行う。参加者一八一人。

安房平郡本名村、存林寺（千葉県安房郡鋸南町元名）で授戒会（六月二一日完戒）を行う。参加者九七人。

武州多摩郡泉村、泉龍寺（東京都狛江市元和泉）で授戒会を行う。参加者一〇二人。

飛州大野郡高山、素玄寺（岐阜県高山市天性町）で授戒会（一〇月一四日完戒）を行う。参加者一四〇人。

美濃各務郡芥見村、龍雲寺（岐阜市芥見大船）で冬安居を行う。参加者七五人。

同寺で授戒会（臘月一〇日完戒）を行う。参加者一〇〇人。

一二月、京都紫野、大徳寺塔頭金龍院へ大隆寺の寺号と敷地譲渡を申し入れる。

飯山勘右衛門書状

安永五年（一七七六）	六〇歳	飛州吉城郡古川村、林昌寺（岐阜県飛騨市古川町片原）で授戒会（三月九日完戒）を行う。参加者一〇五人。	
		八月、京都紫野、大徳寺塔頭金龍院より大隆寺の寺号と敷地譲渡は金一〇〇両とする条件等で整う。	内談之趣
		同年、飛州益田郡少ケ野のおんまか山に御堂を建立する。	唵摩訶山居歌
安永六年（一七七七）	六一歳	正月、関三刹は京都金龍院より譲り請けた臨済宗大隆寺を曹洞宗に転派し、越後萬福寺末とすることを認可する。	素玄寺透天定書
		二月、美濃恵那地方に巡錫し、大般若講を行う。	恵那市史
		四月、飛州大隆寺の開山を師の悦巖素忻とし、自ら二世となる。	素玄寺宛一札事 般若臺雑記
		武州久下戸村、観音寺（埼玉県川越市南古谷）で授戒会（八月五日完戒）を行う。参加者一一七人。	
		武州比企郡玉川郷、松月寺（埼玉県ときがわ町玉川）で授戒会（九月五日完戒）を行う。参加者一四五人。	

安永七年（一七七八）

六二歳

越後蒲原郡横越村、宗賢寺（新潟県江南区横越東町）で授戒会（一〇月八日完戒）を行う。参加者二〇七人。

同寺で冬安居を行う。参加者八八人。

越後蒲原郡茨曽根村、永安寺（新潟市南区茨曽根）で授戒会（三月四日完戒）を行う。参加者一五一人。

三月、越後蒲原郡紫雲寺郷、観音院（新潟県新発田市長者館）において、開山黙子素淵（三十三回忌）と二世悦巌素忻（十七回忌）の行法事を行う。

三月七日、越後蒲原郡草荷の宝塔「金光明最勝王経」の銘を誌す。

越後蒲原郡紫雲寺郷、観音院（新潟県新発田市長者館）で授戒会（四月八日完戒・参加者二七三人）と夏安居（参加者四七人）を行う。

武州比企郡下野本村、無量寿寺（埼玉県東松山市下野本）で授戒会（七月二九日完戒）を行う。参加者四六八人。

大而宗龍書状

安永八年（一七七九）

六三歳

江戸豊島郡四谷庄南寺町、龍泉寺（現在地東京都杉並区下高井戸）で授戒会を行う。参加者一二七人。

越後古志郡六日市村、龍昌寺（新潟県長岡市六日市町）で授戒会（一〇月八日完戒）を行う。参加者一九〇人。

同寺で冬安居を行う。参加者六三人。

この年、武州多摩郡泉村、泉龍寺（東京都狛江市元和泉）の木造延命地蔵菩薩坐像の胎内に自筆のお守りを納める。　泉龍寺仏教文庫
この年、飛州益田郡小坂の「修道陰徳銘」を誌す。　般若臺雑記
越後魚沼郡藪神荘干溝之村、寶泉寺（新潟県魚沼市干溝）で授戒会（四月八日完戒）を行う。参加者二二〇人。

信州水内郡栃原村、大昌寺（長野市戸隠栃原）で授戒会（五月一三日完戒）を行う。参加者一八五人。

同寺で夏安居を行う。参加者八三人。

安永九年（一七八〇）	六四歳	八月二八日、飛州大野郡高山の大隆寺で入仏供養を行う。 一〇月、大隆寺を退院し、後住を弟子の竺翁恵林とする。 越後蒲原郡茨曽根村、王舎林（新潟市南区茨曽根）で冬安居を行う。参加者一七人。 越後蒲原郡大崎村、永明寺（新潟県三条市大崎）で授戒会（三月二一日完戒）を行う。参加者三七四人。 武州秩父郡白石村、長慶寺（埼玉県秩父郡東秩父村白石）で夏安居を行う。参加者三六人。 同寺で「宝亀安宅銘」を著す。 武州比企郡角山村、東昌寺（埼玉県比企郡小川町角山）で授戒会（七月二七日完戒）を行う。参加者七九人。 武州豊島郡江府小日向村、清巌寺（東京都豊島区西巣鴨）で授戒会を行う。参加者一五七人。	般若臺雑記 素玄寺宛恵林一札事 題名欠損「□□録」

		上州甘楽郡山中黒田村、聖澤寺（群馬県多野郡神流町黒田）で授戒会（一一月七日完戒）を行う。参加者一九三人。	
		同寺で冬安居（参加者四六人）を行い、大般若真読供養塔を建立する。	題名欠損 「□□録」
安永一〇年（一七八一）	六五歳	武州入間郡塚越村、西光寺（埼玉県坂戸市塚越）で授戒会（菩薩戒会）を行う。参加者一九三人。	
		上州群馬郡高崎、長松寺（群馬県高崎市赤坂町）で授戒会（三月二一日完戒）を行う。参加者四〇五人。	
天明元年 四月二日より		五月、同寺で石経供養を行い、石経蔵塔が立つ。	
天明二年（一七八二）	六六歳	六月、飛州吉城郡松之木峠の「修道陰徳銘」を誌す。	般若臺雑記
		飛州大野郡高山、大隆寺（岐阜県高山市春日町）で授戒会（四月八日完戒）を行う。参加者八五人。	
		同寺で夏安居を行う。参加者七三人。	
		十月、美濃恵那地方に巡錫する。	恵那市史
		飛州大野郡八賀谷の社に宮額を奉納する。	豊稔祭

		飛州柏原村、船坂家内に「妙見神呪経」を石書し、建碑する。
天明三年（一七八三）	六七歳	江戸駒込竹町、大圓寺（東京都文京区向丘）で授戒会（三月二五日完戒）を行う。参加者一六五人。 安房平郡本名村、日本寺（千葉県安房郡鋸南町元名）で蔵経石書会（参加者七六人）を行い、「石経蔵」塔を建立する。同寺で授戒会（六月九日完戒）を行う。参加者一七〇人。 上総望陀郡坂畑村、廣太寺（千葉県君津市坂畑）で授戒会（八月四日完戒）を行う。参加者一二〇人。 同授戒会で大而宗龍は施主となり、七月八日の浅間山大噴火によって亡くなった人々の供養を行う。
天明四年（一七八四）	六八歳	上総周准郡上飯野村、東照寺（千葉県富津市上飯野）で授戒会（二月二二日完戒）を行う。参加者一四四人。 江戸駒込竹町、大圓寺（東京都文京区向丘）で授戒会（八月二二日完戒）を行う。参加者一七七人。

天明五年（一七八五）

六九歳

八月、江戸本郷追分の「庚申塔（青面金剛童子等身像）」銘を誌す。（現在は大圓寺境内にある）。

江戸深川、善徳寺（東京都江東区三好）で授戒会（九月二九日完戒）を行う。参加者一三九人。

下総葛飾郡夏見村、長福寺（千葉県船橋市夏見）で授戒会（一〇月二九日完戒）を行う。参加者二五五人。

越後蒲原郡紫雲寺郷、観音院（新潟県新発田市長者館）で夏安居を行う。参加者五八人。

同安居に大愚良寛は香司として参加する。

同寺で授戒会（五月一九日完戒）を行う。参加者二五四人。

六月一三日、越後蒲原郡新発田町を無縁供養の托鉢中、中風を発症する。

越後蒲原郡保田町、瑠璃光院（新潟県阿賀野市保田）で授戒会（孟秋二九日完戒）を行う。参加者九五人。

大而宗龍書状

		羽州最上郡新庄城下、會林寺（山形県新庄市十日町太田）で授戒会（八月二二日完戒）を行う。参加者一六五人。	
		九月、羽州田川郡温海温泉（山形県鶴岡市温海）で二一日間にわたって逗留する。	大而宗龍書状
天明六年（一七八六）	七〇歳	越後古志郡浦瀬村、甑洞庵（新潟県長岡市浦瀬）で授戒会（四月八日完戒）を行う。参加者二〇三人。	
		七月一五日、江戸の洪水により、今年予定していた石経書写供養会を延期する。	大而宗龍書状
		七月、江戸牛込神楽坂の石経亭で、法兄の活宗全龍と袈裟問答を行う。	袈裟問答
		八月一五日、同所の石経亭で水陸会を行う。	水陸会法語
		九月、江戸駒込竹町、大圓寺（東京都文京区向丘）で石経書写に務める。	大而宗龍書状
天明七年（一七八七）	七一歳	武州江戸伊皿子二本榎、廣岳院（東京都港区高輪）で授戒会（四月八日完戒）を行う。参加者一七六人。	

		五月一五日、同寺で一切経石経書写奉納供養会と悦巌素忻の二五年忌を行い、一切経塔を建立する。上州沼田、天桂寺（群馬県沼田市材木町）で授戒会（八月一九日完戒）を行う。参加者一九一人。	
天明八年（一七八八）	七二歳	越後蒲原郡紫雲寺郷、観音院（新潟県新発田市長者館）で授戒会（四月八日完戒）を行う。参加者一二八人。	
寛政元年（一七八九）	七三歳	八月一三日、越後蒲原郡紫雲寺郷、観音院（新潟県新発田市長者館）にて示寂する。	宗龍和尚示寂疏
寛政一〇年（一七九八）		四月、美濃坂本の寺居山に五百羅漢開眼にあたって、開田大義和尚が導師をつとめる。	

宗龍禅師著書

年月日	著作名		所蔵者
宝暦六年（一七五六）	糞掃衣墨書	一枚	大隆寺
明和五年（一七六八）一〇月八日	大般若石経書写願文並序	一枚	廣見寺
明和七年（一七七〇）	般若無礙海	一冊	大隆寺
明和八年（一七七一）	如来蔵裡功徳聚	一冊	同
明和九年（一七七二）五月七日	随願即得珠	一冊	同
安永二年（一七七三）三月三日	菩提増福田	一冊	同
安永三年（一七七四）六月	法性安居海（夜参示衆など）	一冊	同
安永四年（一七七五）一〇月	安養講	一冊	同
安永五年（一七七六）	般若臺法語 （安永五丙申驒国観音野唵摩訶山居歌など）	一冊	同
安永八年（一七七九）	仏母山王舎林校割帳	一冊	関根伸行氏
安永九年（一七八〇）一月一日	龍子大吉祥、入涅槃後之遺嘱	一枚	大隆寺
安永九年（一七八〇）春	法華千部功徳本	一枚	同
安永九年（一七八〇）五月二五日	華蔵海	一冊	同

安永九年（一七八〇）	置宝丸伝記	一枚	同
天明二年（一七八二）六月一〇日	大般若真読香語	一枚	同
天明二年（一七八二）	大隆寺般若真読回向法事	一枚	同
天明二年（一七八二）	豊稔祭	一冊	大谷信應氏
天明二年（一七八二）	供養大福田	一冊	同
天明五年（一七八五）	龍華般若夾（心経夜明符・般若天地鏡など）	一冊	大隆寺
天明六年（一七八六）	施菜烏犀円偈并語	一枚	同
天明六年（一七八六）七月	袈裟問答	一枚	同
天明六年（一七八六）八月一五日	水陸会法語	一枚	同
天明六年（一七八六）	石経般若和讃功徳	一冊	同
天明六年（一七八六）	石経書写如意宝	一冊	同
天明七年（一七八七）	宗龍和尚喝文	一枚	同
寛政元年（一七八九）	遺偈	一枚	同
年不詳	伝戒口訣戒文無字印	折本一帖	同
年不詳	金剛戒	折本一帖	同
年不詳	叢林和合艸	一冊	同
年不詳	行者寮般若鏡	一冊	同

年不詳	庫院般若鏡	一冊	大隆寺
年不詳	般若斎功徳海	一冊	同
年不詳	大般若石経書写行願品（大般若石経書写会行願品など）	一冊	同
年不詳	龍華会雑録（江湖送行歌・法華千部塔之銘并序など）	一冊	同
年不詳	掌裡鑑	一冊	同
年不詳	古井泉（仏母山王舎林行事恒規など）	一冊	同
年不詳	放生功徳海・諸宗和合艸	一冊	同
年不詳	大般若永代真読功徳本	一冊	同
年不詳	観音講福聚海（心経和註・大般若真読功徳本・観音講序並誓約など）	一冊	同
年不詳	菩提雑華林（石経書写功徳海・片岡山之飢人讃など）	一冊	同
年不詳	三喚掌（学般若之法・永代真読般若願文など）	一冊	同
年不詳	般若臺雑記（法華千部功徳本など）	一冊	同

年不詳	般若齋	一枚	同
年不詳	「□□録」（大般若真読無遍會塔婆銘曰・宝亀安宅銘曰など）	一冊	同
年不詳	唵摩訶山住菴定規	一枚	同
年不詳	施菜烏犀円偈并語	一枚	同
年不詳	吉祥峯荘厳石功徳	一枚	同
年不詳	節分示衆	一枚	同
年不詳	観音水（示衆法語・示帰郷母僧還郷歌など）	一冊	同
年不詳	血書三千仏図裏書	一幅	同
年不詳	大而宗龍禅師自賛項相	一幅	同
年不詳	宗龍和尚語録全	一冊	観音院

宗龍禅師顕彰並びに新発見年表

年号	西暦	事項
明治　四十年	一九〇七	奥田正造氏尊父祈兵衛氏　宗龍禅師百年忌として『福聚海』を印施する。
昭和　二年	一九二七	奥田正造氏『宗龍和尚　上下』を編集する。 廣見寺石経蔵、県史跡に指定される。
三年	一九二八	奥田正造氏廣見寺石経蔵を見学しに来山する。
五十二年	一九七七	山本哲成師、宮栄二氏両名により、良寛様の相見の師宗龍が大而宗龍禅師であることを『越佐研究』第三十八集に発表する。
六十年	一九八五	宮栄二氏『良寛研究論集』内に「大而宗龍禅師史料」を発表する。 『曹洞宗報』七月号「祖師たちの遺偈」に宗龍禅師遺偈が紹介される。
平成　元年	一九八九	永平寺『傘松』十一月号に「大而宗龍和尚の生涯」掲載される（大隆寺十六世水木良英師著）。
十四年	二〇〇二	小林將氏、藤井元超師、昆尚道師、日本寺千五百羅漢護摩窟前に「石経蔵」石板を発見する。
十六年	二〇〇四	大本山總持寺『跳龍』二月・三月号続々雪泥鴻爪（山口正章師著）に大而宗龍禅師が掲載される。

十七年	二〇〇五	二　月　小林將氏『参禅の道』に宗龍禅師について言及する。
		四　月　町田会長　成蹊大学を訪問し奥田正造氏の資料を提供される。
		六　月　インターネットにて岐阜県中津川市寺居山五百羅漢を発見する。
		七　月　吉岡博道師、小林將氏、町田会長で千葉県鋸南町日本寺石経蔵を調査する。
		九　月　森岩寺田旗孝夫師　寺居山五百羅漢調査する。
		十一月　大而宗龍禅師顕彰会発足する。
		町田会長　廣見寺明和七年八年日記を発見する。
十八年	二〇〇六	小林　將氏　東京都文京区大圓寺境内にある「青面金剛力士像」の右側側面に「石経龍書」と書かれているのを発見する。
		同氏、東京都港区廣岳寺境内に「一切経」塔を発見する。
		川崎洋幸氏　群馬県高崎市長松寺境内に「石経供養塔」を発見する。
		同氏、群馬県神流町聖澤寺門前に「大般若書写眞読供養塔」を発見する。
		山本哲成師　第二回勉強会に『宗龍和尚遺稿上下』『龍華会雑録』を持参する。
		林　強一氏「宗龍禅師墨跡」を持参する。
		大島晃氏、観音院に『宗龍和尚語録』が存在することを発表する。

十九年	二〇〇七	三　月　高山市正宗寺原田道一師より「豊稔祭」「供養大福田」の資料提供を受ける。 四　月　森巌寺田旗師　小林將氏らが廣太寺を発見する。 六　月　町田会長　高山・下呂・中津川に調査に行く。 おんまか山功徳院にて戒名の書かれた経石を確認する。 中津川市源長寺回向帳に「得戒師宗龍大和尚」の記述あり。 源長寺本堂額「久翁山」宗龍書を確認する。 寺居山五百羅漢内阿弥陀堂額、宗龍書を確認する。 町田会長　廣見寺石経事業の一貫として、武甲山、秩父神社、三峰神社に理趣分奉納したことを発見する。 九　月　埼玉県川越市蓮光寺今泉源由師、久下戸（くげど）観音寺（現廃寺第三十四回授戒寺院）を発見する。
二十年	二〇〇八	七　月　宗龍禅師顕彰会、『宗龍和尚遺稿上下』復刻する。 八　月　曹洞宗文化財調査委員会が大隆寺を調査する。 九　月　町田会長　埼玉県飯能市長光寺へ調査に行き、石書を発見する（授戒会第十六回目寺院、宗龍関係石経かは未調査）。 十二月　町田会長　新潟県永安寺に「大般若真読供養塔」を発見する。

二十一年	二〇〇九	二　月　東京都狛江市泉龍寺住職菅原昭英師　同寺所蔵の地蔵尊内より宗龍禅師の自筆祈願札を発見する。 深井一成師　新潟県新発田市宝光寺門前に「大乗妙典千部塔」を発見する。 新発田市下草荷に宝塔「金光明最勝王経」を発見する。 十　月　深井師　曹洞宗総合研究センター学術大会において、宗賢寺住山期間を「明和三年から六年八月まで」と発表する。
二十二年	二〇一〇	四　月　今井寛之氏　新潟市南区茨曽根に王舎林を発見する。 八　月　小林　將氏　千葉県船橋市長福寺境内に、禅師随身僧雄山大英和尚立塔の妙見尊発見する。 九　月　第一回宗龍禅師シンポジウムを廣見寺において開催する。 十一月　『曹洞宗報』表紙に大而宗龍禅師頂相（大隆寺蔵）が掲載される。
二十三年	二〇一一	六　月　町田会長　宗賢寺において「大般若石経書写並序」の版木を確認する。 十　月　第三回宗龍禅師シンポジウムを廣見寺において開催する。 十一月　『曹洞宗報』の文化財調査委員会調査目録及び解題に大隆寺古文書が掲載される。 開田大義が法嗣であることが判明（大隆寺古文書）。

二十四年	二〇一二	一　月　『曹洞宗報』一月号に引き続き掲載される。 四月八日　椎名宏雄師・大澤弘氏『訓注江湖送行歌』を編集する。 九　月　第三回宗龍禅師シンポジウムを泉龍寺（狛江市）において開催する。 「大隆寺人数書上覚」に徹源、孝本、頑鏡、舜泰の四人が法嗣である事がわかる。 既に確認されている慧林、萬宏、大義を含め、七人の法嗣がいたことが判明する。 孝本は舜道孝本といい川越市長谷寺十五世であることが判明する。 「袈裟問答」にて四龍の一人全龍の存在が明らかになる。 大而宗龍禅書状に、廣見寺石経事業にて「金千両と米千俵要したこと」が書かれていることが判明する。
二十五年	二〇一三	六　月　廣見寺十八世大量英器和尚の弟子　物外月笑の消息が判明する。 九　月　第四回宗龍禅師シンポジウムを長松寺（高崎市）において開催する。
二十六年	二〇一四	九　月　第五回宗龍禅師シンポジウムを大隆寺（高山市）において開催する。 四龍の一人逸龍の存在が判明する。

		堀祥岳師の発表にて①林昌寺境内に「華厳石経」②柏原村船坂家墓地に「妙見尊」碑と石経の存在が判明する。 中井滕岳師　大隆寺天井裏より、宗龍禅師書の棟札を発見したことを発表する。 十　月　『宗龍和尚語録　全』復刊する。 「大般若石経書写行願品」（大隆寺蔵）の中に廣見寺石経事業の事が具体的に書かれていることが判明する。
二十七年	二〇一五	九　月　第六回宗龍禅師シンポジウムを東龍寺（田上町）において開催する。
二十八年	二〇一六	九　月　山端紹之師　高崎市長松寺古文書に、天明大飢饉の折、長松寺がただ一カ寺だけ炊き出しをして町奉行より褒美を賜ったことを公表する。 九　月　第七回宗龍禅師シンポジウムを蓮光寺（川越市）において開催する。
二十九年	二〇一七	七　月　勉強会にて髙野俊彦氏石経蔵に向拝があったことを発表する。 九　月　第八回宗龍禅師シンポジウムを廣見寺（秩父市）において開催する。 十　月　町田会長　『恵那市史』に宗龍禅師の行状が掲載されているのを発見する。

宗龍禅師関係文献目録Ⅰ

（1）「大而宗龍禅師顕彰会」発行　六冊

①『**大而宗龍禅師の生涯と行跡**』平成18年11月30日　編集　町田廣文

②『**宗龍和尚遺稿　上下**』元成蹊女学校長　奥田正造先生編集
平成20年7月15日複刻

③宗龍会報『**サッタハリン**』**第1号**　平成21年7月7日
「宗龍禅師に於ける第49回授戒会に関する考察」　大澤　弘
「雄山大英和尚について　宗龍僧団の一人」　小林　將
「秩父神社　武甲山（御嶽神社）への石経奉納について」　町田廣文

④宗龍会報『**サッタハリン**』**第2号**　平成22年10月3日
「宝光寺の大乗妙典一千部塔について―大而宗龍の事跡に関連して―」　深井一成
「仏母山王舎林発見」　今井寛之
「宗龍禅師と妙見さま」　小林　將

⑤宗龍会報『**サッタハリン**』**第3号**　平成23年10月9日
「大而宗龍の宗賢寺住山期間について」　深井一成

「大而宗龍禅師と泉龍寺の子安地蔵尊」　菅原昭英
「宝塔『金光明最勝王経』等の由来と宗龍禅師」　今井寛之
「宗龍禅師の船橋市長福寺に於ける第五十七回授戒会に関する考察」　小林　將

⑥　宗龍会報『**サッタハリン**』**第4号**　平成26年6月15日
「反主流派としての宗龍禅師」　町田廣文
「高崎市長松寺　宗龍禅師の石経蔵と石経」　山端紹之
「大而宗龍禅師関係文献目録」　小林　將

（2）「考古堂書店」発行　二冊

①　『**大而宗龍伝**』　平成18年10月10日　大島　晃
「大而宗龍伝発刊に寄せて」　大而宗龍禅師顕彰会　代表　町田廣文

②　『**大而宗龍伝**』**第二版**　平成22年9月1日　大島　晃（校正・町田廣文　小林　將）
「第二版発刊にあたって」　大而宗龍禅師顕彰会　代表　町田廣文

（3）「曹洞宗宗務庁」発行　四冊

①　『**曹洞宗報**』七月号　昭和60年7月号
「祖師たちの遺偈」（十二）大忍国仙禅師・大而宗龍禅師　静岡県正泉寺住職　吉岡博道

②『**曹洞宗報**』十一月号　平成22年11月1日

「表紙／洞門の祖師　大而宗龍禅師像」

「表紙解説・洞門の祖師」曹洞宗文化財調査委員会　委員　椎名宏雄

③『**曹洞宗報**』十一月号　平成23年11月1日

「文化財調査委員会調査目録及び改題」曹洞宗文化財調査委員会

四一二岐阜県177大隆寺（解題　委員　佐藤秀孝）

④『**曹洞宗報**』一月号　平成24年1月1日

「文化財調査委員会調査目録及び改題」曹洞宗文化財調査委員会

四一二岐阜県177大隆寺（続）（解題　委員　椎名宏雄）

(4)「全国良寛会」発行　五冊

①『**良寛　第17号**』平成2年5月15日

「夏冬安居牒に了寛発見」山本哲成

②『**良寛　第44号**』平成15年12月20日

「大而宗龍と良寛（前）」大島　晃

③『**良寛　第45号**』平成16年5月20日

「大而宗龍と良寛（後）」大島　晃

④『**良寛　第50号**』平成18年12月10日

⑤　「大而宗龍の石経奉納について」　大島　晃
全国良寛会会報『**良寛だより**』第１３４号　平成23年10月1日
「大而宗龍禅師顕彰会と活動報告」　代表　廣見寺　住職　町田廣文

(5)「群馬良寛会」発行　四冊

①『**上州良寛**』第7号　平成18年3月1日
「上州と宗龍」　大島　晃
②『**上州良寛**』第8号　平成19年3月1日
「良寛の芸術と茶道の心　―鵬斎・宗龍に触れて―」　林　強一
③『**上州良寛**』第11号　平成22年4月1日
「良寛と良寛をめぐる禅僧の墨跡」　鈴木潔州
④『**上州良寛**』第12号　平成23年3月18日
「『良寛の心の師』宗龍禅師の生涯と人間像について」　町田廣文

(6)「秩父市　廣見寺」発行　二十八部

①『**廣見寺ものがたり**』　平成11年11月21日
「十八世大量英器さまと石経蔵」　町田廣文

② 『寺報』第40号　平成17年8月14日
「住職随想　出会い」
「宗龍禅師ものがたり」　町田廣文
③ 『寺報』第41号　平成18年1月1日
「宗龍禅師ものがたり　岐阜県妙応寺での修行時代」　町田廣文
「宗龍禅師顕彰会発足」
④ 『寺報』第42号　平成18年8月14日
「宗龍禅師ものがたり　万福寺・天徳院での修行時代」　町田廣文
⑤ 『寺報』第43号　平成19年1月1日
「宗龍禅師ものがたり　明和八年日記発見」　町田廣文
⑥ 『寺報』第44号　平成19年8月14日
「宗龍禅師ものがたり　秩父神社・武甲山に石経奉納」　町田廣文
⑦ 『寺報』第45号　平成20年1月1日
「宗龍禅師ものがたり　幻の観音寺発見」　町田廣文
⑧ 『寺報』第46号　平成20年8月14日
「住職随想　宗龍禅師とマザーテレサ」
「宗龍禅師ものがたり　石経蔵造営の様子」　町田廣文
⑨ 『寺報』第47号　平成21年1月1日

「宗龍禅師ものがたり　長光寺（飯能市）石経石発見」　町田廣文
⑩
「寺宝展開催」（平成20年12月2・3・4日）
『**寺報**』第48号　平成21年8月14日
「宗龍禅師ものがたり　狛江市泉龍寺と宗龍禅師」　町田廣文
⑪
『**寺報**』第49号　平成22年1月1日
「宗龍禅師ものがたり　新発田市宝光寺境内に千部塔確認」　町田廣文
「第二回寺宝展開催」（平成21年11月21・22・23日）
⑫
『**寺報**』第50号　平成22年8月14日
「宗龍禅師ものがたり　仏母山王舎林（新潟市南区茨曽根）発見」　町田廣文
⑬
『**寺報**』第51号　平成23年1月1日
「宗龍禅師ものがたり　宝塔『金光明最勝王經』等の由来と宗龍禅師」　町田廣文
「宗龍禅師シンポジウム開催」（平成22年10月3日）
⑭
『**寺報**』第52号　平成23年8月14日
「宗龍禅師ものがたり　新潟市宗賢寺蔵『大般若経書写願文並序』の版木について」　町田廣文
⑮
『**寺報**』第53号　平成24年1月1日
「宗龍禅師ものがたり　宗龍禅師の外護者たち」　町田廣文
「第2回宗龍禅師シンポジウム開催」（平成23年10月9日）

⑯『寺報』第54号　平成24年8月14日
「宗龍禅師ものがたり　宗龍禅師の法嗣者（法を嗣いた僧侶）」　町田廣文

⑰『寺報』第55号　平成25年1月1日
「宗龍禅師ものがたり」
「第3回宗龍禅師シンポジウム開催」（平成24年9月6日）

⑱『寺報』第56号　平成25年8月14日
「宗龍禅師ものがたり　宗龍禅師と尼僧」　町田廣文

⑲『寺報』第57号　平成26年1月1日
「長松寺と廣見寺の関係」　町田廣文

⑳『寺報』第58号　平成26年8月14日
「昭和七年石経安居参加者　月笑庵主の消息」

㉑『寺報』第59号　平成27年1月1日
「悦巌禅師四龍　大龍逸龍について」

㉒『寺報』第60号　平成27年8月14日
「石経蔵昭和二年県史跡指定の経緯」

㉓『寺報』第61号　平成28年1月1日
「大般若石経書写願行品を読む」

㉔『寺報』第62号　平成28年8月14日

㉕「明和五年・七年二回の安居参加僧について」
『**寺報**』第63号　平成29年1月1日
「高崎　長松寺　古文書発見」

㉖『**寺報**』第64号　平成29年8月14日
「宗龍禅師顕彰会発足十周年記念誌発刊決定」

㉗『**寺報**』第65号　平成30年1月1日
「ブラタモリから真実解明」

㉘『**宗龍和尚語録　全**』平成26年10月10日

(7)「曹洞宗参禅道場の会」発行　十一冊

①会報『**参禅の道**』第42号　平成17年2月
「上総州紀行1」　小林　將
一、大而宗龍和尚の門弟「宗龍僧団」について
二、千葉県に残る大而宗龍和尚の足跡について
三、宗龍僧団の一人・大蟲越山和尚を訪ねて

②会報『**参禅の道**』第43号　平成17年8月
「上総州紀行2」　小林　將
一、房州日本寺を再訪して

二、秩父・廣見寺を尋ねて
三、「宗龍僧団」の中心人物について

③
会報『**参禅の道**』第44号　平成18年2月
「大而宗龍禅師顕彰会発足にあたって」
代表　埼玉県　廣見寺　住職　町田廣文
「上総州紀行3」小林　將
一、房州日本寺「石経蔵」の大調査
二、「宗龍僧団」の一人・大蟲越山和尚の遺跡の発見
三、「宗龍僧団」の一人・雄山大英和尚について
四、「宗龍僧団」の一人・慧門舜泰和尚について

④
会報『**参禅の道**』第45号　平成18年8月
「上総州紀行4」小林　將
一、上総森巖寺を再訪して
二、廃寺・廣太寺を尋ねて
三、第二回廃寺・廣太寺を尋ねて
四、旧江戸府内の大而宗龍禅師の足跡について

⑤
会報『**参禅の道**』第46号　平成19年2月
「上総州紀行5」小林　將

一、房州・上総人脈の「宗龍僧団」への参随について
二、船橋市夏見山長福寺のこと（大而宗龍禅師授戒地）

⑥
会報『**参禅の道**』第47号　平成19年8月
「上総州紀行6」　小林　將
上総紀行

⑦
会報『**参禅の道**』第48号　平成20年2月
「上総州紀行7」　小林　將
上総紀行

⑧
会報『**参禅の道**』第49号　平成20年8月
「上総州紀行8」　小林　將
森巖寺の新井如禅和尚の足跡について

⑨
会報『**参禅の道**』第50号　平成21年2月
「上総州紀行9」　小林　將
一、第二次上総州紀行
二、心牛和尚を探して
三、もう一つの「禁芸術売買之輩」碑に出会いて
四、秩父廣見寺を尋ねて

⑩ 会報『**参禅の道**』第51号　平成21年8月

「下総州紀行1」　小林　將

⑪ 会報『**参禅の道**』第52号　平成22年2月

「下総州紀行2」　小林　將

二、秩父廣見寺を尋ねて

(8)「禅文化洞上墨蹟研究会」発行　二冊

① 『**禅文化洞上墨蹟**』第6号　平成19年5月31日

「大而宗龍と良寛」　大島　晃

「大而宗龍禅師墨蹟」　群馬県　嶽林寺蔵他

② 『**禅文化洞上墨蹟**』第9号　平成23年4月30日

「第一回宗龍禅師シンポジウム開催報告」　小林　將

「禅僧筆痕物語（9）金石文編」　小林　將

(9)「雲松山泉龍寺」発行　一冊

○ 『**泉龍寺仏教文庫**』平成23年11月20日　編集　菅原昭英

(10)「海保山森巖寺」発行　一部

○『**曹洞宗森巖寺**』平成24年1月　編集　田旗孝夫

(11) 中外日報

① 平成22年3月27日
○「大而宗龍の業績」
② 平成22年9月16日
○「良寛の師『大而宗龍』を語る」
③ 平成22年10月9日
○「良寛の心の師」宗龍の業績顕彰 ―宗龍禅師シンポジウム―
④ 平成25年8月31日
「宗龍シンポ高崎市長松寺で」
⑤ 平成25年9月24日
生涯で授戒会64回宗龍禅師の顕彰を
⑥ 平成28年9月16日
「宗龍禅師は一方の雄」
⑦ 平成29年9月22日
「良寛の生き方に影響」

(12) 週刊仏教タイムス

① 平成24年9月13日

第3回宗龍禅師シンポジウム「良寛の心の師」

(13)「赤坂山長松寺」発行　一冊

○大而宗龍禅師『龍華会雑録』より

訓注『江湖送行歌』 平成24年4月8日

注記　天徳山龍泉院　住職　椎名宏雄

訓読　大而宗龍禅師顕彰会　会員　大澤　弘

「序文」大而宗龍顕彰会　代表　埼玉県秩父市　廣見寺　住職　町田廣文

「あとがき」千葉県柏市　天徳山龍泉院　住職　椎名宏雄

大而宗龍禅師関係文献目録Ⅱ（一般書籍）

①**『良寛修行と玉島』**「宗龍禅師」ｐ110〜ｐ112　井出逸郎
玉島良寛研究会編　考古堂　昭和50年

②**『越佐研究』**第38集「新発見の『良寛禅師碑銘並序』」ｐ1〜ｐ6　山本哲成　宮　榮二
新潟県人文研究会　昭和52年

③**『越佐研究』**第38集「良寛相見の師大而宗龍禅師について」ｐ7〜ｐ9　宮　榮二

④**『文人書譜　良寛』**「出家と行脚—宗龍禅師相見の事」ｐ63〜ｐ81　宮　榮二
淡交社　昭和52年

⑤**『良寛研究論集』**「大而宗龍禅師史料」ｐ561〜ｐ608　宮　榮二
象山社　昭和60年

⑥**『良寛の生涯』**「宗龍和尚と会う」ｐ75〜ｐ77　谷川敏朗
恒文社　昭和61年

⑦**『傘松』**平成元年十二月号「大而宗龍和尚の生涯」ｐ28〜ｐ34　水木良英（大隆寺十六世）
大本山永平寺

⑧『**良寛ひとり**』「四、宗龍の大事」ｐ84～ｐ111　津田さち子
大本山永平寺祖山傘松会　平成３年
※*永平寺「傘松」平成元年一月号より二*年間に亘り連載されたものをまとめられた。
⑨『**良寛の実像**』「二、宗龍相見の日」ｐ148～ｐ176　田中圭一
刀水書房　平成６年
⑩『**玉島円通寺の良寛さん**』「宗竜ぜんじにあいたい」ｐ77～ｐ81　森脇正之
倉敷文庫刊行会　平成８年

⑪『**良寛伝私抄**』「(三) 大而宗龍」ｐ63～ｐ79　蔭木英雄
考古堂　平成９年

⑫『**良寛の漢詩を読む**』「驟雨の詩とその前後」ｐ54～ｐ68　柳田聖山
日本放送出版協会　平成11年
*ＮＨＫ宗教の時間テキスト

⑬『**良寛　その任運の生涯**』「六、大而宗龍との出合い」ｐ116～ｐ127　大橋　毅
新読書社　平成16年

⑭『**続々雪泥鴻爪**』「九、大而宗龍」ｐ90～ｐ105　山口正章
龍泉寺　平成17年

⑮『**埼玉を歩く　良寛さん**』「Ⅳ秩父広見寺石経藏　大而宗龍」ｐ75～ｐ92　五十嵐咲彦
㈱文化新聞社　平成19年

⑯『**新良寛伝**』「宗龍和尚との出合いの謎」ｐ109～ｐ113　高橋　誠
彩流社　平成22年

⑰『**良寛との旅**』「観音院と宗龍禅師」ｐ88～ｐ90　立松和平　齋藤達也
考古堂　平成22年

あとがき

会員諸氏のご協力によりまして、十周年記念誌ができあがりました。ここにあらためてお礼を申し上げたいと思います。

「大而宗龍禅師顕彰並びに新発見年表」をご覧いただくとわかることですが、宗龍禅師の顕彰は、過去に二回程行われていました。一回目は、奥田正造氏（元成蹊女学校長）によるものです。奥田氏は昭和二年（一九二七）に、『宗龍和尚遺稿』を編集し、禅師の遺徳を顕彰しました。二回目は、宮栄二氏（良寛和尚研究者）によるものです。宮氏は昭和五十二年（一九七七）に、良寛さまの相見の師は大而宗龍禅師であることを突き止め、更に六十年に、『良寛研究論集』内に、「大而宗龍禅師史料」を掲載し、その偉業を称賛されました。しかし、残念なことですが、一般社会においても、宗門内においても、興味を示す人はほとんどなく、無名なまま、今日に至っています。いわば、私達の顕彰運動は、三回目となる運動であります。ただ、過去二回と違う所は、個人による顕彰と団体による顕彰だと思います。やはり、個人による顕彰は、限界があり、思うような成果が得られなかったように思われます。私自身もはじめは一人で研究・顕彰をしていこうと思っていましたが、幸運にも大島晃氏や小林將氏と巡り合い、会を創る勇気を得て、顕彰会の発足となったのでした。「三人寄れば文殊の知恵」の諺ではありませんが、一人では到底できなかった事業や多数の発見が、会員の皆さんの努力で成し遂げられ、その成果として記念誌が発刊され、大きく顕彰の一歩を踏み出すことができたと確信しています。

しかし、この記念誌も百点満点のものでは全くありません。今思えば、準備不足と、私の非力により、多くの禅師の偉業を書き漏らしてしまいました。例えば、

①飛騨市の修道陰徳銘や林昌寺華厳塔
②恵那市長國寺の「壽量品・金剛経二萬部造塔」のことや恵那市巡錫のこと
③新庄市會林寺授戒会の経緯（天明大飢饉最中の授戒会）
④千葉県鋸南町日本寺での蔵経石書会と千五百羅漢造立の経緯

などです。

また、弟子たちの活躍編で、法嗣の大義、慧林、萬宏、舜泰、随身僧や兄弟弟子の行状についても紹介したかったのですが、書き漏らしてしまいました。本当に残念です。しかし、今回で終わりではありません。何時になるかはわかりませんが、続編を創るつもりでいますので、お待ちいただきたいと思います。

今回は、椎名宏雄先生に特にお願いをして、「江湖送行歌」の現代語訳を掲載いたしました。禅師の著述書は難解であり、現代語訳するのに苦心されたと思いますが、先生の懇切丁寧な現代文によって、禅師の思想や誓願を味読していただきたいと思います。

何はともあれ、十周年記念誌が上梓できました。まだまだ無名の禅師ではありますが、常乞食僧として清貧に生き、民衆救済が第一という志を貫いた特異な禅僧を顕彰していくために、これからも精進努力していくつもりであります。

最後になりますが、考古堂会長柳本雄司様、また、編集事務の皆さんに心より感謝を申し上げ、結びの言葉と致します。

平成三十年十二月八日

大而宗龍禅師顕彰会会長

廣見寺　住職

町田廣文

執筆者紹介（本文執筆順　敬称略）

町田　廣文（まちだ　こうぶん）
昭和二十九年生まれ　駒澤大学仏教学部卒業　曹洞宗教化研修所修了　大本山總持寺安居　保護司
廣見寺住職　大而宗龍禅師顕彰会会長

小林　將（こばやし　すすむ）
昭和三十四年生まれ　早稲田大学卒業　大手金融機関に就職　大本山永平寺『傘松』　曹洞宗参禅道場の会会報『参禅の道』に江戸期の人物で現代に埋もれた人々に関する論考を発表　大而宗龍禅師顕彰会会員

山端　紹之（やまはた　しょうし）
昭和四十九年生まれ　駒澤大学仏教学部卒業　大本山永平寺安居　高崎市・長松寺副住職　大而宗龍禅師顕彰会会員

大澤　弘（おおさわ　ひろし）
昭和十六年生まれ　早稲田大学法学部卒業　高崎古文書の会会長　岩鼻歴史研究会会長　大而宗龍禅師顕彰会会員

深井　一成（ふかい　いっせい）
昭和三十三年生まれ　駒澤大学大学院仏教学専攻修士課程修了　大本山總持寺安居　新潟県永泉寺住職
大而宗龍禅師顕彰会会員

今井　寛之（いまい　ひろゆき）
昭和十九年生まれ　新潟市在住
著書「上野国小幡氏研究ノートⅠ～Ⅳ」国峯小幡氏研究会
「村上氏研究ノート小松城主村上頼勝は丹羽長秀の家臣であった」『加南地方史研究』50号
群馬県西南部「小幡氏」研究者　大而宗龍禅師顕彰会会員

中井　滕岳（なかい　とうがく）
昭和十一年生まれ　駒澤大学仏教学部卒業　大本山永平寺安居　大乗寺専門僧堂堂監兼後堂（前）
曹洞宗准師家　善応寺前住職　高山市妙高山大隆寺第十七世住職　大而宗龍禅師顕彰会会員

菅原　昭英（すがわら　しょうえい）

昭和十七年生まれ　東京大学文学部卒業　東京大学史料編纂所教授（前）　駒澤女子大学教授（前）

泉龍寺東堂　大而宗龍禅師顕彰会会員

椎名　宏雄（しいな　こうゆう）

昭和九年生まれ　駒澤大学大学院博士課程満期退学　大本山永平寺安居　駒澤大学大学院講師（前）

柏市文化財保護委員『五山版中国禅籍叢刊』全十三冊　他著書・論文多数　大而宗龍禅師顕彰会会員

髙野　俊彦（たかの　としひこ）

昭和二十八年生まれ　明治大学文学部卒業　埼玉県高等学校校長（前）　廣見寺総代　大而宗龍禅師顕彰会会員

大而宗龍禅師顕彰会発足十周年記念
宗龍禅師研究論集
二〇一九年三月一日　発行
編著者　大而宗龍禅師顕彰会
会長　町田廣文
発行者　柳本和貴
発行所　株式会社　考古堂書店
〒951-8063　新潟市中央区古町通四番町五六三
電話　025・229・4058
印刷所　株式会社ウィザップ